rowohlt

Manfred Geier

DIE BRÜDER HUMBOLDT

EINE BIOGRAPHIE

Rowohlt

1. Auflage Januar 2009
Copyright © 2009 by Rowohlt Verlag GmbH,
Reinbek bei Hamburg
Alle Rechte vorbehalten
Lektorat Uwe Naumann
Satz Adobe Garamond, InDesign,
bei Pinkuin Satz und Datentechnik, Berlin
Druck und Bindung CPI – Clausen & Bosse, Leck
Printed in Germany
ISBN 978 3 498 02511 3

INHALT

Was das Sonderbarste ist, so gleichen
wir uns doch eigentlich in tausend Stücken.
Für einen dritten muß es kaum zwei Leute geben,
über die es so amüsant sein muß,
sich vergleichend zu mokieren.
WILHELM VON HUMBOLDT
AN SEINE FRAU CAROLINE, 16. MÄRZ 1814

ERSTES KAPITEL

Eine traurige frühe Jugend
Warum die beiden Kinder die Natur lieben, während sie sich von den Menschen gequält fühlen

Als im Sommer 1823 die Geheimrätin Kohlrausch aus Berlin und die Fürstin von Hohenzollern im böhmischen Marienbad Johann Wolfgang von Goethe kennenlernen, sind sie sehr erstaunt. Der Vierundsiebzigjährige sieht viel schöner und jugendlicher aus als auf allen Altersporträts. Kein Wunder, denn er selbst fühlt sich gerade temporär verjüngt durch die Liebe zur neunzehnjährigen Ulrike von Levetzow, die sich mit ihrer Mutter ebenfalls in Marienbad aufhält. Doch von dieser letzten Liebe Goethes haben die beiden Damen nichts gewusst, als sie den berühmten Dichter ins Gespräch zu locken versuchen. Er ist recht wortkarg, und meist bemerkt er nur, obwohl mit abwechselndem Tonfall und reizvoller Bedeutungsvielfalt: «Wunderlich genug!» Man kommt auch auf Frau Kohlrauschs Heimatstadt zu sprechen. Ist der Herr Geheimrat schon einmal in Berlin gewesen? Goethe verneint es. Doch als man später über den gemeinsamen Bekannten Wilhelm von Humboldt redet, der sich nach seiner Entlassung aus dem Staatsdienst 1820 in die Einsamkeit seines Familienschlosses Tegel nahe Berlin zurückgezogen hat, fällt es ihm wieder ein: «Ach ja, da haben wir einst einen frohen Tag verlebt.» Gelassen kommentiert Goethe seine Erinnerungslücke. «Da sehen Sie, wie man sich doch zuweilen verschnappt.»[1] Dann wird er ernst und bricht das Gespräch ab. Man merkt, dass er an seinen einzigen Berliner Aufenthalt nicht gern erinnert werden will. Oder ärgert er sich über seine Vergesslichkeit?

Es ist ihm also zunächst nicht bewusst, was er einst erlebt hat. In seinem Tagebuch hat er es festgehalten. Es ist im Mai 1778 gewesen.

Eine diplomatische Mission hat Goethe, der seit 1776 als Geheimer Legationsrat in alle politischen Händel am Weimarer Hof verwickelt war, mit dem damals noch sehr jungen Herzog Karl August von Sachsen-Weimar in die preußische Hauptstadt geführt. Inkognito, als ein Herr von Ahlefeld, ist der Herzog, begleitet von seinem Jugendfreund Kammerherr von Wedel und Goethe, nach Berlin und Potsdam gereist. Mit König Friedrich II., dem «Alten Fritz», musste über Sachsen-Weimars politische und militärische Position im Bayerischen Erbfolgekrieg verhandelt werden, der zwischen Preußen und Österreich unmittelbar bevorstand. Am 15. Mai war man in Potsdam angekommen. Es waren keine günstigen Eindrücke, die Berlin während der nächsten Woche auf Goethe machte. Das ungeheure Gewimmel von Menschen, Pferden, Wagen und Geschützen beunruhigte ihn. Er saß an der Quelle des Krieges «in dem Augenblick, da sie überzusprudeln droht»[2].

Ein wenig Entspannung versprach die kleine Tagesreise am 20. Mai 1778, über die Goethe stichwortartig notierte: «Von Berlin um 10 über Schönhausen auf Tegeln. Mittags Essen. Über Charlottenburg nach Zehlendorf. Nachts 11 in Potsdam.»[3] Er war also wirklich in Tegel gewesen, und Jahrzehnte später wird die Erwähnung des Namens «Wilhelm von Humboldt» ihn daran erinnern, hier einen frohen Tag verlebt zu haben. Das war der Anlass für jene kurze Geschichte, die oft kolportiert worden ist und auch in zahlreichen Biographien über die Brüder Humboldt ihren festen Platz gefunden hat: Goethe habe Wilhelm 1778 in Tegel besucht, «aber dieser war noch ein junger Mann, und zählte noch nicht unter die Nobilitäten»[4]. Ausführlicher hat es Julius Löwenberg in der dreibändigen wissenschaftlichen Biographie *Alexander von Humboldt*, Leipzig 1872, ausgemalt: «Auch Goethe war im Mai 1778 bei seiner einmaligen Anwesenheit in Berlin als Gast in Tegel eingekehrt. Sein guter Genius führte den Dichter aus seinem Misbehagen in dem märkischen Athen zu Fuss über Schönhausen und Tegel nach Potsdam. Im tegelschen Schlosse hielt er Mittagsrast, als wäre er angezogen von dem geistigen Zauber der Stätte, auf der Wilhelm und Alexander, damals noch elf- und neunjährige Knaben einer ihm verwandten Generation, zu seinen Füssen spielten.»⁵ Da kann man sehen, wie sich auch Historiker zuweilen «verschnappen» und ihrer Phantasie freien Lauf lassen.

Dass der alte Goethe in seinem Marienbader Kurgespräch den Namen Humboldt mit seiner Reise nach Berlin und Tegel assoziiert hat, ist allerdings nicht erstaunlich. Denn beide Brüder haben in seinem Leben eine wichtige Rolle gespielt, seit ihren Begegnungen und wissenschaftlichen Gesprächen, die im Dezember 1794 in Jena ihren Anfang nahmen. Sie haben ihm oft, wie er in mythologischer Anspielung auf das unsterbliche Zwillingspaar Castor und Pollux schrieb, als «Dioskuren auf meinem Lebenswege geleuchtet»⁶, Alexander mit seinen breitgefächerten Naturforschungen, die auch Goethes naturkundliche Arbeiten oft in Schwung gebracht haben, und Wilhelm mit seinen ästhetischen und literarischen Reflexionen.

Doch für ein frohes Zusammentreffen mit den Brüdern bereits im Mai 1778 spricht weder ein verlässlicher Tatsachenbericht, noch gibt es überzeugende Indizien. Goethe selbst ließ unbestimmt, wen er mit «wir» gemeint hat. War der Herzog mit ihm in Tegel gewesen? Und warum hat er überhaupt an diesem 23. Mai einen Tagesausflug nach Tegel unternommen? Man weiß es nicht. Vielleicht hatte er in Friedrich Nicolais populärer *Beschreibung der königlichen Residenzstädte Berlin und Potsdam* gelesen, dass zu den Sehenswürdigkeiten der umliegenden Gegend auch das Dörfchen Tegel gehört. An einem mehr langgestreckten als breiten Gewässer, das den Havel-Fluss ausweitete, lag dieser kleine Ort im Amt Schönhausen, und dicht daneben befand sich ein Schlösschen mit einem «schönen Garten und Weinberg, deren Lage sehr reizend ist. An der anliegenden Kette von Anhöhen, die sämtlich mit Bäumen bepflanzt sind, hat man mannigfaltige Spaziergänge und an vielen Orten reizende Aussichten über den Tegelschen See nach Spandau und den anliegenden Orten.»⁷ Vor allem für seine Bäume war auch der Tegeler Wald berühmt, in dem der Forstrat Friedrich August von Burgsdorf nicht nur umfangreiche Baumschulen für einheimische Gewächse angelegt hatte, sondern auch zahlreiche fremde, vor allem nordamerikanische Holzarten auf märkischem Sandboden zu kultivieren versuchte. Diese Hinweise könnten für Goethe verlockend gewesen sein, war er doch selbst seit dem Frühjahr mit der Neugestaltung des Weimarer Landschaftsgartens am «Stern» und des Tiefurter Parks beschäftigt. Vielleicht war an diesem kleinen Flecken Tegel, draußen vor den Toren der sich in Aufregung und Unruhe befindenden Stadt, etwas zu sehen, das er für seine botanischen Zwecke nutzen könnte. Aber vielleicht hat Goethe sich auch nur durch Nicolais Empfehlung nach Tegel locken lassen, dass man dort in einem guten Wirtshaus, dem «Neuen Krug», ausgezeichnet speisen könne, «daher oft, von Berlin aus, hieher Spazierfahrten geschehen. Die Mahlzeiten müssen vorher bestellt werden.»[8]

«Mittags Essen», hielt Goethe fest. Den Namen «Humboldt» erwähnte er nicht. Er war also um 10 Uhr morgens aufgebrochen, hatte das Oranienburger Stadttor bald hinter sich gelassen und sich in nordwestlicher Richtung auf den beschwerlichen tiefsandigen Weg begeben, der die Menschen und Tiere nur langsam vorwärts kommen ließ. Der Sand um Berlin war staubartig. Über den Bach Panko wird er gekommen sein, dann durch die ausgedehnten Fichten- und Kiefernwälder, die man damals noch «Heide» nannte, durch die Jungfern-Heide, die Heiligensee'sche und Spandauische Stadt-Heide. Wie eine Urlandschaft streckte sich dann der lange breite Ausläufer der Havel vor ihm hin, mit seinen vielen Inseln, dann noch ein Wiesengrund, durch den sich ein Bach schlängelte, der eine Mahl- und Sägemühle antrieb. Auf der einen Seite dieses Mühlenbaches lag das kleine Tegel, auf der anderen konnte man auf einem Schildchen am Waldrand lesen: «Das Schlösgen».

Beschreibungen und Zeichnungen des Schlösschens zu Tegel vermitteln uns ein Bild dieses Ortes, an dem die Brüder Humboldt die meiste Zeit ihrer Kindheit und Jugend verbracht haben. Vom Bach führte ein angenehm schattiger Zugang zum alten Gebäudekomplex, damals zentriert um einen kräftigen Turm, an den sich rechtwinklig ein zweistöckiges Wohnhaus und ein Wirtschaftsflügel anschlossen. Dazu gehörte auch ein landwirtschaftlicher Gutshof. Ein Ziehbrunnen sorgte für den Wasserbedarf, Scheune und Stall beherbergten

Futter und Tiere, und seitab lag das bescheidene Weinmeisterhaus, dessen Bewohner sich um die Weinstöcke kümmerten, die auf eingezäunten Hügeln in der Nähe angepflanzt worden waren. Trotz des sandigen Bodens war der Tegeler Wein durchaus zu genießen, auch wenn er ein «etwas krätziges Tischgetränk»[9] gewesen sein soll.

Vor allem im Sommer hielt sich die Familie Humboldt, der das Gut und das Schloss seit 1766 gehörten, an diesem landschaftlich schönen Ort auf, während sie im Winter das Berliner Stadthaus bevorzugte. Und während es sehr unwahrscheinlich ist, dass am 20. Mai 1778 der damals elfjährige Wilhelm und sein zwei Jahre jüngerer Bruder Alexander zu Goethes Füßen gespielt haben, so ist gewiss, dass es vor allem die natürliche Umgebung Tegels war, in der sie sich gern herumtrieben. Nicht ohne Wehmut haben sie sich später an den befreienden Eindruck erinnert, den diese Natur auf ihr kindliches Gemüt gemacht hatte.

Am schönsten hat Wilhelm von Humboldt die Tegeler Landschaft seiner Verlobten Caroline von Dacheröden geschildert, als er ihr ein Bild des Ortes zu vermitteln versucht, an dem er groß geworden ist, und ihr damit zugleich einen Einblick in seine Charakterbildung öffnet, für die von Anfang an die Natur eine wichtige Rolle gespielt hat. «In Tegel ist's sehr schön», schreibt er seiner geliebten «Li» am 8. Mai 1790 aus Berlin. «Die Gegend hat in der Tat etwas Romantisches, und für eine hiesige ist sie überschön. Und ich, der ich nun von meiner ersten Kindheit an da war, von wie vielen Erinnerungen werd ich ergriffen bei jedem Anblick. Wie oft stand ich, wie neulich, auf dem Weinberg und sah über das Feld und die Wiesen und den See und seine einzeln verstreuten Eilande hin! Sehnsucht dehnte dann meinen Busen aus.» (Br. I, 144) Die kleinen Hügel erschienen ihm damals wie Berge, und der See schien ihm ein Meer zu sein. Wunderbar fühlte er sich an diese Gegend gefesselt, deren Zauber ihn zutiefst berührte. Wenige Tage später, diesmal aus Tegel selbst, schreibt er seiner Geliebten, wie ihn wieder dieses sonderbare, nur selten ausgesprochene Gefühl überwältigt habe. Er erblickte «die Höhen, die Täler, die mir so manche schöne Freude gewährten von den ersten Tagen meiner

Kindheit an. Wie mein Blick in der ersten weitstrebenden Jugend an dem See hing und sich hinausdachte, und weiter und immer weiter über die Fluren und Wälder, und wie sich das in mir abbildete, und ich so voll Mut und Lust war, weit zu wirken, große Taten zu vollbringen.» (Br. I, 460)

Von dieser jugendlichen Lust, die sich mit den frühesten Kindheitserinnerungen verbindet, ist in Wilhelm von Humboldts späten Jahren zwar nur noch wenig zu spüren. Sein energisches Streben nach großer Wirkung und sein Hinausdenken in die Ferne sind einem melancholischen Hang nach Einsamkeit gewichen. Doch auch dafür wird Tegel, wohin er sich für die letzten fünfzehn Jahre seines Lebens (1820 bis 1835) zurückzieht, der über alles geliebte Ort bleiben. Als habe er die Schönheit der Natur und die dadurch evozierte Freude seiner Jugend wiederfinden wollen, kehrt er mit seiner Frau Caroline in diese ländliche Gegend zurück, deren Bild er ihr dreißig Jahre früher so anmutig skizziert hat.

Jetzt bringt er es einer Freundin seiner Alterszeit in einer Reihe von Briefen anschaulich vor Augen. «Ich liebe Tegel sehr»[10], schreibt er Charlotte Diede am 10. Juli 1822, während er gerade das alte schlichte Wohnhaus mit dem vierkantig derben Wohnturm durch Karl Friedrich Schinkel in jenes klassizistische, klar gegliederte Gebäude umbauen lässt, das bis heute nichts von seinem Reiz verloren hat. Damit ist nicht nur der griechische Geist in die märkische Landschaft eingezogen. Auch der Hausherr scheint endlich da angelangt zu sein, wo er einst mit kindlicher Naturfreude glücklich gewesen ist. Er preist der Brieffreundin die Gegend als die hübscheste um Berlin. Der große Wald, die schön bepflanzten Hügel mit ihrer Aussicht auf den See mit seinen vielen Inseln, das Haus, um das die hohen Bäume stehen, «die ich in meiner Kindheit erst in mäßiger Stärke sah, und die nun mit mir emporgewachsen sind»[11], all das erfreut ihn wie das Kind, das er einst gewesen ist. Vor allem sind es die Bäume, die ihn noch immer verzaubern. Breitschattig stehen sie um das Haus und umziehen es mit einem bunten Fächer, berichtet er Charlotte Diede im Herbst 1824. In den Gärten und den Weinbergen stehen Obstbäume, der Park ist ein dichtes und dunkles Gebüsch, der See vom Wald umkränzt. «Ich habe eine besondere Liebe zu den Bäumen, und lasse nicht gern einen wegnehmen, nicht einmal gern verpflanzen. (…) Ueberhaupt liegt in den Bäumen ein unglaublicher Charakter der Sehnsucht, wenn sie so fest und beschränkt im Boden stehen, und sich mit den Wipfeln, so weit sie können, über die Grenzen der Wurzeln hinausbewegen. Ich kenne nichts in der Natur, was so gemacht wäre, Symbol der Sehnsucht zu seyn.»[12]

Auch im Denken und Fühlen seines jüngeren Bruders, von dem er während seiner Kindheit und Jugend keinen Tag getrennt war, hat die reizvolle Tegeler Landschaft nachhaltige Spuren hinterlassen. Ebenso anschaulich, fast schwärmerisch wie Wilhelm seiner Braut, hat Alexander von Humboldt diese Natur seinem geliebten Jugendfreund Carl Freiesleben geschildert. Er will ihm ein Bild seiner Kindheit entwerfen und zugleich Aufschluss über seinen Charakter geben. Am 5. Juni 1792 berichtet er dem Freund, mit dem zusammenzuleben er sich als größte Freude für seine Zukunft ausmalt, von einem Wochenendbesuch bei seiner Mutter in Tegel. Von Berlin lief er den weiten Weg hinaus zu dem Schlösschen. «Der Weg ist schrecklich sandig, geht aber durch einen dikken Wald», bis hin zu dem langgestreckten See, der von schön angebauten Inseln durchschnitten ist. «Hügel mit Weinreben, die wir hier Berge nennen, große Pflanzungen von ausländischen Hölzern, Wiesen, die das Schloß umgeben und überraschende Aussichten auf das mahlerische Ufer des Sees machen diesen Ort allerdings zu dem reizendsten Aufenthalte der hiesigen Gegend.» (Jbr., 192) Und wie sein Bruder vergisst Alexander von Humboldt nicht zu erwähnen, dass diese Natur ihm nicht nur eine überschwängliche Freude bereitete. Sie trug auch zu seiner geistigen Entwicklung bei, indem sie seine Gedanken anregte und sein Erkenntnisinteresse auf das Studium der Natur richten ließ.

Fast mit den gleichen Worten haben sich die Brüder Humboldt an den Genuss erinnert, den ihnen die reizende, anmutige, zauberhafte, überschöne, romantische, hübsche Natur bereitete. Doch sie haben nicht nur diese Empfindung miteinander geteilt. Beide vollzogen gleichermaßen auch die darauffolgende überraschende Wende. Denn voller Dramatik haben beide Brüder die Naturidylle in eine Katastrophenschilderung ihrer frühen Jahre umkippen lassen. Kaum hat Alexander von Humboldt seinem Freund Freiesleben die malerische Tegeler Landschaft beschrieben, überrascht er ihn mit dem Hinweis, dass gerade dieser Ort, sooft er ihn besuche, in ihm Wehmut und Trauer errege: «Hier in Tegel habe ich den größeren Theil dieses traurigen Lebens zugebracht, unter Leuten, die mich liebten, mir wohl wollten, und mit denen ich mir doch in keiner Empfindung begegnete, in tausendfältigem Zwange, in entbehrender Einsamkeit, in Verhältnissen, wo ich zu steter Verstellung, Aufopferungen p. gezwungen wurde. Wenn ich mich noch jetzt, da ich frei und ungestöhrt hier lebe, hingeben will in den Genuß, den die reizende, anmuthsvolle Natur hier in so reichem Maaße gewährt, so werde ich zurükgerufen durch die widrigsten Eindrükke, durch Erinnerungen an meine Kinderjahre, die fast jeder leblose Gegenstand hier rege macht.» (Jbr., 192)

Einsamkeit, Verstellung, Zwang: Mit ähnlichen Worten schildert Wilhelm von Humboldt die traurige Stimmung, unter der er als Kind litt. Nachdem er seiner geliebten Caroline das Bild einer gemeinsamen glücklichen Zukunft entworfen hat, teilt er ihr mit, dass seine Kindheit «öde und freudenlos» (Br. I, 39) dahingewelkt ist. Er verspricht der Verlobten einen gemeinsamen Himmel von Freuden, den er umso strahlender imaginiert, je dunkler er seine Jugend darstellt: «Ich hatte so eine traurige frühe Jugend. Die Menschen quälten mich; ich hatte keinen, der mir etwas war, aber wenn ich mir auch einmal einen so idealisierte – so konnt ich nicht mit ihm umgehen.» (Br. I, 134) Freude an der Natur, die den Blick ins Freie und Weite schweifen ließ; und Leiden an einer Lebensform, die einengte und in die quälende Einsamkeit trieb – um diese Entgegensetzung verstehen zu können, müssen wir nun unsere Aufmerksamkeit auf die Menschen richten, die in der Kindheit und Jugend der Brüder Humboldt die Hauptrollen spielten.

Der *Vater*. Alexander Georg von Humboldt ist 1720 im pommerschen Zamenz geboren worden. Mit sechzehn Jahren wurde er Soldat und nahm als Dragoneroffizier an den drei Schlesischen Kriegen teil. Im letzten dieser Kriege, der sieben Jahre dauerte, hat er nicht bis zum Ende mitkämpfen können. Wegen einer schweren Verletzung musste der königlich preußische Major 1761 den Kriegsdienst verlassen. Doch weil er in diesem Siebenjährigen Krieg das Vertrauen von König Friedrich II. gewonnen hatte, wurde er drei Jahre später zum Kammerherrn der Prinzessin Elisabeth von Braunschweig-Wolfenbüttel ernannt, der ersten Gemahlin des preußischen Thronfolgers und späteren Königs Friedrich Wilhelm II. Lange ist er es nicht geblieben. Bereits im Frühjahr 1769 wurde er, keineswegs ungnädig, aus seiner Stellung am kronprinzlichen Hof in Potsdam entlassen, nachdem die Ehe zwischen Prinz und Prinzessin gescheitert war. Nach dieser ehelichen Katastrophe konnte Major von Humboldt sich nun ohne Amt ins Privatleben zurückziehen und sich ganz um seine eigene Familie und seinen ansehnlichen Besitz kümmern. Er war bereits 46 Jahre alt gewesen, als er 1766 seine 21 Jahre jüngere Frau geheiratet hatte, die das Tegeler Schloss und anderen bedeutenden Grundbesitz als Mitgift in die Ehe brachte.

Doch bevor wir uns der Mutter von Alexander und Wilhelm von Humboldt zuwenden, noch ein kurzer genealogischer Hinweis auf die Familiengeschichte väterlicherseits, die sich bis ins frühe 16. Jahrhundert verlässlich rekonstruieren lässt.[13] Bemerkenswert ist dabei nicht nur, dass die Humboldts (auch: Humpolt oder Homboldt), die ursprünglich aus dem ostdeutschen Pommern stammten, in einem weitläufigen Netz verwandtschaftlicher Beziehungen mit französischen und schwedischen Familienmitgliedern verbunden waren. Für ihre gesellschaftliche Position war auch bedeutsam, dass sie nicht zum alten Adel des preußischen Junkertums gehörten. Sie waren Bürger, erfolgreich und strebsam tätig als Handwerksmeister und Leibgardisten, Bürgermeister und Amtsschreiber, Hofkammer- und Legationsräte. Zwar hatten einige Humboldts als Offiziere den brandenburgischen Kurfürsten gedient. Doch erst Hans Paul Humboldt, königlich preußischer Hauptmann und Herr auf Gut Zeblin in Pommern, erbat und erhielt 1738 von seinem «Allerdurchlauchtigsten, Grossmächtigsten König und Allergnädigsten Herrn»[14] Friedrich Wilhelm I. den erblichen Adelstitel. Das war der Vater von Major Alexander Georg von Humboldt, der nun zwar auch die Vorrechte eines «von» besaß, aber doch nicht durch die einengende Tradition der alten preußischen Landadelskaste beherrscht war.

Alexander Georg hat das Vertrauen des Hofes besessen. Auch nach seinem Ausscheiden aus dem Hofdienst gehörte er zum vertrauten Kreis des künftigen Königs Friedrich Wilhelm II. Man sprach davon, dass er unter diesem König Minister geworden wäre, wenn er noch den Thronwechsel erlebt hätte. Er war kein borniter Höfling, sondern ein vielseitig interessierter Kopf, der für die neuen Ideen der Aufklärung offen war. Auf einem der seltenen Porträts, die von ihm erhalten sind, blickt er mit klaren, wachen Augen den Betrachter an, während um seine Mundwinkel ein leichtes, amüsiertes Lächeln spielt. Man schätzte ihn als einen Mann von Verstand und Geschmack. «Für einen solchen haben ihn Hohe und Niedere im Umgang erkannt und deswegen hochgeachtet. Er war auch ein großer Menschenfreund, leutselig und wohltätig. Sein Tod, welcher am 6. Januar 1779 im 59. Jahr seines Alters erfolgte, ward daher von jedermann bedauert.»[15] Bekannte, die ihn gern im Schlösschen Tegel besuchten, dessen Umgebung er zu einer reizvollen Landschaft kultivierte, lobten seine leichte und muntere Unterhaltung, seinen liebenswürdigen Charakter, seinen aufgeklärten Freisinn und menschlichen Frohsinn, all das also, was «einen charmanten Kontrast mit der leisen Ruhe und Gemessenheit seiner Frau»[16] bildete.

Die *Mutter*. Marie Elisabeth Colomb ist zwar 1741 in Berlin zur Welt gekommen. Aber zu ihrer Familiengeschichte haben vor allem Franzosen, Schotten und Niederländer beigetragen. Die Colombs lassen sich genealogisch bis auf den Stammvater Jean Colomb (1589–1672) zurückverfolgen, der Grund- und Hausbesitzer im südfranzösischen Städtchen Blausac war. Sein Sohn Henri musste als Hugenotte nach der Aufhebung des Edikts von Nantes 1695 aus Frankreich fliehen, ging zunächst nach Kopenhagen, wo er Madeleine de Moor heiratete, die wiederum Tochter eines anderen Flüchtlings war, des aus dem holländischen Geldern stammenden Direktors der bedeutendsten Pariser Spiegelmanufaktur. Vor allem durch ihn wurde ein stattliches Vermögen erwirtschaftet, das schließlich über die Colomb-Linie bis zu Marie Elisabeth gelangte, wobei auch der höhere preußische Beamte und Generalfiskal Wilhelm Durham, seinerseits schottischer Herkunft, keine unbedeutende Rolle spielte. Es sind also mannigfache und wechselvolle Schicksale gewesen, die sich hinter den Namen dieser multinationalen Ahnentafel mütterlicherseits verbergen.

Auch das Leben der Marie Elisabeth Colomb verlief in keiner ruhigen Bahn. Von bürgerlicher Herkunft aus hugenottischer Tradition, mit einem bemerkenswerten Vermögen, zu dem auch das «Colombsche Palais» in der Berliner Jägerstraße 22 am Gendarmenmarkt gehörte, wurde sie, gerade achtzehn Jahre alt, von ihren Eltern mit dem preußischen Hauptmann und wohlhabenden Gutsbesitzer Friedrich Ernst Baron von Holwede verheiratet, der wiederum das Erbpachtgut Tegel und das Gut Ringenwalde in die Ehe einbrachte. Und als schon bald ein Sohn geboren wurde, schien einem angenehmen Leben nichts mehr im Wege zu stehen. Doch bereits zwei Jahre später starb überraschenderweise Baron von Holwede. 1765 war Marie Elisabeth von Holwede eine junge Witwe geworden, mit einem kleinen Kind an ihrer Seite. Was konnte sie tun, um ihre gesellschaftliche Position zu halten und ihrem vaterlosen Kind eine standesgemäße Erziehung zu ermöglichen?

Sie wählte den noch immer junggesellingen, bereits 46 Jahre alten Kammerherrn und Major Alexander Georg von Humboldt zu ihrem zweiten Mann, den sie 1766 heiratete. Es soll eine «Neigungsehe»[17] gewesen sein, auch wenn dabei finanzielle Vorteile und standesgemäße Überlegungen eine Rolle gespielt haben werden. «Seine Frau lebte mehr neben als mit ihm»[18], weiß man über diese Beziehung zu berichten. Doch das sind Vermutungen, weil sich keine verlässlichen zeitgenössischen Informationen finden lassen. Mehrfach festgestellt worden sind nur die unterschiedlichen Charaktere und Verhaltensweisen der beiden Eheleute. Gegen die leutselige Leichtigkeit und muntere Heiterkeit ihres zweiten Mannes kontrastierte die zurückhaltende Ruhe und gleichmütige Kühle der Frau von Humboldt. Förmlich soll ihr Auftreten gewesen sein, korrekt, steif und ernst. Mit strenger Sparsamkeit achtete sie auf das Vermögen, in ständiger Angst vor dem Verarmen. Auch war sie häufig «leidend», meist still für sich, wobei über die Ursachen geschwiegen wurde. Sie «scheint eine jener Naturen gewesen zu sein, die weder sich noch anderen eine Gefühlsäußerung, vielleicht kaum ein lebhaftes Gefühl selbst gestatten»[19]. Das mag überzeichnet sein, da wir über ihre innere Gefühlswelt weder von ihr selbst noch von ihren Bekannten erhellende Auskünfte besitzen. Wir müssen uns in dieser Hinsicht mit der Charakterisierung begnügen, die Frau von Briest nach einem Besuch im Humboldt'schen Haus ihrer Schwester mitgeteilt hat: Frau von Humboldt, «ich versichere Dich, sieht heute so aus, wie sie gestern aussah und morgen aussehen wird. Der Kopfputz wie vor zehn Jahren und länger; immer glatt, fest, bescheiden! Dabei das blasse, feine Gesicht, auf dem nie eine Spur eines Affektes sichtbar wird, die sanfte Stimme, die kalte, gerade Begrüßung und die unerschütterliche Treue in allen ihren Verbindungen.» (Br. I, 54 f.)

Sie tat ihre Pflicht. Ihre Gefühle hielt sie verschlossen. Bereits im ersten Ehejahr brachte sie am 22. Juni 1767 in Potsdam, wo ihr Mann noch im Hofdienst als Kammerherr tätig war, Wilhelm zur Welt. Zwei Jahre später, am 14. September 1769, wurde Alexander in der Jägerstraße 22 geboren. Mit unerschütterlicher Treue sorgte sie sich um das familiäre Leben und die Vermögensverhältnisse. Aber was empfand sie für ihren Ehemann? Hat sie ihre Kinder geliebt? Und welchen Einfluss hatte ihr kühle Ausstrahlung auf deren Charakterbildung? Das sind nicht nur biographisch bedenkenswerte Fragen. Auch die beiden Söhne haben sie sich gestellt, verunsichert durch diese Mutter, die keine rechte Fühlung zu ihnen aufnahm, aber ständig etwas an ihnen auszusetzen hatte.

Mit äußerst distanziertem Ton hat später Alexander von ihr gesprochen, als habe er seine Erinnerungen löschen wollen. In einer autobiographischen Skizze sind nur die knappen sachlichen Hinweise zu finden: dass seine Mutter französischer Herkunft war und dass sie

«Opfer»[20] brachte, um den Kindern eine sorgfältige wissenschaftliche Ausbildung bieten zu können. Ausführlicher hat Wilhelm seine Mutter charakterisiert. Das lag nicht nur daran, dass er schon früh seine besondere Begabung für genaue Menschenbeobachtung entwickelt hat, die ihn später zu einem Meister der Charakterologie und Physiognomik werden ließ. Es ist auch in der Ähnlichkeit begründet, die er zwischen sich und seiner Mutter wahrgenommen hat, während Alexander eher dem Vater glich, nicht nur mit seiner weltoffenen Heiterkeit, sondern auch im körperlichen Ausdruck. Als ihn ein entfernter Verwandter väterlicherseits besuchte, stellte Wilhelm von Humboldt fest, dass dieser «dem Alexander sprechend ähnlich sieht. Mir sieht er gar nicht gleich, ich gleiche aber auch mehr meiner Mutter als meinem Vater, und so wundert es mich nicht.» (Br. III, 384) Er war wie sie recht klein, hielt seine Gefühle verborgen, war meist ernst und zeigte auch jene scheinbare Unveränderlichkeit, die für seine Mutter typisch gewesen ist. Wer ihn näher kannte, stellte erstaunt fest, er sei von keinem Alter gewesen. «Humboldt war nicht jung, weil er sechzehn, nicht alt, weil er sechzig Jahre zählte; nicht die Zeiten traten in ihm hervor, er nur in ihnen, und Humboldt der Knabe wie Humboldt der Greis war vor allem Humboldt, dies wesentliche Gepräge stand in ihm, alle Jahreszahlen hindurch, unverändert fest.»[21]

Wie bewusst ihm die Ähnlichkeit zwischen sich und seiner Mutter war, wird deutlich, als er 1814 aus London seiner Caroline mitteilt: «Ich gehe mit gesperrten Armen wie die selige Mama umher und klappere mit den Zähnen.» (Br. IV, 354) Die vor der Brust verschränkten Arme schützen nicht nur ein wenig vor der Kälte, sondern drücken auch die Abwehr aus, mit der sich der Mensch gegen die Welt zu verschließen versucht. Von dieser «gesperrten» Haltung seiner Mutter ist Wilhelm besonders berührt, als er ihr seine Heiratsabsichten mitteilt. Schweigsam geht sie darüber hinweg. Die Liebe ihres Sohnes scheint sie nicht zu interessieren. Nur über die finanziellen Herausforderungen dieser Eheschließung macht sie sich Gedanken. Liebe scheint für sie ein Fremdwort zu sein. Es kommt ihr kein einziges Mal über die Lippen. In dieser Hinsicht hat es Wilhelm besonders erschreckt, als er seine

Mutter in Tegel besucht, um mit ihr über seine Hochzeitsabsicht und Zukunftsplanung zu sprechen. 28. Oktober 1790, Donnerstagabend: «Heute in Tegel sah ich einen Tintenfleck auf einem hübschen Tisch meiner Mutter und fragte danach. ‹Dein Vater hat ihn noch gemacht›, sagte sie mir, ‹ich habe schon so viel daran gewaschen, aber er will nicht rausgehn.› Neulich einmal war der Tag, wo wir sonst den Geburtstag meines Vaters feierten. Ich erinnerte meine Mutter daran, und sie wußt es nicht mehr. Ich bin wohl ein Kind, etwas andres von den Menschen zu erwarten; aber es durchschauerte mich so schrecklich.» (Br. I, 258) Und einige Monate später, als er kurz vor seiner Heirat noch einmal in Tegel ist, berichtet er seiner liebsten Li von den Nachmittagen, die er mit der Mutter verbringt: «Du kannst leicht denken, welch eine Leere da herrscht.» (Br. I, 479)

Die *Hauslehrer*. Wilhelm und Alexander von Humboldt haben nie eine Schule besucht. Sie haben keine Klassenkameraden kennengelernt, mit denen sie spielen und ihre kindlichen Freuden und Sorgen hätten teilen können. Ständig waren sie unter der Aufsicht von Erwachsenen, die zwar das Beste für sie wollten, aber ihre Empfindungen nicht nachvollzogen. Ihre Erziehung und Ausbildung lag, wie es in vielen vornehmen und begüterten Familien üblich war, in der Hand von Hauslehrern. Das waren meist junge Gelehrte bürgerlicher Herkunft, die sich als «Hofmeister» ihr erstes berufliches Auskommen verdienten. Wilhelm und Alexander haben sich darüber nie laut beschwert. Sie lobten die sorgfältige Erziehung, die sie im Sommer auf dem Tegeler Landsitz, im Winter in der Berliner Stadtwohnung erhielten.

Der erste dieser Privatlehrer war allerdings nicht für sie, sondern für ihren einige Jahre älteren Stiefbruder eingestellt worden. Es war der später als Pädagoge, Buchverleger und Kinder- und Jugendbuchautor berühmt gewordene Johann Heinrich Campe, ein junger Theologe, der 1769 aus dem düsteren Halle an der Saale nach Berlin gekommen war, wo, wie er hoffte, der Geist der Aufklärung von Friedrich dem Großen königlich gefördert wurde. Campe hatte sich ein wenig vertraut gemacht mit den pädagogischen Vorstellungen der

Philanthropisten oder «Neueren Erzieher», die keine Untertanen abrichten wollten, sondern mündige Bürger heranzubilden versuchten, deren Glückseligkeit nicht im göttlichen Jenseits erhofft, sondern im weltlichen Diesseits verwirklicht werden könne. Jeder Mensch sollte seine eigenen Kräfte und Fähigkeiten entfalten können, um für sich selbst so glücklich und für andere so nützlich wie möglich zu werden. Seine erste pädagogische Tätigkeit begann Campe im Hause der Humboldts, wo er sich vier Jahre der Erziehung des Stiefsohns des alten Majors widmete. Wilhelm und Alexander waren noch zu klein, um am Unterricht konzentriert teilnehmen zu können. Doch einige elementare Kenntnisse sind auch ihnen durch Campe vermittelt worden. Vor allem Wilhelm hat sich noch in seinen letzten Lebensjahren gern an diesen «menschenfreundlichen» Hauslehrer erinnert, nicht zuletzt wegen einiger Bäume, die er im Tegeler Park gepflanzt hatte und die nun groß geworden waren: «Ich habe bei ihm schreiben und lesen gelernt, und etwas Geschichte und Geographie nach damaliger Art, die Hauptstädte, die sogenannten sieben Wunderwerke der Welt u.s.f. Er hatte schon damals eine sehr glückliche, natürliche Gabe, den Kinderverstand lebendig anzuregen.»[22]

Bereits 1773 gab Campe seine Hofmeisterstellung auf und wurde Feldprediger im Regiment des Kronprinzen Friedrich Wilhelm. Ihm folgte, ebenfalls nach einem Theologiestudium an der Universität Halle, Johann Koblanck, der nun auch Alexander lesen und schreiben lehrte. Nach kurzer Zeit wechselte er, wie Campe, zum Militär und wurde Feldprediger bei einem königlichen Infanterieregiment. Nach ihm wurde ein Johann Clüsener als Hauslehrer eingestellt. Mitte der siebziger Jahre hat auch Campe noch einmal kurzzeitig bei den Humboldts unterrichtet.

Dann kam Kunth. 1777 ist er als Erzieher in den Familienkreis der Humboldts eingetreten. Er war zwanzig Jahre alt und auch, wie viele Hofmeister, Sohn eines protestantischen Geistlichen. Aber auf dem Pädagogicum in Halle und an der Universität Leipzig hatte er sich mehr mit den alten (Griechisch, Lateinisch) und den neueren Sprachen (Französisch, Italienisch) und mit juristischen Themen beschäftigt als mit dem theologischen Fachstudium. Er strebte eine politische Stellung im preußischen Staatsdienst an, als ihn Major von Humboldt in einer Berliner Gesellschaft traf und diesen rechtlich denkenden, gewissenhaften Mann als Hofmeister für den zehnjährigen Wilhelm und den achtjährigen Alexander einstellte.

Zwölf Jahre lang war Gottlob Johann Christian Kunth Erzieher der beiden Jugendlichen, bis diese 1789 in Göttingen zu studieren begannen und Kunth sich erfolgreich um seine eigene politische Karriere kümmern konnte. Dabei hat Kunth die übernommene Aufgabe zunehmend geschätzt. Auch seine beiden Zöglinge haben sich lebenslang für die Ausbildung bedankt, die sie unter Kunths Aufsicht bekommen haben. «Ich genoß, gemeinschaftlich mit meinem älteren Bruder Wilhelm, im Hause der Mutter, unter der Leitung eines talentvollen Mannes (des nachmaligen Geheimen Oberregierungsrats Kunth) eine überaus sorgfältige wissenschaftliche Erziehung.»[23] Das schrieb Alexander von Humboldt 1852, im Alter von 83 Jahren. Ähnlich hat Wilhelm in einem Brief an Goethe 1826 seinen alten Lehrer und «ältesten Freund» gelobt: «Mir und meinem Bruder Alexander ist er besonders teuer, da er unsere Erziehung von unsrem 10. und 8. Jahre an bis zur Universität ausschließlich geleitet hat, und wir gewiß ihm nur die Richtungen schuldig sind, die wir nachher im Leben genommen.»[24]

Nicht nur für ihre Ausbildung war Kunth die wichtigste Leitfigur. Auch zur charakterlichen Bildung scheint er viel beigetragen zu haben. Dafür spricht der seelische Schmerz, den Alexander seinem ersten Lehrer Campe am 1. Mai 1789 aus der Universitätsstadt Göttingen mitteilt, wo er sich zum ersten Mal in seinem Leben, ohne seinen Bruder und ohne Kunth, «ganz, ganz allein» befindet: «Ich darf Ihnen nicht sagen, wie schwer es meinem Herzen wurde, mich von einem Führer zu trennen, der mit der edelsten Aufopferung zwölf Jahre alle Mühseligkeiten der Erziehung ertragen hat und dem ich alles, die Bildung meines Kopfes und meines Herzens verdankt habe.» (Jbr., 51) Was Alexander seinem verehrungswürdigen Freund Campe offenbart, schreibt Wilhelm mit gleicher Emphase drei Wochen später

(22. Mai 1789) an Caroline von Dacheröden: «Du sahst in diesen Tagen, Li, einen Menschen bei Dir, der Dich gewiß sehr lebhaft an mich erinnerte. Ich meine Kunth. O! Lina, was der Name für Bewegungen in mir erregt, so oft ich ihn nur aussprechen höre, kannst Du nicht glauben. Er erinnert mich an Szenen, deren Andenken mich ewig erschüttern wird. Er leitete meine ganze Kindheit. Wie ich jetzt bin, so ward ich, nicht durch ihn, aber bei ihm, auf seine Veranlassung.» (Br. I, 38)

Was auf den ersten Blick als Lob und Dank erscheint, gibt sich bei genauerem Hinsehen als Abwehr zu erkennen. Würde man nämlich die Geschichte dieser Kopf- und Herzensbildung durch Kunth kennen, so müsste man beide Kinder bedauern und dafür dankbar sein, dass sie überhaupt noch leben. «Öde und freudlos ist meine Kindheit dahingewelkt», fährt Wilhelm fort, nachdem er kurz zuvor Kunths ewiges Andenken beschworen hat. Nur in der Liebe und in der Nähe zu den gemeinsamen Freunden sieht er ein Licht, das die Dunkelheit seiner Kindheit aus seinem Bewusstsein vertreiben kann. «Einmal glücklich zu sein im Kreise einer glücklichen Familie.» (Br. I, 39) Voller Sehnsucht ist dieser Wunsch, dessen Stärke sich nur aus den «kummervollen Empfindungen» erklärt, die Wilhelm zu überwältigen drohen, wenn er durch den Namen «Kunth» an Szenen seiner Kindheit erinnert wird. Nur wenige Wochen später, am 16. August 1789, wird Alexander aus Göttingen gleichgestimmt an einen Freund schreiben, «dass jeder Gedanke an meinen Berlinischen Aufenthalt mit Kummer verwebt ist. Unglückliche Familienverbindungen, eine widrige Lage, in der man Leuten zürnen muß, die man aus so manchen andern Gründen hochschätzt – alles das wird meine künftige häusliche Ruhe stöhren. Wohl mir dann in Deiner Nähe! Du wirst mich das Glück fühlen lassen, zu wissen, dass unter allen Gütern der Erde, ein Freund das schäzbarste, so wie das unvergänglichste sei.» (Jbr., 67)

Was ist in ihrer Kindheit geschehen, um im Rückblick an all diese Ödnis, Gedrücktheit, Widrigkeit und Freudlosigkeit erinnern zu können, die Alexander und Wilhelm ihren späteren Freunden und Lieben mitteilen, um ihnen ihren Charakter und ihre Wünsche zu vermitteln? Sie haben keine Freunde gehabt und fühlten sich nicht wirklich geliebt. Niemand war da, der mit ihnen harmonierte. Die Hauslehrer kamen und gingen. Es mögen fähige Pädagogen gewesen sein, die über ein reichhaltiges Wissen verfügten. Aber statt auf die Empfindungen ihrer Schüler einzugehen, scheinen sie beruflich nur an deren geistiger Entwicklung interessiert gewesen zu sein. Auch Kunth leistete in dieser Hinsicht wichtige Arbeit. Nicht nur die guten französischen Kenntnisse der beiden Brüder gingen auf ihn zurück. Er hat mit ihnen auch lateinische Texte gelesen, die er in gutes, vor allem grammatisch korrektes Deutsch übersetzen ließ. Aber all das gleichsam mit einem erhobenen Zeigefinger, ständig korrigierend und kontrollierend, fast zwanghaft seinen Zöglingen über die Schultern schauend, ohne ihnen einen eigenen kindlichen Spielraum zu lassen. Dabei waren es keine peinigenden Strafen, die von diesem pedantischen, oft auch verdrießlichen Mann ausgingen. «Es war kein Befehlen, kein eigentliches Fordern von seiner Seite, nur so ein Gekränktsein, oder Sichstellen über die Dinge, die ihm missfielen.» (Br. I, 115) An fast allem hatte er etwas auszusetzen. Es wundert nicht, dass die beiden Kinder unter unaufhörlicher Aufsicht lernten, jede freiere Äußerung ihres Charakters zu unterdrücken und ein raffiniertes Netz von Verstellungen auszubilden.

Doch Kunth hätte wahrscheinlich auf die Bildung des Kopfes und des Herzens der beiden Brüder weniger Einfluss gehabt, wäre da nicht jenes Schicksalsjahr gewesen, dessen einschneidende Bedeutung Wilhelm von Humboldt zunächst nur andeutet. «Bis in mein zwölftes Jahr war ich natürlich, wie alle andern Kinder sind, nur ein wenig unartiger und verzogener als die gewöhnlichen»[25], schreibt er 1787 in seinem ersten Brief an die Jugendfreundin Henriette Herz. Was in diesem zwölften Jahr geschah, wird er erst 1825 seiner Altersfreundin Charlotte Diede mitteilen: «Meinen Vater habe ich schon früher in meinem zwölften Jahre an einer Krankheit verloren, die bloß zufällig war, da er seinem sonstigen Gesundheitszustande nach noch lange hätte leben können.»[26]

Am 6. Januar 1779 starb Alexander Georg von Humboldt. Sein Tod wurde von allen, die diesen heiteren und unterhaltsamen Menschenfreund näher kennengelernt hatten, bedauert, war damit doch auch das einzige belebende und anregende Element im Hause Humboldt verschwunden. Frau Marie Elisabeth von Humboldt, verwitwete von Holwede, hatte zum zweiten Mal ihren Mann verloren. Sie wurde zunehmend kränkelnd, durch ihren leidenden Zustand verstimmt und immer ungeeigneter zu einer lebendigen Unterhaltung. Aus der Gesellschaft zog sie sich in sich selbst zurück «und beschränkte zuletzt all ihre Wünsche und Bestrebungen darauf, ihre Söhne zu jeder geistigen und sittlichen Vollkommenheit, welche für Menschen erreichbar ist, sich erheben zu sehen»[27]. So beschrieb es Kunth in seiner Autobiographie, nicht ohne dabei seinen Beitrag zum Erreichen dieses hochgesteckten Ziels hervorzuheben. Denn Kunth wurde nun nicht nur als Vermögensverwalter und praktischer Ratgeber in allen Lebensfragen von der Witwe eingesetzt. Sie hat ihm auch die ganze Verantwortung für die Erziehung ihrer jungen Söhne übertragen. Kunth hat sich gern «als das Werkzeug zur Erfüllung ihres höchsten Wunsches» gesehen, nannte Frau von Humboldt «Mutter», was diese sich gefallen ließ, während er die Rolle eines Ersatz-Vaters für die beiden Waisen übernahm.

An seiner pädagogischen Leistungsfähigkeit mochte kein Zweifel bestehen. Alexander und Wilhelm von Humboldt haben in dieser Hinsicht ihrem Lehrer ein gutes Zeugnis ausgestellt. Er vertiefte ihre Kenntnis in deutscher Grammatik und Stilkunde; las mit ihnen lateinische Texte von Caesar und Sallust, Cicero und Horaz; und er vermittelte ihnen elementare historische und geographische Kenntnisse. Auch über das Christentum wurde gesprochen, allerdings nicht im Sinne einer theologischen Dogmatik oder einer sicheren, «positiven» Glaubensgewissheit, sondern mit der aufgeklärten Intention auf ein mögliches glückliches Leben. Gemeinsam gelesen und besprochen wurde die *Unterweisung zur Glückseligkeit nach der Lehre Jesu* von Johann Samuel Diterich[28], wobei sich schon damals ein bemerkenswerter Unterschied zwischen den beiden Brüdern zeigte, der sich lebensgeschichtlich zunehmend verschärfte. Während nämlich Alexander überhaupt keine Neigung zu religiösen Vorstellungen besaß, entwickelte Wilhelm eine besondere Form der Frömmigkeit, über die er später, auf Immanuel Kants Schrift *Die Religion innerhalb der Grenzen der bloßen Vernunft* anspielend, schreiben wird: «Mein Bruder und ich haben von früh an Religionsunterricht und denselben gehabt. Auf ihn hat er nie, eigentlich in keiner Art gewirkt, er hat nichts geglaubt und nicht darüber nachgedacht. Bei mir war es wenigstens vom zwölften Jahr anders. Ich habe mich dem Glauben des Positiven in meinem Inneren gleich entgegengesetzt, bin aber eine lange Zeit, soweit es mir natürlich und durch bloße Vernunft begreiflich schien, sehr fromm gewesen. Die Sprüche aus der Bibel habe ich immer gleich angewandt und noch jetzt fallen mir viele ein, wo die Gelegenheit es gibt.» (Br. V, 315)

Doch all diese Anstrengungen zur Vervollkommnung ihrer geistigen und sittlichen Fähigkeiten konnten den Verlust nicht kompensieren, unter dem beide Kinder seit 1779 litten. Je mehr sie sich der mütterlichen Kälte und der hofmeisterlichen Kontrolle ausgesetzt fühlten, desto tiefer schmerzte sie die seelische Wunde, die sie durch den unerwarteten, «bloß zufälligen» Tod des Vaters erlitten hatten. Sichtbar ist es an ihren Verhaltensweisen und Stimmungen, mit denen sie in den kommenden Jahren in unterschiedlicher Weise auf die schockartige familiäre Katastrophe reagierten.

Glaubt Wilhelm bis in sein zwölftes Jahr «natürlich» gewesen zu sein wie alle anderen Kinder, so stellt er nun fest: «Mir gab die Natur wenig, was ich von ihr empfing, zerstörte das Schicksal früh.» (Br. I, 52) Die natürliche kindliche Lebenslust, die sich am väterlichen Vorbild zumindest ansatzweise entwickeln konnte, macht einer erschreckenden Kälte Platz, «an der ich kranke». (Br. I, 52) Wilhelm stürzt in eine tiefe Melancholie. Den Menschen, die ihm nahe sind, erscheint er als fühllos, menschenfeindlich, in sich gekehrt. «Es war eine tötende Gleichgültigkeit in mir», wird er seiner Li 1790 im Rückblick auf seine Jugend mitteilen, «so gar keine Erwartung und kein Bemühen, mir Freude zu machen, so ein bloßes Umtreiben und ein ewiges Studieren. Denn die meisten Menschen und Dinge waren mir nur so weit lieb, als ich an ihren lernen konnte.» (Br. I, 258) Ständiges Studieren, ununterbrochenes Lernen und intensives Lesen sollen die Leere ausfüllen, in die Wilhelm 1779 gestürzt ist. Das konnte auf den ersten Blick durchaus positiv klingen, wie in seinem Brief aus Tegel an Henriette Herz 1787: «In meinem zwölften Jahre gewann ich durch die Lektüre der alten Geschichte auf einmal Geschmack an Literatur und Wissenschaften. Ich saß fast immer bei meinen Büchern und war äußerst arbeitsam.»[29] Kunth und seine Mutter werden sich gefreut haben.

Die Erwähnung seines Lebensalters verrät jedoch, dass es sich bei diesem fleißigen Lesen und Studieren um eine Flucht in die Bücher handelt, die ihm etwas bieten können, was ihm im Leben mangelt. Seiner Caroline hat er es nicht verschwiegen. In jener traurigen Zeit, in der er sich von den Menschen gequält fühlte und niemand mehr da war, mit dem er liebevoll umgehen konnte, entstand in ihm «so eine eigentliche Liebe zu den Büchern, und in das trockenste Studieren mischte sich so eine Empfindung, so eine Anhänglichkeit, die aus Bitterkeit gegen die Menschen entsprang und oft nicht ohne Tränen war». (Br. I, 134) Wilhelm ist in eine Traumwelt eingetaucht, um seinen Weltschmerz ertragen zu können. Vor allem die heldenhaften und erhabenen Gestalten der griechischen und römischen Geschichte und Mythologie bevölkern seinen Geist. Sie evozieren in seiner Phantasie, was ihm das Leben mit einer verschlossenen Mutter und einem verdrießlichen hofmeisterlichen Ersatzvater nicht geben kann. Wilhelm reichert seine Innenwelt mit Bildern der Antike an. Von der Außenwelt zieht er seine Interessen ab. Er wird zu einem innerlichen Menschen, der «mit stoischer Strenge» (Br. I, 360) jede Neigung zum gesellschaftlichen Vergnügen abwehrt. Nur so glaubt er auch jenen Schmerz besiegen zu können, unter dem er seit jenem besonderen Jahr leidet, das er in seinem *Bruchstück einer Selbstbiographie* 1816 noch einmal hervorheben wird: «Die Selbstbeherrschung hat seit meinem 12. Jahre wo ich sie, ganz aus innrem Antrieb, anfieng, bis jetzt, wo ich sie noch nicht verschmähe zu üben, nie einen andren Zweck gehabt, als sich selbst.» (G. S. XV, 455) Mit unbedingtester Selbstkontrolle sucht er sich einen Punkt «ausser der Welt» zu schaffen, um seine Einsamkeit und Fremdheit mitten in ihr bewältigen zu können.

Seit seiner frühen Jugend will Alexander von Humboldt Soldat werden. Da lebt sein Vater noch. Er hat nie über den Grund dieser Neigung gesprochen, sondern nur darüber geklagt, dass sie von den Eltern missbilligt worden ist. Sie haben Besseres mit ihm vor. Er soll in den Dienst am königlichen Hof eintreten, zu dem die Eltern enge Beziehungen haben. Doch dazu hat der junge Alexander überhaupt keine Lust. Warum soll er nicht werden, was auch sein Vater gewesen ist, ein tapferer Soldat, der sich in Kämpfen bewährt und in fernen Ländern Abenteuer erlebt? Er kann sich nicht durchsetzen, und der Tod des Vaters zerstört endgültig all seine Hoffnungen. Jetzt muss er tun, was man von beiden Kindern erwartet: ständig lesen und lernen, vor allem Sprachen, Geschichte und Literatur, um sich geistig und sittlich zu vervollkommnen. Doch während Wilhelm ab seinem zwölften Lebensjahr sich auf die Bücher stürzt, um aus der Welt zu flüchten, hat der zehnjährige Alexander nur «sehr wenig Lust, mich mit den Wissenschaften zu befassen»[30]. Es fällt ihm schwer, dem gemeinsamen Unterricht zu folgen, dessen Themen und Verlauf auf seinen älteren Bruder zugeschnitten sind. Er kann sich nicht konzentrieren und leidet oft unter Kopfschmerzen. Er scheint in die körperliche Schwäche geflüchtet zu sein, um damit sein seelisches Leid auszudrücken.

War Alexander weniger begabt als der lernbegierige Wilhelm? Die Lehrer haben es so gesehen, und Alexander selbst sagte später von sich: «Ich entwickelte mich unendlich viel später als mein Bruder Wilhelm (…), der von der ersten Kindheit an durch seine tiefe Kenntnis des Griechischen und der gesamten alten Literatur wie durch seinen Geschmack für Poesie – Fächer, in denen er seither geglänzt hat – in Erstaunen versetzte.»[31] Man kann dieser Selbstbeurteilung, die ernst und aufrichtig gemeint war, nur schwer widersprechen. Doch sie ist nur die halbe Wahrheit. Denn Alexander hat sich zwar mit Verspätung in jenen Fachgebieten kundig gemacht, auf die sich sein Bruder seit seinem zwölften Lebensjahr fixierte. Stattdessen hat er ihn auf anderen Feldern weit hinter sich gelassen. Und es war wohl ebenfalls nicht nur eine brüderliche Schmeichelei, als Wilhelm in seinem autobiographischen Bruchstück darauf hinwies, er habe in seiner Kindheit «für einen langsamen, wenig von der Natur begünstigten Kopf gegolten, vorzüglich verglichen mit meinem Bruder Alexander» (G. S. XV, 459).

Wer hat hier recht? Wohl beide Brüder, wenn man die unterschiedlichen Gesichtspunkte berücksichtigt, von denen aus sie urteilen. Denn auf Wilhelm, der sich nach dem Tod des Vaters in seine innere Welt zurückzog, haben Poesie, alte Sprachen und Literatur eine ungeheure Anziehungskraft ausgeübt, während sich Alexander schon früh nach außen in die Natur orientierte, die ihm einen Ausweg aus all den Zwängen, Verstellungen und ständigen Aufopferungen anbot, unter denen er so qualvoll litt. Er hoffte auf die Gunst der Natur, die Wilhelms Kopf nur wenig begünstigt hat. Und statt sich zu einem innerlichen Menschen zu bilden, der sich in seine Traumwelten einspinnt, trieb es ihn nach draußen ins Freie, wo er seine Sinne schärfen und zu seiner eigenen Natur finden konnte, die im vaterlosen Haus «gemißhandelt» und «eingezwängt»[32] wurde. So begann er, jede freie Stunde in der reizenden, anmutsvollen Tegeler Landschaft zu verbringen, wo er Steine, Muscheln, Pflanzen, Käfer und Schmetterlinge sammelte, die er naturkundlich erforschte und in zahlreichen Schachteln sortierte. Es mag zwar nur eine Anekdote sein, dass der elfjährige Sammler von einer adelsstolzen Tante herablassend gefragt wurde, ob er denn Apotheker werden wolle, worauf er frech und selbstbewusst antwortete: «Doch lieber Apotheker als Kammerherr!»[33] Die versteckte Wut und Enttäuschung über den Tod des kurz zuvor gestorbenen Vaters war nicht zu überhören.

Niemand hat diesen wesentlichen Unterschied der beiden Brüder, die bei völlig gleicher Erziehung seit ihrer Kindheit in Temperament, Charakter, Neigung und wissenschaftlichen Interessen voneinander abwichen, besser erkannt und beschrieben als Wilhelm von Humboldt, der nach einem Treffen mit seinem Bruder in London am 9. Oktober 1818 seiner Frau Caroline schrieb: «Ich hätte durch das, was man durch immer auf äußere Gegenstände gerichtete Aufmerksamkeit ausrichtet, es nie weit gebracht. Ich bin von Natur und von Kindheit an mehr von einer innerlichen Natur gewesen. Meine äußeren Sinne selbst schon sind weder sehr scharf noch gerade ausgebildet. (...) Unsere Erziehung war eigentlich gemacht, das zu befördern. Alexanders ganz entgegengesetzte Natur hat sich davon losgemacht, und die Schranken, die man ihm von dieser Seite entgegensetzte, durchbrochen. Ich habe die Erziehung, die man mir gab, in meiner Manier aufgenommen und diese verstärkt.» (Br. VI, 336 f.)

ZWEITES KAPITEL

Habe Mut, dich deines eigenen Verstandes zu bedienen

Wie die Jugendlichen in den Kreis der Berliner Aufklärer
geraten, und was sie von ihnen lernen

Als ihre beiden Kinder aus zweiter Ehe erwachsen werden, entscheidet sich Marie Elisabeth von Humboldt, ihnen einen größeren gesellschaftlichen Umgang zu ermöglichen. Nicht nur im Winter, auch in den Sommermonaten bleiben Alexander und Wilhelm in Berlin. Nur sonntags reiten sie zum Besuch der Mutter nach Tegel und genießen dort den anmutigen Reiz der märkischen Landschaft, während sie die Wochentage in der Stadt zubringen. Unter der Leitung ihres Hofmeisters haben sie zwar viel zu lernen. Doch Kunth vermittelt ihnen auch den Zugang zu gesellschaftlichen Kreisen, die für ihre weitere Entwicklung wegweisend werden. 1785 treten der sechzehnjährige Alexander und der achtzehnjährige Wilhelm in das Bildungsmilieu der «Berliner Aufklärung» ein. Sie lernen jenen harten Kern von etwa zwanzig tonangebenden Persönlichkeiten kennen, die ein kulturelles Netzwerk mit vielen Querbezügen bilden, die thematischen Schwerpunkte der Diskussionen bestimmen und jenen besonderen Konversationsstil kultivieren, der für die Aufklärung in Preußen charakteristisch ist: Selbständig denkende Menschen versuchen durch wechselseitiges Argumentieren herauszufinden, was man gemeinsam für vernünftig halten kann. Kritisch, respektvoll und offen soll der Dialog sein, in dem sich die Kraft gegenseitiger Aufklärung entfalten kann.

Haben sich die Brüder Humboldt in ihrer Kindheit einsam, unverstanden und eingezwängt gefühlt, so erscheinen ihnen jetzt die neuen Berliner Lebens- und Gesprächsformen wie ein radikales Kontrastbild: Genussvolle Geselligkeit statt erlittener Einsamkeit, Offenherzigkeit statt Verstellung, Freiheit statt Zwang. Die Folgen dieses Wechsels für die intellektuelle Entwicklung und charakterliche Bildung der beiden Brüder sind nicht zu übersehen. Besucher im Humboldt'schen Stadthaus stellen 1785 erfreut fest, dass Wilhelm bei all seiner Gelehrsamkeit und Leselust doch kein Pedant und verschlossener Einzelgänger ist. «Im Gegenteil hat er immer *le mot pour rire*», macht also gern Witze, ist zu Scherzen aufgelegt und schätzt gesellige Vergnügungen. Alexander ist dagegen eher *«un petit esprit malin»*, ein kleiner frecher Schlingel. «Jetzt ist er in der gereiften Periode der aufwachenden Galanterie gegen Damen. Er trägt zwei lange stählerne Uhrketten, tanzt, macht Konversation im Kabinett seiner Mutter, kurz, man sieht, er fängt an, eine Rolle zu spielen. Er erinnert sehr an den Vater.» (Br. I, 55)

Ihr Eintritt ins öffentliche Leben der Stadt Berlin, die damals etwas mehr als 110 000 Einwohner zählte, führt die jungen preußischen Adligen zunächst in das Haus des jüdischen Ehepaars Marcus und Henriette Herz. Es ist ein technisches Problem, das sie zusammenbringt. Auf dem Turm des Tegeler Schlösschens soll ein Blitzableiter angebracht werden. Doch wie soll das gemacht werden, und ist nicht ein Blitzableiter ein sehr riskantes Mittel, wie die Gegner dieser neumodischen Erfindung behaupten: dass seine Spitzen die Blitze anzögen und so die Gefahr eines Brandes noch vergrößert würde? Die Bedenken sind nicht ganz unberechtigt. Man erinnert sich an die zahlreichen Brandkatastrophen, als 1783 über England und Holland ein Gewitterklima hinweggezogen ist, dessen zerstörerische Wirkung von einigen Physikern auf die sich dort häufenden Blitzableiter zurückgeführt worden ist. Kunth entschließt sich, den Arzt, Physiker und Philosophen Marcus Herz um Rat zu fragen, der sich als ein klar denkender und experimentierfreudiger Forscher einen Namen gemacht hat. Mehrmals besucht Kunth den Wissenschaftler-Philosophen, und bald bringt er auch seine beiden Zöglinge mit.[1]

Damit ist der erste Schritt in die Szene der Berliner Aufklärer getan.

Was dadurch gewonnen wurde, ist umstritten. Denn während sich die Selbstdeutung der Aufklärung positiv auf eine als Licht gedeutete Vernunft heller und freier Köpfe bezieht, die sich kämpferisch gegen dunkle Vorstellungen und geschlossene Gesellschaften richtet, gilt sie ihren Kritikern als eine flache und seichte philosophische Strömung, die sich vor allem durch pedantische Gründlichkeit und kalte Verstandesschulung auszeichne. Nicht grundlos hat Friedrich Nietzsche von einer «*Feindschaft der Deutschen gegen die Aufklärung*»[2] gesprochen. Während in Frankreich «les philosophes», vor allem Voltaire, Montesquieu oder die aufklärenden Enzyklopädisten Diderot und d'Alembert, als Vorbilder für die Freiheit und Kühnheit eines eigenen Urteils stets hohes Ansehen genossen, hat man es zu einer «deutschen Affäre» erklärt, gegen ein aufgeklärtes Denken, das sich die Sache zu leichtmache, die Tiefe des Lebens und seine Nachtseiten romantisierend zu beschwören. So gesehen überrascht es nicht, dass auch der Einfluss der Aufklärungsphilosophie auf die Brüder Humboldt gern heruntergespielt worden ist: Wilhelm von Humboldt habe sich schon bald von ihr gelöst, und sein Bruder habe kaum Kenntnis von ihr genommen. «Der allgemeine Fehler der Aufklärung, fertige Resultate zu geben, statt zu eigener Gedankenentwicklung anzuregen, mag also diesen Unterricht auch für Humboldt unfruchtbar gemacht haben»[3], bemerkte Eduard Spranger und verwies darauf, dass es vor allem Wilhelm von Humboldts 1788 begonnenes Kant-Studium gewesen sein soll, das zu seiner Loslösung von der Aufklärungsphilosophie beigetragen habe.

Schauen wir genauer hin, vor allem hinsichtlich der kritischen Philosophie Immanuel Kants. Was trug sie zur Orientierung im Denken der Berliner Aufklärer bei? Und wie wurden die beiden Humboldts mit ihr vertraut? Zur Beantwortung dieser Fragen müssen wir die Aufmerksamkeit zuerst Dr. med. Marcus Herz zuwenden, der nicht nur ein ausgezeichneter praktischer Arzt gewesen ist, sondern auch ein begeisterter Kantianer, der schon seit einigen Jahren die theoretische Philosophie seines Lehrers in Berlin populär zu machen versucht. Herz hat Kant bereits 1766 kennengelernt, als er an der Königs-

berger Universität sein Medizinstudium durch philosophische Reflexionen zu erweitern und zu lenken suchte. Dass ihn dabei besonders
das problematische Verhältnis zwischen der körperlichen Sinnlichkeit
und der vernunftorientierten Intellektualität interessiert, erhellt be
reits seine Rolle als Mitstreiter («Respondent») bei der professoralen
Disputation über Kants Schrift *Von der Form der Sinnen- und Ver-
standeswelt und ihren Gründen* am 21. August 1770. Auch die nächsten
zehn Jahre, in denen Kant das Spannungsverhältnis zwischen *mundus
sensibilis* und *mundus intelligibilis* immer wieder neu durchdenkt, begrifflich ausarbeitet und schließlich 1781 in seiner *Kritik der reinen
Vernunft* einer Lösung zuführt, die er gegenüber Herz als «eine gänz-
liche Veränderung der Denkungsart in diesem uns so innigst angele-
genen Teile menschlicher Erkenntnis»[4] hervorhebt, ist der Kontakt zu
seinem Schüler nicht abgebrochen, der nach seiner Promotion zum
Doktor der Medizin 1774 als praktischer Arzt am jüdischen Kranken-
haus in Berlin zu arbeiten begonnen hat.

Sie schreiben sich Briefe, wobei sie den praktischen Nutzen ihrer
Bekanntschaft nicht verbergen. So kann sich der Philosoph ärztlichen
Rat bei dem Mediziner holen, als er unter beschwerlichen «Ob-
struktionen» leidet und dagegen ein «eccoprotisches (kotabführen-
des)» Arzneimittel verschrieben haben möchte. Es muss etwas getan
werden gegen die «Unterbrechungen meiner Kopfarbeiten» und die
Unklarheiten des «vernebelten Kopfes», die Kant auf seine Blähungen
und Verstopfungen zurückführt. Wer könnte bei diesem drückenden körperlich-geistigen Krankheitsfall besser helfen als sein werter
Freund Marcus Herz, der «die Arzneikunst mit der Forschbegierde
eines Experimentalphilosophen und zugleich mit der Gewissenhaf-
tigkeit eines Menschenfreundes» betreibt und seine Arbeit nicht als
bloße «Brotkunst», sondern zugleich als Unterhaltung für den Geist
praktiziert?[5]

Seit Ende der siebziger Jahre ist das Haus Herz ein geistiger Mittelpunkt der Berliner Aufklärung. In diesem abgegrenzten Raum entwickelt sich jene einzigartige Form der gemischten Geselligkeit, in
der Adel und Bürgertum, Männer und Frauen, Christen und Juden,

Theologen und Freigeister, Staatsbeamte und Künstler, Wissenschaftler und Philosophen zwanglos zusammenkommen, um sich selbst als Publikum gemeinsam zu bilden und aufzuklären. Wichtige Anregungen kommen von Kant. Nicht ohne Stolz hat Herz es im November 1778 seinem verehrungswürdigen Lehrer mitgeteilt: «Ich genieße diesen Winter eine Glückseligkeit, zu welcher meine Phantasie nie in ihren Wünschen hatte versteigen können. Ich verkündige heute bereits zum zwanzigsten Mal öffentlich Ihre philosophische Lehren mit einem Beifall, der über alle meine Erwartung geht. Die Anzahl meiner Zuhörer nimmt täglich zu, sie ist schon bis auf einige u. dreißig herangewachsen, lauter Leute vom Stande und Gelahrte von Profession. Professores der Medizin, Prediger, Geheimräte, Bergräte usw., unter denen unser würdiger Minister das Haupt ist; er ist immer der erste auf meiner Stube u. der lezte, der hinweggehet.»[6]

Der Königlich Preußische Staatsminister für Kirchen- und Unterrichtsangelegenheiten Karl Abraham Freiherr von Zedlitz ist nicht nur das wissbegierige Haupt der Zuhörer von Herz. Er ist die kulturpolitische Führungspersönlichkeit im Zeitalter der Aufklärung, verantwortlich vor allem für die tolerante Kirchenpolitik und eine fortschrittliche Schul- und Universitätsreform im Preußen Friedrichs II. In beiden Bereichen gelte es, frei «räsonieren» zu können, womit keine nörgelnde Vernünftelei gemeint ist, sondern ein Denken, das sich an der Vernunft (*la raison*) orientiert, statt sich auf staatliche oder kirchliche Autoritäten zu berufen.

1779 gelingt es Zedlitz, Johann Jakob Engel in die Schulkonferenz zur Reformierung des preußischen Unterrichtswesens zu berufen. Dieser «Philosoph für die Welt»[7], der seit 1776 am Berliner Joachimsthaler Gymnasium arbeitet, einem modellhaften Projektinstitut philanthropischer Pädagogik, soll ein philosophisches Unterrichtsprogramm entwerfen, das der königlichen Vorstellung entspricht: «Wer zum besten raisoniren kann, wird immer zum weitesten kommen, besser als der, der nur falsche Schlüsse zieht.»[8] Ein Jahr später ist Engels philosophische Erziehungsschrift fertig, die er Zedlitz widmet: *Versuch einer Methodik die Vernunftlehre aus Platonischen Dialogen zu entwickeln.* Das ist nicht nur eine Absage an die Systemphilosophie und eine Rückkehr zum «Sokratismus» des lebendigen gemeinsamen Philosophierens. Es entspricht auch den kantianischen Erwartungen des aufgeklärten Kulturstaatsministers. Es komme nicht darauf an, gedruckten Anweisungen, Gesetzen und Reglements zu folgen. Es komme vielmehr darauf an, dialogisch philosophieren zu lernen. Wenige Jahre später wird Engel es mit seinen beiden begabtesten Schülern praktisch erproben: Alexander und Wilhelm von Humboldt.

Sie haben sich Mitte der achtziger Jahre zum ersten Mal getroffen. Nachdem die beiden Brüder wegen eines Blitzableiters bereits Marcus Herz und dessen Frau Henriette kennengelernt haben, werden sie Anfang 1786 durch Kunth in eine «Lesegesellschaft» eingeführt, in der Johann Jakob Engel die Gespräche zu leiten sich bemüht. Das ist eine jener privaten Zusammenkünfte, deren gebildete Mitglieder gemeinsam etwas lesen und sich über das Gelesene unterhalten. Zu den Teilnehmern gehören, neben Kunth und dem Ehepaar Herz, unter anderem der Prediger und Diakon an der Marienkirche Johann Friedrich Zöllner, der sich auch in Philosophie, Medizin, Botanik, Chemie und Physik hervorragend auskennt, wenige Jahre später Alexander von Humboldt ein «technologisches Kolleg» (Jbr., 43) hält und Wilhelm von Humboldts erste Schrift in seinem *Lesebuch für alle Stände* veröffentlicht, das er seit 1781 herausgibt *zur Beförderung edler Grundsätze, ächten Geschmacks und nützlicher Kenntnisse*; der Kammergerichtsrat Ernst Ferdinand Klein, der schon seit einigen Jahren mit dem Entwurf zum «Allgemeinen Landrecht für die Preußischen Staaten» beschäftigt ist; der Geheimrat im auswärtigen Ministerium Christian Wilhelm von Dohm; der Oberkonsistorialrat Wilhelm Abraham Teller; und der Lehrer am Berliner Gymnasium zum Grauen Kloster Karl Philipp Moritz, der durch seine *Beiträge zur Philosophie des Lebens* (1780) populär geworden ist und gerade seinen Entwicklungsroman *Anton Reiser* zu Ende schreibt.

«Auch die weiblichen Mitglieder ihrer Familien gehörten dieser Lesegesellschaft an. Außerdem aber auch die beiden sechzehn- bis achtzehnjährigen Brüder Wilhelm und Alexander von Humboldt, damals schon von feiner Sitte, lebendig, geistreich, kurz, durchaus liebenswürdig, und von umfassendem Wissen. Sie waren zu jener Zeit schon in unser Haus eingeführt, und so konnte es denn bei ihrem Interesse für alles Schöne, welchem sich später wohl auch einiges für die Schönen unserer Gesellschaft beimischte, nicht fehlen, daß sie dieser angehörten.» Die Versammlungen finden, wie Henriette Herz in ihren Lebenserinnerungen weiter berichtet, bei Hofrat Bauer statt, dem Kastellan des Königlichen Schlosses, und zwar im Winter im Schloss, im Sommer in einem Garten, den Bauer vor dem Königstor besaß. «Engel präsidierte gewissermaßen in dieser Lesegesellschaft. Er führte die Irrenden auf den richtigen Pfad, und zwar im Winter von einem Platze hinter dem Ofen aus, welchen er stets einnahm, wenn er nicht las.»[9]

Bevor wir uns dem sinnlichen Interesse der beiden Brüder zuwenden, wollen wir zunächst ihrer geistigen Entwicklung folgen, die durch ihre Teilnahme an dieser Lesegesellschaft, vor allem durch den engen Kontakt zu Engel, Klein und Dohm, einen entscheidenden, lebenslang nachwirkenden Schub erhielt. Was haben sie da lernen können? Worüber wurde gemeinsam debattiert? «Gelesen wurde jedes Mal», berichtet Henriette Herz: «Kleinere und größere Aufsätze, lyrische und epische Dichtungen, Dramatisches usw. wechselten ab, und sowohl Männer als Frauen lasen vor.»[10] Mehr erfahren wir nicht. Doch zumindest hinsichtlich der Aufsätze lässt sich anhand einiger Indizien begründet vermuten, dass es sich dabei vor allem um Texte gehandelt haben wird, die in der *Berlinischen Monatsschrift* erschienen sind und um die Frage kreisten: Was ist Aufklärung?

Dafür spricht zunächst die Liste der Teilnehmer der Lesegesellschaft. Denn die Namen Engel, Zöllner, Klein, Dohm und Teller finden sich nicht zufällig auf der Mitgliederliste der 1783 gegründeten «Mittwochsgesellschaft», der geheimen «Gesellschaft von Freunden der Aufklärung», die sich regelmäßig in reihum wechselnden Privatwohnungen treffen, «um durch freundschaftlichen Gedankenwechsel sich wechselseitig den Geist aufzuklären und dadurch Begriffe mancher Art sich selbst deutlich zu machen»[11]. Sekretär dieses Netzwerks ist Johann Erich Biester, Bibliothekar, Jurist und Privatsekretär des preußischen Kulturstaatsministers Freiherr von Zedlitz. Es geht, wie es auch in den Statuten festgelegt ist, primär nicht um das Erreichen eines vorher feststehenden Ziels, über das Einigkeit bestanden hätte. Interessiert ist man an einem Konversations- und Argumentationsstil, für den weder äußere Machtpositionen noch innere Glaubensgewissheiten eine Rolle spielen sollen. Gegen das Zeremoniell der Ränge setzt sich der Takt der Ebenbürtigkeit durch, und wenn es eine Autorität gibt, dann nur die des besseren Arguments. Damit waren jene Bereiche problematisiert worden, die zuvor nicht als fragwürdig oder kritisierbar galten: Kirche und Staat.

Die Lesegesellschaft, in der Alexander und Wilhelm von Humboldt als jüngste Teilnehmer mitlesen und -diskutieren, ist eingebunden in dieses übergreifende Netz aufgeklärter Juristen, Theologen, Mediziner, Politiker, Pädagogen und Philosophen. Dabei werden ihnen auch jene Aufsätze bekannt geworden sein, in denen das Programm für das Zeitalter der Aufklärung formuliert worden ist, die beiden Antworten nämlich, die Moses Mendelssohn und Immanuel Kant 1784 in der von Biester 1783 mitbegründeten *Berlinischen Monatsschrift* auf die Frage gegeben haben: *Was ist Aufklärung?* Konkreten Anlass dazu bot ein kleiner Streit zwischen Zöllner und Biester. Denn während der Jurist Biester dafür plädierte, dass die Ehe zwischen mündigen Menschen ohne die Einmischung von Religion und Geistlichkeit geschlossen werden sollte, wollte der Theologe Zöllner auf die religiöse Weihe dieses besonderen Verhältnisses nicht verzichten. Der Verfall der Sitten sei schon beklagenswert genug. Da sei es unverantwortlich, «den Werth der Religion herabzusetzen, und unter dem Namen der *Aufklärung* die Köpfe der Menschen zu verwirren». Und überhaupt: «*Was ist Aufklärung?* Diese Frage, die beinahe so wichtig ist, als *was ist Wahrheit,* sollte doch wohl beantwortet werden, ehe man aufzuklären anfinge! Und noch habe ich sie nirgends beantwortet gefunden.»[12]

Das ließ zunächst Moses Mendelssohn nicht auf sich sitzen, der sich selbst nicht nur als ein Gelehrter in der Tradition der jüdischen Haskala[13] (von hebräisch *le-haskil:* mit Hilfe des Verstandes aufklären, klären) verstand, sondern der auch in engster Beziehung zu den Spitzen der deutschen Aufklärung stand. Er hat Zöllners polemische Frage vor allem durch eine Begriffsklärung zu beantworten versucht. «Die Worte *Aufklärung, Kultur, Bildung* sind in unsrer Sprache noch neue Ankömmlinge. Sie gehören vor der Hand bloß zur Büchersprache.»[14] Um sie im alltäglichen Sprachgebrauch verwenden zu können, müssen ihre lebenspraktischen Bedeutungen erläutert und veranschaulicht werden, die Mendelssohn als «Modifikationen des geselligen Lebens» begreift. Während *Bildung* den Oberbegriff bildet, um die anzustrebende Harmonie zwischen dem geselligen Zustand eines Volkes und der Bestimmung des Menschen zu bezeichnen, sind *Kultur* und *Aufklärung* ausdifferenzierte Unterbegriffe: *Kultur* gehe mehr auf das Praktische in Handwerken, Künsten und Geselligkeitssitten; «*Aufklärung* hingegen scheinet sich mehr auf das Theoretische zu beziehen. Auf vernünftige Erkenntnis (objekt.) und Fertigkeit (subj.) zum vernünftigen Nachdenken über Dinge des menschlichen Lebens nach Maßgabe ihrer Wichtigkeit und ihres Einflusses in die Bestimmung des Menschen.»[15]

Welchen Einfluss Moses Mendelssohn auf die Bildung der Brüder Humboldt ausgeübt hat, ist ein Streitfall der Historiker, die sich auf deren Verhältnis zum Judentum konzentriert haben. Sicher weiß man, dass Alexander von Humboldt an der Totenfeier des bekannten und geschätzten Philosophen, der am 4. Januar 1786 gestorben ist, teilgenommen hat; und dokumentiert ist auch, was der greise Alexander von Humboldt 1853 an den Oberrabbiner der italienischen Stadt Mantua geschrieben hat, dass nämlich «einer unserer großen und ältesten Schriftsteller, der Freund Lessings, Moses Mendelssohn, auf die Erziehung, welche ich und mein Bruder in vorsündflutlicher Zeit genossen, Einfluß ausgeübt hat»[16]. Doch das dürfte nur in einem recht allgemeinen Sinne gemeint gewesen sein.

Als sich Kant auf Zöllners Frage einließ, hat er nichts von Mendelssohns Aufsatz gewusst, der in der September-Nummer 1784 der *Berlinischen Monatsschrift* erschienen war, und er hätte seine eigene, im Dezember publizierte Antwort zurückgehalten und überarbeitet, wenn er ihm rechtzeitig in die Hände gekommen wäre. So kann er das Lesepublikum nur zur Prüfung einladen, «wiefern der Zufall Einstimmigkeit der Gedanken zuwege bringen könne»[17]. Eine direkte Übereinstimmung ist zwar nicht festzustellen. Eher nimmt Kant den Faden dort auf, wo Mendelssohn ein loses Ende ließ. Denn Mendelssohn hat zwar die «Bestimmung des Menschen» als Maß und Ziel aller aufklärerischen Bestrebungen und Bemühungen eingesetzt, aber nicht weiter ausgeführt, was für den Menschen wesentlich sein soll. Darum aber geht es Kant. Seine *Beantwortung der Frage: Was ist Aufklärung?* zielt auf die Natur des Menschen. Was ist der Mensch? Er ist ein mündiges Wesen, zumindest der Möglichkeit nach, das sich aus der ihm zur zweiten Natur gewordenen Unmündigkeit herausarbeiten kann. In nichts anderem besteht der Prozess der Aufklärung.

«*Aufklärung*», so beginnt die berühmte Abhandlung, «*ist der Ausgang des Menschen aus seiner selbst verschuldeten Unmündigkeit. Unmündigkeit* ist das Unvermögen, sich seines Verstandes ohne Leitung eines anderen zu bedienen. *Selbstverschuldet* ist diese Unmündigkeit, wenn die Ursache derselben nicht am Mangel des Verstandes, sondern der Entschließung und des Mutes liegt, sich seiner ohne Leitung eines andern zu bedienen. Sapere aude! Habe Mut, dich deines *eigenen* Verstandes zu bedienen! ist also der Wahlspruch der Aufklärung.»[18] Kant sagt nicht, dass die Menschen tatsächlich mündig sind. Vormundschaften und Unmündigkeiten scheinen der Normalfall zu sein. Dagegen stellt Kant die einzelnen Selbstdenker im Forum der Öffentlichkeit. Der Ausgang des Menschen aus seiner selbstverschuldeten, weder naturgegebenen noch unaufhebbaren Unmündigkeit kann nur gelingen, wenn mündige Menschen frei denken und ihre Gedanken öffentlich publizieren können. «Der *öffentliche* Gebrauch seiner Vernunft muß jederzeit frei sein, und der allein kann Aufklärung unter Menschen zustande bringen. (…) Ich verstehe aber unter dem öffentlichen Gebrauch seiner eigenen Vernunft denjenigen, den jemand *als Gelehrter* von ihr vor dem ganzen Publikum der *Leserwelt* macht.»[19]

Kants Programmschrift brachte nicht nur die Vorstellungen und Ideen all derer auf den Punkt, die an der Lesegesellschaft bei Hofrat

Bauer teilnahmen, mittwochs zunächst privat räsonierten und ihre Gedanken dann in der *Berlinischen Monatsschrift* veröffentlichten. Vor allem bei den beiden jungen Humboldts muss es wie ein Blitz eingeschlagen haben. Denn hier ist ihnen der Zugang zu einer Welt geöffnet worden, in der sie nun eigene Schritte wagen und ihren eigenen Verstand bilden können. Die Zeit der Einsamkeit, der Verstellung und des Zwangs liegt hinter ihnen. Vor sich sehen sie ein Gelehrtenleben in größtmöglicher Freiheit. An Entschließung und Mut dazu fehlt es ihnen nicht. Noch allerdings sind sie nicht ganz aus dem Gängelwagen befreit. Sie haben noch viel zu lernen unter der Vormundschaft fähiger Lehrer, um sich schließlich ihres eigenen Verstandes ohne Leitung eines anderen bedienen zu können. Es spricht für die Weitsicht von Kunth, dass er unter seinen Bekannten die drei richtigen Selbstdenkenden gefunden hat, um Alexander und Wilhelm von Humboldt anleiten zu können. Ihre Namen sind uns schon mehrfach begegnet: Dohm, Klein und Engel.

Christian Wilhelm von Dohm ist 1779 als Geheimer Staatsarchivar nach Berlin gekommen und seit 1783 als Geheimer Kriegsrat im Departement für Auswärtige Angelegenheiten tätig. Vor allem seine Kenntnisse in Politischer Geographie, einer Erdkunde der Staaten nach exakter statistisch-wissenschaftlicher Methode, haben ihn für dieses hohe Staatsamt qualifiziert. Eigentlich soll er von Herbst 1785 bis Juni 1786 allein den jungen Grafen von Arnim in Nationalökonomie unterrichten. Doch Kunth, der Dohm gut kennt, macht diese Privatvorlesung auch den Brüdern Humboldt zugänglich. Der Unterricht umfasst ein breites Spektrum von Themen. Einen besonderen Schwerpunkt bildet die globale Ausdehnung des Handels und die Rolle, die dabei dem Geld als allgemeinem Äquivalent für den Wert verschiedener Warendinge zukommt. Dohm plädiert dafür, den Handel weitgehend den eigenen Marktgesetzen zu überlassen. «Das lezte, was ein Staat noch zur Aufnahme des Handels thun muss, ist die Beförderung der Freiheit desselben.» (G. S. VII, b, 513) Überhaupt hat der Staat sich vordringlich nur um die Sicherheit zu kümmern, damit Menschen frei tun können, was sie vernünftigerweise tun wollen. Das ist radikal gedacht gewesen. Dennoch ist Dohm kein revolutionärer Denker. Ihm zufolge hat die Beförderung der Freiheit evolutionär zu geschehen. Es geht nicht darum, das Werk reiner Spekulation aus dem Kopf in die wirkliche Welt zu setzen. Stattdessen muss man an den vorhandenen unvollkommenen Formen, Sitten, Meinungen anknüpfen, um sie Schritt für Schritt zu reformieren. In dieser Hinsicht engagiert sich Dohm, als enger Freund Mendelssohns und häufiger Gast im Hause Herz, auch für die gesetzliche Gleichstellung der Juden. Bereits 1781 hat er *Über die bürgerliche Verbesserung der Juden* geschrieben, wobei er davon ausgegangen ist, dass die Juden «von der Natur gleiche Fähigkeiten erhalten haben, glücklichere, bessere Menschen, nützlichere Glieder der Gesellschaft zu werden»[20].

Für eine private Einführung in das Naturrecht hat Kunth, durch Engel vermittelt, den Kammergerichtsrat Ernst Ferdinand Klein gewinnen können. Auch er ist Mitglied der geheimen Mittwochsgesellschaft und hat in der April-Nummer 1784 der *Berlinischen Monatsschrift* ein flammendes Plädoyer für die *Denk- und Druckfreiheit* gehalten. Besonders gegen die tyrannischen Geistlichen, die unter dem Namen der Frömmigkeit «die Dummheit zur Verehrung aufstellen», hat er das Bild des «kühnen Räsonneurs» entworfen, zu dessen Natur mehr als alles andere «*die Freiheit laut zu denken*» gehöre.[21] An Kleins Vorlesung über das Naturrecht, die im März 1785 beginnt und im Februar 1786 endet, hat nur Wilhelm von Humboldt teilgenommen. Sie soll ihn auf seine juristische Laufbahn vorbereiten, während sein Bruder an der Jurisprudenz kein Interesse zeigt. Bemerkenswert an Kleins Unterricht ist dabei nicht nur die starke Betonung eines weitgehend staatsfreien, privatrechtlich geregelten Gesellschaftsbereichs, in dem die Freiheit des einen Menschen nicht die des anderen beschränkt. Besonders erfreulich ist auch die Fähigkeit des Schülers, dabei selbst mitdenken und das Gehörte eigenständig schriftlich ausarbeiten zu können. «Ich freue mich sehr», schreibt Klein am 7. April 1785 an Wilhelm von Humboldt, «in Ew. Hochwohlgeboren Aufsätzen nicht nur Beweise, daß Sie das Gehörte wohl durchdacht, sondern auch so viele Spuren eines eigenen ungeleiteten Nachdenkens zu finden».

(G. S. VII, b, 481 f.) Das betrifft besonders seine Überlegungen über die Ehe, worüber bereits der achtzehnjährige Wilhelm schreibt, was ihn später immer wieder zu weiteren Untersuchungen und Überlegungen anregen wird: «Die Ehe ist eine Verbindung unter Personen beiderlei Geschlechts. Die Personen, die in diese Verbindung treten, geniessen mit und durch einander alle die Freuden, alle die Vortheile, die ihnen die Einrichtung ihrer Natur und ihre spezielle Lage zu geniessen erlaubt.» (G. S. VII, b, 476) Dazu die lobende Randnotiz von Klein: «Sie haben über die Ehe nicht nur gut raisonnirt, sondern auch mit einer Wärme und einem Edelmuthe gesprochen, wozu ich Ihrer künftigen Gemahlin im Voraus Glück wünsche.»

Fünf Jahre später, nachdem er durch die Vermittlung von Henriette Herz die Frau kennen- und lieben gelernt hat, mit der er sein Leben lang alle körperlichen, geistigen und seelischen Freuden zu genießen bestrebt sein wird, schreibt Wilhelm von Humboldt am 12. November 1790 einen langen Brief an Caroline von Dacheröden, in dem er seiner Verlobten sein innerstes Wesen und «jede Falte meiner Empfindungsart» zu enthüllen wagt. «Ewig merkwürdig» werde ihm der philosophische Unterricht bleiben, den er zwei Semester lang 1785/86 erhalten hat: «Meine erste bessere Bildung bekam ich durch Engel. Er ist ein sehr feiner und lichtvoller Kopf, vielleicht nicht sehr tief, aber so schnell auffassend und darstellend, wie ich es nie wieder gefunden habe, versteht sich nur in intellektuellen Dingen. Bei dem hört ich Philosophie nur mit wenigen andern und unterrichtete dann wieder meinen Bruder in seiner Gegenwart. Er gewann mich äußerst lieb, und ich hatte eine Anhänglichkeit an ihn, eine Achtung – so in dem empfundenen Sinne des Worts – eine Liebe, die in den höchsten Enthusiasmus überging.» (Br. I, 280)

Nur vermuten lässt sich, dass der junge Humboldt in dieser «Liebe» zu dem 45-jährigen Johann Jakob Engel gefunden hat, was ihm seit dem überraschenden Tod seines Vaters mangelt. Gesichert dagegen ist, was die beiden Brüder bei Engel gelernt haben. Überliefert ist der Unterrichtsstoff in Nachschriften Wilhelm von Humboldts, versehen mit Randbemerkungen und Korrekturen des Lehrers. In seinem Brief an Caroline hat Wilhelm zwar darauf hingewiesen, dass die philosophische Bildung «fast immer bloß logisch» gewesen sei und in ihm eine solche Stärke in «scholastischer Spitzfindigkeit» entwickeln ließ, dass es kaum einen anderen Menschen gebe, «der mehr als ich davon weiß». (Br. I, 280) Doch seine schriftlichen Ausarbeitungen zeigen, dass es sich dabei nicht «bloß» um logisches Räsonieren und nicht «nur» um intellektuelle Dinge gehandelt hat. Auch über Gefühle, die «Seele» und Glückseligkeit wird gesprochen, über Neigung, Begierde und Leidenschaft. Vor allem zeichnet sich der Unterricht bei diesem «lichtvollen» Kopf durch jenen Sokratismus aus, den Engel 1780 aus Platonischen Dialogen entwickelt hat. Denn Engel will mit seiner Methode keine Buchgelehrtheit vermitteln, nicht bloß Philosophie lehren. Er will seinen Schülern das Philosophieren beibringen. Für ihn ist Philosophie keine Lehre, sondern eine Tätigkeit.

Auch die sokratische Lehrmethode braucht thematische Anlässe, um fruchtbar werden zu können. Deshalb greift Engel im ersten Logik-Teil, in dem die Lehre von Begriff, Urteil und Schlussfolgerung behandelt wird, aber auch Fragen nach der «Kraft» der Vernunft und der «sinnlichen» Grundlage der Begriffsbildung gestellt werden, auf die *Vernunftlehre* des Hamburger Aufklärers Hermann Samuel Reimarus zurück *als eine Anweisung zum richtigen Gebrauche der Vernunft in der Erkenntnis der Wahrheit*, Hamburg und Kiel 1756, wobei vor allem zwei Aussagen Stoff zum Nachdenken bieten: «Reimarus sagt: Die *Vernunft* ist die *Kraft*, nach den *Regeln der Einstimmung*, und des *Widerspruchs*, über die vorgestellten Dinge zu *reflektieren*.» Und zu reflektieren bedeutet: «Dinge miteinander vergleichen, d. i. gegen einander halten, und sich bemühen, einzusehen, was sie ähnliches haben, oder worin sie voneinander unterschieden sind. Das Reflektieren ist das einzige Mittel, zur Kenntnis der *Wahrheit* zu gelangen.» (G. S. VII b, 365 f.)

Im zweiten Vorlesungsteil geht es um Metaphysik, für die Engel das populäre Handbuch des Göttinger Philosophieprofessors Johann Georg Heinrich Feder heranzieht: *Logik und Metaphysik nebst der philosophischen Geschichte im Grundrisse*, Göttingen 1769, sechste Auflage

1786. Problematisch ist dabei, neben der allgemeinen ontologischen Bestimmung dessen, was es überhaupt gibt, besonders die Annahme, dass auch «unsinnliche Dinge» als Substanzen existieren. Während wir nämlich von Körpern einen klaren und deutlichen Begriff durch die figurale Geometrie gewinnen können, scheinen sich seelische Ereignisse einer solchen Erkenntnis zu entziehen. An ihrem Dasein wird zwar nicht gezweifelt. «Wir kennen, vermittelst unsres innern Gefühls, unsre Seele. Wir sind uns bewusst, dass wir denken, und wollen, und dass unsre Entschlüsse in unserm Körper verschiedene Bewegungen hervorbringen; wir fühlen, dass es nicht unser Körper, sondern etwas von ihm ganz verschiedenes ist, was da denkt, und will, und was ihm – der an sich todt, und keiner eigenen Tätigkeit fähig ist – Bewegungen mitteilt.» (G. S. VII b, 435) Aber wie kann das die Seele tun? Gibt es eine besondere Kraft der Seele, die diese oder jene Wirkungen hervorbringen kann?

Sowohl die philosophischen Probleme der logischen Vernunft-lehre als auch die erstaunlichen Rätsel der Metaphysik werden die Brüder Humboldt lebenslang herausfordern. Alexander wird sich mit all seinen Sinnen auf die natürlichen Kräfte konzentrieren und sie in der vielfältigen Fülle körperlicher Dinge, in Luft und Wasser, in Steinen, Pflanzen und Tieren, aufzuspüren versuchen. Dagegen wird Wilhelm seine Aufmerksamkeit stärker auf die Innenwelt richten, auf den unerschöpflichen Reichtum von Ideen und geistigen Kräften, von Gefühlen und Empfindungen. Dabei wird er, stärker als sein jüngerer Bruder, in sich auch jene Kräfte zu kultivieren und zu steigern versuchen, von denen die «Praktische Philosophie» als dritter Teil von Engels Unterricht handelt. Während nämlich die theoretische Weltweisheit gedankliche Anregungen und Begründungen liefert, gibt es außer den Kräften des Verstandes «in unsrer Seele eine Menge von Neigungen, Begierden und Leidenschaften». (G. S. VII b, 464) Gemeinsam ist ihnen das praktische Streben nach «Glückseligkeit», nach einem Zustand des Vergnügens und Genusses, wobei sich der achtzehnjährige Wilhelm darüber sicher war, wo dieses Glück zu finden ist: «Ein Hang zum andern Geschlecht im Allgemeinen ist eine

Neigung; diese Neigung verbunden mit dem Gefühl eines Mangels in unserm gegenwärtigen Zustande, und dem Wunsche, diesen Zustand zu verändern, und uns zu verheirathen, ist eine *Begierde*; diese Begierde endlich gegen ein einzelnes Frauenzimmer gerichtet, ist eine *Leidenschaft*.» (G. S. VII b, 464)

Engels Absicht, nicht nur Philosophie, sondern auch das Philosophieren zu lehren, ist dialogisch ausgerichtet. Deshalb spielt die Lektüre der platonischen Gespräche eine große Rolle in seinem Unterricht. Sie soll die Schüler daran gewöhnen, «*mit* den Philosophen des Alterthums und *über* sie zu denken»[22], um damit zugleich ihre Sprachkenntnisse erweitern und ihre Vernunft richtig gebrauchen zu lernen. Das kommt Wilhelms Liebe zur griechischen Sprache und Literatur entgegen; und so wird es ihm wohl Vergnügen bereitet haben, einige Passagen aus Xenophons *Denkwürdigkeiten des Sokrates* und aus Platons *Gesetze* zu übersetzen und zu kommentieren. Weniger gefreut haben soll ihn, was mit diesem Text geschehen ist. Denn zwei Jahre später, kurz vor seiner Abreise nach Frankfurt an der Oder, wo er mit seinem Bruder zu studieren beginnt, «schlug Kunth, ich wahrlich nicht, Zöllnern vor, ihn mitabdrucken zu lassen; und nun mußte ich in den letzten Tagen, wo ich schon so viel Sorgen und Unruhe und Verdruß hatte, Tag und Nacht sitzen und umarbeiten und Vorreden machen»[23]. So kommt es, dass Ende 1787 Wilhelm von Humboldts erste Veröffentlichung in Zöllners *Lesebuch für alle Stände* erscheint: *Sokrates und Platon über die Gottheit, über die Vorsehung und Unsterblichkeit*. Sie ist nicht nur bemerkenswert, weil sie «aus der Feder eines zwanzigjährigen Kavaliers geflossen und die Übersetzung selbst schon vor zwei Jahren von ihm gemacht ist», wie Zöllner einleitend hervorhebt. (G. S. I, 1, Anm.) Philosophisch bedeutsam ist vor allem Humboldts Bekenntnis zu den Grundsätzen der zeitgenössischen Aufklärung, die er auf originelle Weise mit der griechischen Philosophie verbindet. Denn er stellt eine «auffallende Ähnlichkeit beider Perioden in dem beständigen Kampfe der Wahrheit und Vernunft gegen Zweifelsucht und Schwärmerei» fest. Der Einfluss Kants ist unübersehbar. Wie dieser kritische Philosoph wagt Humboldt die «muthvollere Bekämpfung der Hindernisse» (G. S. I, 2), die der Aufklärung des Verstandes entgegenstehen: auf der einen Seite eine radikale Skepsis, die alles in Frage stellt und die Gewissheiten der menschlichen Erkenntnis bis in ihre Grundfesten erschüttert; auf der anderen Seite eine überschwängliche Schwärmerei, die über die Grenzen des menschlichen Verstandes hinausstrebt und den Menschen nicht reflektieren, sondern nur glauben, nicht klar denken, sondern nur dunkel empfinden lässt.

Unter der Aufsicht seines Philosophielehrers vermittelt Wilhelm seinem zwei Jahre jüngeren Bruder, was er selbst von und bei Engel gelernt hat. Dass dieser Unterricht äußerst erfolgreich gewesen ist, dokumentiert eine Schrift, in der Alexander von Humboldt, noch nicht ganz neunzehn Jahre alt, ein heißumstrittenes theologisches Problem philosophisch zu lösen versucht. Es handelt sich dabei zwar um keine Veröffentlichung für ein größeres Publikum. Es ist ein privater Brief an den Theologiestudenten Wilhelm Gabriel Wegener in Frankfurt an der Oder, mit dem er am 13. Februar 1788 einen heiligen «Freundschaftsbund» geschlossen hat als Zeichen der brüderlichen Liebe, «mit der ich mich bis in den spätesten Abend meiner Tage an Dich, meinen theuren, wärmsten Busenfreund erinnern werde». (Jbr., 8) Doch dieser Brief ist nichts weniger als ein philosophisches Meisterstück, in dem Alexander scharfsinnig und umfassend gebildet sich mit Wegeners Beweis auseinandersetzt, dass es keine göttlichen Wunder gebe.

Als exemplarischen Fall hatte sich Wegener das zweite Pfingst-Kapitel der Apostelgeschichte gewählt und daran demonstrieren wollen, «dass die fremden Sprachen, worin die Apostel redeten, nicht wunderbar mitgeteilte, vorher nicht besessene Gaben gewesen wären». (Jbr., 18, Anm. 12) Hielt sein Beweis der philosophischen Kritik seines klugen Freundes statt? Humboldt lässt sich nicht zweimal bitten und schickt Wegener am 15. Juni 1788 aus Schloss Tegel ein «weitläufiges Raisonnement über Wunder und Wunderglauben» (Jbr., 17), das er mit einem scherzhaften Understatement einleitet, in dem Kant die Stichworte soufliert und Engel als philosophische Leitfigur auftritt:

«Meine Philosophie ist wie ein Kind, das noch immer am Gängelband geführt werden muß. Einem anderen nachkriechen habe ich wohl gelernt, wenn mein erfahrener Führer mir bei jeder Klippe den Arm bot, aber mich selbst zu leiten, dem anderen zu sagen, ob er auf keinem Abwege wandle, damit sieht es noch misslich aus. Doch weg mit der langweiligen Allegorie. Vor einem Freunde sich seiner Schwäche schämen, ist ebenso thöricht, als schädlich es ist, seine Schwächen vor sich selbst zu verbergen.» (Jbr., 11)

Humboldts logisch-philosophische Abhandlung über Wunder, in der auch Platon, Terenz, Lactantius, Spinoza, Herder, Campe, Mendelssohn und Engel zu Wort kommen, kann hier nicht nacherzählt oder kritisiert werden. Es muss ein Hinweis auf die Grundüberzeugung genügen, auf der Humboldt seine Überlegungen und Argumente aufbaut. Mit sokratischer Geste gesteht er zwar, dass sein Gedankengebäude noch «auf bloßem Sande» ruht. «Aber ein so leichtes Haus als das meinige, lässt sich leicht untermauern» (Jbr., 10), und sein ganzes Lebenswerk wird darin bestehen, sein Haus auszubauen und dessen Fundamente stärker und sicherer zu machen. Denn durch die Wahl des philosophischen Grundbegriffs hat er schon früh festgelegt, wie diese Arbeit zu leisten ist: «*Welt* nennen wir den Inbegriff alles Endlichen oder Geschaffenen, im Zusammenhange betrachtet. Alles Geschaffene ist wirklich, alles Wirkliche hat eine *Kraft*. Daher ist Welt, anders definirt, der Inbegriff aller endlichen Kräfte. Die Welt ist, als ein endliches Ding, steten Veränderungen unterworfen. Jede Veränderung belegen wir mit dem Namen *Wirkung*.» (Jbr., 11)

Schon als Achtzehnjähriger also hat Alexander von Humboldt das Bild einer immanenten und ganzheitlichen Welt entworfen, deren Kräfte sich im Zusammenspiel von Ursachen und Wirkungen äußern und entfalten. Deshalb kann er für sich auch das Problem, ob es Wunder gebe, umformulieren in die Frage: Gibt es Wirkungen, die ohne «endliche Kräfte» zustande kommen und einem «unendlichen Wesen» zugeschrieben werden können? Ja, antworten religiöser Gemeinsinn und unaufgeklärter Menschenverstand. Nein, sagt der Vernunft-Philosoph, der seine Schwäche vor sich und den anderen nicht verbirgt. Denn für ihn handelt es sich bei «Wirkung ohne Ursache» um kein transzendentes Beweismittel, sondern nur um ein mangelhaftes Wissen hinsichtlich der endlichen Welt in ihrer allumfassenden Komplexität. Und dann macht sich Alexander von Humboldt, geleitet durch die Führer der Aufklärungsphilosophie, daran, die Wunder nicht im Allgemeinen, sondern das besondere apostolische Wunder des «in fremden Sprachen Reden» auf vierfache Weise konkret zu widerlegen. Wir wollen ihm dabei nicht folgen, sondern lieber erzählen, wie es im Studenten- und Liebesleben der beiden Brüder weitergeht.

Der erste Schritt in die Welt
Wie die beiden Studenten ihren Geist bilden
und ihre ersten Freundschaften schließen

Auch wenn sie ihm persönlich wohl nicht begegnet sind, so hat er doch die Erziehung der beiden Humboldts beeinflusst. Denn es ist Moses Mendelssohn gewesen, der viele jüdische Familien Berlins nach einer *Bildung* streben ließ, in der sich die praktische *Kultivierung* der Lebensform mit der theoretischen *Aufklärung* des Verstandes verbindet. Das erhellt die gesellschaftliche Bedeutung der jüdischen Berliner Salons in den zweieinhalb Jahrzehnten bis zur preußischen Niederlage 1806. Für die kulturelle Entfaltung boten sie einen vertrauten privaten Freiraum, der sich sowohl gegen den formalen Zwang der höfischen Etikette absetzte als auch den Mangel einer bürgerlichen Öffentlichkeit aufzuheben versuchte; und für die Aufklärung im Sinne Mendelssohns, «die den Menschen als Mensch interessiert, *allgemein* ohne Unterschiede der Stände»[1], waren sie ein Forum, in dem man sich seines eigenen Verstandes bedienen konnte. Einer der ersten Salons war nicht zufällig von Mendelssohns Tochter Dorothea (Brendel), verheiratete Veit, eingerichtet worden. Wöchentlich traf man sich im Haus der Brendel Veit, um sich etwas vorzulesen und darüber zu räsonieren. Mendelssohn selbst war ein fleißiger und aufmerksamer Zuhörer. «Aber wie schlichen wir um ihn herum, um ein Wort des Urteils von ihm zu hören! War es gar ein beifälliges, wie glücklich waren wir!»[2], erinnert sich Henriette Herz, die zu Beginn der achtziger Jahre ihren eigenen Salon einrichtet. Ab 1785 kann sie auch die beiden jungen Humboldts zu ihren Gästen zählen.

Henriette ist einundzwanzig Jahre alt und bereits seit sechs Jahren verheiratet, als Alexander und Wilhelm durch ihren Hofmeister Kunth in ihr Haus eingeführt werden, das sie mit ihrem Mann Marcus Herz in der Neuen Friedrichstraße 22 bewohnt. Gegenüber ist ein Tanzboden, von dem das Stampfen und fröhliche Geschrei der Tanzenden herüberschallt. Da soll Henriette zu ihrem Mann gesagt haben: «Was hilft die feine Bildung; zu diesem Grund der Fröhlichkeit bringen wir es nie.» Und Marcus soll ihr entgegnet haben: «Dagegen entbehren jene auch des stillen Genusses, den ein gutes Buch gewährt, und der Mitteilung von Entdeckungen im Bereich der Naturkräfte zum Wohle der Menschheit.»[3] Von diesen Naturkräften hat der Hausherr in seinem Gesellschaftszimmer gesprochen. Durch physikalische Experimente hat er sie den wissensdurstigen Besuchern vor Augen geführt und als Kantianer philosophisch die Frage zu beantworten versucht, was wir naturwissenschaftlich gesichert wissen können.

Seine Frau Henriette hat in ihrem *«Salon d'esprit»* einen anderen Schwerpunkt gesetzt. Selbstbewusst weiß sie, dass «für die feine Geselligkeit nur die Frauen eigentlich bildend sind»[4]. Siebzehn Jahre jünger als ihr gelehrter Mann, der eher klein und hässlich gewesen sein soll, aber mit einem geistreichen Gesicht, hat sie die jüngere Generation um sich gesammelt, um nicht nur eine interessante sachliche Konversation zu führen, sondern sich auch mit dramatischer und lyrischer Dichtung, geselligen Spielen und Tanz zu vergnügen. Henriette wird als schöne Frau bewundert und umschwärmt. Charmant und gefühlvoll bildet sie ein Gegengewicht zur philosophisch reflektierten Wissenschaftlichkeit ihres Mannes, der sich manchmal auch über ihre poetischen Begeisterungen amüsiert. Dann tanzt sie um ihn herum, hängt sich an seinen Hals, während er sie mit leichtem Spott zur Vernunft rufen will.

Dennoch sind es keine zwei Welten, die nichts miteinander zu tun haben. Es handelt sich hier nicht, wie es immer wieder als Vorurteil kolportiert wird, um die Opposition zwischen einer begrenzten Verstandesaufklärung und einem empfindsamen Gefühlsüberschwang. Vielmehr repräsentiert das Ehepaar Herz die sich ergänzenden zwei Seiten einer Bildung im Sinne Mendelssohns, die sich in Aufklärung und Kultur differenziert hat. Wie eng sie zusammenhängen, zeigt die Lesegesellschaft, die sich Anfang 1786 gebildet hat und sich regelmäßig dienstags bei Hofrat Bauer, dem Kastellan des Königlichen Schlosses, trifft. Die älteren Aufklärer, wie Zöllner, Engel, Dohm, Klein und Herz, gehören ebenso dazu wie ihre Frauen und Henriettes jüdische Freundinnen mit ihrem *bel esprit* und, nicht zu vergessen, die beiden jungen Humboldts. Gelesen wird zwar jedes Mal. «Aber im Winter tanzten wir Jüngeren nach dem frugalen Abendessen, und ich erinnere mich, daß Alexander von Humboldt mich an einem jener Abende die damals noch neue Menuet à la Reine lehrte, und im Sommer spielten wir allerlei gesellige Spiele im Freien, bei welchen sich jedoch oft auch die Älteren beteiligten, schlugen Ball usw. (…) So lebten wir ein ganzes Jahr auf hochvergnügliche Weise miteinander, von manchem geistigen Nutzen für alle.»[5]

Lebensfreude und Wissensdurst. Von Frühjahr 1786 bis zum Herbst 1787 nehmen die Brüder Humboldt an diesen geselligen Treffen teil, bei denen sich nicht nur, wie es Henriette Herz amüsiert feststellt, deren Interesse für alles Schöne und Geistreiche verfeinert, sondern «wohl auch einiges für die Schönen unserer Gesellschaft beimischte»[6] – wir haben es bereits zitiert. Vor allem der zwanzigjährige Wilhelm ist von dem Reiz der jungen selbstbewussten Frauen verzaubert. Was er im Privatkolleg bei Johann Jakob Engel als Teil der «Praktischen Philosophie» gelernt hat, wird nun auch real erlebt. Wilhelm strebt nach «Glückseligkeit»: Voller Sinnlichkeit neigt er zum anderen Geschlecht; begehrt, was ihm gegenwärtig noch mangelt; und verliebt sich zunächst leidenschaftlich in zwei Mädchen, von denen er vertraulich Henriette berichtet, um sie, das eigentliche Objekt seiner Begierde, zu reizen. Denn er hat sich ja, wie er Henriette an einem herbstlichen Sonntag 1786 aus Tegel schreibt, von seinen beiden ersten Lieben wieder getrennt, um in ihrer Nähe sein Glück zu finden. Dass er Henriette nur ein- oder zweimal die Woche sehen könne, bereite ihm manch kummervolle Stunde. Da helfe es schon, wenn er in das niedliche waldige Tal in der Nähe des elterlichen Schlösschens reitet und dort ihren Namen in eine recht schöne Birke schnitzen kann. Ohne Zügel findet sein Pferd allein den Weg dorthin, wo er «die süßesten Stunden dieses Sommers» verbracht hat. Henriette wird beschworen als «die einzige Freundin, die ich habe», und dramatisch wird sie in das Spiel der Verführung zu locken versucht, dessen Regeln der junge Kavalier geschickt zu befolgen weiß. Doch er muss sich mit seinen verbalen Liebesbekundungen zufriedengeben.

Der erhoffte sexuelle Genuss ist Wilhelm versagt. Stattdessen bietet ihm die geliebte Henriette Ende des Jahres 1787 an, dem «Tugendbund» beizutreten, den sie zusammen mit ihrer Freundin Brendel Veit, Mendelssohns ältester Tochter, und dem jungen, äußerst schönen Karl Laroche gegründet hat, der ihr ebenfalls durch Kunth vorgestellt worden war. Laroche, ein Sohn von Goethes Freundin und Christoph Martin Wielands Jugendgeliebter Sophie Laroche, war die eigentliche Seele dieses Bundes, der Schöpfer seiner Regeln und Rituale, der emsigste Vertreter seiner moralisierenden Ziele. Zweck dieser Vereinigung «war gegenseitige sittliche und geistige Heranbildung sowie Übung in werktätiger Liebe. Er war ein Bund in aller Form, denn wir hatten auch ein Statut und sogar eigene Chiffern.»[7]

Zunächst scheut Wilhelm davor zurück, an diesem Veredelungsbund teilzunehmen. «Er fühle sich nicht würdig, in unseren Kreis einzutreten»[8], bekennt er gegenüber Henriette. Wahrscheinlich hat er gespürt, dass es sich bei dieser geheimen Verbindung um ein hochgradig verkünsteltes moralisches Experiment gehandelt hat, bei dem er die erotische oder sexuelle Glückseligkeit nicht finden kann, nach der er strebt. Doch schließlich sagt er zu und nimmt das Angebot an, wobei er sein Begehren in eine sonderbare Form von Scheinliebe steigert: «O Henriette, nun bist Du ganz mein! Einen stärkeren Beweis Deiner Liebe, Deines Vertrauens konntest du mir nicht geben, als indem Du mich würdigtest, wie mit einer Schwester vertraut mit Dir auf Du und Du zu reden.»[9] (Zum Glück wird zu den vier Tugendbündlern, auf Initiative von Karl Laroche, ein Jahr später auch Caroline von Dacheröden stoßen, die für Humboldt nicht mehr nur «Schwester», sondern wirkliche Geliebte und Ehefrau sein wird.)

Und Alexander? Er ist dabei und spielt mit. An der Lesegesellschaft bei Hofrat Bauer nimmt er teil und bringt Henriette den neuesten französischen Tanz bei. Neugierig besucht er das Haus Herz, folgt begeistert den experimentalphysikalischen Vorführungen und philosophischen Vorlesungen von Marcus Herz, den er als Lehrer und väterlichen Freund schätzt. Auch zu Brendel Veit, Rahel Levin und Henriette Herz, in deren Salons er gern Gast ist, fühlt er sich hingezogen. In Briefen an Freunde in Berlin lässt er «den lieben Hofrat und seine vortreffliche Frau» (Jbr., 3) grüßen. Henriette Herz! «Es ist die schönste und auch klügste, nein! Ich muß sagen, die weiseste unter den Frauen.» (Jbr., 7) Wenn er sich ungeschickt verhält, hofft er, «daß sie mir nicht ein wenig böse, sondern wohl gar ein wenig gut wäre». (Jbr., 5) Was er mit diesen klugen jüdischen Frauen erlebt, ist jedenfalls viel aufregender als das, was ihm im Tegeler Familienschloss widerfährt, das er in Briefen an Henriette meist «Schloß Langeweile» nennt.

Auch beobachtet Alexander sehr genau, was mit seinem Bruder geschieht, als dieser in den Tugendbund mit Henriette («Jette»), Brendel und Karl eintritt. Er selbst nimmt daran nicht teil, aber ist mit den Ereignissen vertraut. So schlägt er vor, den Kreis auch für neue Mitglieder zu öffnen, und erfindet für die Verbündeten eine besondere Geheimschrift, damit niemand, vor allem nicht der alles kontrollierende Kunth und Henriettes Ehemann Marcus, lesen kann, was sie sich vertraulich schreiben. Schließlich könnten sie als überspannte Schwärmer verspottet werden, andere würden «vielleicht gar versteckte Absichten»[10] in ihren Herzergießungen sehen wollen. Doch Wilhelm gibt auch zu bedenken, dass selbst die Menschen, die ihm sehr nahe sind, nicht verstehen würden, worum es ihnen geht, «selbst Kunth nicht, und an meinen Bruder, so gut er sonst ist, ist gar nicht zu denken»[11].

Was versteht Alexander nicht? Er ist doch in das Geheimnis dieser «Verbündung» eingeweiht. Er gehört zum Kreis der jungen Leute, deren geselliger Geist auch ihn aus der familiären Langeweile befreit, unter der er, wie sein Bruder, leidet. Was also fehlt ihm, dass er nicht in dieses Quartett eintritt und nicht an den erotischen Spielen und vertraulichen Verliebtheiten der Tugendbündler teilnimmt? Zunächst mangelt ihm jener heilige Ernst, mit dem die anderen ihre «Liebe» zelebrieren. Distanziert beobachtet er sie, und wenn es ihm gar zu schwärmerisch zugeht, weiß er sich darüber zu mokieren. Dann «medisiert» er, lästert also ein wenig und macht sich über seine Freunde und Freundinnen lustig, wie in jenem kleinen Dramolett, das er für Henriette Herz im September 1788 geschrieben hat: Hofrätin Herz und Madame Veit unterhalten sich. Sie warten auf Alexander, der sich zum Besuch angemeldet hat, aber nicht kommt.

Henriette Herz: «Humboldt, der versteht die Kunst zu lachen. Sind die Menschen unterhaltend, so lacht er mit ihnen. Sind sie langweilig, so lacht er über sie. Die Moral ist nicht so übel.»

Brendel Veit: «Wenn sie unschädlich ist. Bequem ist sie wenigstens immer.»

Henriette: «Medisiren thut der Humboldt noch am erträglichsten. Wenn er keinen andern Stoff dazu hätte, ich glaube, er medisirte über sich selbst.»

Brendel: «O, dazu hat er zu viel Eigenliebe. Die Männer ...»

Henriette: «Eigenliebe? Daß Du Dich doch nie an meine Unterschiede gewöhnst. Lieben, Liebe haben, verliebt sein ... Das sind ja himmelweit verschiedene Dinge.»

Brendel: «Nun, so ist Humboldt in sich selbst verliebt. Sagt so die Cyprische Grammatik?»

Henriette: «Ach! Liebe, das klingt wieder zu hart. Es giebt Thorheiten so viele auf diesem Erdenrund. Ich glaube fast, der kritische Fall wird nimmer eintreten.» (Jbr., 25)

Selbstironisch gibt Alexander zu verstehen, dass ihm die Sprache der «Cypris», mit der die Liebesgöttin Aphrodite gemeint ist, eine besondere Form der Torheit auszudrücken scheint, der er sich zu entziehen weiß. Ist er mit dieser Selbstcharakterisierung einverstanden, die er Henriette und Brendel in den Mund gelegt hat? Jedenfalls ist die «Eigenliebe», über die sich der neunzehnjährige Humboldt in diesem kurzen Liebesdialog amüsiert, nur ein vordergründiges Phänomen.

Der eigentliche «kritische Fall» einer törichten Liebe, der vielleicht niemals eintreten wird, weist scherzhaft auf eine tiefere Dimension hin. Davon zeugt besonders jener «süße Traum», den Alexander von Humboldt einige Jahre später träumt und sofort Henriette Herz mitteilt. Am 4. April 1796 wird er ihr einen ausführlichen Brief (Jbr., 501 f.) schreiben: «Hören Sie gleich den Traum und urtheilen Sie Selbst, meine Freundin. Daß unsere Träume sich nach den, leider! noch so wenig entdekten Regeln unserer Ideenassociation richten, darüber sind wir uns einig.» Und dann erzählt er ihr den Traum, in dem ihn zunächst ein ehrwürdiger Greis durch ein Getümmel von Menschen führt, «die alle große Mäntel trugen und das Gesicht verhüllten, so daß man kein Geschlecht von dem anderen unterscheiden konnte». Er trifft drei Wesen, die ein «sonderbares, sehnsuchtsvolles Gefühl in mit veranlaßten». Er schleicht hinter dieser rätselhaften Dreiheit her und lauscht ihrem Gespräch, das «so verständig, so männlich schön» ist, dass er die drei Gehenden für drei edle Jünglinge hält. Bald entdeckt er seinen Irrtum, über den er lachen muss. Es sind drei Damen, die sich unschwer als Henriette Herz, Brendel Veit und Rahel Levin identifizieren lassen. Schließlich kommen sie zu einem unglücklichen Mädchen, «welches Räuber gemißhandelt hatten. Sie war halb nakt und mit Wunden bedeckt.» Die drei Damen werfen ihre Mäntel ab, um ihr damit Schutz zu bieten. Nun steht die größte von ihnen ganz enthüllt vor ihm. Er wagt nicht, sie anzusehen. Sein alter Führer hilft ihm aus der Verlegenheit und klärt ihn auf: «‹Auch ich war einst ihr Vertrauter, aber ein widriges Schicksal trennte mich von ihnen. Willst Du die Frau von Angesicht kennen, die ihren Mantel dahin gab, so betrachte dies Bild. Die Natur wollte einen Mann schaffen, aber sie vergrif sich im Thone und bildete ein Weib.› – Ich betrachtete das Bild und erkannte wen? Nein, das erfahren Sie nicht, meine Beste! Ich blikte wieder auf und siehe! der ehrwürdige Greis war in einen schönen Jüngling verwandelt.»

Alexander ist sicher, dass Henriette den Sinn dieses rätselhaften Traumtextes entziffern kann; und in einem Nachsatz vom Mai 1796 ergänzt er ihn mit dem Hinweis: «Es ist eine unreife Frucht, deren

Säure vielleicht nicht ganz – – Heben Sie dies Blatt auf, so kann es uns nach einer langen Reihe von Jahren vielleicht wieder einen lustigen Augenblik verschaffen. Den Schlüssel verliehre *ich* nicht, der ist an einem Orte, aus dem man leider auch das nicht verliert, was man los sein will.»

Wie ein Psychoanalytiker *avant la lettre* hat Alexander den Schlüssel zu seiner Selbstanalyse gefunden. Er hat sich selbst den Zugang zum verborgenen Ort seiner unbewussten Ideenassoziationen geöffnet und auch gegenüber Henriette und ihren Freundinnen, denen er bei einem gemeinsamen Treffen den Traumtext noch einmal vorliest, angedeutet, wie er für sich das Rätsel dieses geschlechtlichen Verwirrspiels gedeutet hat. Sie werden nicht überrascht gewesen sein. Denn schon lange kennen sie den «kritischen Fall», dass ihrem Freund die sexuelle Leidenschaft für das andere Geschlecht fremd ist, während ihn die Freundschaften zu schönen, geistreichen Jünglingen glücklich machen.

Alexander von Humboldt ist homophil. Er neigt zum gleichen Geschlecht. Das lässt nicht nur verstehen, weshalb er träumerisch die Frauen vermännlicht. Es erklärt auch, warum für Wilhelm von Humboldt «gar nicht zu denken» ist, dass sein Bruder je verstehen könne, was er in der Liebe zu Henriette und den anderen Schönheiten seiner Berliner Jugendzeit genießen will. Alexander sei zwar «wahrlich ein wackerer Junge, der einmal viel Nutzen stiften wird», schreibt er Henriette, doch er hält sein homophobes Urteil nicht zurück: «Die Mannespersonenbekanntschaften, wie Du sie sehr gut nennst, kann ich nicht ausstehen. Ich habe keine einzige der Art.»[12] Deshalb wird er es wohl auch für eine unschickliche Entgleisung gehalten haben, dass Alexander am 13. Februar 1788 mit seinem ersten geliebten Freund, dem Theologiestudenten Wilhelm Gabriel Wegener, in Frankfurt an der Oder einen heiligen «Freundschaftsbund» schließt, mit dem er nachahmt, was wenige Monate zuvor sein Bruder Wilhelm getan hat, als er dem Berliner «Tugendbund» beigetreten ist: «Seit dem dreimal glüklichen Tage, da ich Dich kennen lernte, seit jenem 13ten Februar (solche Augenblikke merke ich an), da wir brüderliche Liebe uns auf ewig zusagten, seit diesen Zeiten fühle ich, daß keiner meiner Bekannten mir das sein kann, was Du mir bist.» (Jbr., 31)

War Alexander von Humboldt homosexuell? Selbst Biographen, die nicht nur seine wissenschaftliche Forschungsleistung, sondern auch seine Lebensgeschichte ausführlich dargestellt haben, sind dieser Frage meist ausgewichen und haben über seine Sexualität geschwiegen. Sie konnten zwar die Tatsachen nicht unerwähnt lassen, dass die Liebe einer Frau offensichtlich in seinem Leben fehlt, er unverheiratet blieb und auch nicht den närrischen Rat seines Bruders befolgte (12. Februar 1790), er solle doch eine Mademoiselle Michaelis heiraten, die eine Kennerin von Edelsteinen sei, allerdings schon im Alter «zwischen 50 und 60». (Br. I, 85) Aber sie haben daraus keine Schlüsse gezogen. Für sie scheint Alexander ein sexuelles Neutrum gewesen zu sein, dessen Triebschicksal sich am Nullpunkt befand.

Andere Biographen haben sich bei ihrer Beantwortung der Frage durch eine homosexuelle Abwehr leiten lassen, die mehr über ihre eigene sexuelle Orientierung aussagt als über die Neigungen ihres Protagonisten. Hanno Beck glaubte die «Gefahr» zwar nicht übersehen zu dürfen, «dass Alexander die Grenze der Gefühle, welche die Natur einer Freundschaft von Männern setzt, durch seine Zuneigungen gefährdete»[13]. Aber er beruhigte sich schnell mit dem Hinweis, dass eine «homoerotische Abartigkeit Humboldts» nicht nachzuweisen sei und seine schwärmerischen Gefühlsäußerungen nichts anderes gewesen seien als sprachliche Zeugnisse des damals herrschenden Freundschaftskultes. Für Kurt-Reinhard Biermann von der Alexander-von-Humboldt-Forschungsstelle der Akademie der Wissenschaften der DDR war von vornherein klar: «Alle Versuche von Biographen, sexuelle Beziehungen zu bestimmten Frauen zu belegen, haben ebenso wenig Beweiskraft wie abwegige Bemühungen anderer Autoren, ihn homoerotischer Neigungen zu überführen.»[14] Zurückhaltender hat es Wolfgang-Hagen Hein formuliert. Ausführungen von Autoren, die von Alexanders engen Beziehungen zu Männern auf dessen homoerotische Vorlieben geschlossen haben, seien «reine Spekulation, da kein Quellenmaterial bekannt ist, das eindeutige Antworten erlaubt. Die heutigen Sexualwissenschaftler mögen das bedauern.»[15] Aber letztlich sei es ja auch bedeutungslos, ob ein wissenschaftlicher Publizist hetero- oder homosexuelle Neigungen habe.

Doch auch diese diskrete Feststellung geht an dem Problem vorbei, für das Alexander von Humboldt selbst eine Lösung gesucht hat. Denn für ihn ist die Frage, wohin er geschlechtlich neige, offensichtlich bedeutsam gewesen, jedenfalls in seiner Jugendzeit, in der er sich über sich und seine Vorlieben klarzuwerden versucht. Wonach strebt er? Wegener ist der erste Freund gewesen, dem er diese sich selbst gestellte Frage beantwortet hat: «Warlich, mein Bester, der Mensch ist nicht bloß dazu gemacht, um die Tiefen der Spekulation zu ergründen. Das Empfinden, nicht das reflectiren ist der Genuß.» (Jbr., 36) Empfindung, Genuss, Freude: Das ist der eigentliche Zweck des Lebens, den der junge Alexander von Humboldt vor allem im Umgang mit ähnlich empfindenden Männern zu verwirklichen sucht. Die vertrauliche Innigkeit mit seinen Freunden erscheint ihm wie ein göttliches Geschenk.

Wegener ist nicht der einzige intime Freund in Humboldts Leben geblieben. Gesteigerte Freundschafts- und Liebesbekenntnisse finden sich in zahlreichen Briefen an andere Männer, mit denen er zusammenlebt und -arbeitet. Der Botaniker Carl Ludwig Willdenow, der mit seinem eigenen Wesen «unendlich harmoniert» und den er 1788 in Berlin «sehr lieb gewinnt»; der Bergbaustudent Johann Carl Freiesleben, mit dem er sich 1791 an der Bergakademie in Freiberg/ Sachsen anfreundet und sein ganzes Leben gemeinsam verbringen will; und der Offizier Reinhard von Haeften[16], in den er sich Anfang 1794 in Bayreuth verliebt, spielen in dieser Hinsicht die wichtigste Rolle. Humboldt kennt kein größeres Glück auf Erden, als mit ihnen zusammen zu sein. Besonders in einsamen Nächten lässt er seinen Gefühlen freien Lauf: «Meine Liebe zu Dir ist nicht Freundschaft, Bruderliebe allein, es ist Ehrerbietung, kindliche Dankbarkeit, Ergebung in Deinen Willen, als meinem höchsten Geseze», schreibt er in einer Nacht Anfang Januar 1796 an Reinhard von Haeften. «Bei solchen Empfindungen arbeiteten wir gegenseitig an unserem beiderseitigen

Glükke. Es waren die frohesten Tage meines Lebens, die letzten 2 Jahre, die ich um Dich sein durfte, und noch heute fühle ich mit jedem Tag mein Glük wachsen. Ich will sterben, wenn in dieser feierlichen Nacht ein unwahres Wort aus meiner Feder fließt.» (Jbr., 178)

In keinem anderen Zusammenhang tauchen die Wörter «Glück» und «Genuss» so oft auf wie in Alexanders Gefühlsäußerungen gegenüber seinen Freunden. Dabei ist ihm offensichtlich auch die körperliche Sinnlichkeit nicht fremd. Denn er selbst spricht von ihr, und sei es auch nur in einem Versprechen, sich von ihr nicht beherrschen zu lassen. «Keine starke Leidenschaft wird mich hinreißen», beruhigt er Wegener, nachdem er Frankfurt an der Oder verlassen hat und sich auf sein Studium an der Göttinger Universität vorbereitet. «Ernsthafte Geschäfte und am meisten das Studium der Natur werden mich von der Sinnlichkeit zurükhalten. Du kennst mich, lieber Wegener, unter allen meinen Freunden am besten. Du magst es selbst beurtheilen, ob du mich stark genug hälst, allein auf dem schlüpfrigen Pfade des Lebens zu wandeln.» (Jbr., 47) Er kennt offensichtlich die Verlockungen einer Sinnlichkeit, die er nicht nur bei sich selbst wahrnimmt, sondern besonders ausgeprägt bei seinem Bruder Wilhelm miterlebt. – Doch wir wollen, nach diesem vorausschauenden Einschub, in die Zeit zurückkehren, als Alexander und Wilhelm von Humboldt zum ersten Mal Wegener begegnet sind.

Zusammen mit ihrem Erzieher Kunth, der sie noch immer zu leiten sich bemüht, sind die Brüder Humboldt am 29. September 1787 in Frankfurt/Oder angekommen. Am 1. Oktober sollen sie, wie es Mutter und Hofmeister geplant haben, ihr Studium an der «Viadrina»-Universität beginnen, um sich für eine Karriere im preußischen Staatsdienst zu qualifizieren. Für Wilhelm wurden die Rechtswissenschaften gewählt; Alexander, weniger wissenschaftlich, dafür stärker praktisch interessiert, soll Kameralistik studieren, also die Finanz-, Wirtschafts- und Verwaltungskunde des absolutistischen Staates, über die Alexander später schreiben wird: «Man bildete mir ein, dass ich Lust zu dem habe, was man in Deutschland Kameralwissenschaften nennt, eine Weltregierungskunst, die man erst dann versteht, wenn man alles, alles weiß.»[17] Es ist also nicht unbedingt sein eigener Wunsch gewesen, sich auf dieses Fach zu konzentrieren. Kein Wunder, dass er sich durch keinen besonderen Studienfleiß auszeichnet. Faul ist er zwar nicht, aber er läuft viel herum mit einer «so flatterhaften Denkungsart, die überall Vergnügen sucht und es darum so selten findet». So jedenfalls stellt es sich seinem Bruder dar, der Henriette Herz regelmäßig Bericht über ihr Studentenleben in Frankfurt erstattet. «Übrigens leben wir beide noch wie sonst miteinander. Wir sind uns sehr gut, aber selten einig. Darum sprechen wir auch sehr wenig zusammen. Unser Charakter ist zu verschieden.»[18]

Alexander scheint es recht gutzugehen. Manchmal langweilt er sich zwar, weil der universitäre Unterricht seinen Ansprüchen nicht genügen kann. Aber er klagt nicht, sondern mokiert sich lieber. Ein bisschen praktische Philosophie habe ihn erkennen lassen, «dass der Mensch für jeden Erdstrich, und also auch für die frostigen Ufer der Oder, geboren ist. Was könnte diese Königin der Wissenschaften (die eben hier nicht ihre Tempel hat) für einen edleren Zweck erreichen, als die Menschen zufrieden zu stellen.» (Jbr., 4) Vermutlich ist es Wegener, der Freund also, mit dem Alexander am 13. Februar 1788 seinen heiligen «Freundschaftsbund» schließt, der dazu wesentlich beiträgt und dem er zwei Jahre später schreiben wird, dass er gern an die Frankfurter Verhältnisse zurückdenke: «Ich war nie glücklicher als zu dieser Zeit.» (Jbr., 81)

Wilhelm dagegen stürzt sich ins Studium. Wegener empfindet ihn als «zu kalt und zu fleißig, um irgend jemals Freundschaft zu suchen»[19]. Früh um fünf Uhr steht er auf, liest einige Stunden, besucht Vorlesungen in Kirchengeschichte und Rechtsgeschichte, geht mittags ein wenig spazieren, um bis in den Abend noch ein ökonomisches Kollegium und drei juristische Seminare zu besuchen, womit das Tagespensum aber keineswegs erledigt ist. Meist arbeitet er noch bis elf Uhr nachts, manchmal auch länger. Er weiß selbst, dass er zu viel sitzt, sich in sich selbst zurückzieht und bei den Büchern sucht, was er bei Menschen nicht findet. Doch Henriette, der er sein Leid klagt, soll ihm deshalb keine Vorwürfe machen. Sie wisse doch, dass ihn die Liebe zur Arbeit und zum Lernen schon seit seinem zwölften Lebensjahr beherrsche. Da sei es verzeihlich, dass er sich nun gar in diesem langweiligen Frankfurt ganz und gar vereinzele und sich aufs Studieren einschränke. Lange wolle er allerdings hier nicht bleiben, wo er noch keine wirklich vergnügliche Stunde erlebt habe.

Es ist auch bald vorbei. Nur ein Semester haben die Brüder Humboldt an der Frankfurter Universität studiert. Schon am 20. März 1788 kehrt Alexander nach Berlin zurück. Die Mutter und Kunth sorgen sich um ihn, da er ihrer Meinung nach auch in Frankfurt hinter seinem Bruder weit zurückgeblieben ist und nicht den Fleiß zeigt, den man erwartet. Auch kränkelt er oft. Deshalb räumt man ihm noch eine Entwicklungszeit in Berlin ein, damit er sich endlich über seine Studieninteressen und beruflichen Neigungen klarwerden kann. Wilhelm dagegen reist mit Kunth nach Göttingen, um dort allein sein Studium fortsetzen zu können. Zum ersten Mal in ihrem Leben sind die beiden Brüder getrennt. Erst nach einem Jahr sehen sie sich wieder.

Zurück in seiner Heimatstadt, fühlt sich Alexander recht einsam. Sein Freund Wegener fehlt ihm. Doch bald findet er einen neuen. Das für seine weitere Entwicklung entscheidende Erlebnis ist die Begegnung mit dem vier Jahre älteren Pharmazeuten, Mediziner und Botaniker Carl Ludwig Willdenow.[20] Durch ihn wird Humboldts Interesse an der Pflanzenkunde geweckt, das ihn lebenslang forschen lässt. Er hat sich zwar schon einige Jahre früher mit der Botanik beschäftigt. Bereits am 30. Juli 1781 war der Familien-Hausarzt und Liebhaberbotaniker Ernst Ludwig Heim nach Tegel geritten und hatte den beiden Kindern die 24 Klassen des Pflanzensystems Carl von Linnés erklärt. Wilhelm, der schon Griechisch verstand, hat es mit Leichtigkeit aufgefasst; Alexander klebte stattdessen einige Flechten und Moose auf Papier, wobei ihm bald alle Lust zur Botanik vergangen war.[21] Erst jetzt, allein in Berlin, wird seine Neugier wieder geweckt. Für sich liest er Willdenows Buch über die Berliner Pflanzen (*Florae Berolinensis Prodromus*, Berlin 1787), versucht mit seiner Hilfe, Pflanzen zu klassifizieren, und legt sich ein Herbarium an. «Und da man mir nun zuerst gestattete, allein auszugehen, faßte ich den Entschluß, unempfohlen Willdenow selbst aufzusuchen. Von welchen Folgen war dieser Besuch für mein übriges Leben!»[22]

Alexander ist neunzehn Jahre alt, als er im Winter 1788/89 ohne Leitung eines anderen Carl Ludwig Willdenow in dessen väterlicher Apotheke «Zum Roten Adler» in der Berliner Prachtstraße «Unter den Linden» aufsucht. Schnell entwickelt sich zwischen ihnen eine enge «Mannespersonenbekanntschaft». Alexander fühlt, dass dieser 23-Jährige «unendlich mit meinem Wesen harmonierte. Ich gewann ihn sehr lieb.»[23] Er bestürmt ihn mit Besuchen und lernt von ihm nicht nur, einheimische Pflanzen zu bestimmen. Fasziniert ist er vor allem durch neue ausländische Pflanzen, deren exotischer Reiz seine Einbildungskraft mit den Genüssen erfüllt, «die die Vegetation wärmerer Länder gewähren muß»[24]. Die sandige märkische Heimat, auf die sich bisher seine Wünsche beschränkt haben, verblasst gegenüber dem Bild, das er sich von fernen tropischen Ländern macht. Ein Reishalm aus Japan, die Palmen des Botanischen Gartens in Berlin, dessen Direktor Willdenows Onkel ist, Pflanzen und Rinden aus Indien und der Karibik: «Ich konnte sie nicht ansehen, ohne daß sich die Idee einstellt, diese Gegenden zu besuchen. Ich faßte seitdem den Entschluß, Europa zu verlassen.»[25]

Wie diese Reise verwirklicht werden kann, ist Humboldt nicht klar. Erst zehn Jahre später wird er es wissen. Jetzt weiß er nur, was er seinem lieben besten Bruder Wegener am 25. Februar 1789 schreibt, nachdem er gerade von einem einsamen Spaziergang durch den Berliner Tiergarten zurückgekommen ist, noch ganz erfüllt mit einer süßen Schwermut angesichts der pflanzlichen Schönheit und natürlichen Vielfalt: «Mein Freund Willdenow ist noch der einzige, der dieses mit mir empfindet. Aber seine und meine Geschäfte hindern uns, oft Hand in Hand in den großen Tempel der Natur zu treten. Solltest Du glauben, daß unter den anderen 145 000 Menschen in Berlin kaum 4 zu zählen sind, die diesen Theil der Naturlehre (Botanik) auch nur zu ihrem Nebenstudium, nur zur Erhohlung kultivirten. Und wie viele sollte nicht ihr Beruf darauf leiten, Aerzte und vor allen das elende

Kameralisten-Volk. Je mehr die Menschenzahl und mit ihr der Preis der Lebensmittel steigen, je mehr die Völker die Last zerrütteter Finanzen fühlen müssen, desto mehr sollte man darauf sinnen, neue Nahrungsquellen gegen den von allen Seiten einreißenden Mangel zu eröfnen. Wie viele, unübersehbar viele, Kräfte liegen in der Natur ungenuzt, deren Entwikkelung tausenden von Menschen Nahrung oder Beschäftigung geben könnte.» (Jbr., 41) Über diese natürlichen Kräfte will Humboldt, wie er in diesem Brief zum ersten Mal andeutet, ein Werk verfassen, auch wenn er selbstkritisch einsehen muss, dass es wegen der dazu nötigen Forschungsarbeit und botanischen Kenntnisse noch «bei weitem meine Kräfte übersteigt». (Jbr., 41) Aber er stellt sich vor, in etwa zehn Jahren ein «*autor*» sein zu können. Es wird ihm früher gelingen.

Wilhelm allein in Göttingen, April 1788 bis April 1789. Zwar ist es den preußischen Untertanen verboten, an auswärtigen Universitäten zu studieren. Doch dieses königlich-preußische Edikt von 1749 hat Wilhelm von Humboldt nicht abhalten können, sich am 23. April 1788 an der «Georgia-Augusta» in Göttingen zu immatrikulieren, das im damaligen Wirrwarr der deutschen Kleinstaaterei zum Kurfürstentum Hannover, in engster Verbindung mit England, gehörte. Der ausgezeichnete Ruf der Universität, die als «deutsches Athen» (Jbr., 8) gepriesen wurde, war zu verlockend, um ihm nicht zu folgen. Humboldt immatrikuliert sich als «studiosus juris». Er ist recht heiter und freut sich über die gute Gelegenheit zum Studieren. Die meisten Kommilitonen, die aus fast allen europäischen Ländern in Göttingen zusammengekommen sind, zeichnen sich durch ihren Fleiß aus, die Bibliothek ist vortrefflich eingerichtet, und die Professoren sind anregende Gesprächspartner, die zu den Besten ihres Fachs gehören. «Mein Bruder gefällt sich sehr wohl, denn er findet Nahrung für seinen Geist und mehr freundschaftlichen Umgang, als er, der sonderbare Mensch, gebraucht», berichtet Alexander am 10. Mai 1788 Wegener. «Heyne und Feder, an die er von Engel, Herz, Reitemeister, Dohm, Zöllner und Gott weis von wem sonst! so warm empfohlen ist, nehmen sich seiner besonders an.» (Jbr., 8) Die Namen zeigen, dass sich Humboldt nicht allein auf das juristische Fachstudium konzentriert hat. Die Berliner Aufklärer haben ihm den Kontakt zum Philosophen Feder erleichtert, dessen *Logik und Metaphysik* er bereits in Berlin unter Engels Anleitung studiert hat; und mit Christian Gottlob Heyne lernt er den führenden Analytiker und Interpreten der antiken Sprachen und Literaturen kennen, der die spezialisierte Philologie zu einer umfassenden Altertumswissenschaft erweitert hat. Auch an Vorlesungen des Experimentalphysikers Georg Christoph Lichtenberg nimmt er teil. Allgemeines Staatsrecht studiert er bei dem Juristen Johann Stephan Pütter, Politische Philosophie beim Historiker August Ludwig von Schlözer.

«Ich arbeite hier ziemlich viel, doch habe ich meine Zeit so eingeteilt, dass es meiner Gesundheit gewiß nicht schädlich sein wird», beruhigt er einen Berliner Freund aus dem Hause Herz und hebt dabei sein besonderes Interesse an der kritischen Philosophie Immanuel Kants hervor, von der er bei Marcus Herz zum ersten Mal gehört hat. War es damals nur Kants kurze *Beantwortung der Frage: Was ist Aufklärung?* gewesen, so nimmt Wilhelm von Humboldt sich nun zum ersten Mal dessen *Kritik der reinen Vernunft* vor, die er äußerst aufmerksam und detailliert studieren will. «Ich schreibe mir jedes Mal das, was ich gelesen habe, wieder selbst auf. In einem halben Jahr komme ich vielleicht doch mit der ‹Kritik› zu Ende. Sie ist sehr schwer, das muß ich gestehen, aber soweit ich nun gelesen habe, belohnt sie doch auch die Mühe sehr.»[26] Das ist der Plan vom 15. Juni 1788. Acht Monate später, am 27. Februar 1789, wird Alexander an Wegener schreiben: «Er wird sich tod studiren, mein Bruder. Er hat jetzt alle Werke von Kant gelesen und lebt und webt in seinem Systeme. Aber ich denke viel von ihm zu lernen. Denn jetzt habe ich nicht Zeit, so etwas zu denken. Zu sehr mit individuellen Gegenständen beschäftigt, muß ich die Spekulation an den Nagel hängen.» (Jbr., 44)

Alexander hat nicht erläutert, warum er seinen Bruder für einen «sonderbaren Menschen» hält. Sein Wortspiel mit «tod» und «leben» deutet jedoch an, was er mit dieser Charakterisierung gemeint hat. Denn ihm scheint, als zentriere sich die ganze Lebenskraft seines Bruders auf die geistige Spekulation, während ihm das freundschaftliche Zusammenleben mit anderen Menschen fremd sei. Deshalb kann für Alexander das intensive Leben und Weben in einem philosophischen System, wie es Kant mit äußerster Strenge und Genauigkeit aufgebaut hat, als lebensgefährlich erscheinen. Das betrifft vor allem den theoretischen Teil von Kants Philosophie. Die erste Auflage der *Kritik der reinen Vernunft* war 1781 erschienen, die zweite Auflage 1787. Ihre Durcharbeitung bereitet Wilhelm von Humboldt ein hochgradiges geistiges Vergnügen. Intensiv beginnt er sich auch mit der praktischen Philosophie des Königsberger Weltweisen zu beschäftigen, dessen *Grundlegung zur Metaphysik der Sitten* 1785 erschienen ist, 1788 gefolgt von der *Kritik der praktischen Vernunft*. In diesen Werken geht es nicht mehr um eine «reine Vernunft», sondern um einen «reinen guten Willen», dessen unbedingte Geltung und kategorische Autorität Kant nachzuweisen versucht. «Rein» aber kann dieser gute Wille nur sein, wenn man ihn von all dem ablöst, was vor-kritische Moralphilosophen als Sinnlichkeit, Leidenschaft, Freude und Genuss bedacht haben.

Über diese kantianische Reinigung scheint Wilhelm von Humboldt gar nicht glücklich gewesen zu sein. Schließlich hat er bei Engel praktisch über Neigungen, Begierden und Leidenschaften zu philosophieren gelernt. Das Vergnügen, vor allem mit dem anderen Geschlecht, gilt ihm als ein erstrebenswertes Gut. Mag sein Geist auch kalt sein, als sinnlicher Mensch will er genießen, wobei es ihm oft so heiß wird, dass ihm das Denken vergeht. Darauf will er nicht verzichten, wie er in einem Brief aus Göttingen, 15. März 1789, an Friedrich Heinrich Jacobi andeutet: «Meine Beschäftigungen diesen Winter sind größtenteils metaphysisch gewesen. Ich habe wieder viel den Kant studiert. Sein theoretischer Teil behagt mir doch immer mehr; nur mit dem praktischen kann ich mich noch gar nicht vertragen. Aber ich glaube, man kann ohne Inkonsequenz den ersten annehmen und den anderen verwerfen, ob er gleich beide auf gewisse Weise in Verbindung bringt. Meine Gründe kann ich Ihnen heute nicht auseinandersetzen ...»[27]

Warum er Kants Moralphilosophie «verworfen» hat, wird Wilhelm von Humboldt auch später Jacobi nicht mitteilen. Ein wesentlicher Grund könnte Kants Verdrängung jener Sinnlichkeit gewesen sein, die Humboldt Genuss bereitet. Nun war Kant zwar kein reiner Denker, dem körperliche Freuden fremd gewesen wären. Er trank gern Wein und liebte den Witz, weil er uns lachen lässt und eine «heilsame Bewegung des Zwerchfells»[28] bewirkt, die ein körperliches Wohlbefinden erzeugt. Auch braucht die menschliche Erkenntnis, Kants eigentliches Thema, Gegenstände, die unsere Sinne rühren. Mit der Feststellung, dass ohne den «rohen Stoff sinnlicher Eindrücke» keine Erkenntnis anfangen könne, beginnt Kants *Kritik der reinen Vernunft*. Aber diese Sinnlichkeit hat nichts mit erotischer Reizbarkeit und sexuellem Genuss zu tun; und in der *Kritik der praktischen Vernunft* ist von ihr gar keine Rede mehr. Das musste den jungen Kantianer Humboldt enttäuschen. Mochte er sich auch geistig gern in die Einsamkeit des Selbstdenkenden zurückziehen, so strebte er doch auch nach einer körperlichen Lust, über die er 1816 selbstbiographisch bekannte: «Ich lasse der Begierde ungescheut die Zügel schiessen, und erkenne in dem Genuss, selbst in dem, den viele ausschweifend nennen würden, eine grosse, und wohlthätig fruchtbare Kraft.» (G. S. XIV, 456)

Henriette Herz hat es schon früh erkannt. Ihr junger Verehrer habe zwar oft, mit stoischer Abgeklärtheit, die heitere Ruhe als Grundbedingung jedes Genusses gepriesen. Doch ebenso gern habe er sich «auf den Pfaden der Sinnlichkeit» bewegt und nach «Genußliebe»[29] gestrebt. Das Leben in Berlin und Tegel bot ihm dazu allerdings kaum Möglichkeiten. Er war am Gängelband von Mutter und Lehrer. Jetzt aber ist er allein in Göttingen und freut sich über jede Gelegenheit, ungeleitet seiner Neigung, seiner Begierde und seiner Leidenschaft folgen zu können. Die erste bietet sich im Hause des Philologen und Altertumswissenschaftlers Heyne, wo er nicht nur in die Dichtungen Homers eingeführt wird, sondern sich auch mit Heynes Tochter Therese anfreundet.

Ein so «herrliches Weib» (G. S. XIV, 43) ist ihm bisher noch nicht begegnet. Durch ihre geistige Schnelligkeit, lebendige Phantasie und erotische Koketterie zieht ihn Therese in ihren Bann. Dabei stört es Wilhelm wenig, dass Therese seit drei Jahren mit dem Naturforscher Georg Forster (1754–1794) verheiratet ist, der vor allem durch seine mit James Cook 1772 bis 1775 unternommene *Reise um die Welt* allgemeines Ansehen gewonnen hat und fast zu einer Legende geworden ist. Seine Abhandlungen über Natur und Kunst, Religion und Politik faszinieren und provozieren durch ihre konsequente Orientierung an Erfahrungstatsachen, die Forster mit eleganter Stilistik und feinem Witz gegen alle möglichen Übersinnlichkeiten und Idealisierungen ins Feld führt. Er will nicht metaphysisch über das Wesen der Natur oder die Idee eines Gottes spekulieren, sondern genau betrachten, was die ganze Schöpfung in überschwänglichem Maße und ständiger Beweglichkeit darbietet. Auch den Menschen mit all seinen Empfindungen, Erkenntnissen, Ideen und Glaubensformen versucht er, in das *Ganze der Natur* einzugliedern, vom kleinsten Sandkorn bis zum unbegreiflich großen Kosmos.

Dass es Forster in dieser Allnatur, als deren allgemeinen Endzweck er die «Schönheit und Vollkommenheit des Ganzen»[30] preist, selbst nicht gutgeht, hat Wilhelm von Humboldt nicht übersehen. Forster leidet nicht nur unter körperlichen Krankheiten und melancholischen Anfällen. Auch die berufliche Situation ist unsicher und seine Ehe in der Krise. Denn Therese fällt es schwer, treu zu sein. Sie hat sich zwar Forster zum Ehemann gewählt, aber verliebt ist sie in den leichtlebigen Bibliothekar und Professor Friedrich Ludwig Wilhelm Meyer, den Forster als Hausfreund der Familie zu akzeptieren bereit ist, um seine Therese zu halten. Ein freiwillig geschlossener Bund der «Dreyeinigkeit» soll die Eifersucht unter Kontrolle halten.

Das komplizierte Liebes- und Eheverhältnis der Forsters scheint den jungen Besucher nicht verwundert oder irritiert, sondern gereizt zu haben. Dass es in ihrer Beziehung einen Dritten gibt, macht die Sache interessant. Wilhelm sucht die Nähe zur drei Jahre älteren Therese Forster, deren unbedingtes Liebesbedürfnis es ihr so schwermacht, mit ihrem Mann glücklich zu sein. Schnell bringt sie die Grundlagen der Scheinliebe ins Wanken, an welche Wilhelm durch Henriette Herz und Brendel Veit gewöhnt war. Plötzlich muss er über die «erkünstelten» Empfindungen lachen, wenn er Henriettes Briefe liest, die sie ihrem tugendhaft Verbündeten nach Göttingen schreibt. «Sie gleichen Zukkerbrodten, denen es an Würze fehlt.» (G. S. XIV, 69)

Therese Forster soll zwar keine Schönheit gewesen sein. Aber sie hat eine leidenschaftlich-liebende Stärke ausgestrahlt, die Wilhelm überwältigt und schwärmen lässt. Wenn er sie sagen hört: «Liebe bestehe ja eben in diesem gänzlichen Ueberlassen, in dieser gänzlichen Hingebung» (G. S. XIV, 45), dann möchte er selbst diese Liebe genießen. Wie sehr bedauert er es, dass bereits im Herbst 1788 Therese mit ihrem Mann nach Mainz übersiedelt. Aber er wird schon bald Gelegenheit haben, sie dort zu besuchen und mit ihr lange Gespräche über Freundschaft, Liebe, eheliches Glück und Unglück zu führen.

Wie oft sich Wilhelm mit dem Ehepaar Forster getroffen hat, ist nicht bekannt. Er ist in diesem Sommer 1788 auch häufig auf kleineren Reisen von Göttingen abwesend. Eine von ihnen verdient eine besondere Erwähnung. Es ist ein dreitägiger Kurzurlaub im hübschen Badeort Pyrmont im Weserbergland, nicht weit von Göttingen entfernt, wo sich während der Sommermonate ein internationales Kurpublikum zusammenfindet. Das bietet eine angenehme Gelegenheit, etwas Neues zu erleben. «Ich liebe jetzt neue Lagen», trägt Wilhelm in sein Tagebuch ein. «Der Grundsaz dass man in vielen Lagen aller Art gewesen sein müsse, ist so fest in mir, dass mir jede, in der ich noch nicht war, schon darum angenehm ist.» (G. S. XIV, 69)

Besonders freut ihn, dass er schon am ersten Tag, dem 18. Juli 1788, der jungen Charlotte Hildebrand begegnet, die mit ihrem Vater, einem Pfarrer aus Lüdenhausen im Detmoldischen, im selben Gasthaus wohnt. Die kommenden Tage verbringen die beiden jungen Leute gemeinsam mit anregenden Gesprächen über den Sinn des Lebens und den Wert der Liebe, über Poesie und Philosophie, «von früh bis spät als unzertrennliche Spaziergänger in Pyrmonts Alleen und reizenden Thälern. Wir hatten uns so viel zu sagen! So viele Ansichten und Meinungen mitzutheilen! So viele Ideen auszutauschen! Wir wurden nicht fertig.»[31] So wird sich Charlotte Diede, geborene

Hildebrand, später an diese drei «glücklichen Jugendtage» mit ihrem Freund erinnern, der bei ihr einen tiefen, vorher nicht gekannten Eindruck hinterlassen hat, der sie durch ihr ganzes späteres Leben begleitet. Und auch Wilhelm bedauert am 20. Juli den Augenblick der Trennung, «da ich mich auf so ungewisse Hoffnung des Wiedersehens von Ihnen trennen muß»[32], wie er seiner schnell gewonnenen Freundin zum Abschied ins Stammbuch schreibt.

Da wird es ihn sehr überrascht haben, als er 26 Jahre später, gerade mit schwierigen Verhandlungen auf dem Wiener Kongress beschäftigt, aus Holzminden einen Brief von Charlotte Diede empfängt, in dem sie ihm mitteilt, dass die drei in Pyrmont verlebten fröhlichen Jugendtage sie eine erste Liebe empfinden ließen, die das Schönste gewesen sei, das ihr das Schicksal gegönnt habe. Nur befürchte sie, dass ihr Bild in der Erinnerung «Eurer Exzellenz» verblasst sei. Das «Andenken» seiner Jugendfreundin rührt und freut Humboldt. Er antwortet ihr sofort. «Ich hatte in unsrem Zusammentreffen in Pyrmont immer eine wunderbare Fügung des Schicksals erkannt, denn Sie irren sehr, wenn Sie glauben, daß Sie wie eine flüchtige Jugenderscheinung an mir vorüber gegangen sind.»[33]

Mit diesem Brief aus Wien, 3. November 1814, beginnen *Wilhelm von Humboldts Briefe an eine Freundin*, die uns einen anschaulichen Einblick in seine späte Lebensphilosophie bieten. (Den letzten Brief wird Humboldt im März 1835 aus Tegel schreiben, nur wenige Wochen vor seinem Tod.) Schon am nächsten Tag, dem 4. November 1814, berichtet er seiner Frau Caroline von Charlottes Brief, den er ihr weiterschickt und zu lesen empfiehlt mit dem Hinweis, es sei ein Brief «von einer Person, in die ich 1788 sehr verliebt war, und von der ich seitdem nicht das Mindeste je wieder gehört hatte, ob ich gleich nicht leugne, daß ich oft an sie gedacht hatte. Ich habe Dir gewiß einmal erzählt, daß, als ich in Pyrmont, freilich nur drei Tage war, ich die Bekanntschaft einer Predigertochter machte, die mir damals sehr gefiel.» (Br. IV, 406)

Ist es ein Zeichen der ehelichen Offenheit, oder will Wilhelm seine Frau ein wenig damit ärgern, dass er das Jahr besonders hervorhebt, in dem er «sehr verliebt» in Charlotte gewesen ist? Denn es ist doch «ihr» Jahr gewesen, in dem sie sich begegnet sind und ineinander verliebt haben! So jedenfalls hat es Caroline von Dacheröden gesehen. Durch Karl Laroche, der sich in sie verliebt hatte, war sie für die Ideen des Berliner «Tugendbundes» begeistert worden. Auch von Wilhelm von Humboldt hatte ihr Freund gesprochen. Mehr als zu Henriette Herz und Brendel Veit scheint Caroline sofort ihre geistige und seelische Nähe zu diesem ein Jahr jüngeren Mann gespürt zu haben. Er hatte seinen Vater früh verloren, sie ihre Mutter. Mit ihrem Vater, dem preußischen Kammerpräsidenten Carl Friedrich von Dacheröden, der von ihren Gefühlen kaum etwas wusste, lebte sie im Winter in Erfurt, im Sommer auf Burg Örner (Burgörner, in der Grafschaft Mansfeld) oder auf dem Gut Auleben (in der Goldenen Aue zwischen Burgörner und Erfurt). Unter der Kontrolle einer selbstsüchtigen, verbitterten französischen Erzieherin verbrachte sie eine unglückliche Kindheit, in der sie sich zu verstellen lernte. Sie fühlte sich einsam in einer äußeren Leere, gegen die sie sich mit schwärmerischer Phantasie, empfindsamer Lektüre und geistiger Bildung zu retten versuchte. Karl Laroche war es leichtgefallen, ihren Enthusiasmus für die Tugendbündler zu wecken, die lebten, wovon sie träumte.

Mit hochgradiger Empfindsamkeit schreibt sie am 28. Juli 1788 an den «teuren Wilhelm» einen Brief, den Karl ihm überbringt, als er gerade aus Pyrmont von seinem amourösen Kurzurlaub zurückkommt. Er solle sie doch bitte besuchen kommen. «Laß mich, mein Bruder, Dich nicht vergebens bitten. Denke, daß ich in einer Wüste lebe, wo mein Herz sich von Erinnerungen tränkt und von Hoffnungen nährt. Laß Dir von Carln sagen, dass ich gut bin und ein warmes, liebevolles Herz im Busen trage, daß mich verlangt, es mit heiligen Banden an das Deine zu knüpfen, und daß es Dir entgegenwallt mit reiner schwesterlicher Liebe.» (Br. I, 3) Für die ersehnte erste Begegnung lässt sie sich eine kleine List einfallen. Wilhelm könne an ihren Vater schreiben, der mit seinem Vater befreundet war, und Interesse an der «Feuermaschine» zeigen (einer der ersten Dampfmaschinen, die im Bergbau nahe Burgörner eingesetzt wurde). Bei dem arrangierten Besuch könne man sich dann abends heimlich in einer kleinen Laube treffen, wo sie auf ihn warte: «denn ich muß Dich zuerst allein sehen. Ich ertrüge nicht im Beisein anderer die Erschütterung des ersten Moments, ohne mich zu verraten.» (Br. I, 4)

So beginnt die Liebesgeschichte zwischen Caroline von Dacheröden und Wilhelm von Humboldt mit einem Brief an einen Unbekannten, den dieser, mit feinem Gespür für Carolines poetische Ader, zunächst mit einem Gedicht beantwortet. Er will die Gelegenheit für eine neue erotische Lage nicht ungenutzt verstreichen lassen.

> «Eilet raschen Flugs dahin,
> Eilt, ihr trägen Augenblicke,
> Daß mein lieberfüllter Sinn
> Meine Lina bald erblicke,
> Sie, die meinem Herzen ach! so nah
> Nie mein schwermutsvolles Auge sah!
> Daß ich an ihr klopfend Herz
> Traulich-brüderlich mich schmiege,
> Süß vergessend jeden Schmerz,
> Jede Sorg in Schlummer wiege,
> Und versenkt in Himmelsschwärmerei
> Nur in Lina lebe, webe, sei!»

Wilhelm «lebt und webt» also doch nicht nur in Kants System, um sich «tod [zu] studiren», wie sein Bruder Alexander befürchtet. Er sehnt sich nach dieser Lina, beschwört das Feuer einer süß beglückenden Liebe und knüpft ein unzerreißbares imaginäres «Liebesband», das sie ins unendliche «Sternenland» führen soll.

Schon im August reist Wilhelm nach Burgörner, heuchelt gegenüber dem alten Dacheröden Neugier an der Dampfmaschine und trifft sich heimlich mit seiner Herzens-Lina. Alle Erwartungen, die Caroline mit dieser Begegnung verbunden hat, scheinen sich erfüllt zu haben. Denn kaum ist ihr Bill abgereist, wird sie ihm von den Tränen des Abschieds schreiben, von der furchtbaren Leere, Angst und Einsamkeit, die ihr Herz seit seiner Abwesenheit erleidet, und von der Hoffnung auf eine einzigartige unzerstörbare Liebe: «Liebster Bester! Daß man *so* lieben kann, wie wir uns lieben, das ist doch des Himmels bestes Geschenk, ist aller Tränen des Schmerzes, aller Leiden wert. Nur in solcher Liebe fühlt man sich lebendig in allen Kräften seiner Seele, erhoben über die Schläge des Schicksals und näher dem Urquell ewiger Liebe!» (Br. I, 7)

Das Treffen in Burgörner ist nicht Wilhelms einzige erotische Affäre in diesem denkwürdigen Jahr 1788. Da ist noch Charlotte, der er in Pyrmont versprochen hat, sie bald in ihrer Heimatstadt zu besuchen. Er vertieft die Beziehung zu Therese Forster. Nachdem sie abgereist ist, versucht Wilhelm, ihre jüngere unverheiratete Schwester Marianne zu verführen. Ein Empfehlungsbrief von Therese, den er Marianne Heyne überbringt, erleichtert ihm die Kontaktaufnahme. «Der Brief war so zugemacht, dass man ihn lesen konnte. Ich las und fand mich auf folgende Art empfohlen. Nimm ihn *gnaedig* auf, ich hoffe seine Bekanntschaft wird dir Freude machen.» (G. S. XIV, 66) Diese Freude will er sich nicht entgehen lassen. In seinem Tagebuch *Göttingen 1788* hält er zwar fest, dass Marianne Heyne unscheinbar und oberflächlich sei im Vergleich mit ihrer Schwester Therese. Dennoch bemüht er sich, ihr Herz für sich zu interessieren, spricht mit ihr über Literatur und Empfindungen, obwohl ohne allzu großen Erfolg. Eine Verabredung, gemeinsam ein Konzert zu besuchen, misslingt.

Vergeblich wartet er am Eingang der Musikhalle. Was soll er tun? «Ich hatte Langeweile und gieng zu Emilien. Schon ein Paarmal war ich bei Emilien gewesen, und hatte andre da angetroffen.» (G. S. XIV, 70 f.) Eigentlich hält er Emilie von Berlepsch, verheiratet mit Friedrich Ludwig Freiherr von Berlepsch, Hofrichter in Hannover, für eine eingebildete, eitle und geschwätzige Frau. Doch sexuell scheint die 31-jährige Frau Baron den 21-jährigen Studenten gereizt zu haben. So besucht er sie, um zu versuchen, «was ich in Einem Abend vermöchte. Ich nahm mich zusammen; ich redete von all den tausend Dingen, die Weiberchen, wie sie, bis auf den Grund des Herzens erschüttern. Das Mittel schlug nicht fehl. Wie ein Strom ergoss sich über mich

(…) Vertraulichkeit auf Vertraulichkeit.» (G. S. XIV, 71) Ihr Mann verstehe sie nicht, liebe das liederliche Zimmermädchen, sei aber dennoch eifersüchtig. Wilhelm heuchelt Interesse. Auch wenn ihn seine «Verstellung» selbst beunruhigt, so erfüllt sie doch ihren Zweck. Es wird Händchen gehalten und geküsst. Bei einem der nächsten Treffen in Gesellschaft, wo sich Emilie am Spieltisch zusammen mit Ernst August Prinz von England amüsiert, flüstert sie ihm zu: «Kommen Sie morgen um 5 Uhr.» Wilhelm ist überrascht. «Es war viel gewagt, das am Spieltisch zu sagen. Doch schien ich unbefangen, und schwerlich konnte ein andrer etwas merken.» (G. S. XIV, 74)

Am nächsten Tag ist Wilhelm bei Emilie. Ein anderer Besucher kommt störend dazwischen. Nach zwei Stunden geht er endlich, doch schon kommt ein neuer Besuch: Friedrich Basilius von Ramdohr, Oberappellationsrat in Celle. Beide Konkurrenten wollen mit Emilie allein sein. Verärgert bemerkt Ramdohr Wilhelms Interesse, der sich vorgenommen hat, «jeden auszusitzen», aber keinen Verdacht erregen will, Emilies Liebhaber zu sein. Witzig hat der junge Verführer die Szene beschrieben, die nun folgt: «Ramdohr stand auf, ich auch. Er wartete, ich auch. Er nahm den Hut, ich auch. (…) Ramdohr gieng, ich auch. Ramdohr stand an der Thür in der Absicht mich voraus gehn zu lassen, und zu bleiben. Ich thats nicht. Er gieng voraus, aber kaum war er hinaus, so drehte er sich wieder um, gieng wieder herein, und liess mich draussen stehn. Noch nie war ich so verwirrt. Emiliens Kammermaedchen, eine liederliche Dirne, gieng mir auf der Treppe nach, sagte mir gute Nacht. Ihre Mine heischte eine Liebkosung. Aber ich gieng, ohne ihr zu antworten. Ich muss sehr albern ausgesehn haben. Um 10 schikte Emilie. Es war ein Brief …»» (G. S. XIV, 75) Hat sie ihn zurückgerufen, nachdem Ramdohr gegangen ist? Der Kavalier schweigt und setzt einige Pünktchen …

Es ist Dezember 1788, Zeit, wieder einmal seine Caroline zu besuchen. Die Verabredung gelingt. Zwei Stunden vor ihrer zweiten Begegnung Anfang Januar 1789 schreibt er ihr noch schnell einen Brief, um sie einzustimmen. «Mehr als fünf Monate sind's, seit ich Dich nicht sah, und indes sah ich keinen von Euch, war in mancher

kummervollen, drückenden Lage, genoß der wahren Freuden nur wenige.» (Br. I, 12) Von ihrer Liebe scheint bei diesem Treffen nur wenig
gesprochen worden zu sein. Stattdessen gibt ihm Caroline den Auftrag, ins nahegelegene Rudolstadt zu reiten, um dort ihre Freundin
Caroline von Beulwitz, geborene von Lengefeld, die gerade in Kon-
kurrenz mit ihrer Schwester Charlotte um die Liebe Friedrich Schillers kämpft[34], für den Tugendbund als neues Mitglied zu gewinnen.
Sie soll «die Zierde unserer Vereinigung sein, unser aller Stolz und
unser Liebling.» (Br. I, 11) Auch Wilhelm will diese Caroline kennenlernen, deren Reiz ihm ausführlich geschildert worden ist. «Es muß
ein herrliches Weib sein, Deine Lina» (Br. I, 13), bemerkt Wilhelm
zu seiner Lina. Immer verwickelter werden die Beziehungen. Liebt er
überhaupt diese hochgradig empfindsame Caroline von Dacheröden,
die doch eigentlich seinen Freund Karl Laroche heiraten sollte, der
sie noch immer aus ganzem Herzen verehrt? Und will sie ihn denn
wirklich, obwohl sie von seinem Verliebtsein in Therese Forster weiß
und ihr auch der süße Kummer der Liebe nicht verborgen geblieben
ist, der Wilhelm mit Henriette Herz, der für ihn Unerreichbaren,
verbindet? Außerdem hat Caroline von dem Vorwurf gehört, den
die anderen Tugendbündler ihrem liebsten Herzensbruder machen,
«dass Du bloß Weiber aufsuchtest, Dich mit ihnen zu weit und mit
zu vielen verbreitetest». (Br. I, 17 f.) Sie seien, wie Wilhelm selbst ihr
scherzend mitgeteilt hat, über seine Sinnlichkeit sehr unzufrieden.

Zum Glück wird diese verschlungene und belastende Liebesgeschichte, in der eine unberechenbare Reihe von Empfindungen
auf Wilhelm hereinstürzt, unterbrochen, als sein Bruder Alexander
nach Göttingen kommt. Jetzt kann er im gemeinsamen Studium
wieder etwas Luft schnappen, und Alexander kann mit Wilhelm wei-
terführen, was sie zusammen an der Frankfurter Universität begonnen haben. Das Berliner Jahr des Privatunterrichts, das seine Mutter
und Kunth als entwicklungsfördernd eingeplant haben, ist vorbei.
Mit dem Mut, sich nun endlich seines eigenen Verstandes zu bedienen und allein durchs Leben zu gehen, reist Alexander von Berlin
nach Göttingen, und fast wörtlich zitiert er aus Kants Aufklärungs-

programm von 1784, als er seinem Frankfurter Freund Wegener am 27. März 1789 berichtet: «Ich kehre jetzt in meine vorige Laufbahn zurük. Mein akademisches Leben beginnt von neuem. Aber meine ganze Lage ist verändert. Ich bin bereit, den ersten Schritt in die Welt zu tun, ungeleitet und ein freies Wesen. Ich freue mich dieses Zustandes, so misslich er zu sein scheint. Lange genug gewohnt, wie ein Kind am Gängelbande geführt zu werden, harrt der Mensch, die gebundenen Kräfte nach eigener Willkühr in Thätigkeit zu sezen und, sich selbst überlassen, der eigene Schöpfer seines Glüks oder Unglüks zu werden.» (Jbr., 47)

Nicht nur sein Ausgang aus der Unmündigkeit macht ihm Freude. Er freut sich auch, nach diesem Trennungsjahr seinen Bruder wiederzusehen, und voller Energie konzentrieren sich beide nun auf ihr Studium, das sie nach eigenen Wünschen gestalten.

Gemeinsam besuchen sie Vorlesungen bei Christian Gottlob Heyne, Therese Forsters Vater, dem es gelingt, auch Alexanders Interesse an der Philologie der Antike zu wecken. Er lehrt sie nicht als trockene Übersetzungsleistung griechischer und lateinischer Texte, sondern wendet die Aufmerksamkeit auf die sozialgeschichtlichen Eigenarten, mythischen Traditionssträngen, historischen Personen und kulturellen Umfelder der antiken Lebenswelt. Er will den «genius saeculi» erfassen, den Geist eines Zeitalters als eines lebendigen Ganzen.[35] Dabei rückt er zugleich die Geschichtlichkeit aller menschlichen Tätigkeiten und Werke in den Blick, den er auch durch archäologische Studien schärft. «Ich höre Archeologie bei Heyne in dem großen Bibliothekssale mit Abgüssen von Antiken und Kupferwerken umringt» (Jbr., 55), informiert Alexander seinen liebsten Bruder Wegener und zeichnet ihm ein Bild des geschätzten Lehrers: «Heyne ist ohnstreitig der *helleste* Kopf und in gewissen Fächern der gelehrteste hier in Göttingen. Sein Vortrag ist holprig und stottrich, aber äußerst philosophisch und in der Ideenfolge zusammenhängend.» (Jbr., 55) Dieses aufklärerische Licht hat so sehr auf Alexander ausgestrahlt, dass er eigenständig eine Untersuchung *über den Webstuhl bei den Griechen und Römern* anstellt und ausarbeitet, voller Stolz auf seine Entdeckung, dass es sich dabei um den *Hautelisse*-Stuhl gehandelt hat, «den die Sarazenen nach Frankreich gebracht haben. Das läßt sich aus Kupfern aus dem Herkulanum, aus dem Onomastikon des Pollux, aus dem Isidor, aus den Vatikanischen MSS des Vergil, aus dem Homer & erweisen. Der Beweis ist sehr lang. Heyne hat viel Freude darüber.» (Jbr., 70)

Durch Heyne ist der naturkundlich ausgerichtete Alexander in die Literatur und Kunst der Antike hineingezogen worden. «Ich lebe hier ganz der Philologie», stellt er erstaunt über sich selbst fest. Umgekehrt entwickelt der literarisch und philosophisch gebildete Wilhelm ein starkes Interesse an der Naturlehre, als er zusammen mit seinem Bruder ein Privatissimum über *Licht, Feuer und Electricität* beim Experimentalphysiker Georg Christoph Lichtenberg besucht, der über Wilhelm von Humboldt urteilt, dass er «einer der besten Köpfe ist, die mir je vorgekommen sind. Du kannst nicht glauben, was hinter dem etwas blassen Gesicht für ein Geist steckt.»[36]

Die Nachschrift der Vorlesung zeigt, dass es nicht nur Lichtenbergs Einführung in die Lehre von Feuer und Wärme, von Wasser und Eis gewesen ist, die beide Brüder zum Mit- und Nachdenken herausgefordert hat. Beeindruckt hat sie besonders Lichtenbergs Logik der Forschung, die er ihnen anhand des ungelösten Streitfalls über die Ursache und das Wesen des Lichts anschaulich vor Augen führt. Lässt es sich durch ein «Vibrationssystem» erklären, das von der zitternden Bewegung eines lichtspendenden Körpers ausgeht, oder besser durch ein «Emanationssystem», das die Ausstrahlung materieller Teilchen annimmt? Um auf diese widerstreitenden Fragen eine Antwort finden zu können, komme es weniger darauf an, positive Bestätigungen für eines der beiden Systeme zu finden. Vielmehr solle man, wie Humboldt Lichtenbergs Hinweis protokolliert, die «Einwände gegen» (G. S. VII, b, 553) die hypothetisch entworfenen Theorien so stark wie möglich machen. Lichtenbergs *Aufklärung aus dem Geist der Experimentalphysik*[37] setzt den Akzent nicht auf das gesicherte Wissen eines indikativischen «so ist es». Sie favorisiert die Einsicht, «so könnte es sein», wobei der hypothetische Konjunktiv die bevorzugte grammatische Form ist. Vermutungen und Widerlegungen kennzeichnen den Erkenntnisfortschritt. Aus unseren Irrtümern können wir am meisten lernen. «Selbst unsere häufigen Irrtümer haben den Nutzen, daß sie uns am Ende gewöhnen zu glauben, alles *könne* anders sein, als wir es uns vorstellen.»[38]

Für diese wissenschaftstheoretische Perspektive, die er ihm eröffnet habe, ist besonders Alexander von Humboldt seinem Göttinger Professor lebenslang dankbar. Als er ihm (am 3. September 1790) seine erste größere Veröffentlichung – *Mineralogische Beobachtungen über einige Basalte am Rhein* – zuschickt, schreibt er begleitend: «Wenn man für Freundschaft und Wohlwollen danken könnte, so müßte ich Ihnen viel danken. Ich achte nicht bloß auf die Summe positiver Kenntnisse, die ich Ihren Vorlesungen entlehnte – mehr aber auf die allgemeine Richtung, die mein Ideengang unter Ihrer Leitung nahm. Wahrheit an sich ist kostbar, kostbarer aber noch die Fähigkeit, sie zu finden.» (Jbr., 109) Vor allem in wissenschaftlichen Problemsituationen[39], in denen einander widerstreitende Erklärungsmodelle aufeinanderstoßen, hat ihn Lichtenbergs Einsicht geleitet, dass der Gang der Ideen nicht einer Logik *a priori* folge, wie sie Kant in seiner *Kritik der reinen Vernunft* so meisterlich entwickelt habe. Nur eine «Kritik der allgemeinen Naturwissenschaften» (Jbr., 184) könne uns auf dem Weg des Erkenntnisfortschritts vorwärtsbringen mit dem Eingeständnis, «daß das Irren hierin sehr leicht ist». (Jbr., 114) Dieser erkenntnis- und wissenschaftstheoretische Hinweis erhellt, warum Alexander von Humboldt in all seinen naturkundlichen Werken mit Theoriebildungen äußerst vorsichtig und zurückhaltend umgegangen ist. Weil er weiß, dass sie falsch sein können, drängt er sie zurück gegenüber den Tatsachen, die er sicher beobachten und experimentell erzeugen zu können glaubt. Auch dabei ist er der allgemeinen Richtung gefolgt, die ihm durch Lichtenbergs Vorlesungen zur Naturlehre vermittelt worden ist. «Also *Beobachtungen* und *Versuche* sind die Mittel wodurch man zur Erkenntniß der Natur gelangt, sobald wir uns mit unsern Muthmaßungen zu weit davon entfernen so kann man zwar noch immer *viel* sinnreiches sagen, allein man riskirt auch statt einer reellen Geschichte einen blosen Roman zu schreiben, dessen *Windig-*

keit ein einziger Versuch aufdeckt.»⁴⁰ Ganz im Sinne Lichtenbergs versteht sich Alexander von Humboldt als ein Erfahrungswissenschaftler, der auf genaue Beobachtung und kontrollierte Versuche den größten Wert legt. Zwar lässt er sich durch wissenschaftliche Theorien, die er aufmerksam studiert, zu eigenen Überlegungen und Untersuchungen anregen. Aber das Machen und Sammeln von konkreten Erfahrungen interessiert ihn mehr als der Entwurf abstrakter Theorien, die er durch Tatsachen lieber widerlegen als bestätigen will. Nur so können wir uns der Wahrheit nähern, die wir dennoch niemals endgültig erreichen oder finden können.

Am konsequentesten hat Alexander von Humboldt diesen programmatischen Grundsatz in seinen 1797 veröffentlichten *Versuchen über die gereizte Muskel- und Nervenfaser* befolgt, zu denen er sich durch Luigi Galvanis Theorie der tierischen Elektrizität anregen ließ: «Ich habe mich bemüht, bei meinen Versuchen über den Galvanismus von aller Theorie zu abstrahieren, oder vielmehr habe diese Versuche so abgeändert, als wenn gerade das Gegentheil der bisher aufgestellten Gesetze des Metallreizes erwiesen werden müsste. Diese Methode schien mir, so lange ich experimentirte, die fruchtbarste zum Erfinden zu seyn. (…) Freilich ist es dem menschlichen Geiste unmöglich, sich während des Experimentirens aller theoretischen Vermuthungen zu enthalten: freilich ist das Denken selbst ein Theoretisiren. Man reiht das Halbgesehene immer an analoge Erscheinungen an, und glaubt oft, Gründe in unwesentlichen Nebenbedingungen zu finden. Wohl dem Experimentator aber, den abgeänderte Versuche von einer Theorie zur anderen hinführen, dessen Vermuthungen nicht frühe eine Gewissheit erlangen, die von der ferneren Beobachtung zurückscheucht!»⁴¹

In diesem Zusammenhang darf schließlich der Einfluss nicht unerwähnt bleiben, den Johann Friedrich Blumenbach auf die Forschungsinteressen, das Wissenschaftsverständnis und Menschenbild der Brüder Humboldt ausgeübt hat. Blumenbach, ein Onkel Therese Forsters und enger Freund Lichtenbergs, war als Professor für Medizin an die Göttinger Universität berufen worden, lehrte jedoch eine breitgefächerte Naturforschung, die von der Gesteinsanalyse über die vergleichende Anatomie bis zur Menschenkunde reichte. Wissenschaftsgeschichtlich wirksam geworden ist er vor allem durch seine Annahme eines «Bildungstriebes» (Nisus formativus). 1781 hat er diesen Begriff eingeführt, um das besondere Treiben oder Bestreben lebendiger Körper zu bezeichnen, das sich von den mechanischen Kräften der Körper überhaupt wesentlich unterscheide: «Daß in allen belebten Geschöpfen vom Menschen bis zur Made und von der Ceder bis zum Schimmel herab, ein besondrer, eingebohrner, lebenslang würksamer Trieb liegt, ihre bestimmte Gestalt anfangs anzunehmen, dann zu erhalten, und wenn sie ja zerstört worden, wo möglich wieder herzustellen.»[42]

Alexander von Humboldt hat mehrfach betont, dass er Blumenbach viel verdanke. Nicht nur seine «Liebe zu naturhistorischen Studien»[43], vor allem hinsichtlich der Vorgänge im tierischen Körper, ist durch ihn geweckt worden. Ohne ihn wäre er wohl nie zu seinen physiologischen Studien zur Lebenskraft motiviert worden, die er in allen Lebewesen, von der einfachsten Pflanze bis zum komplizierten menschlichen Organismus, wirken sah. Vor allem seine Lust zu reisen, um sich eine eigene Anschauung von mineralogischen und geologischen Verhältnissen machen zu können, hat durch Blumenbach entscheidende Anstöße erhalten. Zu seiner ersten großen naturhistorischen Reise, zusammen mit dem Mediziner Steven Jan van Geuns, ist er durch Blumenbach motiviert worden.

Etwas anders gerichtet sind die Vorlieben seines Bruders gewesen. Menschen haben Wilhelm von Humboldt von Anfang an mehr interessiert als Steine. Besonders beeindruckt hat ihn Blumenbachs Versuch, das einheitliche Wesen der Gattung Mensch «natürlich» zu bestimmen und dabei zugleich die empirisch feststellbaren *natürlichen Verschiedenheiten im Menschengeschlecht* nicht zu übersehen, die er 1775 in seinem Buch *De generis humani varietate nativa* beschrieben hat.[44] Auch seine Theorie eines natürlichen «Bildungstriebes» hat Wilhelm von Humboldt nachhaltig zu eigenen Untersuchungen angeregt. Er teilte Blumenbachs Kritik an der populären Präformationstheorie, die davon ausging, dass in der Fortpflanzung ein neues Leben nur aus seiner vor-gebildeten «Einschachtelung» gelöst werde. Dagegen schien ihm Blumenbachs «epigenetisches» Modell viel plausibler zu sein: Aus einem noch ungeformten männlich-weiblichen Zeugungsstoff bilden sich unter Leitung einer besonderen Triebkraft stets neue Organismen zu ihren individuellen Gestaltformen.[45]

Doch noch stärker als diese Theorie der Epigenesis wird den jungen Studenten die Ausgangsfrage angesprochen haben, mit der Blumenbach seine Schrift *Über den Bildungstrieb und das Zeugungsgeschäft*, Göttingen 1781, eröffnet hat: «Was geht im Innern eines Geschöpfes vor, wenn es sich der süßesten aller Regungen überlassen hat, und nun von einem zweiten befruchtet einem dritten das Leben geben soll?»[46] Über diese Frage will Wilhelm von Humboldt jedoch nicht nur philosophieren. Bald wird er versuchen, sie auch lebenspraktisch zu beantworten und an der Süße dieser Erregung sinnlich teilzuhaben.

VIERTES KAPITEL

Zu den Gegenständen selbst
Was Alexander und Wilhelm auf ihren Reisen
an den Rhein beobachten und erfahren

Das Studium an der Göttinger Universität, das ihnen als preußischen Untertanen eigentlich nicht erlaubt war, hat nicht nur den geistigen Horizont der beiden Humboldt-Brüder erweitert. Die Bekanntschaft mit Forster, Heyne, Lichtenberg und Blumenbach hat auch eine Lust am Reisen geweckt, das sie unbekannte Landschaften, unvertraute Lebensformen und eigenwillige Persönlichkeiten kennenlernen lässt. Das hat wenig zu tun mit den Kavaliersreisen, mit denen gewöhnlich die Erziehung junger Adeliger abgeschlossen wurde. Wilhelm und Alexander von Humboldt wollen die Welt erfahren, über die sie bisher nur durch Vorlesungen und Buchlektüren aufgeklärt worden sind. Ihre größeren Reisen, die sie von Göttingen aus unternehmen, sind zugleich Folge und Ursache von Aufklärung.[1]

Deshalb nutzen beide Humboldts alle sich ihnen bietenden Möglichkeiten, ihr breitgefächertes Universitätsstudium durch weit ausgreifende Studienreisen zu ergänzen. So lernen sie nicht nur andere Universitätsstädte mit ihren Bibliotheken kennen, wo sie Bücher studieren können, die ihnen in Göttingen nicht zur Verfügung stehen. Sie knüpfen auch Kontakte zu anderen Gelehrten, von denen sie etwas Neues lernen können. Empfehlungsschreiben öffnen ihnen die Häuser interessanter Menschen und anregender Forscherpersönlichkeiten, mit denen sie ein überregionales Netzwerk bilden, das zu einer lebenslang andauernden Korrespondenz führen kann. Auch besteht der Sinn ihrer Bildungs- und Forschungsreisen darin, dass sie sich nun stärker in der Wirklichkeit zu bewegen und zu orientieren

lernen. Sie sind um die zwanzig Jahre alt, als es sie zur direkten Anschauung der Gegenstände in den Wissensgebieten drängt, für die sie
sich interessieren.

Dass ihnen das Reisen auch zur Kultivierung ihrer Anschauungs-
kraft dient, dokumentieren die Reiseberichte, Tagebücher und Briefe,
in denen sie ihre Beobachtungen und Studien literarisch zu gestalten
und zu verfeinern suchen. Vor allem Wilhelm hat darauf großen Wert
gelegt und sich als Schriftsteller profilieren wollen. Und nicht zuletzt
sind ihre ersten Schriften Ausarbeitungen von Erfahrungen, die sie
während dieser Reisen gemacht haben. In seinen *Mineralogischen Beobachtungen über einige Basalte am Rhein* stellt Alexander dar, was er
während seiner ersten naturhistorischen Reise gesehen und untersucht
hat. Wilhelm dagegen hat in seinen frühen staatstheoretischen und
religionsphilosophischen Manuskripten weiter entfaltet und philosophisch durchdacht, was in Gesprächen mit befreundeten Gelehrten
diskutiert worden ist.

Zwar haben die beiden Brüder mit ihren ersten größeren Reisen,
die sie an den Rhein führten, den gleichen Sinn verbunden. Doch
zusammen unterwegs sind sie nicht gewesen. Vielleicht lag es daran,
dass ihre Interessen leicht verschoben waren. Während sich Wilhelm
von Humboldt stärker durch geistreiche Unterhaltungen mit heraus-
ragenden politischen und philosophischen Denkern begeistern ließ,
konzentrierte sich Alexander mehr auf aufmerksame Naturbeob-
achtungen und naturkundliche Untersuchungen. Vielleicht wollten
sie sich aber auch nur als eigenständige Individuen voneinander ab-
grenzen, um ihre eigene Persönlichkeit besser bilden zu können. Bemerkenswert jedoch ist, dass beide sich immer darüber informierten,
wo sie sich gerade befanden und was sie dort erlebten, und dass Alexander zeitversetzt den Spuren gefolgt ist, die sein zwei Jahre älterer
Bruder Wilhelm auf seiner Reise hinterlassen hat.

Wilhelm von Humboldts politisch-philosophische *Reise nach dem
Reich* 1788. Ausgerüstet mit einem dicken Bündel von Empfehlungs-
briefen begibt sich Humboldt während der universitären Herbst-

ferien auf diese Reise. Er will Menschen kennenlernen, ihren Charakter studieren, mit ihnen über strittige Fragen räsonieren, ihre Lebensweise aus der Nähe betrachten. Dass ihn diese Reise vor allem zum Rhein führt, hat wenig mit diesem großen Strom zu tun. In seinem Tagebuch erwähnt er zwar, dass besonders vor Mainz der Rhein «in aller seiner Majestät» fließe, rechts und links herrliche Ufer liegen und das Ganze «einen unbeschränkten hinreissenden Anblik» (G. S. XIV, 38 f.) biete. Doch nicht diese Ansicht lockt ihn zum Rhein, sondern das Ehepaar Forster, das gerade dabei ist, sich in Mainz anzusiedeln, wo Georg Forster eine Anstellung als Bibliothekar des Kurfürsten und Erzbischofs Friedrich Karl Josef von Erthal gefunden hat.

Bereits auf der Reise zum Rhein gewinnt Humboldt reichhaltige Eindrücke vielfältigster Art. Am 19. September reist er aus Göttingen ab, zusammen mit dem Londoner Arzt Alexander Crichton, den er in Berlin kennengelernt hat. «Wir waren sehr lustig.» (G. S. XIV, 1) Am unterhaltsamsten sind die Gespräche über Henriette Herz, die nicht nur Wilhelms Herz, sondern auch das seines Reisegefährten für sich gewonnen hat. Alle Augenblicke kommt das Gespräch auf sie zurück, verbunden mit allgemeinen Bemerkungen zum Charakter und Verhalten von Frauen. Überhaupt wetteifern die beiden jungen Männer mit ihren amourösen Neigungen. In Arolsen besuchen sie den dortigen Hofmediziner, von dem sie wussten, dass er drei Töchter hat. Vielleicht lässt sich da was machen! Doch die älteste entpuppt sich als eine «verblühte Schönheit», die zwar gewohnt gewesen zu sein scheint, Eroberungen zu machen, aber das sinnliche Interesse der beiden Besucher nicht wecken kann; die mittlere ist «grundhässlich»; und die jüngste ist leider krank. «Der Besuch gelang daher sehr schlecht.» (G. S. XIV, 11) Vielversprechender soll die Begegnung mit dem alten Stieglitz sein, dem Vater des Studenten Johann Stieglitz, mit dem Humboldt sich in Berlin und Göttingen angefreundet hat. Denn bei ihm treffen sie ein junges Mädchen, recht hübsch, mit hellem Verstand und «oft nicht ohne Witz». Doch Humboldt macht bei seinem Annäherungsversuch einen kleinen Fehler. «Ich sezte mich zu ihr ans Fenster. Aber unglücklicher Weise verliess ich nur einen Augenblick meinen Plaz, und im Hui! hatte ihn Crichton erobert, und nun war ich verloren.» (G. S. XIV, 11)

Gern und nicht ohne Witz hat Humboldt solche erotischen Erlebnisse seinem Tagebuch anvertraut. Doch wichtiger sind ihm die Diskussionen, die er während seiner *Reise nach dem Reich* führt. Fast alle kreisen um eine zentrale Frage, auf die Humboldt wiederholt zurückkommt: Was halten die Menschen, die er besucht, vom Preußischen Religionsedikt, das am 9. Juli 1788 erlassen worden ist? Seine eigene Antwort ist klar und bestimmt. Kompromisslos lehnt er dieses staatliche *Edikt, die Religionsverfassung in den preußischen Staaten betreffend* ab, das durch Johann Christoph von Wöllner entworfen und durchgesetzt worden ist, einem religiösen Geisterseher und Schwärmer, der nach dem Tode Friedrichs II. und der Entlassung des aufgeklärten und liberalen Ministers Freiherr von Zedlitz unter dem neuen frömmelnden König Friedrich Wilhelm II. als Geheimer Staats- und Justizminister und Chef des geistlichen Departements eingesetzt worden ist. Kaum zu Macht und Einfluss gekommen, ging es ihm vor allem darum, die wahre christliche Lehre ganz unter die Kontrolle der preußischen Staatsgewalt zu bringen und sie vor allen aufklärerischen Irrlehren zu schützen. Unter Strafandrohung solle kein Geistlicher, Prediger oder Schullehrer sich «unterfangen», seine theologischen Gedanken oder religiösen Überzeugungen nur an der Vernunft statt an der staatlich autorisierten Kirchenlehre zu orientieren.[2] Für Humboldt wie für seine Freunde aus der Berliner Aufklärung ist klar: Das Wöllner'sche Edikt bedeutet einen geistigen und kulturellen Rückschlag für Preußen, den sie nicht akzeptieren wollen. Der Protest gegen das Edikt ist zum einigenden Band der aufgeklärten Intellektuellen geworden.

Für Wilhelm von Humboldt ist die Beurteilung des Religionsedikts zugleich das entscheidende Kriterium, um das Maß aufgeklärter Geistesfreiheit bei seinen Gesprächspartnern feststellen zu können. Immer wieder führt er die Diskussion auf das Edikt hin. Er ist überrascht über das positive Urteil des Fürsten von Waldeck,

den er für einen vernünftigen Mann mit dem Mut zum eigenen Verstandesgebrauch gehalten hat. «Allein hernach zeigte es sich, dass er es
nicht recht, sondern nur so prinzlich gelesen hatte.» (G. S. XIV, 10)
Und überhaupt kein Verständnis kann er aufbringen für Ernst Gottfried Baldinger, Medizinprofessor in Marburg an der Lahn und Leib-
arzt des Landgrafen von Hessen-Kassel, «der den ganzen Tag Tobak
raucht und Wein trinkt. Einer der sonderbarsten Menschen, die ich
je sah. (…) Sein Gespräch ist fast immer nur Scherz, und sein Scherz
fast immer nur Spott, sodass es dem gutmüthigen Crichton grosse
Langeweile machte. Eine Viertelstunde hört er sich recht gut an, aber
länger wird er ekelhaft. Denn sein Wiz ist sehr oft schaal und platt,
und kommt aller Augenblicke wieder. Das Edikt hatte er nicht einmal gelesen.» (G. S. XIV, 23)

Über Gießen, wo er das Zuchthaus besucht und sich über die
entwürdigende Behandlung der dort eingekerkerten ledigen jungen
Mütter empört, die man als «Huren» bestraft und beschimpft (G. S.
XIV, 26), und Frankfurt am Main, wo er sich über die antisemitische
Intoleranz gegenüber den Juden entrüstet, die keine «öffentlichen
Spaziergänge» besuchen dürfen (G. S. XIV, 28), gelangt Humboldt
nach Darmstadt als dem südlichsten Reiseziel, wo er einen Ver-
wandten seines Göttinger Professors Lichtenberg besucht, der ihn
und Crichton mit der witzigen Empfehlung avisiert hat: «Mein lieber
Vetter. Hier kommen wieder ein Paar herrliche Briefträger, die Du
die Güte haben wirst so aufzunehmen, als wäre es der HE.-Hofrath
Lichtenberg (denn dieses bin ich seit gestern Morgen) selbst.»[3]

Dann noch eine kurze Reise von Darmstadt nach Mainz. Der Weg
ist sandig und unangenehm. Schließlich geht es über eine etwa 600
Meter lange Brücke aus 42 Schiffen. Diese 1661 eingeweihte «Schiffsbrücke» bietet eine herrliche Aussicht auf den Fluss und die mit vielen
Türmen romantisch wirkende Stadt. Humboldt ist am Ziel. Es ist
der 7. Oktober 1788. «Ich ging gleich zu Forster. Er und sie emp-
fingen mich mit äusserster Freundschaft.» (G. S. XIV, 39) Vier Tage
bleibt er bei den Forsters, wird von ihnen mehrmals zum Essen eingeladen und auch mit anderen Honoratioren bekannt gemacht. Er wird

dem Anatomen Samuel Thomas Sömmering vorgestellt, der zwar ein finsterer, unzufriedener und einsilbiger Mann ist, Humboldt aber dennoch gefällt, weil er nicht die geringsten Komplimente macht und frei und offen seine Meinung sagt, wenn er spricht. «Ueber das Edikt sprach er vernünftig, aber nur in 2 Worten. Ueber Mangel an Aufklärung in Maynz scheinen doch die Klagen ungerecht.» (G. S. XIV, 40) Man geht viel spazieren in einer Landschaft, deren Anblick Wilhelm verzaubert, spricht über gemeinsame Bekannte, berufliche Perspektiven und politische Verhältnisse, über die Freimaurerei und den Unterschied zwischen den «Menschenrassen», über die Forster aus eigener Anschauung als Weltumsegler am meisten weiß und 1786 einen anthropologischen Essay geschrieben hat.[4]

Auch gibt es für den jungen Gast mehrfach Gelegenheit, allein mit Therese zu sein. Wieder ist die Liebe ihr unerschöpfliches Lieblingsthema. Diese Gespräche machen ihm zwar «unendlich viel Freude» (G. S. XIV, 43); aber wirklich mannigfaltig, interessant und geistig herausfordernd sind nun die Diskussionen mit Georg Forster, mit dem er während dieser vier Tage eine enge Freundschaft schließt. Die Erfahrungen und Ansichten des 34-jährigen Weltbürgers und weitgereisten Forschers schärfen sein eigenes Urteilsvermögen. Unmittelbaren Anlass dazu bietet das Preußische Religionsedikt, dessen gegen-aufklärerische Absicht und Wirkung Forster an einem konkreten Streitfall exemplarisch erläutert und Anfang 1789 in seinem *Fragment eines Briefes an einen deutschen Schriftsteller über Schillers Götter Griechenlands* scharf und geistreich attackieren wird.

Gestritten wird um den unchristlichen Gehalt von Friedrich Schillers erstem philosophischen Gedicht, das im März 1788 im *Teutschen Merkur* erschienen ist. Zivilisationskritisch hat Schiller seine Elegie *Die Götter Griechenlandes* gegen die moderne Entzauberung und Entgötterung des Weltganzen gedichtet.[5] Er hat sich in die Mythenwelt der griechischen Antike zurückgeträumt, in der die Götter noch menschenähnlich waren und die Menschen von einem göttlichen Glück beseelt. Schiller weiß zwar, dass es sich dabei nur um eine kulturelle Imagination handelt:

«Da ihr noch die schöne Welt regiertet,
An der Freude leichtem Gängelband
Glücklichere Menschen führtet,
Schöne Wesen aus dem Fabelland!»

Aber gerade als Phantasiegestalten ermöglichten die Götter, Schiller
zufolge, eine sinnlich erlebbare und ästhetisch beglückende Sinn-
gebung, für die in der Moderne kein Gespür mehr existiere. Was war
an diesem Gedanken so provokant, dass dieses Gedicht zum kultur-
politischen Skandal werden konnte? Zu einem Fall mit höchster
politischer Brisanz wurden die *Götter Griechenlands*, weil Schiller
seinen antikisierenden Polytheismus dem einen Gott seiner eigenen
Zeit entgegensetzte, sei er nun christlich als ein persönlicher Schöpfer
oder deistisch als ein allumfassendes Prinzip gedacht. Erst die Wende
zum Monotheismus ließ nämlich «seinen» zeitgenössischen Gott, in
Schillers Augen, unsichtbar und unbegreifbar werden:

«Nennt der meinige sich dem Verstande?
Birgt ihn etwa der Gewölke Zelt?
Mühsam späh ich im Ideenlande,
Fruchtlos in der Sinnenwelt.»

Der Vorwurf, dass Schiller schlimmstenfalls ein frevelhafter Atheist
sei, bestenfalls ein Heide, der hoffe, bald wieder den ganzen Olymp
in seine alten Rechte einzusetzen, ließ nicht lange auf sich warten.
Friedrich Leopold Graf zu Stolberg hat ihn zuerst erhoben.[6] Gegen
ihn hat Georg Forster seinen Brief gerichtet, mit Wilhelm von Humboldt an seiner Seite.

Das betrifft zunächst Forsters Verteidigung Schillers als eines
Dichters, für dessen freie Einbildungskraft die Kulturgeschichte, vor
allem die griechische Antike, eine nie versiegende Quelle sein kann
und darf, was Humboldt an seine eigenen ersten Lektüreabenteuer
erinnert. Auch Forsters aufgeklärte Desillusionierung, «daß in allen
möglichen Systemen die Begriffe, aus welchen man die Gottheit con-

struirt, vom Menschen abgezogen sind»[7] und nur anthropomorphe Vorstellungen ausdrücken, die sich kulturgeographisch unterscheiden und kulturgeschichtlich verändern, wird Humboldt zugestimmt haben. Doch am stärksten hat ihn Forsters allgemeine Geisteshaltung und politisch-moralische Grundüberzeugung beeindruckt, mit der er nicht nur Schillers dichterische Freiheit verteidigt, sondern zugleich äußerst scharf die «neueren Attentate gegen die Denk- und Gewissensfreyheit»[8] verurteilt. Sein *Brief an einen deutschen Schriftsteller*, an Stolberg adressiert, richtet sich gegen die Anmaßung der preußischen Staatsgewalt, durch ein Edikt bestimmte theologische Spekulationen als verbindlich vorzuschreiben, den eigenen Verstandesgebrauch mündiger Bürger zu blockieren und die moralische Autonomie der Menschen aufzuheben. Überhaupt habe sich der Staat nicht um die «Glückseligkeit» seiner Bürger zu kümmern, sondern um den Schutz ihrer Freiheit: «Die gutmüthige Absicht, für die Glückseligkeit anderer sorgen zu wollen, oder die hinterlistige Herrschsucht, die sich dieser Larve bedient, äußert sich nur gar zu oft in *Zwangmitteln*, um jene begünstigte Form zur einzigen zu erheben, alle andere neben ihr zu vernichten, und sie, die einzige, *ewig unverändert* zu halten. Diese Anmassungen beruhen gleichwol auf der ganz irrigen Voraussetzung, daß die Gesetzgebung eines Staats dessen Glückseligkeit und Moralität bewirken könne; da doch nichts mit siegreicheren Gründen erwiesen ward, als daß *Selbstbestimmung*, oder mit andern Worten, moralische Freyheit, die einzigmögliche Quelle der menschlichen Tugend ist, und alle Funktionen der Gesetze, so wie sie aus dieser Freyheit geflossen sind, sich auch einzig und allein auf ihre Beschirmung einschränken müssen.»[9]

Wilhelm von Humboldts frühe politisch-philosophische Überzeugung, dass der Staat sich nicht um das Glück seiner Bürger zu sorgen habe, sondern um die Sicherung ihrer ungestörten Handlungs- und Gedankenfreiheit, wird durch seine nächste Begegnung gefestigt. Von Mainz reist er den Rhein hinunter, zunächst nach Aachen, wo er zehn Tage bleibt. Er ist Gast bei Forsters Freund Christian Wilhelm von Dohm, von dem Wilhelm und Alexander drei Jahre zuvor privat in die Politische Ökonomie und Staatsrechtslehre eingeführt worden sind. Seit Juli 1786 ist Dohm preußischer Gesandter bei Kurköln. Als Humboldt seinen ehemaligen Lehrer aus der Berliner Aufklärung besucht, will dieser ihn kaum wieder fortlassen und verstrickt ihn in lange Gespräche über den Zweck des Staates und die Grenzen der Staatsgewalt. Humboldt ist daran äußerst interessiert, bietet es ihm doch eine Möglichkeit, mit dem kompetenten Juristen, der gerade am *Entwurf einer verbesserten Constitution der Kaiserl. freyen Reichsstadt Aachen* arbeitet, ausführlich das Wöllner'sche Religionsedikt und dessen Folgen zu besprechen. Dohms Hauptidee findet bei Humboldt ein offenes Ohr: Der Staat sei kein Fürsorge-, sondern ein reines Rechtsinstitut, das keine moralischen Vorstellungen oder religiösen Überzeugungen von seinen Bürgern einfordern dürfe. Um das Glück oder Wohl der Menschen habe sich der Staat nicht zu kümmern, sondern nur das öffentliche Verhältnis zwischen Staatsgewalt und Staatsbürgern rechtlich klar zu regeln. Ein «wahrer Freystaat» lasse die Privatsphäre jedes Menschen unangetastet. «In allen Handlungen, welche durch die Gesetze nicht bestimmt sind, ist der Bürger von Aachen unbeschränkt und Niemand Rechenschaft schuldig»[10], heißt es in Dohms Aachener *Entwurf.*

Ende Oktober reist Humboldt von Aachen nach Pempelfort, einem kleinen idyllischen Landsitz in der Nähe Düsseldorfs. Dieses Reiseziel scheint ursprünglich nicht auf dem Plan gestanden zu haben. Eigentlich hatte er vor, seine Charlotte in deren elterlichem Haus, nahe Detmold, zu besuchen. Er ist doch sehr verliebt in die junge Pfarrerstochter, der er in Pyrmont begegnet ist. Aber Forster hat ihn neugierig gemacht auf seinen Freund Friedrich Heinrich Jacobi (1743–1819), der sich in das stille Pempelfort zurückgezogen hat, wo er auf einem kleinen Landsitz mit seinen zwei Halbschwestern Charlotte und Helene lebt. Humboldt wird nicht bereuen, Forsters Empfehlung gefolgt zu sein. Im Gegenteil. Er wird Jacobi als einen faszinierenden Denker und Menschen zu schätzen lernen, wie Humboldt, philosophisch groß geworden im Kreis der Berliner Aufklärer, ihn bisher noch nicht kennengelernt hat. Denn in Pempelfort ist nicht, wie in

Berlin, ein aufgeklärter Verstand tätig, um durch scharfsinnige Begriffsanalyse und systematische Urteilslogik erkennen zu können, was in der Welt gesetzmäßig der Fall ist. Mit all seinen Empfindungen, Anschauungen und Gefühlen erlebt der Mensch Jacobi, was da ist. Nicht kategoriale Erkenntnis und logische Deduktion interessieren ihn. Er will das Dasein selbst erleben oder enthüllen in seiner Unmittelbarkeit, Einfachheit, Unauflöslichkeit.[11]

Am 31. Oktober abends kommt Humboldt bei Jacobi an. Schon der nächste Tag lässt ihn erleben, was Jacobis lebendiges Philosophieren zu einer einzigartigen Tätigkeit im Zeitalter der Aufklärung macht. «Kaum war ich aufgestanden, so trat Jakobi in mein Zimmer. Sein Blik, sein Gang, die grosse Wärme, mit der er mich umarmte, alles bestätigte mein gestriges Urtheil. Die Fähigkeit zu empfinden ist bei ihm sehr gross, und er geht sehr gern zum Enthusiasmus über.» (G. S. XIV, 57) Der erste gemeinsame Spaziergang an diesem 1. November 1788 ist ein «fortwährendes Raissonnement über mehrere, aber doch vorzüglich metaphysische Gegenstände». Beide sind so sehr in ihr philosophisches Gespräch vertieft, dass sie kaum wahrnehmen, was um sie herum geschieht.

Begeistert ist Humboldt über die Radikalität, mit der Jacobi die unmittelbaren Anschauungen der Dinge und die existenziellen Erlebnisse der Menschen zur Sprache bringt. Logisch zu denken und begrifflich zu analysieren hat Humboldt bei Engel und Feder gelernt. Jetzt hört er einen liebenswürdigen, empfindsamen und geistreichen Menschen über das Phänomen philosophieren, das ihn selbst bewegt und treibt: die «Sinnlichkeit», die sich im körperlichen Umgang mit den Dingen des unmittelbaren Daseins genießen lässt. Es komme Jacobi zufolge darauf an, das Dasein der Dinge unmittelbar anzuschauen und bei der allerersten und einfachsten Wahrnehmung das Ich und das Du, inneres Bewusstsein und äußeren Gegenstand in einem unteilbaren Augenblick zugleich zu erleben. In Erinnerung an die glücklichen, unvergesslichen Tage in Pempelfort wird Humboldt am 17. November 1788 an Jacobi schreiben: «Wenn man sich zu den Gegenständen selbst begibt, hält man nichts anderes eher für wahr, als bis man es selbst angeschaut hat, so mag der Weg vielleicht langsamer sein, aber er ist auch sicherer und reizender und der Stoff des Nachdenkens ebenso unerschöpflich als die Menge der Gegenstände in der Natur.»[11]

Doch Humboldt ist nicht bereit, Jacobi in jenes Reich zu folgen, wohin es diesen «Gläubigen» treibt. Denn es mag zwar richtig sein, dass wir uns über das Dasein der Dinge unmittelbar nur durch einen Akt des Glaubens gewiss sein können, sofern wir «Glauben» als ein Fürwahrhalten verstehen, das nicht aus Vernunftgründen entspringt. Humboldt hat nichts dagegen, unmittelbare sinnliche Gewissheit als «Glaube» in erkenntnistheoretischer Hinsicht zu verstehen. Aber entschieden widerspricht er Jacobi, diesen Begriff ins Transzendente zu wenden. Jacobi, der zutiefst gläubige Christ, hält es nämlich für gewiss, dass auch Gott unmittelbar da sei und angeschaut werden könne. Auch das Übersinnliche sei auf die gleiche Weise gegeben wie das Dasein in seiner existenziellen Evidenz. Gerade weil es durch Begriffe nicht erfasst werden kann und sich einer deutlichen wissenschaftlichen Erkenntnis entzieht – »so kann das Uebernatürliche auf keine andre Weise von uns angenommen werden, als es uns gegeben ist; nehmlich *als Tatsache – ES IST!* Dieses Uebernatürliche, dieses Wesen aller Wesen, nennen alle Zungen: *DEN GOTT.*»[12] So heißt es formelhaft in einem von Jacobis Briefen an den Herrn Moses Mendelssohn *Über die Lehre des Spinoza*, in denen er seinen metaphysischen Kampf gegen jede Form eines gottlosen »Pantheismus» geführt hat, der nur die natürliche Welt vergöttere und keine Religion des Übernatürlichen akzeptiere.

Für Humboldt kann Jacobis Wende vom geglaubten Dasein zum existierenden Gott nur ein Kurzschluss sein, den er nicht nach- oder mitvollziehen will. Er hält an der Erfahrung der «Gegenstände selbst» fest, sofern sie sinnlich gegeben sind. Er übersteigt sie nicht in eine Transzendenz, deren *«ES IST!»* nur eine schwärmerische Illusion sein kann, wenn man sie als Tatsache annehmen zu können glaubt. Schon im ersten Gespräch am 1. November bekennt er Jacobi, dass ihm «religiöse Ideen, und das Bedürfnis der Seele, sie zu haben», fremd seien. «Ich sagte: Zweifel dieser Art plagten mich nie. Die eigentliche

Speculation kenne kein Bedürfniss, also auch kein Bedürfniss eines Gottes, und in den Augenblikken, wo mir diese Ideen wirklich Bedürfniss seien, sei nur mein Herz interessirt, und bedürfe ich keiner Speculation.» (G. S. XIV, 60)

In dieser Hinsicht geht es Humboldt wie Georg Forster, den er im Streit mit Jacobi auf seiner Seite weiß und dem er einige Monate später dankbar schreiben wird: «Daß Sie es Jacobi ans Herz gelegt haben, dass man vom Uebersinnlichen schlechterdings keine Idee haben kann, freut mich sehr. Er ist zwar zu sehr Philosoph, um es begreifen, erklären zu wollen. Aber er glaubt es doch anschauen zu können. Ich gestehe Ihnen gern, dass ich davon keine Idee habe und dass ich fürchte, es kann leicht zur Schwärmerei führen. Ich habe mich schon in mehreren meiner Briefe an ihn darauf bezogen, allein bis jetzt hat er mir die Antwort immer erst versprochen.»[13]

Humboldt freut sich auf den lebendigen Gedankenaustausch mit dem Glaubensphilosophen Jacobi. Doch dieser schweigt zunächst. Um Antworten auf die drängenden Fragen zu finden, greift Humboldt zu Büchern. Er stürzt sich in Immanuel Kants kritische Philosophie, besonders in die *Kritik der reinen Vernunft*, die er Satz für Satz exzerpiert und gedanklich verarbeitet. Er wird sich noch «tod studiren» und «lebt und webt», wie sein Bruder an den Theologiestudenten Wegener schreibt (Jbr., 44), in Kants System, um sich über die Grundlagen und Grenzen der menschlichen Erkenntnismöglichkeiten klarzuwerden. Am meisten fasziniert ihn die gedankliche Schärfe, mit der Kant die antinomischen Widersprüche der reinen Vernunft aufdeckt und entfaltet, wenn sie den Bereich möglicher Erfahrbarkeit übersteigt. Auch «Gott» kann sich dem (vierten) Widerstreit nicht entziehen, der zwischen den beiden spekulativen Ideen tobt: «Zu der Welt gehört etwas, das, entweder als ihr Teil oder ihre Ursache, ein schlechthin notwendiges Wesen ist. / Es existiert überall kein schlechthinnotwendiges Wesen, weder in der Welt, noch außer der Welt, als ihre Ursache.»[14] Im dialektischen Spiel der theologischen Ideen, die nicht erfahrungsmäßig «demonstrierbar» sind, droht der menschliche Verstand verrückt zu werden, was allerdings, philosophisch gesehen, nicht ohne Reiz ist und Wilhelm von Humboldts volle geistige Konzentration fordert.

Alexander von Humboldts *Naturhistorische Reise* 1789. Wieder sind es die Semesterferien im Herbst, die nun Alexander nutzt, um seine technologischen und naturkundlichen Kenntnisse durch eine Reise zum Rhein zu erweitern. Vor allem Professor Johann Friedrich Blumenbach hat ihn dazu motiviert. Am besten sei es, wenn er nicht allein reisen würde. Blumenbach macht ihn mit dem zwei Jahre älteren Doktor der Philosophie Steven Jan van Geuns bekannt, einem frisch an der Göttinger Universität immatrikulierten Mediziner und Botaniker, der sich ihm anschließen solle. Er will es gern tun, braucht aber noch die Erlaubnis seiner Eltern, diesen «jungen Berliner Edelmann» begleiten zu dürfen, der ein «sehr vortrefflicher junger Mann zu sein scheint, und sehr viele Kenntnisse in Botanik, Mineralogie, Ökonomie und Fabrikkunde hat.»[15] Auch seien die Gegenden längs des Rheins in naturkundlicher Hinsicht sehr interessant, vor allem wegen der dort häufig vorkommenden Basalte und zahlreicher vulkanischer Überbleibsel. Geuns' Eltern haben gegen diese Reise nichts einzuwenden, und auch Humboldt freut sich, den Kommilitonen zum Reisebegleiter zu haben, der sich bereits mit einer Schrift über die Nutzung einheimischer (holländischer) Pflanzen aus medizinischer Sicht einen Namen gemacht hat.

Am 24. September 1789 brechen sie in Göttingen auf. Bis Frankfurt am Main begleitet sie Jacobis Sohn Johann Georg Arnold, der ebenfalls in Göttingen studiert. Er ist ein guter Junge, der «jedoch keinesfalls den Verstand seines Vaters hat»[16], dem Alexander von Humboldt einen Besuch in Pempelfort versprochen hat. Über ihre Erlebnisse und Erkundungen führen beide Tagebuch. Erhalten geblieben ist leider nur Steven Jan van Geuns' *Tagebuch einer Reise mit Alexander von Humboldt durch Hessen, die Pfalz, längs des Rheins und durch Westfalen im Herbst 1789*, dessen Existenz zwar schon mehrere Jahre bekannt war, das aber erst 2007 veröffentlicht worden ist. Jeder Tag ist dokumentiert, jede wichtige Beobachtung festgehalten, jedes bemerkenswerte Treffen erwähnt. Wir können hier nur einige wenige Punkte skizzieren, die einen Bezug zu Wilhelms *Reise nach dem Reich* herstellen lassen.

Bereits während ihrer Kutschfahrt von Göttingen nach Kassel wird die Aufmerksamkeit der Reisenden durch einige hohe Basaltberge geweckt. Geuns und Humboldt genießen jedoch nicht nur den ästhetischen Reiz der Landschaft, sondern fragen sich, ob es sich dabei um Reste vulkanischer Tätigkeit handeln könne. Einige haben zwar eine vulkanische, kegelförmige Form. Aber Geuns und Humboldt wissen auch, dass mehrere begeisterte Vulkansucher, allen voran der Geologe Jean-André de Luc, hier keinerlei Kraterspuren gefunden haben. Wie aber haben sich diese Bergformen dann bilden können, wenn die vulkanistische Entstehungstheorie nicht bestätigt werden kann? Stimmt vielleicht die Theorie der «Neptunisten», allen voran der Freiberger Geologe Abraham Gottlob Werner, der die Entstehung des Basaltgesteins durch die aufschwemmende Wirkung des Wassers glaubte erklären zu können? Es wird mehrere Anlässe geben, auf diese hitzig geführte Basaltstreitigkeit zwischen Vulkanisten (Plutonisten) und Neptunisten zurückzukommen, vor allem angesichts einiger Basalte am Rhein, die beide Forscher genau beobachten und mineralogisch untersuchen werden.

In Marburg bleibt ihnen der Besuch beim sonderlichen Medizinprofessor Baldinger nicht erspart, der ständig Witze erzählt, ein Liebhaber der Flasche ist und gern sich selbst und seine Gäste betrunken macht. «Wir konnten dann auch nicht umhin, mit ihm zu trinken, selbst Humboldt, der niemals Wein trinkt, musste nun jedoch ein paar Gläser trinken und er schimpfte und fluchte über Campe, daß er ihn, Humboldt, eine solche schlechte Erziehung gegeben und keinen Wein hatte trinken lassen.»[17]

Überhaupt scheinen die Deutschen, wie Geuns mehrfach erstaunt feststellt, gern Schnaps und Wein zu trinken, den sie, besonders in der Frankfurter Gegend, auch als «Apfelwein» aus großen Gläsern trinken, wenn sie sich den teureren Traubenwein nicht leisten können. Und arme Leute gibt es in Frankfurt am Main viele, wo auch die Straßen sehr dunkel und schmutzig sind, fast so «schweinisch schmutzig»[18] wie im nahegelegenen Sachsenhausen, einem noch viel hässlicheren Nest. Am schlimmsten aber steht es mit den Frankfurter Juden, die zusammengepfercht in einer engen, überbevölkerten, schrecklich stinkenden Judengasse leben müssen. «Sie dürfen ferner nicht in der Stadt spazieren gehen, wenn sie da keine Beschäftigung haben und es dürfen auch nicht mehr als zwei zusammengehen.»[19]

Von Frankfurt geht es nach Darmstadt, wo sie den Geheimarchivar Lichtenberg treffen. Schon wieder hat sein Vetter aus Göttingen, Professor und Hofrat Georg Christoph Lichtenberg, einen Empfehlungsbrief schreiben müssen: «Ich schicke Dir hier auf ausdrückliches Verlangen wiederum 2 Herren zu, den HE v. Humboldt aus Berlin, den Bruder dessen, den Du bereits kennst, und einen jungen HE von Geuns aus Utrecht. Beyde Herren haben Naturgeschichte zu ihrem Hauptstudio und der erste noch besonders Technologie und Maschinenwesen gewählt. Es sind beyde ungewöhnliche Köpfe, wie Du bald finden wirst.»[20] Und wie es in diesem Brief weiter zu lesen ist, braucht der Vetter aus Darmstadt die beiden Reisenden nicht zum Essen einzuladen, sondern zeigt ihnen stattdessen die landgräfliche Hofbibliothek, in der zwar zahlreiche historische und juristische Bücher zu sehen sind; doch «von der Naturgeschichte und der Physik gibt es beinah nichts»[21].

Über die Bergstraße reisen sie nach Heidelberg, Speyer und Bruchsal, von dort über Mannheim, dessen reichhaltiges naturkundliches Ausstellungsangebot sie bestaunen, nach Mainz. Am 15. Oktober kommen sie an. Sie überqueren die Schiffsbrücke, von der sie eine sehr angenehme Aussicht auf die Stadt, den Rhein und das Rheingau haben. Und nun lernt auch Alexander endlich den weitgereisten, umfassend gebildeten und ganzheitlich forschenden Georg Forster persönlich kennen, dessen *Reise um die Welt* ihn schon früh von großen Abenteuern in fernen tropischen Ländern träumen ließ. «Hier genossen wir viel Höflichkeiten bei dem Professor und Bibliothecus Forster, des berühmten Gefährten von Cook auf seiner Reise um die Erde, von welchem wir die Adresse durch Professor Heyne aus

Göttingen hatten und der mit dessen Tochter verheiratet ist; wir aßen immer mittags und abends bei ihm und verbrachten dort sehr viele interessante Stunden; wir sahen die Herbarien von Neuseeland und andere meist neue Pflanzen, als auch noch einige Besonderheiten aus Otaheiti (Tahiti) und anderen Ländern.»[22]

Auch der Anatomieprofessor Samuel Thomas Sömmering wird den beiden Besuchern durch Forster vorgestellt, der sein Nachbar im selben Haus ist. Sömmerings herrliche Sammlung anatomischer Präparate, worunter sich auch mehrere menschliche und tierische Gehirne befinden, fasziniert sie. Seine «Hauptliebhaberei», die vergleichende Anatomie, weckt ihr reges Interesse; und ganz anders als ein Jahr zuvor, wo er sich gegenüber Wilhelm, der ihn in politische Gespräche verwickeln wollte, als ein finsterer, unzufriedener und einsilbiger Mann verhielt, zeigt Sömmering sich dem anatomisch interessierten Alexander nun als «ein sehr kluger, fröhlicher und freundlicher Mann, von dem man noch vieles Gutes erwarten kann»[23].

Drei Tage bleiben sie in Mainz, bevor sie sich auf eine Schiffsreise auf dem Rhein bis nach Bonn begeben. Forster hat ihnen besonders das Studium der Basaltberge empfohlen, die vor allem bei Linz und Unkel ein bemerkenswertes Bild bieten. Geuns und Humboldt folgen gern diesem Rat. Es ist eine merkwürdige basaltische Landschaft des Rheins, die sie zunächst nur von ihrem Schiffchen aus betrachten können. So entscheiden sie sich, es bei Linz zu verlassen und zu Fuß nach Bonn zu gehen. Schönere Basaltsäulen haben sie noch nie gesehen, die schräg in die Höhe ragen. Sie klettern auf kleinere Basaltberge, beobachten ihren Verlauf am Ufer des Rheins, lassen sich auf die gegenüberliegende Seite des Rheins übersetzen, wo sie sich im Unkeler Steinbruch die Taschen mit Basaltbrocken vollpacken. Sie sind nicht nur schwer beeindruckt durch die großartige Naturszene dieser Steinhöhle bei Unkel. Größer noch ist ihre Überraschung, dass im Inneren einiger regelmäßig gebildeter Basaltprismen kleine Höhlen zu finden sind, die mit reinstem Wasser angefüllt sind. Das scheint den Neptunisten recht zu geben, die dem Wasser die entscheidende Rolle bei der Basaltbildung zuschreiben.

Nach den Steinen fordert auch die Kultur wieder ihre Aufmerksamkeit. In Köln wundert sich besonders der aufgeklärte Protestant Geuns über den Aberglauben, die Intoleranz und die Faulheit der meisten katholischen Einwohner. In den Kirchen liegen Menschen für lange Zeit unbeweglich auf ihren Knien mit ausgestreckten Händen, «als wollten sie den gekreuzigten Heiland nachahmen»[24]. Prächtig herausgeputzte Reliquien, über die unglaubliche Märchen erzählt werden, dienen für törichte Rituale. Die St.-Ursula-Kirche ist rundum mit Skeletten behängt, die von elftausend getöteten gläubigen Jungfrauen aus dem 8. Jahrhundert stammen sollen, wobei man den Schenkeln und Rippen sehr deutlich ansehen kann, was bereits der vergleichende Anatom «Professor Sömmering beobachtet und mir in Mainz gesagt hat, dass viele von Schafen und andern Tieren sind!».[25]

Nach diesem religiösen Aberglauben bietet der Besuch bei Friedrich Heinrich Jacobi in Pempelfort eine erfreuliche geistige Herausforderung. Sein metaphysischer Glaube mag zwar den strengen Aufklärern, vor allem in Berlin, nicht gefallen. Doch Geuns und Humboldt erleben ihn als einen feinsinnigen Philosophen und liebenswürdigen Gastgeber, in dessen lehrreicher Gesellschaft sie «ein paar sehr angenehme Tage»[26] verbringen, bevor sie dann über Münster und Paderborn nach Göttingen zurückreisen, wo sie am 31. Oktober ankommen.

Wie eine Wiederholung mit leichten Variationen scheint Alexanders *Naturhistorische Reise* gewesen zu sein: gleiche Städte, ähnliche Wahrnehmungen, dieselben Personen wie bei Wilhelms *Reise nach dem Reich* ein Jahr zuvor. Doch wenn man den vollständigen Tagebuchbericht liest, ergibt sich ein anderer Eindruck. Nicht die Städte, durch die sie reisen, oder die Menschen, mit denen sie sich unterhalten, stehen im Fokus ihrer Aufmerksamkeit. Geuns und Humboldt wollen ihre naturkundlichen Kenntnisse vermehren. Sie wollen «Fakta» feststellen, entweder zur sachhaltigen Bestätigung und Erweiterung ihres Wissens oder zur Klärung jener strittigen Fälle, «wo die Natur sich nicht ganz nach unsern jetzigen Hypothesen erklären lässt»[27]. Deshalb lassen sie sich keine Gelegenheit entgehen,

neue Tatsachen zu sammeln, wobei ihre Neugier keine Fachgrenzen
kennt. Unermüdlich besuchen sie Erz- und Salzbergwerke, Schiefer-
brüche und Salinen; alle möglichen Fabriken zur Herstellung und
Verarbeitung von Metallen, Quecksilber, Porzellan, Wachs, Papier,
Stoffen, Tapeten und Schnupftabak; botanische Gärten und astronomische Observatorien; anatomische und chirurgische Sezieranstalten;
«Kabinette» der Naturgeschichte, von Antiquitäten und Gemälden;
Universitätsbibliotheken und naturkundlich ausgerichtete Fachbuch-
handlungen.

Von der Geologie und Mineralogie über Industrie und Technologie bis zur Botanik und Medizin reicht das Spektrum dieser Reise.
Im Mittelpunkt stehen die Beobachtungen und Untersuchungen
des Basalts, die ihren ersten Ausdruck in einem Vortrag Humboldts
finden, den er am 20. Dezember 1789 vor der «Societas physica pri-
vata Gottingensis» hält, einer physikalischen Privat-Gesellschaft, die
in Göttingen von ihm und Geuns gegründet worden ist. Humboldt
wendet sich an Georg Forster, um dessen Vermutungen über die Entstehung des Basalts zu erfahren, und macht den frischgewonnenen
«theuren Freund» neugierig mit dem Hinweis: «Die Fakta, die ich
anführe, könnten einem Gelehrten manchen Stoff darreichen.» (Jbr.,
73) Stolz ist er vor allem auf die von ihm erstmalig gemachte Beobachtung, dass sich mitten im dichtesten Basalt reines Wasser findet.
Forster ist interessiert und bittet Alexander um eine mineralogische
Beschreibung der Unkeler Basalte für die nächste Ausgabe seiner *Kleinen Schriften.* (Jbr., 80)

Doch noch besser wäre es, aus seinen Beobachtungen ein ganzes
Buch zu machen! Humboldt denkt an Joachim Heinrich Campe,
seinen alten Lehrer aus Kindertagen, der erfolgreich seinen Braun-
schweiger Buchverlag führt, und schreibt ihm am 26. Januar 1790
einen Brief, in dem er ihm gesteht, jetzt «so dreist geworden zu sein,
mit einer eigenen kleinen Schrift ans Licht treten zu wollen. (…)
Hätten Sie Ihrem Alexander die Unbescheidenheit zugetraut, mit der
er Ihnen das alles exponirt? Aber hören Sie nur, Lieber, meine Krankheit geht noch weiter. Ich möchte jene kleine Schrift (die auch nicht

unter meinem Namen erscheinen soll) ungern auf eigene Kosten drukken lassen. Darf ich Sie daher fragen, ob Sie sie wohl in Verlag für Ihre Schulbuchhandlung nehmen wollen.» (Jbr., 84) Und Campe sagt zu. 300 Exemplare werden gedruckt. Das sollte genügen für unser «basaltlustiges Vaterland». (Jbr., 85) Anonym, nur mit einem «H–t» unter der Vorrede, weil der junge Preuße nicht außerhalb der Landesgrenzen studieren durfte, erscheinen Alexander von Humboldts *Mineralogische Beobachtungen über einige Basalte am Rhein. Mit vorangeschickten, zerstreuten Bemerkungen über den Basalt der ältern und neuern Schriftsteller, Braunschweig in der Schulbuchhandlung 1790.*

Der ergänzende Untertitel der Schrift deutet an, dass es sich dabei um keine rein mineralogische Arbeit handelt. Auch ältere Schriftsteller kommen zu Wort. An ihren Texten demonstriert Alexander, was er sich bei Heyne an philologischen und textkritischen Fähigkeiten erarbeitet hat. Er spürt der Wortgeschichte nach und überprüft genau, welche Steine Herodot, Theophrast, Plinius und Strabo gemeint haben könnten, wenn sie von «Basalt» sprachen, von Basaltes, Basanites, Syenites, lapis aethiopicus, lapis lydicus oder lapis heraclius. Humboldt stellt fest, dass die griechischen und römischen Naturkundler keine klare, systematisch geordnete Begrifflichkeit verwendeten und oft in ihren mineralogischen Benennungen schwankten, was zu zahlreichen Missverständnissen geführt hat.

Humboldts philologische Kritik der sprachlichen Irrtümer, die er seinen *Beobachtungen* vorangeschickt hat, bereitet vor, was er im Hauptteil ausführt. Sie schärft den Blick für die möglichen Fehler und falschen Behauptungen der «neueren Schriftsteller», die einen lebhaften Streit über den Ursprung des Basalts führen. Entstand Basalt aus ausgeglühten Lavaflüssen oder aus angeschwemmten Erdmassen? Humboldt beansprucht nicht, eine wahre Theorie zu liefern, um diesem Widerstreit zwischen Vulkanisten und Neptunisten ein Ende zu bereiten. Er bleibt Kritiker. Weil er weiß, dass man noch viel zu wenig weiß, um für diesen Zwist eine allgemein anerkannte Lösung finden zu können, kommt es ihm vor allem darauf an, die Irrtümer aufzudecken, die von den Feuer- und den Wasserliebhabern begangen worden sind. Im Geiste seines Lehrers Lichtenberg will er Falschheiten feststellen, statt Wahrheiten zu behaupten. Das aber kann nur durch die Feststellung von Tatsachen gelingen, die er mit seinen eigenen Augen beobachtet hat. «Ich bin weit davon entfernt in dieser Abhandlung neue Hypothesen aufzustellen; ich führe nur einzelne Facta an, ich beschreibe nur das, was ich sah', oder vielmehr zu sehen glaubte.»[28] Das klingt bescheiden. Aber es hat weitreichende Konsequenzen. Es schärft nicht nur den Blick für die natürlichen Phänomene und fordert zu einer anschaulichen Schilderung der Beobachtungen heraus, die Humboldt vor allem am Unkeler Steinbruch gemacht hat. Es besitzt auch eine große kritische Kraft, die sich gegen jede wissenschaftliche oder philosophische Autorität richten kann, wenn sie im Besitz der Wahrheit zu sein beansprucht, ohne genug Fakten zu kennen.

Seine *Naturhistorische Reise* an den Rhein hat Alexander von Humboldt klargemacht: Auf mühsame Nachforschungen will er sein Leben lang nicht verzichten, im Gegenteil. Die genaue Betrachtung der sichtbaren Wirkungen von Naturkräften soll nicht durch theoretisch oder philosophisch vorgeprägte Überzeugungen motiviert sein, sondern allein durch die Lust, die Welt mit eigenen Augen beobachten zu können und dabei auf möglichst viele Phänomene Rücksicht zu nehmen. So gesehen sind Humboldts *Mineralogische Beobachtungen* nicht nur das Ergebnis seiner ersten größeren Reise, sondern zugleich eine frühe Programmschrift, in welcher der Zwanzigjährige die Perspektive seines ganzen Forscherlebens skizziert hat.

FÜNFTES KAPITEL

Augenzeuge von merkwürdigen Begebenheiten
Wie die Brüder Humboldt die Französische Revolution erleben und Auswege aus ihren eigenen Krisen suchen

Während Alexander seine erste größere, fünf Wochen dauernde Reise bis zur Pfalz und längs des Rheins unternimmt, ist auch Wilhelm unterwegs. Wieder ist er seinem jüngeren Bruder voraus. Das betrifft nicht nur die Zeit dieser Reise, die fünf Monate dauert. Auch die Reiseziele sind weiter gesteckt, und Wilhelms Erfahrungen reichhaltiger. Denn er hat die Chance genutzt, ein «Augenzeuge von so merkwürdigen Begebenheiten» (Jbr., 81) sein zu können, die gerade jenseits des Rheins stattfinden. Zusammen mit seinem ersten Hauslehrer Campe beobachtet er aus nächster Nähe die revolutionäre Epochenwende in der Menschheitsgeschichte, die 1789 in Paris beginnt und würdig ist, auch künftig gemerkt zu bleiben.

Campe hat die beiden Brüder, die er Anfang der siebziger Jahre in Tegel unterrichtete, nie ganz aus den Augen verloren. Ende der achtziger Jahre ist besonders der Kontakt zu Wilhelm von Humboldt intensiviert worden. Unmittelbarer Anlass ist das Wöllner'sche Religionsedikt, das am 9. Juli 1788 erlassen worden ist. Humboldt sucht Mitstreiter gegen diese Einschränkung der Denkfreiheit in religiösen Dingen und wendet sich an Campe in Braunschweig, den er auf seiner Seite weiß. Campe hat sich als Pädagoge und Schriftsteller einen Namen gemacht. Nicht nur als populärer Kinder- und Jugendbuchautor, sondern auch als erfolgreicher Verleger und praktisch orientierter Bildungsreformer versucht er zur Aufklärung der breiten Bevölkerung beizutragen, die nur gelingen könne, wenn «eine in jeder

Betrachtung freie, ungehinderte und gefahrlose Untersuchung und Darlegung der Wahrheit»[1] garantiert sei.

Humboldt nimmt ihn beim Wort und bittet ihn am 11. August 1788 um eine öffentliche Stellungnahme. «Und von wo aus ließe sich eine solche Erklärung jetzt besser erwarten als von Braunschweig aus? Die Berliner, unter denen wohl auch mancher fähig wäre, sie zu tun, müssen dulden und – schweigen. Aber hielten Sie, lieber Herr Rat, den Gegenstand nicht für wichtig genug, sich damit zu beschäftigen?»[2] Campe sagt zu und veröffentlicht mehrere äußerst kritische *Freimütige Betrachtungen über den Zustand des Religionswesens in Preußen*. Das ist der Auftakt zu den politischen Arbeiten Campes, die im folgenden Jahr vor allem durch die revolutionären Ereignisse in Frankreich einen ungeheuren Schwung erhalten.

Schon als die ersten Nachrichten aus Paris in Braunschweig eintreffen – dass sich der Dritte Stand aller Nichtadligen, der sich im Juni 1789 zur Nationalversammlung formiert hat, gegen die feudale, ständische Ordnung stellt und die drohende Auflösung dieser Nationalversammlung zum offenen Aufruhr der Volksmassen führt –, will Campe mit dabei sein. Er will nach Paris reisen, um Augenzeuge zu sein bei diesem Vorgang, in dem all das verwirklicht wird, worauf er hofft, seit er sich als junger Erzieher «Freiheit» zur pädagogischen Losung gewählt hat. Gereist ist er schon immer gern, und vielbändige *Reisebeschreibungen für die Jugend* gehören zu seinen erfolgreichsten Buchprojekten. Jetzt aber verbindet sich seine Reiselust mit der politischen Hoffnung, den Untergang eines unerträglichen Herrschaftssystems miterleben zu können. Voller Enthusiasmus ermuntert er sich selbst. «Wie – wenn du das Glück hättest, den rührenden Sieg der Menschheit über den Despotismus anzusehen und ihn feiern helfen? Auf! – Etwas Interessanteres und Seelenerhebendes kann auf diesem Erdenrunde, für dich wenigstens, nirgends zu sehen sein. Gedacht, getan!»[3] Am besten mit einem ebenso neugierigen Begleiter, den Campe als freiheitsliebenden Menschen an seiner Seite weiß.

Und so lädt er im Juli 1789 seinen zwanzig Jahre jüngeren Freund Wilhelm von Humboldt ein, mit ihm nach Paris zu fahren. Völlig unerwartet erreicht Humboldt dieses Angebot. Doch gern sagt er zu, nicht nur, weil er selbst auch ein unbedingter Verfechter menschlicher Freiheitsrechte ist, sondern auch, weil ihm immer klarer wird, dass er als ein Philosoph, der Ideen entwickeln, vergleichen und verarbeiten kann, zugleich auch beobachten können muss. Paris soll ihm beides bieten: die Ideen politischer, gesellschaftlicher und geistiger Freiheit und die konkreten Handlungen von Menschen, die sie verwirklichen wollen.

In seinem *Tagebuch der Reise nach Paris und der Schweiz 1789* hat Wilhelm seine Erlebnisse und Gedanken festgehalten, oft spontan und auch nur lückenhaft. Ausführlicher und durch einen durchgängigen freiheitlich-aufklärerischen Elan gestimmt sind Campes *Beschreibungen der Reise von Braunschweig nach Paris* und seine *Briefe aus Paris*, die ein anschauliches Bild der gesellschaftlichen Situationen und politischen Aktivitäten im Pariser Sommer 1789 bieten. Bemerkenswert dabei sind besonders die unterschiedlichen Empfindungen der beiden Reisenden.

Für Campe gibt es keinen Zweifel. Für ihn sind es die köstlichsten Tage seines Lebens, die er in Paris erlebt. Er lässt sich durch die revolutionären Ereignisse begeistern und ist glückselig, dem «Leichenbegängnis des Despotismus»[4] beiwohnen zu können. Der Volksaufklärer schwärmt von der «wunderähnlichen Veredelung», welche die französische Nation durch ihre Selbstbefreiung an sich selbst vollzogen habe. Ohne die Fesseln, welche der Despotismus ihr angelegt hatte, erhebe sie sich «auf den Flügeln der frei gewordenen Vernunft zu einer bewundernswerten Höhe von Vollkommenheit und Sittlichkeit»[5]. Mehr als alles andere habe «das wohltätige Licht der *Aufklärung*»[6] zu dieser menschheitsbeglückenden Erhebung beigetragen.

Wilhelm von Humboldts Bericht ist reflektierter. Er beobachtet genauer und urteilt kritischer. Zwar faszinieren auch ihn die Ideen von 1789. Freiheit, Gleichheit, Brüderlichkeit! Kann es für den in Geselligkeit lebenden Menschen etwas Besseres geben? Wohl kaum. An seinen freiheitsliebenden Freund Forster in Mainz schreibt er am 7. August, während gerade durch die Verfassungsgebende Nationalversammlung das Feudalsystem per Erlass abgeschafft wird: «Der Geist, der jetzt alle Franzosen belebt, die Bürgerwache, die fröhlich-stolze Miene aller Einwohner, die Erzählungen selbst der geringsten aus dem Volke, machten mir schon ein überaus großes Vergnügen. Wann werden doch andere Nationen *einmal* anfangen, solchem Beispiel zu folgen.»[7] Drei Tage später notiert er in sein Tagebuch, wie «merkwürdig» es ist, selbst die ärmsten und ungebildetsten Menschen von der Freiheit und Gleichheit aller Bürger reden zu hören. «So hat schon iezt die revolution die menschen gehoben und aufgeklärt; was erst wird sie in der folge thun?» (G. S. XIV, 124)

Doch solchen Urteilen, mit denen Humboldt die Ideen der Französischen Revolution lobend anerkennt und den freiheitlichen Impuls der Aufklärung hervorhebt, widerstreiten zugleich die Beobachtungen, die er als aufmerksamer Augenzeuge dieser so merkwürdigen Begebenheiten macht. Humboldts Blick will illusionslos sein, und vieles von dem, was er sieht, macht ihm keine Freude. Er beobachtet die Gewalttätigkeiten, die durch keine «edlen» Beweggründe, sondern durch maßloses Machtstreben motiviert sind. Er nimmt das unbeschreibliche menschliche Elend in den Krankenhäusern (*Hotel Dieu*), Gefängnissen und Findelhäusern (*Hotel des enfans trouvés*) wahr, wo Freiheit, Gleichheit und Brüderlichkeit nicht zu finden sind. Auch erschreckt ihn die Rücksichtslosigkeit, mit der allgemeine Gesetze verabschiedet und durchgesetzt werden, ohne auf ihre besonderen Anwendungsfälle zu achten, weshalb selbst die Beschlüsse der Nationalversammlung zur Aufhebung des Feudalsystems «gar keine nüzlichen, sondern vielmehr schädliche Folgen gehabt haben, da durch sie die chimärischen ideen von gleichheit genährt worden seien». (G. S. XIV, 221)

Die Ereignisse in Paris machen Humboldt den Riss zwischen geistigen Ideen und sinnlichen Erfahrungen in seiner politisch-geschichtlichen Dramatik bewusst. Er will ihn nicht wie Campe schwärmerisch übersehen. Humboldt will klar sehen, und dabei wird ihm wieder deutlich, dass seine Pariser Erfahrungen und Gedanken nicht allein einen politischen oder philosophischen Widerstreit zwischen Idee und

Wirklichkeit betreffen. Es geht auch um ihn selbst. Er empfindet und reflektiert sich selbst als zerrissen oder gespalten, weil es ihm noch nicht gelingen will, seine eigenen sinnlichen Erfahrungen mit seinen geistigen Ideen harmonisch zu verbinden. In dieser Hinsicht wollen wir seiner Reise folgen. (G. S. XIV, 76–236)

Ein Philosoph mit Ideen. Am 18. Juli 1789 trifft Humboldt in Holzminden mit Campe zusammen, der noch einen zweiten jungen Reisebegleiter mitbringt. Die Reise durch Westfalen auf dem Wagen der Extrapost bietet zwar angenehme landschaftliche Reize, ist aber auch ein ermüdendes Schaukeln auf unebenen, schlechtgepflasterten Wegen, sodass Humboldt sie später mit Humor als «Vorübungen zum Rädern»[8] beklagen wird. Doch schlimmer scheint zu sein, dass diese holprige Reise zum Rhein, den sie zwischen Duisburg und Krefeld auf einer Fähre überqueren, recht schweigsam verläuft. Mit Campes jungem Bekannten, «der mir oft beschwerlich wird» (Br. I, 49), kann Humboldt nichts anfangen, und auch mit seinem alten Lehrer, der durchaus lustig, gutmütig und ein sanfter Mann ist, kommt kein Gespräch zustande. Es findet überhaupt nichts Interessantes zwischen ihnen statt, stellt Humboldt enttäuscht fest. Zu verschieden sei ihre Vorstellungsart. Campe denke immer nur an den unmittelbaren praktischen Nutzen der Dinge. Er habe kein intellektuelles Organ für die Ideen, in deren Reich sich Humboldt geistig bewegen will.

Im Unterschied zu Campe kann für Humboldt etwas nur interessant sein, wenn es mit einer Idee zusammenhängt. Sein Leben lang wird er selbstbiographisch diesen Wesenszug hervorheben, bis hin zu einem seiner letzten Briefe an die Freundin Charlotte Diede, der er am 8. März 1833 über seine «Ideen» schreibt, «daß sie allein das Bleibende im Menschen sind, und daß sie allein das Leben zu beschäftigen verdienen»[9]. Alles, was auf augenblickliche Nützlichkeit und momentanen Genuss beschränkt sei, verblasse gegenüber den Ideen, die auf etwas Unendliches zielen und die Seele des geistig gebildeten Menschen bereichern. Selbst wohltätige Handlungen, so sehr sie zu loben sind, «beschäftigen denjenigen, dessen Leben auf Ideen beruht, nicht anders, als daß er sie tut, sie berühren ihn nicht weiter»[10].

Diese Lust auf Ideen, mehr als vier Jahrzehnte später brieflich mitgeteilt, deutet sich bereits während Humboldts frühen Reisen an. Man kann es an der Art und Weise ablesen, wie er Dinge, Situationen und Menschen charakterisiert. Mit Campe weiß er wenig anzufangen. Höchst interessant dagegen ist wieder das Gespräch mit dem Staatsrechtler Christian Wilhelm von Dohm, den er auf der Durchreise in Aachen besucht. Dessen Hauptidee, bloß Sicherheit zum Zweck des Staates zu erklären und zum Wohl der Bürger als Menschen ihnen ihre uneingeschränkte und ungestörte Freiheit zu lassen, begeistert ihn.

Schon kurz nach Aachen erhalten die drei Reisenden die ersten Nachrichten über die Pariser Ereignisse vom 14. Juli. Revoltierende Bürger haben die Bastille erstürmt, dieses grauenhafte Gefängnis, das als mittelalterliches Festungsgebäude ganz Paris zu beherrschen drohte. Schade, dass sie da nicht dabei sein konnten! Jetzt wollen sie so schnell wie möglich nach Paris eilen, um wenigstens den zweiten Akt dieser großen Weltbegebenheit mitansehen und miterleben zu können.

Am 3. August 1789 kommen sie an, und Humboldt wird mit Sympathie den Mut der Bürger wahrnehmen, der ihm von «edlem freiheitssinne genährt» (G. S. XIV, 120) zu sein scheint. Doch bereits einen Tag später schreibt er an seine geliebten «Tugendbündler», besonders an Caroline von Beulwitz, dass er zwar in einem «Wirbel von Gegenständen» lebe, aber «immer umgeben von zwei mir gleichgültigen Menschen». (Br. I, 48 f.) Es mangle ihm überhaupt an Menschen und Situationen, um Ideen entwickeln und über sie räsonieren zu können. Mitten in der turbulenten revolutionären Pariser Situation fühlt Humboldt sich von tausend neuen Gegenständen zerstreut. Seine Gedanken sind wie abgeschnitten, sein Kopf ist ohne große Ideen. Er könne nur über Ereignisse berichten, schreibt er am 17. August an Friedrich Heinrich Jacobi in Pempelfort. Doch das bloße Erzählen sei eine unbefriedigende, traurige Sache: «Ich bin Paris und Frankreich ziemlich müde. Wäre nicht die politische Lage gerade jezt so wichtig, die Gährung unter dem Volk und der Geist, der sie hervorgebracht hat, überall so sichtbar, so hätte ich in der That Langeweile. Denn es fehlt mir beinah ganz an Bekanntschaften, und ich kann also nur das beobachten, was beim ersten Anblik in die Augen fällt. In zehn bis elf Tagen kehre ich nach Deutschland zurük, und zwar zunächst nach Mainz, zu unserem Forster. Da trenn ich mich von Campe.»[11]

Alles verläuft nach Plan. Am 3. September trifft Wilhelm von Humboldt bei seinem Freund Forster in Mainz ein. Bis zum 20. September bleibt er bei ihm und wird ihm, kaum voneinander getrennt, für diese Tage danken, die er zu den glücklichsten seines ganzen bisherigen Lebens zählt. Das ist nicht nur ein leicht dahingeschriebenes Lob der Freundschaft. Humboldt ist erleichtert, in Mainz nicht mehr bloßer Augenzeuge zu sein. Jetzt endlich kann er wieder einen intensiven Ideenaustausch genießen.

Je mehr er Georg Forster zu schätzen lernt, desto distanzierter verhält er sich zu dessen Frau. Die anfängliche Verzauberung durch diesen liebenden Charakter löst sich auf. Vielleicht ist es ihm diesmal auch zu viel, dass schon wieder ein Dritter im Liebesspiel der Therese Forster mit dabei ist. In Göttingen, ein Jahr zuvor, ist es F. L. W. Meyer gewesen, in den sie sich verliebt hat. Jetzt, in Mainz, hat der kunstbegeisterte Sächsische Legationsrat Ludwig Ferdinand Huber, der später ihr zweiter Mann werden wird, ihr Herz erobert. Wieder leidet Forster und sieht sich in einen Bund zu dritt verstrickt, um seine Therese nicht ganz zu verlieren. In dieser Verwirrung der Gefühle zieht Humboldt sich von Therese Forster zurück; und viele Jahre später, als ihn Therese Huber wegen einer geplanten Veröffentlichung der Briefe ihres ersten Mannes anschreibt, wird er ihr aus Rom offen mitteilen, «da ich gegen Sie nie anders als wahr seyn mag»: «Ich denke mir Sie nicht gern seit 89. Es ist nicht, daß ich jemandem zürnte. Friede sey mit Allen – Aber es ist nun einmal so.»[12] Offensichtlich hat ihm Thereses Liebesleben keine Freude bereitet, als er ihren Mann im September 1789 besucht hat.

Wesentlich erfreulicher dagegen sind nun die Gedanken, die Wilhelm von Humboldt gemeinsam mit Georg Forster entwickeln kann. Vor allem ein aktueller Streitfall bietet Anlass zum kritischen

Philosophieren. Es geht um die Hauptidee der Aufklärung: Wie weit reicht die Freiheit, sich seines eigenen Verstandes ohne Leitung eines anderen zu bedienen, und wie groß ist der Respekt vor der Freiheit dieses anderen, für sich das gleiche Recht in Anspruch zu nehmen? Über diese Frage ist der Mainzer Forster mit Johann Erich Biester in Streit geraten, dem Herausgeber der *Berlinischen Monatsschrift* und tonangebenden Kopf der Berliner Aufklärer. Anlass ist Biesters polemischer Angriff gegen den kurmainzischen Hofgerichtsrat Bender, der einer katholischen Witwe, deren protestantischer Mann gestorben war, empfohlen hatte, ihre beiden Söhne nicht mehr lutherisch, sondern katholisch zu erziehen. Nicht länger ehevertraglich gebunden, sei es ihre eigenverantwortliche Erziehungspflicht, «ihre Kinder in der Religion zu erziehen, von deren *einziger Wahrheit* sie überzeugt ist»[13]. Biester, selbst Protestant, hielt diesen Empfehlungsbrief für ein Beispiel verwerflicher «Proselytenmacherei». Er veröffentlichte ihn in der *Berlinischen Monatsschrift*, um den katholischen «Bittsteller» Bender zu «beschämen», der eine schwache und betrübte Frau hinterlistig dazu verleite, ihren Söhnen einen neuen Glauben aufzudrängen. Ist dieser Vorwurf gerechtfertigt? Wie steht es grundsätzlich mit dem Versuch, andersgläubige Menschen zum eigenen Glauben zu überreden?

Für Biester ist der Fall klar. Keinesfalls will er katholische Proselytenmacher tolerieren. Forster dagegen drängt sich angesichts dieses Falls eine andere Idee auf, die er gemeinsam mit Wilhelm von Humboldt durchdenkt und zu Papier bringt. Fast täglich liest er ihm vor, was er gerade geschrieben hat, und lässt sich mit seinem Gast auf eine intensive philosophische Diskussion ein, deren Ergebnis er als einen offenen Brief *Über Proselytenmacherei* an und gegen den Herausgeber der *Berlinischen Monatsschrift* schickt. Unterschrieben ist er zwar mit «Georg Forster», aber auch Humboldt hätte seinen Namen daruntersetzen können. Denn auch er ist von der Idee einer radikalen Aufklärung überzeugt, dass jedem Menschen die vollständige *«Freiheit des Gewissens»*[14] in Glaubensdingen zugestanden werden müsse und jeder sich die Religion frei wählen dürfe, die ihm am besten zusage.

Und auch an Benders Schreiben an die Witwe sei nichts Verwerfliches, das diesen «beschämen» könne. «Er ist ein Katholik, räth seiner Glaubensgenossin, ihre Kinder katholisch zu erziehn, aus *Pflicht zu seiner Religion* und als Freund. Seit wann ist es ein Verbrechen, nach seiner Überzeugung zu handeln?»[15] Zumindest ist es keine Missetat mehr, seit die Aufklärung jeden Despotismus und Dogmatismus in religiösen Angelegenheiten vor den Richterstuhl der Vernunft gebracht hat und kritisch aufgezeigt habe, dass die Evidenz spekulativer theologischer Sätze oder religiöser Glaubensformen nur subjektiv sein kann.

Ein Mensch mit grober Sinnlichkeit. Ideen begeistern Wilhelm von Humboldt. Gleichsam abgespalten davon ist seine sinnliche Energie, durch die er sich treiben lässt. Humboldts Freunde, vor allem aus dem «Tugendbund» um Henriette Herz und Caroline von Dacheröden, mögen damit unzufrieden gewesen sein. Er selbst weiß es zu genießen. Auch auf der Reise nach Paris gibt es dazu mehrfache Gelegenheiten. Die erste bietet sich, allerdings nur in seiner Phantasie ausgemalt, als Humboldt auf einer Fähre den Rhein zwischen Duisburg und Krefeld überquert. Da sieht er ein Mädchen arbeiten, das zwar äußerst hässlich ist, aber stark wie ein Mann. «Es ist unbegreiflich, wie anziehend für mich solch ein anblik und ieder anblik angestrengter körperkraft bei weibern – vorzüglich niedrigeren Standes – ist. Es wird mir beinah unmöglich, meine augen wegzuwenden, und nichts reizt so stark iede wollüstige begier in mir.» (G. S. XIV, 79) Schon als Kind, als seine Einbildungskraft sich für das weibliche Geschlecht zu interessieren begann, entwickelte er einen ausgeprägten Sinn für «Wollust, Liebe, Weiberfreundschaft» (G. S. XIV, 80), wobei vor allem die Sklavinnen in historischen Abenteuerromanen seine Phantasie fesselten. Er weiß zwar nicht mehr, wie diese sexuellen Neigungen in ihm entstanden sind, in der sich Härte und Kraft mit grober sexueller Sinnlichkeit verbinden. Aber er ist sich bewusst, dass sie ihn noch immer beherrschen und seinen Charakter prägen.

Einige Tage später überschreitet die Reisegruppe die Grenze nach den österreichischen Niederlanden. Am 27. Juli ist sie in Spa, einem kleinen Ort mit fünf mineralischen Quellen, die Brunnengästen zur Heilung verschiedener Krankheiten dienen. Doch leider wird, wie Campe sorgenvoll beklagt, diese natürliche Wohltat durch unsittliche Ausschreitungen begleitet. «Auch hier, wie an allen anderen Orten, wo Gesundbrunnen sind, herrscht das Unwesen der Glücksspiele und zugleich eine so ausgelassene Ungebundenheit der Sitten, daß man zweifelhaft wird, ob man dem Lande, dem die Natur das Geschenk einer vorzüglich wirksamen Quelle machte, dazu Glück wünschen oder vielmehr sein Beileid darüber bezeugen soll.»[16] Solche Zweifel plagen Humboldt nicht. Die Sittenlosigkeit kommt seiner Sinnlichkeit zugute. In der Chiffrenschrift seines tugendhaften Veredelungsbundes notiert er seine Ausgabe: «27. Juli in Spa ‹einer Hure› eine Krone.» (G. S. XIV, 235) Auch in Brüssel, und mehrfach in Paris, wird er sorgfältig die Preise für die Befriedigung seiner starken Wollust eintragen, erläutert durch die beiden Stichworte «Fleischeslust» und «Sinnenlust».

So ist der Mann des Geistes zugleich ein Liebhaber der Sinnlichkeit. Wilhelm von Humboldt weiß selbst nicht, wie das zusammenpassen kann. Die Reise in die Schweiz, die er nach seinem Abschied von Campe und Forster nun allein unternimmt, wird ihn einer philosophischen Lösung seines Spaltungsproblems näher bringen. Am Ende der Reise wird er daraus die persönliche Konsequenz ziehen.

Der «ästhetische Sinn» als edler Vermittler. Kaum hat Humboldt Mainz verlassen, schreibt er einen Brief an Forster, von dem er sich am 20. September getrennt hat: «Getrennt! O! Sie wissen es, lieber theurer Freund, was mich dieß Wort kostet. Es waren vierzehn sehr glükliche Tage.»[17] Er ist in Heidelberg. Das Schloss, die nahen Gebirge, der sich schlängelnde Neckar; diese schöne Gruppierung bietet ihm einen ästhetischen Anblick, der seine Seele freut. Dann geht es nach Stuttgart, wo sich wieder die metaphysische Gedankenarbeit in den Vordergrund drängt. Humboldt besucht den Philosophen Jakob Friedrich Abel, Schillers alten Lehrer und Freund an der Karlsschule. Das Gespräch kommt auf Kants Philosophie der Moral, die sich auf die reine praktische Vernunft eines intelligiblen Subjekts konzentriert, während die menschlichen Leidenschaften und Neigungen nur Gegenstand einer «empirischen Psychologie» sein können. Doch wie verhalten sich diese beiden Bereiche zueinander? Müssen sie streng voneinander getrennt werden, oder gibt es eine denkbare Vermittlung zwischen ihnen?

Abels philosophische Position befriedigt Humboldt nicht. Zu sehr abstrahiere er von den verschiedenen Aspekten, in denen sich uns die Gegenstände unserer Erfahrung zeigen. Man dürfe doch über den gedanklichen Abstraktionen die empirische Mannigfaltigkeit der Erfahrungsgegenstände nicht übersehen oder missachten, zu denen auch jeder Mensch mit seinen verschiedenen Seiten gehöre! «Ueberdieß aber schien er oft zu vergessen, daß, was er in Gedanken trenne, in sich doch nur Eins sei. So sonderte er Seele und Leib, so Verstand, Herz und Willen von einander ab.»[18] Unübersehbar ist, dass Humboldt in diesem Brief, den er am 28. September 1789 aus Tübingen an Forster schreibt, auch von seinem eigenen Problem spricht. Er selbst will «Eins» sein und nicht gespalten in unsinnlichen Geist und natürliche Geilheit.

Einen Monat später, am 28. Oktober, schreibt er wieder einen langen Brief an Forster. Ausführlich berichtet er ihm von seinen mehrmaligen Besuchen bei Johann Kaspar Lavater (1741–1801) in Zürich, der dort als Pfarrer tätig gewesen war, über *Aussichten in die Ewigkeit* spekuliert hatte und dann als Physiognomiker eine sonderbare Berühmtheit erlangt hat. *Zur Beförderung der Menschenkenntnis und Menschenliebe* hat er *Physiognomische Fragmente* geschrieben und in vier Bänden veröffentlicht. Vor allem die Analyse des menschlichen Gesichts soll, ihm zufolge, die charakteristischen Beziehungen zwischen den moralischen und den körperlichen Eigenarten der Menschen feststellen lassen.

Humboldt will es genauer wissen. Ein Empfehlungsbrief Jacobis öffnet ihm den Zugang zu Lavater, den er Anfang Oktober mehrmals besucht. Seine Erwartung ist hoch gespannt. Er hofft, im Gespräch mit Lavater eine Fülle neuer, großer und fruchtbarer Ideen mitgeteilt zu bekommen. Doch er ist enttäuscht, so wenig zu erfahren, und beklagt sich bei Forster: «Ich hätte die interessanten Ideen zählen können, die ich in den ganzen 14 Tagen von ihm hörte, und ich würde mich schämen, damit einen einzigen Tag, bei Ihnen oder Jacobi zugebracht, zu vergleichen.»[19] Will er nur Forster schmeicheln? Sicher, Lavater mag ein Pedant sein, der alle Informationen fein säuberlich in Futteralen ordnet; ein eitler Mensch, der sich selbst ständig in den Mittelpunkt zu rücken versucht; ein Phantast, der von geistlosen Herzensgefühlen schwärmt und dabei das wissenschaftliche Studium vernachlässigt. Aber er bietet dennoch ab und zu einen tiefen und schnellen Einblick in die rätselhafte Beziehung zwischen Seele, Charakter und körperlichem Ausdruck. Humboldt verschweigt seine «wichtigsten Unterredungen» nicht, die er mit Lavater über Physiognomik geführt hat und die eine Lösung des Problems andeuten, das ihn beunruhigt: «Es mag wohl viel Schwärmerei darin liegen, die ganze Sinnenwelt so nur als eine Art anzusehn, wie die unsinnliche erscheint, nur als einen Ausdruk, einen Chiffre von ihr, den wir enträthseln müssen; aber interessant bleibt die Idee doch immer, und wenn man sich recht hineinträumt, schön die Hofnung immer mehr zu entziffern von dieser Sprache der Natur, dadurch – da das Zeichen der Natur mehr Freude gewährt, als das Zeichen der Konvention, der Blik mehr als die Sprache – den Genuß zu erhöhen, zu veredeln, zu verfeinern, die grobe Sinnlichkeit, deren eigentlicher Charakter es ist, im Sinnlichen nur das Sinnliche zu finden, zu vernichten, und immer mehr auszubilden den ästhetischen Sinn, als den wahrer Mittler zwischen dem sterblichen Blik und der unsterblichen Uridee.»[20]

Die Gespräche mit Lavater über Physiognomik sind also doch nicht nur enttäuschend. Denn sie bringen Humboldt auf Ideen, die einerseits an bereits Bekanntes und Gelerntes anknüpfen, andererseits aber eine neue Perspektive eröffnen, mag sie zunächst auch nur als Schwärmerei, Träumerei und schöne Hoffnung erscheinen.

Denn bereits vertraut ist ihm der metaphysische Gedanke an eine unsinnliche Welt. Unter Anleitung seines Lehrers Johann Jakob Engel hat er Platons Schriften studiert. In seinem Tagebuch notiert er über Lavaters «Uridee»: «Platos vorstellungsart müsste, dünkt mich, an diese nah gränzen.» (G. S. XIV, 158) Die Welt des Unsinnlichen scheint dem Ideenkosmos der platonischen Philosophie zu entsprechen. Doch auch die Grenze zwischen ihnen muss beachtet werden. Platons Ideen sind nur durch einen rein geistigen Akt erkennbar, der sich durch keine Sinnlichkeit stören lässt. Wer mit seinem geistigen Auge die Ideen schauen will, muss die dunkle, verwirrende Höhle der Welt verlassen, um ans strahlende Sonnenlicht der Ideen zu gelangen. Eine solche platonische Abwertung der Sinnlichkeit kann Humboldt nicht akzeptieren. Die Aufwertung der sinnlich gegebenen Wirklichkeit in der Philosophie des 18. Jahrhunderts verbietet eine einfache Rückkehr zu Platons unsterblichen Urideen. Mit Engel und Jacobi fragt sich Humboldt: »Woher also die uebereinstimmung der sinnenwelt mit der aussersinnlichen? In absichtsvoller einrichtung der natur oder eines schöpfers? Auch das würde mich nicht befriedigen.» (G. S. XIV, 157)

In dieser verwirrenden Problemsituation liefert der Besuch bei Lavater einige neue, vielversprechende Stichworte: «Ausdruck», «Chiffre», «Entzifferung», «Sprache», «Zeichen». Zunächst ist es nur eine Ahnung, keine klare Idee eines philosophischen Systems. Nur in bestimmten Momenten gewinnt sie an Evidenz, ohne durch die Vernunft begründet werden zu können.

Humboldt spricht von sich und seinen Problemen. Doch deren Lösung, die in bestimmten Augenblicken eher sein Gefühl als seinen Verstand anspricht, geht über seine Individualität hinaus. Sie knüpft an die allgemeine Tendenz zu ästhetischen Weltdeutungen an, die sich im späten 18. Jahrhundert immer mehr durchsetzen, um im unlösbaren Konflikt zwischen einem reinen Empirismus, dem die Welt bloß eine sinnliche Gegebenheit zu sein scheint, und einem selbstherrlichen Rationalismus, der alles aus Vernunftideen abzuleiten versucht, ihre Vermittlung anzubieten. Die Wende zur Ästhetik ist zeitgeschichtlich aktuell, als Humboldt für sich seinen dritten Weg entdeckt. Zunächst hat er ihn in Briefen an die Verbündeten, adressiert an Caroline von Beulwitz, vorgezeichnet. Von ihnen konnte er erwarten, verstanden zu werden. Ihnen kann er seine philosophische Erkenntnis als persönliches Bekenntnis mitteilen, wie im Brief vom 4. August aus Paris: «Von jedem Anblicke hoher Schönheit hebt sich meine Seele zu Euch. Darum weide ich mich gern an den Reizen der Natur, an dem Anblick schöner Gebäude, schöner Gemälde und Statuen. Was ist auch die Sinnenwelt anders als Schrift des Gedankens?» (Br. I, 49)

Die Gespräche mit Lavater haben diese Einsicht verstärkt. Aus der rhetorischen Frage ist eine grundlegende Überzeugung geworden. Die physiognomischen Studien, die von einer Analogie zwischen körperlichem Ausdruck und psychischem Charakter ausgehen, sind Beispiele für ein allgemeines Weltverständnis, in dessen Zentrum Humboldt das vermittelnde Konzept des «ästhetischen Sinns» stellt. Damit gelingt es einerseits dem Liebhaber der Ideen, den Gedanken, den Geist oder das Unsinnliche als «Sinn» zu verstehen, andererseits aber verliert der Mensch voller «Sinnlichkeit» nicht den Genuss aus den Augen, den ihm eine reizvolle körperliche Natur bieten kann.

Was Humboldt zunächst nur seinem Reisetagebuch anvertraut und in Briefen mitgeteilt hat, führt er in seiner ersten größeren Schrift näher aus. Sie wurde erst 1903 von Albert Leitzmann veröffentlicht, mit dem irreführenden Titel *Über Religion*. Zwar beginnt sie mit einem kurzen geschichtlichen Abriss über das Verhältnis zwischen Kirche und Staat, Religion und Moral, das Humboldt aufgelöst sehen möchte. Im Zeitalter der Aufklärung und einer fortgeschrittenen Philosophie, die sich von den Fesseln der Theologie befreit hat, habe der Gesetzgeber sich an der Freiheit sich selbst bildender Menschen zu orientieren und nicht am Glauben an die Macht überirdischer Wesen oder einer allgemeinen Gottheit. Doch welchem Ideal des Menschen folgt diese Bildung, die Humboldt aus sich selbst heraus begründen will, ohne göttliche oder staatliche Leitung, die doch stets nur von außen wirksam sein könne? Es ist das Ideal eines «Dritten» (G. S. I, 56) im Menschen, in dem sich seine sinnlich genießende Natur mit seiner gedanklichen Schaffenskraft und Ideenfülle vermitteln.

Humboldt hat nicht nur allgemein über das vermittelnde Dritte zwischen sinnlicher Begierde und geistiger Denkkraft berichtet, sondern auch sich selbst zum Thema gemacht. Die philosophische

Erläuterung dient ihm zur eigenen Läuterung. Das wird besonders deutlich, wenn er auf die «Liebe und die Behandlungsart der Weiber überhaupt» (G. S. I, 63) zu sprechen kommt. Humboldt verschweigt nicht, dass ihm die Heftigkeit der sinnlichen Lust vertraut ist, zu der er auch den Dienst von «Freudenmädchen» in Anspruch genommen hat. Er sagt es zwar nicht offen. Aber weshalb sonst hätte er sich auf den »sonderbaren Streit» einlassen sollen, der im September 1787 in der *Berlinischen Monatsschrift* über diese Berufsbezeichnung begonnen hat? Heftige Angriffe gegen den Ausdruck «Freudenmädchen» waren unternommen worden, der durch «Metze» oder «Lustmädchen», auch durch «Tochter des Leids» oder «Jammermädchen» ersetzt werden sollte, wie es Johann Timotheus Hermes unter Hinweis auf seine drei Bände *Für Töchter edler Herkunft* vorgeschlagen hat.[21] Damit kann sich Humboldt gar nicht einverstanden erklären, und er wird auch später den Umgang mit diesen «Edlen» nicht vernachlässigen, wie er sie in scherzhafter Wendung gegen Hermes nennt.[22] Doch die grobe, animalische Fleisches- und Sinnenlust befriedigt ihn immer weniger, je mehr er seine Sinnlichkeit ästhetisch zu verfeinern weiß. «Der Uebergang von der bloß sinnlichen Lust zu dem Gefühl des sinnlich Schönen macht der Seele endlich jene unschmakhaft, und bereitet den Schritt zum sittlich Schönen vor. Ich weiss daher nicht, ob die Bemühung, auch der groben Sinnlichkeit eine reizendere Gestalt zu leihen, nicht mehr unsren Dank, als unsren Vorwurf verdienen sollte. Anmerkung: Dürfte nicht diese Betrachtung dem sonderbaren Streit über den Ausdruck: *Freudenmädchen* eine andre Wendung geben?» (G. S. I, 64)

Oft sind es noch Fragezeichen, mit denen Humboldt seine Gedanken versieht, die er während seiner Reise nach Paris und bei seinen Gesprächen mit Forster, Jacobi, Abel und Lavater entwickelt. Aber er ist sich bereits sicher, dass die ästhetische Vermittlung von Sinnlichkeit und Außersinnlichem, sei es Geist, Idee oder Charakter, seine große Lebensaufgabe ist, die es sowohl existenziell als auch philosophisch zu lösen gilt.

Nachdem er sich von Lavater in Zürich verabschiedet hat, unternimmt Humboldt noch eine lange, einsame Wanderung durch die Schweiz. Für ihn sind es glückliche Tage, die er in diesen rauen, wilden, bergigen Landschaften zubringt. Wenn er aus einem engen Tal auf die höchsten, noch unbestiegenen Berggipfel blickt, denkt er sich aus seiner eigenen gegenwärtigen Lebenssituation hinaus in etwas Entferntes, Zukünftiges, Großes und noch Ungewisses, wo er sein Glück finden will. Auf der Rückreise besucht er Anfang Dezember noch einmal seinen Freund Forster in Mainz. Es ist das letzte Mal, dass sie sich sehen. Dann endlich geht es zurück nach Gotha, wo er sich zu einem Treffen mit seinem Bruder Alexander verabredet hat. Länger als ein halbes Jahr haben sie sich nicht gesehen.

Von Gotha reisen sie gemeinsam nach Erfurt, wo sie am 16. Dezember ankommen. Noch am gleichen Abend besuchen sie ein Ballfest beim Kammerdirektor von Belmont. Auch Caroline von Dacheröden ist als Gast geladen. Und jetzt geschieht jener sonderbare *Coup d'amour*, der nicht nur Alexander irritiert, sondern auch Caroline überrascht haben wird. Denn eigenartig verschlungen ist bisher das Verhältnis zwischen Wilhelm und Caroline gewesen, die sich als Tugendbündler kennengelernt haben. Sie haben sich zwar schwärmerische Briefe geschrieben und sich auch wenige Male zu kleinen Liebeleien getroffen. Aber beide sind unsicher gewesen, ob es wirklich Liebe zwischen ihnen war. Vor allem Wilhelm zog sich gern ins Schweigen zurück, wenn Caroline ein klares Wort von ihm erwartete. Zweifel hatten ihre Hoffnung zerstört, von Wilhelm geliebt zu werden, und Karl Laroche galt als ihr zukünftiger Gatte. «Hundert Gedanken stiegen in mir auf, an keinem konnte ich mich festhalten. – Fragen wollte ich nicht – aus einer Menge kleiner Umstände dacht ich's mir doch endlich zusammen, mein Wilhelm liebt – wen? Mein Herz nannte die Forster.» (Br. I, 67) Doch all diese Sorgen, Verwirrungen und enttäuschten Hoffnungen – «nun ist das alles nicht mehr» (Br. I, 68) schreibt Caroline glücklich erleichtert an ihren Wilhelm, nachdem er ihr am 16. Dezember 1789 auf dem Erfurter Ball seine Liebe gestanden hat. Sie hat nicht gezögert, sich sofort mit ihm zu verloben, mit dem sicheren Gefühl, ihn unaussprechlich zu lieben.

Und Wilhelm? Er scheint mit dieser Verlobung aus heiterem Himmel die Idee verwirklichen zu wollen, die er sich auf seiner langen Reise nach Paris und in die Schweiz für sein Leben entworfen hat. In Caroline von Dacheröden glaubt er gefunden zu haben, wonach er strebt: die ästhetische Verfeinerung seiner groben Sinnlichkeit durch eine geliebte Frau, in der das sinnlich Schöne harmonisch mit dem sittlich Schönen zusammenspielt. So jedenfalls stellt er es Georg Forster dar, dem er am 10. Januar 1790 seine Gefühle offenbart, auch wenn er nur «ungern mit Männern über Empfindungen solcher Art» reden mag. Schon früh habe er sich Ideale geschaffen, die er in den Menschen, die ihn umgeben, zu finden hoffe. Sein ästhetischer Sinn, der vor allem auf den Charakterwert gerichtet sei, habe ihn die Nähe schöner Seelen suchen lassen. «In dieser Hinsicht wählte ich Lina. Ich fand so viel in ihr, so viel, daß ich noch immer zweifle, ob auch jedes Schöne in ihr etwas in mir finden wird, womit es sich gatte. Schon dadurch allein durfte ich hoffen, für mein ganzes Leben glücklich zu sein.»[23]

Humboldt ist sich zwar sicher, was er hoffen darf. Aber zugleich verschweigt er den Zweifel nicht, ob sich diese Hoffnung erfüllen wird. Schließlich hat er noch keine eigene Ehe-Erfahrung, und er weiß, dass die ehelichen Verhältnisse oft nicht so sind, wie es sich ein Liebender wünscht. Die Anspielung auf Forsters Ehe ist deutlich genug, in der Therese nicht finden konnte, wonach sie sich sehnte, und deshalb Dritte hinzuzog. Wird ihm diese Erfahrung seines Freundes erspart bleiben? Der frisch Verlobte kann es nicht wissen, aber er beruhigt sich mit einem sonderbar abgeklärten Versprechen, das zugleich eine Empfehlung für den unglücklichen Forster sein soll. Er hat es, vorausblickend bemerkt, sein Leben lang gehalten: «Sollte einer von uns nicht mehr in dem andren, sondern in einem Dritten das finden, worin er seine ganze Seele versenken möchte; nun so werden wir beide genug Wunsch, einander glücklich zu sehn, und Ehrfurcht für ein so schönes, großes, wohlthätiges Gefühl, als das der Liebe ist, von wem es auch genossen werde, besitzen, um nie auch nur durch die mindeste Undelikatesse die Empfindung des andren zu entweihen.»[24]

Wilhelm von Humboldts Berichte über seine Pariser Erlebnisse und seine Liebesverbindung mit Lina werden Forster nicht nur gefreut haben, machen sie ihm doch auch seine eigene unglückliche Situation schmerzlich bewusst. Zum Broterwerb muss er mühselige Bibliothekars- und Übersetzerarbeit leisten in einer politisch beengenden und geistig dumpfen Atmosphäre; und das schwierige Verhältnis mit seiner Frau droht ihn innerlich zu zerreißen. Hoffnungslos blickt er in die Zukunft. Er ist 35 Jahre alt, und «wie unnütz verflossen» scheint ihm die beste Hälfte seines Lebens vorbei zu sein. Sein Kopf sei leer und er habe der Welt nichts Eigenes mehr zu sagen, klagt er seinem Freund Jacobi. Er muss sich aus seiner Ödnis und Verzweiflung herausreißen! Wenn er doch nur – «reisen könnte! Denn am Ende, mehr hat man doch nicht, als was einem durch diese zwei kleinen Oeffnungen der Pupille fällt und die Schwingungen des Gehirns erregt! Anders als *so* nehmen wir die Welt und ihre Wesen nicht in uns auf. Die armseligen vier und zwanzig *Zeichen* reichen nicht aus; etwas ganz Anderes ist die *Gegenwart* der Dinge und ihr unmittelbares *Einwirken*.»[25]

Anfang des Jahres 1790 reift sein Plan. Forster will nach England reisen. Vielleicht gelingt es, von der englischen Regierung ein nachträgliches Ehrenhonorar für seine Teilnahme an Cooks Reise um die Welt zu erhalten, die er in seinem Reisebuch anschaulich geschildert und bebildert hatte. Auch plant er ein botanisches Werk über die Pflanzen der Südsee, für das er in London einen Verleger und Geldgeber suchen könnte. Und von England könnte er vielleicht noch einen Abstecher nach Frankreich machen, um unmittelbar die revolutionären Handlungen des Volkes miterleben zu können.

Forster beantragt einen mehrmonatigen Urlaub, der ihm vom Mainzer Kurfürsten und Erzbischof gewährt wird. Jetzt braucht er nur noch einen Reisebegleiter, um der Gefahr des Alleinseins vorzubeugen. Er denkt an Wilhelm von Humboldt. Doch dieser hat sich nach seiner Verlobung und dem Ende seines Studiums in Göttingen entschlossen, in Berlin eine juristische Beamtenlaufbahn im preußischen Staatsdienst zu beginnen, um damit vor allem sein «häusliches Glück» vorbereiten zu können. Da bietet sich Wilhelms Bruder als

Begleiter an, der Forster einige Monate zuvor während seiner naturhistorischen Reise besuchte und ihm danach ausführlich seine Basaltbeobachtungen mitteilte, zu denen er durch Forster angeregt worden war.

Auch Alexander von Humboldt befindet sich im Winter 1789/90 in einer tiefen Krise, in der er sich selbst von Tag zu Tag unverständlicher wird. Nach der Rückkehr von seiner Reise mit van Geuns fühlt er sich in Göttingen in «ein Gewebe von Stöhrungen und Widerwärtigkeiten» (Jbr., 80) verstrickt. Er vermisst seinen Bruder. Das intensive Studium lässt ihm keine Zeit, sich um Freundschaften zu kümmern. Er schont sich nicht. Seine Gesundheit leidet unter dem ständigen Arbeiten. Rückblickend wird einige Monate später Wilhelm seiner Lina berichten: «Der arme Junge ist nicht glücklich. Er ist unzufrieden mit sich, und diese Stimmung wird durch eine Art Hypochondrie noch vermehrt, die der Göttingische Aufenthalt und zu vieles Studium in ihm hervorgebracht haben. Er schreibt mir, daß er mehr als die Hälfte seiner alten Heiterkeit verloren.» (Br. I, 116) Nicht zufällig wird dieser Verlust mit Wilhelms Verlobung zusammengefallen sein. Alexander fürchtet, seinen Bruder ganz zu verlieren, von dem er die ersten zwanzig Jahre seines Lebens fast nie getrennt gewesen ist. Der 16. Dezember 1789 ist nicht nur ein einschneidendes Datum in Wilhelms Lebensgeschichte. Auch für Alexander ist damit eine Epoche zu Ende gegangen. Er ist irritiert und schreibt einen «närrischen Brief» an die Verlobte seines Bruders, in dem er Sonne, Mond, Sterne und einen Kometen zeichnet, unterschrieben mit den kryptischen Worten: «Dies sind die letzten Zeiten!!» (Br. I, 87)

Ende Dezember 1789, nachdem er von Erfurt nach Göttingen zurückgeritten ist, erkrankt Alexander von Humboldt an Masern. Die Krankheit, die ihn um sein Leben fürchten lässt, geht glücklich vorüber, «ohne böse Folgen, außer der gewöhnlichen Augenschwäche. Ich durfte in 3 Wochen nicht lesen, nicht schreiben.» (Jbr., 81 f.) Er fühlt sich schwach, zugleich jedoch auch rastlos getrieben. Kaum hat er sich ein wenig erholt, bringt er in kurzer Zeit seine mineralogischen

Beobachtungen der Basalte am Rhein zu Papier. In dieser kritischen Situation erreicht ihn Forsters Angebot, ihn auf der Reise nach England und Frankreich zu begleiten. Trotz seiner körperlichen Ermattung nimmt er es mit großer Freude an. Im Februar 1790 schickt er noch schnell die fertige Basalt-Arbeit, die er Forster «mit innigster Freundschaft und Verehrung» widmet, an Campe in Braunschweig; und am 17. März informiert er den Verleger über seinen Reiseplan: «Ich bin im Begriff Göttingen zu verlassen, vielleicht auf immer, was mich eben nicht sehr schmerzt. Ich gehe morgen nach Mainz zu Forster – um mit ihm eine Reise nach *London* zu machen. Eben erhalte ich die mütterliche Erlaubniß. Ich verspreche mir eine Fülle von Freuden von dieser Reise. (…) Ich bin sehr vergnügt – aber verwirrt.» (Jbr., 88 f.) Einen Tag später reist er nach Mainz, und schon kurz darauf beginnt diese überaus lehrreiche Reise mit Forster.

Am 24. März 1790 verlassen die beiden Reisenden Mainz auf einem großen Segelkahn, der sie den Rhein abwärts bis nach Düsseldorf bringt. Das bietet viele Anlässe, sich an die Reise zu erinnern, die Alexander ein halbes Jahr zuvor mit Steven Jan van Geuns unternommen hat. Wieder führt die Fahrt sie durch die Gebirge, in denen sie die Spuren erdgeschichtlicher Umwandlungen zu lesen versuchen. Sind sie Feuer- oder Wasserprodukte? Die merkwürdigen Basaltgruppen bei Unkel fesseln die Aufmerksamkeit und laden sie zum Klettern über die schräg aufragenden Säulen ein. Im Kölner Dom lassen sie sich durch den Eindruck des Großen in der gotischen Bauart überwältigen, und Alexander ist beim Anblick des mehr als dreißig Meter hohen Chors vor Entzücken wie versteinert. In Pempelfort besuchen sie ihren gemeinsamen Freund Jacobi. Auch bei Dohm in Aachen schauen sie kurz vorbei.

Weiter geht die Reise durch das Fürstbistum Lüttich, wo sie die revolutionäre Empörung des Volkes mitempfinden. Im April durchqueren sie zunächst das südliche Gebiet der österreichischen Niederlande, wo sich die Menschen gegen politische Veränderungen sträuben und «sich der Tyrannei einer Pseudotheokratie» (Jbr., 118) unterwerfen. Erschrocken hören sie in Brüssel Menschen auf den

Straßen schreien: «Nous ne voulons pas être libres!»[26] – Wir wollen nicht frei sein! Dann sind sie in der nördlichen Republik der Vereinigten Niederlande, in Rotterdam, Den Haag, Amsterdam und Haarlem, wo der Name «Georg Forster» ihnen wie ein Zauberwort alle Türen öffnet. Sie werden zu zahlreichen Banketten eingeladen und großzügig bewirtet. Fast lästig werden ihnen die Höflichkeiten, die man ihnen aufdrängt.

Am 5. Mai überqueren sie an Bord eines Paketbootes den Ärmelkanal, und es ist vor allem für Forster wie ein Fest, wieder auf einem Schiff übers Meer zu fahren. Im Mai und im Juni sind sie in England unterwegs. Forster ist übel gelaunt, da sich seine finanziellen und publizistischen Hoffnungen nicht erfüllen. Vor allem der einflussreiche Präsident der Royal Society in London, Sir Joseph Banks, stellt sich gegen ihn. Freundlicher verhält er sich zum jungen Alexander, dem er erlaubt, täglich in seinem reichhaltigen naturkundlichen Kabinett zu studieren, in dem sich eine der größten zeitgenössischen Pflanzensammlungen befindet. Auch freut sich Humboldt über seine Spaziergänge mit Leutnant William Bligh, dem Kapitän der «Bounty». Staunend lässt er sich über dessen «wundersame Rettung» (Jbr., 97) nach der durch den Steuermannsmaat Fletcher Christian angezettelten *Meuterei auf der Bounty* berichten, ist es Bligh doch gelungen, auf einer kleinen Barkasse mehr als 6000 Kilometer in der Südsee zurückzulegen und den Weg von den Fidschi-Inseln bis zum ostindischen Timor zu finden.[27]

Am 29. Juni lassen sich Forster und Humboldt von Dover nach Calais übersetzen. Von dort geht's schnell nach Paris, wo sie die erste Juliwoche zubringen in Vorbereitung des Nationalfeiertags, der zur Erinnerung an die Erstürmung der Bastille am 14. Juli 1789 begangen wird. Auf dem Marsfeld kommen die Menschen aus allen Schichten und Berufen zusammen, karren Erde herbei und greifen zur Schaufel, um ein großes Amphitheater bauen zu können. Der Freiheitsgedanke der Französischen Revolution begeistert die beiden Durchreisenden. Mit eigenen Augen sieht Humboldt, dass die Idee der Freiheit keine leere Abstraktion bleiben muss. Das wird er sein Leben lang nicht vergessen. Der junge preußische Adelige beginnt die «geistreichen Franzosen» zu lieben, «die eben auf dem wichtigen Punkte stehen, Religion, Regierungsform und Sitten umzuschmelzen», schreibt er an Jacobi in Pempelfort, das welthistorische Ereignis mit seinem eigenen Erlebnis verbindend: «So wie vielleicht für die Geschichte des europäischen Menschengeschlechts keine Zeit wichtiger, als die jezige ist, so wird mir auch diese kurze Epoche meines Lebens immer die lehrreichste und unvergeßlichste sein. – Der Anblik der Pariser, ihrer Nazionalversammlung, ihres noch unvollendeten Freiheitstempels (zu dem ich selbst Sand gekarrt habe) schwebt mir wie ein Traumgesicht vor der Seele. Denken Sie, liebster Jacobi, wir verließen Paris wenige Tage vor dem großen Feste. Forster wollte nicht zögern, sein Urlaub war um – ich hatte seiner Frau versprochen, mich nie von ihm zu trennen, also musste ich mit ihm zurük.» (Jbr., 118) Am 6. Juli verlassen die beiden die französische Hauptstadt, am 11. Juli sind sie wieder in Mainz.

Etwas länger als drei Monate hat diese schnelle Reise durch mehrere Länder gedauert, über deren Verlauf wir durch Humboldts Briefe und Forsters Berichte recht gut informiert sind. Vor allem Forsters *Ansichten vom Niederrhein* bieten ein anschauliches Bild der ersten Etappe dieses Abenteuers, und zwar im Doppelsinn des Wortes. Denn äußerst genau hat er in diesen *Ansichten* beschrieben, was er durch die «zwei kleinen Öffnungen der Pupille» gesehen hat; zugleich hat er zahlreiche Betrachtungen und Überlegungen angestellt, in denen sich die «Schwingungen des Gehirns» manifestieren. Beobachtung und Räsonnement wechseln unterhaltsam ab, unmittelbare Wahrnehmung und reflexive Phantasie ergänzen sich kontrastreich, wobei das Spektrum von naturkundlichen Tatsachen über soziale Verhaltensweisen und politische Aktionen bis zu ästhetischen Phänomenen und künstlerischen Werken reicht.

Ich will hier nur eins dieser Werke näher skizzieren, da es mir die Bildquelle jener merkwürdigen ikonographischen Phantasie zu sein scheint, die Humboldt einige Jahre später in Schillers Zeitschrift *Horen* (1795) ausmalen wird, um seine Idee der Lebenskraft zu symbolisieren: *Der rhodische Genius*, eine mythologische Erzählung, in der Sexualität und Tod auf eine eigenwillige Weise verknüpft sind. Wir werden darauf später genauer eingehen müssen. Hier soll der Hinweis auf das Vorbild genügen, das Humboldts sexuellem Horrorszenario zugrunde liegt. Georg Forster hat es detailliert beschrieben.

Es ist der 30. März, als sich Humboldt und Forster drei Stunden in der Düsseldorfer Gemäldegalerie aufhalten, um all die vortrefflichen schönen Bilder der italienischen Meister zu betrachten. Doch dann geraten sie in den Rubens-Saal. Sie wollen ihn ja bewundern, diesen großen flämischen Maler mit seiner riesenhaften Phantasie und Darstellungskraft. Aber nur mit Schrecken können sie ihren Blick auf Rubens' monumentales Bild *Das Jüngste Gericht* richten. Unwillkürlich fühlen sie sich gezwungen, ihre Augen von diesen «Fleischmassen» abzuwenden, die aus dem Himmel in den Abgrund stürzen. In obszöner Nacktheit und regelloser Verwirrung fallen die Verdammten durch- und übereinander. Ihre Glieder durchkreuzen sich nach allen Richtungen, und «unaussprechlich ekelhaft»[28] erscheint den beiden Museumsbesuchern dieses fleischige Menschengewirr in seiner schrecklichen Erhabenheit. «Nein!, es war keine der Musen, die den Künstler zu solchen Ausgeburten begeisterte. An der dithyrambischen Wuth, die durch das Ganze strömt, an diesen traubenähnlichen Gruppen von Menschen, die, als ekelhaftes Gewürm ineinander verschlungen, eine verworrene Masse von Gliedern und – schaudernd schreib ich, was ich sehe – einen kannibalischen Fleischmarkt vorstellen, erkennt man die wilde, bacchantische Mänas, die alle Bescheidenheit der Natur verleugnet und, voll *ihres* Gottes, den Harmonienschöpfer *Orpheus* zerreißt.»[29]

Humboldt hat Forsters Niederschrift seiner *Ansichten* schon während der Reise aufmerksam verfolgt und sie als «schön geschrieben» gelobt. In einer wahren und stilistisch eleganten Sprache seien sie geschildert, und Humboldt ist sich sicher, dass sie «Aufsehen in der Welt machen» (Jbr., 93) werden, auch wenn er einige Urteile seines Reisegefährten nicht teile. Jedenfalls sei es «nicht nur eine sehr angenehme, sondern auch sehr nüzliche und lehrreiche Reise» (Jbr., 94), wie er am 20. Juni aus Oxford an Wilhelm Gabriel Wegener in Frankfurt an der Oder schreibt, seinen «warmen, alten Freunde, dem ich die frohesten Stunden meines jugendlichen Alters verdanke» (Jbr., 91). Auch anderen Freunden und Bekannten wird er mitteilen, wie unendlich viel ihm der Name des berühmten Weltreisenden genützt habe, der überall großes Interesse erweckte und die Bekanntschaft wichtiger Persönlichkeiten ermöglichte.

Doch es gibt noch eine andere Ansicht über diese Reise und ihre Bedeutung für seinen Lebensweg. Am 4. August 1801 nämlich, während er sich im südamerikanischen Sante Fé de Bogotá aufhält, will er sich über seinen *Weg zum Naturwissenschaftler und Forschungsreisenden 1769–1790* klarwerden. *Ich über mich selbst* ist dieser Bericht einer Selbstverständigung überschrieben, in dem er eine Antwort auf seine existenzielle Grundfrage zu geben versucht: Was hat ihn zu dieser Reise in die Neue Welt getrieben, mit der er den Traum seines ganzen Lebens zu verwirklichen sucht?

Er erinnert sich an seine ersten botanischen Beschäftigungen, an seine Wanderungen mit Carl Ludwig Willdenow durch den Berliner Tiergarten, seine Besuche des Botanischen Gartens, seine erste größere Reise mit Steven Jan van Geuns. Doch den größten Einfluss auf seinen Hang, in die Tropen zu reisen, habe ein gemeinsames Erlebnis mit Forster ausgeübt. Es hat sich am 14. und 15. April 1790 ereignet. An diesen denkwürdigen Tagen sah Alexander von Humboldt, in Dünkirchen und Ostende, zum ersten Mal das Meer. Auch Forster war überwältigt durch diesen Eindruck, den er so lange entbehren musste. Am fernen Horizont blinkten weiße Segel und ließen ihre Gedanken in unbegrenzte Fernen schweifen. Der «Anblick des allverbreiteten, beweglichen, länderverbindenden Oceans»[30] steigerte Humboldts Sehnsucht. Er sah weniger das Wasser als die Gegenden, zu denen es ihn zukünftig bringen sollte. Spaziergänge am holländischen Meeresstrand, später dann an der englischen Küste, ließen seine Einbildungskraft Bilder ferner Länder malen. Jetzt wurde ihm endgültig bewusst, wie sehr er bisher eingeengt gewesen war. Gegen die «dürftige Sandnatur»[31] seiner märkischen Heimat stellte er den süßen Traum eines Daseins, das sich in grenzenlosen Räumen frei entfalten kann. Er wusste selbst, dass es eine Wunderwelt war, in die er sich versetzte, und fürchtete, toll und töricht zu werden. Die Rückkehr in die Heimat schien ihm wie ein drohendes Ungewitter zu sein, das wolkendicht über ihm schwebte. «Ich weinte oft, ohne zu wissen warum, und der arme Forster quälte sich zu ergründen, was so dunkel in meiner Seele lag. Mit dieser Stimmung kehrte ich über Paris nach Mainz zurück. Ich hatte entfernte Pläne geschmiedet.»[32]

Ganz fremd ist Forster nicht gewesen, was seinen Reisegefährten weinen ließ. Er selbst kannte diesen unbändigen Wunsch nach Freiheit, der sich politisch als revolutionärer Enthusiasmus, ästhetisch als erhabener Anblick des offenen Meeres äußert. (1793 wird er ihn im revolutionären Frankreich zu verwirklichen versuchen und dabei grausam leidend zugrunde gehen. Am 10. Januar 1794 stirbt er in seinem Pariser Schmerzensbett.) Für Humboldt ist es ein Streben, das aus der «alltäglichen gemeinen Natur»[33] einer eingespielten «bürgerlichen» Lebensform hinausdrängt, ohne dass das Ziel klar und deutlich bestimmt werden kann.

Das hat niemand besser verstanden als Alexanders Bruder Wilhelm, der sich in diesem Schicksalsjahr für einen anderen Weg entscheidet. Erhellend ist der Brief, den er am 5. April 1790 aus Berlin, wo er seit dem 1. April im Staatsdienst angestellt ist und sein häusliches Glück mit Caroline von Dacheröden vorbereitet, an Forster schreibt, ohne zu wissen, wo dieser sich mit seinem Bruder Alexander befindet. (Sie schiffen sich, nebenbei gesagt, gerade an Bord des Fischerbootes «Nancy» zur Überfahrt von Hellevoetsluis nach England ein.) «Ich bin geschaffen, in einem engen Kreise zu leben, und die einfachste Lage wird immer für mich die beglükkendste sein, so lang es nur meinem Geist und Herzen nicht an Nahrung gebricht, und daß das nie der Fall sein wird, dafür ist mir Linas Wesen, und ihre Liebe Bürge. Ich fühle es immer mehr und mehr, wie glüklich ich mit dem lieben Mädchen sein werde, und wie viel ich dadurch an Ruhe, Genügsamkeit, Festigkeit des Gesichtspunktes gewonnen habe, kann ich Ihnen nicht sagen. – Daß der gute Alexander Ihr Begleiter ist, freut mich unendlich. Er verdient die Freude in der That in hohem Maaße, und auch Ihnen, denk ich, soll seine Gesellschaft viel Vergnügen gewähren. Er ist doch warlich ein treflicher Mensch, von sovil Kopf und Herz, und noch außerdem von dem großen Reichthum an Kenntnissen. Der vergangene Winter in Göttingen hat, glaub ich, seiner Gesundheit und seiner Heiterkeit geschadet. Sagen Sie mir doch ein Wort darüber, und suchen Sie ihm, wenn Sie Gelegenheit haben, etwas mehr Selbstzufriedenheit zu geben. Er hat ihrer wirklich von gewissen Seiten zu wenig und das macht ihn unglücklich.»[34]

Als Forster nach seiner Rückkehr in Mainz diesen Brief zu lesen bekommt, wird er auch Alexander, der sich noch zwei Wochen in seinem Haus aufhält, von den brüderlichen Bekenntnissen und Empfehlungen berichtet haben. Denn viele Jahre später, als er den Lesern seiner großen *Reise in die Äquinoktial-Gegenden des Neuen Kontinents* über die Anlässe und Motive seiner ungeheuren Reiselust Auskunft gibt, wird Alexander die Formulierung seines Bruders aufgreifen und ins Positive wenden. Vor allem die Reise «in Gesellschaft eines berühmten Mannes, der das Glück hatte, Kapitän Cook auf seiner zweiten Reise um die Welt zu begleiten», habe dazu beigetragen, ihn in die Ferne zu locken. Die Zukunft erschien dem Zwanzigjährigen wie der schrankenlose Meereshorizont, der seine Einbildungskraft ins Ungewisse und Unsichere schweifen ließ: «Genüsse, die uns nicht erreichbar sind, scheinen uns weit lockender, als was sich uns im engen Kreis eines seßhaften Lebens bietet.»[35]

Wie hätte Alexander je so «selbstzufrieden» sein können, wie es sich sein Bruder wünschte? Und wie eine persönliche Entgegnung auf Wilhelms wohlwollende Sorge, der nach seiner Verlobung ein ruhiges, sesshaftes und glückliches Leben im engen Kreis seiner Lieben führen will, liest sich auch Alexanders Rückschau in seinem Selbstbekenntnis von 1801: «Alles was auf bürgerliche Verhältnisse Bezug hatte, wurde mir verächtlich, jede Gemächlichkeit des häuslichen Lebens und der feineren Welt ekelte mich an. Ich lebte in einer Ideenwelt, die mich von der wirklichen abzog.»[36]

SECHSTES KAPITEL

Jeder Mensch muß ins Große und Ganze wirken

Warum sich Wilhelm auf sich selbst konzentriert,
während Alexander dem Leben auf der Spur ist

Welche Rolle spielen Ideen, und wie verhalten sie sich zur Wirklichkeit? Für den jüngeren Humboldt scheint die Antwort klar gewesen zu sein. Die Ideen, die seine Aufmerksamkeit von der wirklichen Welt «abziehen», locken ihn in eine romantische Wunderwelt und versetzen ihn in eine poetische Stimmung, die seine klare und deutliche Urteilskraft gefährdet. Von Tag zu Tag wird er sich selbst unverständlicher. Auch dem älteren Humboldt ist diese Bedrohung nicht unbekannt, und fast drängt sich der Eindruck auf, als habe Alexander nicht nur von sich, sondern zugleich von Wilhelm gesprochen. Von der Gefahr, «nicht mehr in einer wirklichen, sondern bloß in einer Ideenwelt zu leben»[1], hat er schon als Student berichtet, wobei er sich zugleich an seine kindlichen Traumbilder erinnert. Das schade nur, klagt er ähnlich wie sein Bruder; denn es bringe nur die «folterndsten aller Stimmungen» in uns hervor. Eine unaufhaltsame Sehnsucht «läßt uns die Freuden vernachlässigen, die vor uns sind, und nach Freuden haschen, die nie unser werden»[2].

Es ist die gleiche Krise, in der sich die Brüder Humboldt 1790 befinden. Doch völlig verschieden sind ihre Lösungsversuche, zumindest hinsichtlich der Objektwahl, die sie treffen. Alexander intensiviert seine Naturstudien, die ihn der natürlichen Wirklichkeit in ihrer unbegrenzten Fülle und Vielfalt näher bringen sollen. Wilhelm dagegen richtet seine Träumereien auf eine Person, die ihm als eine Idealisierung der menschlichen Natur erscheint. Immer wieder bekennt er seiner Verlobten Caroline von Dacheröden, dass er in ihrer wirklichen

Gestalt die Idee erkenne und liebe, wie der Mensch sein könne und sein müsse. Für ihn repräsentiere sie die Idee der sinnlichen Lebensfreude, der weiblichen Schönheit, des geistigen Genusses, der unbedingten Liebe und einer hochgradig gebildeten Individualität.

Die Gestalt der Geliebten ist für den Verliebten ein Ideal alles menschlichen Seins und ein getreuer Spiegel der Natur, wie sie eigentlich ist. Man kann das für eine überspannte Idee oder schwärmerische Phantasie halten, die nur wenig mit dem wirklichen Leben zu tun hat. Doch dabei würde man übersehen, dass Humboldts Begriff des Idealischen, das alle empirisch mannigfaltige Wirklichkeit übertrifft und auf eine Idee in ihrer Totalität zielt, eine unmittelbare Konsequenz für seine praktische Lebensplanung besitzt. Denn wie ein Künstler versucht er, sein Leben zu gestalten. Er wird sich auf das innere, unvergängliche Wesen des Daseins konzentrieren, statt sich in der äußeren, vergänglichen Wirklichkeit einzurichten. Und es ist dieser ästhetisch gelenkte Wille nach Idealisierung, der ihn jenen «kleinen Kreis» bevorzugen lässt, der seinem Bruder als eine unerträgliche Einengung erscheint, seinem Wesen widerspricht und ihn in eine Ferne treiben wird, in der die Natur ihre größte Kraft und Herrlichkeit entfaltet.

Bemerkenswerterweise hat sich für beide Wege Georg Forster als Gesprächspartner angeboten, der zu ihren Orientierungen ins Kleine und ins Große wichtige Hinweise gibt. Anlass dazu bietet zunächst ein Brief, den Christian Gottlob Heyne, ihr Göttinger Professor für Altertumskunde und altsprachliche Philologie, am 24. Januar 1790 an seinen Schwiegersohn in Mainz geschrieben hat. Er ist zwar gut gemeint, geht aber völlig an Forsters Lebensideal vorbei. Denn er empfiehlt ihm, sich doch endlich mit der kleinen Welt eines Bibliothekars in kurmainzischen Diensten zufriedenzugeben und nicht länger ins Große der Welt und Ganze der Natur zu streben. «Allmählich, seh ich, werden Sie auch von der Chimäre geheilt, in die man sich so gern verstrickt, als müßten wir alle in das Große, in das Ganze wirken; sonst hätten wir Ursache, mißvergnügt und mit dem Gang der Dinge unzufrieden zu sein, wenn wir einen kleinen Wirkungskreis haben. Ich weiß keinen sichtbareren Beweis von Schwäche als eben dieses.

Der Kreis, in dem man wirken soll, ist nicht mein Werk, ist mir angewiesen. Die Dinge außer mir kann ich nicht machen, sondern sie geben mir meine Bahn an. Glaube ich nur ein Übermaß von Kräften zu haben, gut, so muß ich meinen Kreis erweitern; dann ist es Verdienst, wenn ich dies bewirke.»[3] Man weiß nicht, ob Georg Forster diesen Rat als demütigend empfunden hat. Hält ihn sein Schwiegervater für einen Phantasten, der seine Kräfte überschätzt und nach illusionären Traumfiguren jagt? Überliefert ist, dass er Heynes Empfehlung, sich im kleinen Kreis zufrieden einzurichten, seinem Freund Wilhelm von Humboldt weitergeleitet hat, nachdem er kurz zuvor über dessen Verlobung informiert worden ist. Denn schon bald darauf, am 8. Februar, antwortet ihm Wilhelm, wobei er Heynes Worte aufgreift und ihnen eine eigenwillige Wendung gibt. Er stimmt ihnen zwar vordergründig zu, übersetzt sie jedoch in sein eigenes Lebensbild. Heynes Ausspruch «ist ganz der meinige; nur würde ich ihn anders ausdrukken. Jeder Mensch muß ins Große und Ganze wirken, nur was dieß Große und Ganze genannt wird, darin liegt, meinem Gefühl nach, so viel Täuschung. Mir heißt ins Große und Ganze wirken, auf den Charakter der Menschheit wirken, und darauf wirkt jeder, sobald er auf sich und bloß auf sich wirkt. Berlin, den 8. Februar 1790.»[4]

Es ist eine sonderbare Umwertung der Werte, mit der Humboldt sein frühes Bildungsideal ausdrückt. Er verdreht Heynes Warnung vor dem Großen und Ganzen, das erreichen zu wollen die meisten Menschen ins Unglück stürze, weil sie ihre eigenen Kräfte überschätzen, in eine Apologie des Individuums, das sich durch seine individuelle Charakterbildung selbst zu erhöhen bemüht. Das Individuelle der Individualität ausbilden und in ihr selbst und durch sie die Welt genießen! Sich selbst groß und ganz machen; nicht nach außen, sondern nach innen wirken; in und für sich leben, um sich nicht von äußeren Verhältnissen bestimmen zu lassen! Den Wirkungskreis klein machen, um groß werden und sein zu können! Das sind die Maximen einer Ästhetik der Lebenskunst, die der junge Wilhelm von Humboldt nach dem Abschluss seiner Lehr- und frühen Wanderjahre für sich entworfen hat.

Im Gedankenaustausch mit Forster hat Wilhelm von Humboldt seine Lebensmaxime ausformuliert, sich in einem kleinen Wirkungskreis ein selbstzufriedenes Leben zu schaffen, in dem die Selbstbildung die wichtigste Rolle spielt. Nur so könne man auch einiges zu dem beitragen, «wozu im Grunde alles Thun und Treiben in der Welt, selbst wider seinen Willen, nur als Mittel dient, zur Bereicherung oder Berichtigung unsrer Ideen»[5]. Das ist nur an Forster adressiert, meint aber auch seinen Bruder. Denn es ist Alexander, den es rastlos in die Welt treibt, wobei Forster eine leitende Rolle spielt. Sein Leben lang wird er ihm dafür dankbar sein. Erst durch ihn sei er sich nämlich der Kraft bewusst geworden, die seit frühester Kindheit in ihm arbeitete, ohne sich ungehindert äußern zu können.

Im September 1790 schreibt Alexander von Humboldt an Wegener: «Meine Gesundheit hat sehr gelitten, wenn sie gleich durch die Reise mit Forster wieder etwas gewann. (…) Es ist ein Treiben in mir, daß ich oft denke, ich verliere mein bischen Verstand. Und doch ist dies Treiben so nothwendig, um rastlos nach guten Zwekken hinzuwirken.» (Jbr., 106 f.) Auch Alexander will wirken. Doch der Kreis, in dem er seine Geistes- und Körperkräfte zu entfalten und zu stärken strebt, kann nicht durch das eigene Ich und eine intime Liebschaft gezogen sein. Rastlos treibt es ihn dorthin, wo Forster einst sein Glück gefunden hatte, bevor er sich in unglückliche Familienverhältnisse verstrickte: den unermesslichen Schauplatz der Naturkräfte, auf dem auch der Mensch zum Großen und Ganzen streben kann.

Das erhellen die Erinnerungen, mit denen Humboldt mehrmals seines Lehrers und Freundes gedenkt. Schon in seinem ersten *Lebenslauf*, 1799 für die spanischen Behörden geschrieben, um die Erlaubnis zu einer Forschungsreise in die überseeischen Kolonien zu erhalten, erwähnt er seine erste mineralogische und naturwissenschaftliche Reise «unter der Leitung von Georg Forster, dem berühmten Naturforscher, der an der Weltreise mit Kapitän Cook teilgenommen hatte. Die meisten der geringen Kenntnisse, die ich besitze, verdanke ich ihm.»[6] Durch ihn sei die Leidenschaft für das Seewesen und den Besuch ferner tropischer Länder geweckt worden, und wie ein Forster-

Zitat liest sich Humboldts letzte Nachricht über den Hauptzweck seiner großen Reise, kurz bevor er am 5. Juni 1799 Europa verlässt: «Auf das Zusammenwirken der Kräfte, den Einfluß der unbelebten Schöpfung auf die belebte Thier- und Pflanzenwelt; auf diese Harmonie sollen stets meine Augen gerichtet seyn. Der arbeitsame Mensch muß das Gute und Grosse wollen. Ob er es erreiche, hängt von dem unbezwungenen Schiksale ab.» (Jbr., 682)

Nach seiner Rückkehr wird er 1807 den Eindruck schildern, den der erste Blick vom hohen Andengebirge auf den unbegrenzt wirkenden Stillen Ozean gemacht hat: «Der Anblick der Südsee hatte etwas feierliches für den, welcher einen Theil seiner Bildung und viele Richtungen seiner Wünsche dem Gefährten des Capitän Cook verdankte. Meine Reisepläne hatte Georg Forster früh schon in allgemeinen Umrissen gekannt, als ich den Vorzug genoß unter seiner Führung das erste Mal England zu besuchen.»[7] Und noch in seinem letzten Lebensjahr, nachdem er Heinrich Königs Roman *Georg Forsters Leben in Haus und Welt* gelesen hat, wird er am 28. Juli 1858 an den Autor schreiben: «Ich habe ein halbes Jahrhundert zugebracht, wohin mich auch immer ein unruhiges, vielbewegtes Leben geführt hat, mir selbst und andern zu sagen, was ich meinem Lehrer und Freunde Georg Forster in Verallgemeinerung der Naturansicht, Bestärkung und Entwickelung von dem, was lange vor jener glücklichen Vertraulichkeit in mir aufdämmerte, verdanke.»[8]

1790 ist die charakterliche Prägung der Brüder Humboldt abgeschlossen. Im selben Jahr ist ihnen ihr unterschiedlicher Charakter in voller Klarheit bewusst geworden. Dabei ist auf eine merkwürdige Weise ihre Selbsterkenntnis mit der brüderlichen Fremderkenntnis verquickt. Alexander und Wilhelm verhalten sich wie komplementäre Figuren zueinander, die sich gegenseitig anerkennen und schätzen, weil jeder im anderen erkennt, was ihm selbst fehlt. Auch wenn sie vielleicht nicht miteinander darüber reden, so teilen sie es doch ihren Freunden und Partnern mit.

An Wegener schreibt Alexander über Wilhelm: «Er ist ein sonderbarer, origineller Charakter. Er hält sehr viel von Dir, das muß Dich freuen, denn er ist mir unendlich viel werth.» (Jbr., 93) Sonderbar aber sei er, weil er so ganz «in sich selbst gekehrt» ist und aus seiner Selbständigkeit und Selbstbezogenheit heraus vorbildlich zu wirken versucht. In dieser Hinsicht kenne er ihn genau, jedenfalls besser als viele Berliner, die nur seine Gelehrsamkeit und seinen logischen Verstand zu beurteilen vermochten.

Und in mehreren Briefen an seine Lina wertschätzt Wilhelm seinen Bruder mit fast den gleichen Worten, auch wenn ihr Charakter entgegengesetzt gebildet sei: «Die lebhafte Tätigkeit, mit der er alles betreibt, der jugendliche Enthusiasmus, sind mir unendlich wert. (...) Lieb ihn ja recht, meine Lina. Er ist Deinem Wilhelm unendlich wert. Und Du kennst ihn noch nicht genug.» (Br. I, 116) Sie soll ihn genau kennenlernen. Aber das kann sie nur, wenn ihr zugleich der wesentliche Unterschied einsichtig wird, der zwischen den beiden Brüdern besteht. Um einerseits Alexanders Charakter zu erhellen, muss Wilhelm von sich selbst sprechen; und er kann andererseits sein Selbstbildnis nur profilieren, wenn er es mit Alexanders Individualität konfrontiert.

In einem großen Brief, den er für Caroline wie ein weihnachtliches Festgeschenk schreibt, entwirft er ihr am 22., 23. und 24. Dezember 1790 sein eigenes Lebensprogramm, indem er zugleich auf seinen bisherigen Lebensweg zurückblickt. Früher, als er so intensiv zu lernen und zu studieren begann, habe er sich immer gedacht, er müsse etwas Nützliches für andere tun. Deshalb habe er sich neben seinen allgemeinen Bildungsinteressen vor allem auf das Jurastudium konzentriert. Denn für die anderen Menschen lasse sich am besten im Staatsdienst wirken. So habe er sich eine sichere Laufbahn gewählt und mit sklavischem Fleiß und strenger Ordnung studiert. Doch dann sei er Menschen begegnet, die seine Lebenseinstellung veränderten. Er lernte Georg Forster und Friedrich Heinrich Jacobi kennen, nahm 1789 auch erste Kontakte zu Friedrich Schiller, Johann Wolfgang von Goethe und Johann Gottfried Herder auf und wurde nun «sehr misstrauisch gegen das beschränkte Gute im Geschäftsleben, und wie ich mich tiefer studierte, wie ich große Charaktere in andern näher sah, o!

und vor allem, wie Dein Anblick mich ewig beschäftigte, da dämmerte es erst so in mir, daß doch eigentlich nur das Wert habe, was der Mensch in sich ist.» (Br. I, 344)

Um über sich selbst und sein Lebensideal Klarheit gewinnen zu können, setzt Wilhelm seinen Bruder als gegensätzlichen Charakter ein. Schon seit einigen Tagen geht er ihm nicht aus dem Kopf. Alexander irritiert ihn, weil er seine ganze Energie und Wirkung gerade aus dem bezieht, was er selbst für sich zu überwinden strebt. Für seine Lina baut Wilhelm eine dramatische Spannung auf, um sie schließlich zu seinen Gunsten aufzulösen.

Auf der einen Seite lobt er die Fähigkeiten und Neigungen seines Bruders. Auch dabei beginnt er mit einem Rückblick. Als Kind und Jugendlicher in Tegel und Berlin habe Alexander nur getrieben, was ihn interessierte. Er ließ sich durch keine Rücksichten auf Nützlichkeiten beherrschen. Er folgte nur seiner inneren Neigung zu den Dingen «und lebte, mit einem Wort, in zehnfach größerer Freiheit. Ich freute mich des Anblicks, ich sah das wirklich große Genie – Du verstehst hier das Wort, wie ich's nehme – in ihm, ich ahndete, sein Kreis würde größer und mit höherer Energie ausgefüllt sein.» (Br. I, 343) Seine Ahnung hat sich erfüllt. Mit einer freiflottierenden Intensität konzentriert sich Alexander auf die große Natur. Er lenkt sein ungeheures inneres Treiben in einen Forscherdrang nach außen, der sich durch keine Grenzen eindämmen lassen will, weder fachspezifischer noch nationaler Art.

Aber hinter diesem Lob kommt auf der anderen Seite zugleich die Kritik an seinem Bruder zur Sprache. All sein aktives Umtreiben nach außen führe Alexander nämlich zu keinem charakterlichen Gut-Sein. Je mehr er ins Große außer sich zu wirken versuche, desto kleinlicher werde er als Individuum. Er werde durch «manche kleine Eitelkeit» verführt, suche die Menschen durch seine Kenntnisse zu gewinnen, auch zu blenden, und mache sich gern über deren Schwachheiten lustig. Verächtlich spotte er über alles, was seinen eigenen Ideen und Intentionen nicht entspreche. «Darin setzt er großenteils seine Menschenkenntnis, seinen Ruhm und sein doch wahrlich sehr herzloses

Vergnügen. Es tut mir weh, daß ein Mensch von Alexanders Kopf und Herz an so etwas Freude finden kann. Ich weiß sehr wohl, daß es nicht bösartig in ihm ist, aber es zeigt so eine Kleinheit. Vorzüglich zeigt es so wenig Gefühl innerer Würde.» (Br. I, 341 f.)

Wilhelm hat in Alexander den Menschen gesehen, der ihm zugleich am nächsten verwandt und völlig fremd zu sein scheint. «So war es von Kindheit an zwischen uns. Immer der schneidenste Gegensatz und dabei doch ein sehr enges Zusammenhalten.» (Br. IV, 385) Sie sind miteinander bestens vertraut und zugleich voneinander getrennt «wie zwei entgegengesetzte Pole» (Br. II, 260), die Wilhelm durch eine strenge Dichotomisierung festlegt: Versenkung ins Innere / Treiben ins Äußere; Konzentration auf sich / Wirkung auf andere; Leben in Ideen / Forschen in der Wirklichkeit; Bildung der eigenen Individualität in ihrer Besonderheit / Beobachtung der natürlichen Dinge in ihrem ganzheitlichen Zusammenhang; Kultivierung der inneren Würde / Drang nach äußerer Anerkennung. Wilhelm weiß selbst, dass diese Polarisierung nicht neutral oder gar objektiv ist. Das Kontrastbild, das er von sich und seinem Bruder zeichnet, liegt in seiner eigenen Individualität begründet. Es dient ihm zur Selbstbehauptung in der herausfordernden Wirklichkeit des Lebens.

All das spielt sich nur in Gedanken ab. Es sind Ideen und Idealisierungen, mit denen sich Alexander und Wilhelm von Humboldt bewusstmachen, was sie wollen. Es sind Entwürfe für ein glückliches Leben, die es zu verwirklichen gilt, wenn sie nicht nur Träumereien bleiben sollen. Wenden wir unsere Aufmerksamkeit also dem zu, was die Brüder Humboldt in den kritischen Jahren ihrer Selbstfindung 1790 bis 1794 tatsächlich tun, wobei wir mit dem älteren beginnen wollen.

Wilhelm von Humboldt: *Höchste und proportionierlichste Bildung seiner Kräfte zu einem Ganzen.* Es ist ein Blick in die Zukunft, den Wilhelm im Weihnachtsbrief 1790 seiner Lina vermittelt. Sehnsüchtig erwartet er den Beginn der «glücklichen Zeit». Doch all seine Seufzer, diese vielen «Ach!» und «O!», drücken kein Unglück aus. Sie deuten auf eine Steigerung hin, sowohl in seinem privaten als auch in seinem öffentlichen Leben. Es geht um den Schritt in die Ehe, die seine grobe Sinnlichkeit ästhetisch verfeinern soll; und zugleich um den Austritt aus dem streng geregelten Staatsdienst, um als freier Gelehrter arbeiten zu können.

Seit einem Jahr sind Wilhelm und Caroline nun schon verlobt. Am 16. Dezember 1789, nach der Rückkehr von seiner Schweizreise, hat er sie auf einem Erfurter Ball mit seinem Antrag überrascht. Zunächst bleibt die spontane Verlobung geheim. Alexander befürchtet, dass sowohl Carolines alter Vater, der Preußische Kammergerichtspräsident Carl Friedrich von Dacheröden, als auch Wilhelms Mutter Marie Elisabeth von Humboldt, mit Kunth als Lebensberater und Vermögensverwalter an ihrer Seite, Bedenken gegen diese Verbindung haben. Er mokiert sich über diese heimliche Liebesgeschichte und scheint Spaß daran zu finden, besonders die damit zusammenhängenden familiären Schwierigkeiten zu betonen. «Vielleicht hat er auch nicht so ganz unrecht», gibt Caroline am 14. Januar 1790 zu bedenken: «Die Mama kann wirklich andre Aussichten mir Dir haben, Pläne zu Heiraten, die sie für Dein künftiges Etablissement vorteilhafter glaubt. Was weiß ich – wer kann so einem Mama- und Kunthschen Kopf nachrechnen.» (Br. I, 65) So sind zunächst nur die anderen Mitglieder des Tugendbundes benachrichtigt worden, die es wohlwollend aufnehmen, auch wenn sie fürchten, dass ihre enge Verbindung sich lockern werde.

Doch wichtiger ist, wie die beiden Elternteile reagieren. Sie sorgen sich um eine gesicherte Zukunft ihrer Kinder, wozu vor allem ein geregeltes Einkommen und eine hochrangige berufliche Tätigkeit des Bräutigams gehören. Dem alten Dacheröden muss der allzu jugendliche Bewerber ohne Titel und Rang als unsicherer Kandidat erscheinen; und als ihm Caroline von ihren Absichten erzählt, stimmt er ihrer Verlobung zwar zu, weil er seiner zärtlich geliebten Tochter einfach nichts abschlagen kann. Doch er verhält sich eigenartig zurückhaltend und tut so, als sei nichts geschehen. Da mochte seine Tochter noch so oft von ihrem «Bräutigam», seinem «zukünftigen

Schwiegersohn» oder «*il mio sposo*» reden, um ihm ihre Verlobung ins Gedächtnis zu rufen, «er traktiert es gar nicht *comme une affaire conséquence*». (Br. I, 87) Wahrscheinlich fürchtet er, sie zu verlieren, vermutet Caroline.

So ist der Stand der Dinge noch Ende Februar 1790, als Wilhelm endlich auch seiner Mutter und Kunth seine Absichten offenbart. Es fällt ihm nicht leicht. Denn seine Mutter ist, als er im Januar 1790 nach Berlin zurückgekommen ist, zwar sehr freundlich zu ihm. Aber ihre Stimmung ist gedrückt, und all ihre Wünsche gehen nur dahin, ihren Sohn in Amt und Würden zu sehen. Doch schließlich muss sie erfahren, wie wichtig Wilhelm die Liebe nimmt, für die sie selbst kein Gespür hat. Es ist schwierig, einen günstigen Augenblick zu finden. «Es war immer so schlechtes Wetter auf Mamas Stirn. Ich hatte nicht eben große Widersprüche zu befürchten, aber Langeweile, Tränen, Gott weiß was noch. Endlich klärte der Himmel sich auf, und ich erzählte nun schlichtweg, wie wir schlechterdings nicht ohne einander leben könnten.» (Br. I, 89)

Dieses unbedingte Liebesgeständnis beeindruckt Wilhelms Mutter nicht. Wichtiger sind ihr die finanziellen Aspekte dieser Verbindung. Sie erklärt, dass sie kein Geld geben könne, da sie ihren Besitz nicht antasten wolle, und ist sehr zufrieden mit Wilhelms Einverständnis, «daß ich auch schlechterdings nichts erwartet hätte». (Br. I, 89) Eine unbegreifliche emotionale Gleichgültigkeit scheint seine Mutter zu beherrschen, die noch nicht einmal wissen will, wie die Verlobte ihres Sohnes aussieht.

Schließlich muss noch Kunth benachrichtigt werden. Er nimmt es ohne Begeisterung zur Kenntnis. Auch ihm ist die Liebe fremd, von der sein ehemaliger Zögling spricht. «Er wünschte mir mit ziemlicher Kälte Glück und sprach dann von dieser und jener Schwierigkeit. Du kannst denken, wie lieb es mir war, ihm nicht vorher davon gesagt zu haben. Doch vielleicht äußerte er sich nur so, weil er der letzte war, der es erfuhr.» (Br. I, 91)

Caroline und Wilhelm haben befürchtet, keine elterliche Einwilligung für ihre Verbindung zu erhalten. Jetzt sind sie wieder einen kleinen Schritt ihrem ehelichen Glück näher gekommen. Der Augenblick, um die Geheimhaltung aufzugeben, ist geschickt gewählt. Denn Wilhelm kann die elterlichen Bedenken durch den Hinweis entkräften, dass er sich gerade um eine Anstellung im preußischen Staatsdienst beworben hat. Am 13. Februar 1790 hat er seine Eingabe an König Friedrich Wilhelm II. gerichtet, im Justizdepartement beschäftigt zu werden; und schon zwei Tage später ist ihm eine Anstellung als Referendar beim Stadtgericht in Berlin in Aussicht gestellt worden. Sein früherer Privatlehrer in Naturrecht, der liberale, aufgeklärte Kammergerichtsrat Ernst Ferdinand Klein, nimmt ihm die dazu notwendige Prüfung ab, die Humboldt am 8. März hervorragend besteht. Einer juristischen Karriere steht nichts mehr im Wege, und es verläuft zunächst alles nach Plan. Wilhelm von Humboldt arbeitet mit vorzüglichem Fleiß und umfassenden Kenntnissen einige Monate am Stadtgericht, legt eine zweite juristische Prüfung ab, die ihn auch zum Dienst im Departement für auswärtige Angelegenheiten qualifiziert, erhält im Juni den Titel «Legationsrat», was er sofort dem alten Dacheröden mitteilt, und wird schließlich ans übergeordnete Hof- und Kammergericht berufen.

Bevor er diese Stellung annimmt, besucht er seine Verlobte, bei der er vom 1. August bis zum 14. September bleibt. Der Abschied nach diesen gemeinsam verbrachten sechs Wochen im stillen Burgörner fällt beiden schwer. Schon am nächsten Tag schreibt Li ihrem Bill: «Wie hast Du mich verlassen können? Wie Dich trennen von Deinem eignen Leben? Lebst du noch, Bill, oder ist Dein Herz in die tote Erstarrung des meinen versunken?» (Br. I, 206)

Die Trennung hat die beiden verlobten Verliebten zwar geschmerzt. Doch Wilhelm findet Wege aus dieser Einsamkeit. Äußerst eifrig konzentriert er sich auf die juristische Arbeit und behandelt vor allem Kriminalfälle wie Totschlag, Brandstiftung und Kindesmord. Er findet die Fälle interessant, auch wenn ihm die Arbeit keine rechte Freude macht. Denn er sieht sich nun in Problemsituationen verstrickt, die er mechanisch, nach allgemein geltenden Regeln klären soll, obwohl sie für ihn mit jeweils besonderen sozialen Lebensformen und psychischen Eigenarten zu tun haben. Juristisch mögen die Urteile richtig oder eindeutig sein, an denen Humboldt mitwirkt. Aber sind sie, fragt der philosophisch und charakterologisch gebildete Jurist, auch gerecht oder angemessen angesichts der menschlichen Individualitäten, die so «heterogene Ansichten» (Br. I, 223) gewähren? Manchmal wird es ihm richtig schwindlig im Kopf, und er ist sich nicht sicher, ob er strafen oder belohnen soll. Zwar fällt es ihm nicht schwer, streng zu urteilen, wenn die Täter in selbstbewusster Freiheit und Eigenverantwortlichkeit gehandelt haben und die Strafe als Konsequenz ihrer Tat billigend in Kauf nehmen. Aber viele der Täter sind charakterlich nicht völlig verdorbene Menschen, die manchmal nur deshalb nicht anders handeln konnten, weil sie in unerträglichen, unglücklichen Umständen leben oder keine ausgeprägte Willens- und Handlungsfreiheit besitzen. «Da zerknickt man dann mit der Strafe jedes höhere, schönere Gefühl und zwingt die Menschen zu Kälte und Fühllosigkeit. Sonst sah ich das anders an, ich wäre aus Grundsatz streng gewesen. Die Menschen müssen leiden, um stark zu werden, dacht' ich. Jetzt denk ich, sie müssen Freude haben, um gut zu werden. Ich bin viel sanfter, viel menschlicher geworden.» (Br. I, 223)

Trotz solcher Bedenken arbeitet Humboldt effektiv als Jurist, und es gibt auch politisch brisante Fälle, in denen er seine aufgeklärte Gesinnung erfolgreich in die Urteilsfindung einbringen kann, wie im *Prozeß des Buchdruckers Unger gegen den Oberkonsistorialrat Zöllner in Zensurangelegenheiten wegen eines verbotenen Buchs*, bei dem er neben seinem Lehrer Klein als Protokollführer mitwirkt.[9] Auch mit seiner eigenen Lebenslage in Berlin ist er nicht unzufrieden. Er weiß sein Leben zu genießen. Er mag unter der Trennung von seiner Lina gelitten haben. Aber er findet neue Freunde, in deren Gesellschaft er auch seine grobe Sinnlichkeit ausleben kann, die ja nicht plötzlich verschwunden ist. Die Liebe zu seiner Lina, in der er das vollkommene Glück zu finden hofft, verdrängt nicht die körperliche «Fleischeslust», die Humboldt als sein besonderes Triebschicksal anerkennt und der er noch 1816 in seinem *Bruchstück einer Selbstbiographie* «eine grosse, und wohlthätig fruchtbare Kraft» zuschreiben wird. (G. S. XV, 456)

Im Berlin der neunziger Jahre kann diese Kraft sich recht frei entfalten. Nicht nur der König mit seinen Mätressen bietet das Beispiel
einer libertinen Lebensfreude. Auch die politischen Befreiungsakte
während der Französischen Revolution wirken, zumindest zu Beginn,
auf die Geselligkeitsformen der jungen Menschen, die gern «die Zügel schießen» lassen. Seinen nächsten Gefährten in amourösen Abenteuern findet Humboldt zunächst im drei Jahre älteren Karl Gustav
Freiherr von Brinkmann, einem jungen Schweden aus altem ostfriesi-
schem Geschlecht, der nach seinem Studium in Halle, wo er sich auf
eine diplomatische Laufbahn im auswärtigen Staatsdienst vorbereitet
hat, seit Anfang des Jahres 1790 in Berlin lebt. Nach Freiheit sehnt
sich nicht nur sein Geist. Lust am aufgeklärten Selbstdenken verband
sich mit freizügiger Lebensart.

Auf einer großen Gesellschaft im Berliner Sommer 1790 lernt
Humboldt auch Friedrich von Gentz kennen, der oft Brinkmann
begleitet. Zunächst findet er ihn nicht besonders interessant. Doch
bald lässt er sich durch ihn in heftige Diskussionen über Politik, Moral und Menschenkenntnis verwickeln, in denen er seinen streitbaren
Scharfsinn einsetzen kann. Gentz beginnt, Humboldt zu bewundern, was diesen freut. Bald werden sie sehr vertraut miteinander,
wobei gemeinsame philosophische Neigungen die Freundschaft be-
fruchten.

Gentz hat bei Kant in Königsberg studiert und sich für dessen klaren Verstandesgebrauch begeistert. Auch in die philosophische Ethik
des alten Weltweisen hat er sich eingearbeitet, die ihm jedoch zunehmend problematisch geworden ist. Verwirrende Liebesgeschichten
mit zwei Königsbergerinnen brachten ihn endlich zur Selbsterkenntnis eines doppelten Menschen: «tugendhaft, weise, streng sogar, in
der Stunde der Betrachtung – schwach, töricht, leichtsinnig in dem
Rausch des Lebens, überspringe ich oft genug die Linie, die ich doch
so gut kenne, die furchtbare, feine Linie, die das Gute vom Bösen
trennt»[10]. Das war 1786 ironisch gegen Kants rigide Moralphilosophie
gerichtet, wie dieser sie gerade in der *Grundlegung zur Metaphysik
der Sitten* skizzenhaft entworfen hatte, die von einem «*reinen guten*

Willen»[11] handelte. Verführerisch war es dagegen für die Geliebte gemeint, die in einer unglücklichen Ehe lebte.

In Berlin, wo Gentz 1786 als Geheimer Sekretär, bald darauf schon als Kriegsrat angestellt worden ist, weiß er seine beiden Seiten fruchtbar zu verbinden, wobei ihm schließlich der gleichgesinnte Humboldt zu seinem angenehmsten Gesellschafter wird, mit dem er oft und tagelang zusammen ist. Gentz fasziniert dieser merkwürdige Mann, den er für einen «der größten und stärksten Menschen»[12] hält, die ihm je begegnet sind. Nicht nur Humboldts scharfsinniger Witz und geistreicher Tiefsinn lassen ihn in den höchsten Tönen schwärmen von «diesem sonderbaren Sterblichen, der durchaus alles kann und alles ist, was er *will*!». Es ist auch die «*reine Kraft* in ihm»[13], die er mit großem Erstaunen bei allem, was Humboldt denkt und tut, wirken sieht und die er vor allem in den Nächten miterleben kann. Denn weil beide tagsüber äußerst viel zu tun haben, kommen sie meist um 10 Uhr abends zusammen, kühn entschlossen, dem Schlaf seine Rechte zu verweigern.

Es wird nicht nur philosophiert und logisch gestritten oder der erhabene Himmel bewundert, wie Wilhelm seiner Lina berichtet. «Es war so ein schöner gestirnter Himmel, und ich habe hier einen Menschen, Gentz, der mir immer die Gestirne zeigt.» (Br. I, 391) Verschwiegen hat er ihr, was er zur gleichen Zeit an Brinkmann schreibt, der im Herbst 1790 Berlin verlassen hat: «Mit Genz machte ich ein Paar nächtliche Expeditionen zur Schuwitzen und Madam Müller. Bei der ersten thuts mir doch leid, dass Sie nicht da waren.» Und dann erzählt er ihm scherzhaft, dass die alte Puffmutter Schuwitz ein so schönes Etablissement eingerichtet und einen so guten Punsch zubereitet hat, dass sie kein Bedürfnis mehr verspüren, «sich zu animalisiren», weil «die Edlen» durch den Kontrast mit der Umgebung ihren Reiz verloren haben und man «alles eher thut, als *con amore* an die edle Bestimmung zu denken, für die sie nun da so stolz herum wandern»[14]. Einige Monate später wird Humboldt wieder davon berichten, dass er und Gentz keineswegs jenen Teil ihres Umgangs vernachlässigen – «ich meine die Edlen. Sehr oft haben wir gemeinschaftliche Parthieen gemacht. Das kleine Mädchen, deren Verstand Genz so sehr auf die Lenden reducirte, haben wir sehr oft besucht und sehen sie noch. Eine zeitlang hatten sie ein Paar Gesellschafterinnen, und ich habe närrische Nächte mit Genz, oft in Einem Bette verlebt. Jezt haben leider alle diese Parthien einen kleinen Stoß erhalten. Genz hat von einer dieser Gesellschafterinnen den Tripper bekommen, und an mir hat sich die Prophezeihung wahr gemacht, die Sie mir oft sagten – die Filzläuse.»[15]

Das also ist die Situation, als Humboldt Weihnachten 1790 in einem langen Brief an Caroline das kontrastreiche Doppelbild von sich und seinem Bruder entwirft und sich endlich die «glückliche Zeit» des ehelichen Zusammenlebens herbeisehnt. Gutes will er tun, verspricht er ihr, und er scheint sich nun völlig klar darüber geworden zu sein, dass der Mensch immer nur so viel Gutes schaffen könne, wie er in sich selbst gut werde.

Mit dieser Wende nach innen verbindet sich die Abkehr vom Äußeren. Er habe zwar nicht ungern und durchaus mit Erfolg im Staatsdienst gearbeitet, aber ohne rechte Freude, hat Wilhelm bereits ein halbes Jahr nach Beginn seiner Tätigkeit an Caroline geschrieben. «Äußere Vortheile strebe ich nicht dadurch zu erreichen, ich hätte nie ehrgeizig werden können, und in sich freut mich selbst die Güte der Arbeit nicht.» (Br. I, 262) Er möchte etwas anderes machen, wodurch er nicht nur in sich selbst größer, sondern auch «Li's werter würde und ihr mehr und höheres Glück gäbe» (Br. I, 263). Schon Ende Oktober 1790 ist die Idee in ihm aufgetaucht, in ungebundener Geistesfreiheit nur ganz für sich und seine Geliebte leben zu wollen. Dann aber denkt er wieder an die äußere Lage und die sorgenfreie Sicherheit, die eine dauerhafte Tätigkeit im Justiz- und Auswärtigen Departement bietet. Er schwankt hin und her. Caroline soll ihm sagen, was er tun soll. «O! tue das, Li, tu's, ich beschwöre Dich. Befiehl immer Billn, Gott, weil es so süß ist, zu tun, was die Liebe will!» (Br. I, 264)

Caroline tut ihm den Gefallen. Vielleicht nicht ganz uneigennützig, weil ihr Wilhelms Leben und Arbeiten in Berlin fremd ist, unterstützt sie seinen Wunsch, den Staatsdienst nicht zu seiner Existenz zu machen und lieber als freier Gelehrter mit ihr zusammenzuleben. Der Briefwechsel zeigt, wie dieser Wunsch zunehmend stärker wird und auf eine gemeinsam gewollte Lebensgestaltung in größter Freiheit und Intimität drängt. Weihnachten 1790 ist die Entscheidung gefallen.

Es gibt nur noch praktische Schwierigkeiten zu überwinden. Wie ist ein berufsloses Privatleben zu finanzieren? Wo leben? Auch müssen die Eltern für den Plan gewonnen werden. Wilhelms Mutter verhält sich eigenartig ruhig und stellt nur die Fragen: «Ob wir auskommen würden? Ob eine strenge Ökonomie, die doch nötig wäre, uns nicht lästig werden möchte? Vorzüglich aber, ob mir, da ich so jung wäre, ein so einfaches Leben auf die Länge gefallen würde?» (Br. I, 357) Und auch Carolines Vater, der den Verlobten seiner Tochter eigentlich lieber in einer gesicherten staatlichen Anstellung beschäftigt sehen möchte, gibt bald seine Bedenken auf.

Nur Alexander hält die Entscheidung seines Bruders für einen unüberlegten Kurzschluss, der nur zu familiären Unstimmigkeiten und Verärgerungen führe. Da nützt es nichts, dass Caroline ihn über Wilhelms und ihre Motive und Überlegungen aufzuklären versucht. Er antwortet ihr mit einem verrückten Brief, der Caroline gar nicht gefällt und um seinen Verstand bangen lässt. «Ich fürchte, er verschraubt sich, und es schnappt wo über.» (Br. I, 372) Vor allem scheint er überhaupt nicht verstehen zu können, dass die beiden Liebenden gemeinsam eine glückliche Zukunft planen. Denn sein Charakter habe zwar auch schöne Seiten. Aber es fehle ihm doch die Grazie und die Feinheit, die ihren Bill charakterisieren, von innen kommen und ihre Liebesbeziehung so innig werden lassen. Und hellsichtig wagt sie den Hinweis auf Alexanders homophile Neigung: «Überdies wird auf Alexandern nie etwas großen Einfluß haben, als was von Männern kommt; ich glaube, die Zeit wird es bestätigen.» (Br. I, 372)

Am 19. Mai 1791 reicht Wilhelm von Humboldt dem König sein Entlassungsgesuch ein, das er sehr lakonisch mit zwingenden Familienangelegenheiten begründet. Es wird bewilligt. Nur beurlauben lässt er sich dagegen von seiner Anstellung beim Departement für auswärtige Angelegenheiten, um sich nicht den Rückweg zu einer späteren Laufbahn in diesem Arbeitsbereich zu verschließen. «Freilich möchte aber diese Thür wohl zu denen gehören, die nicht gebraucht werden», schreibt er an Jacobi.[16] (Einige Jahre später wird es anders kommen.)

Dann wird die Hochzeit vorbereitet und die Gästeliste zusammengestellt. Auch Friedrich Schiller und seine Charlotte werden eingeladen, zusammen mit deren Schwester Caroline von Beulwitz. Sie sagen zu. Alexander will ebenfalls kommen, allerdings nur für kurze Zeit, wie Wilhelm seiner Braut mitteilt, wobei er zugleich um ihr Verständnis für die brüderliche Eigenart wirbt: «Ich sehe es ungern, daß er schon in einigen Tagen fortreist, obgleich ich nicht sagen kann, daß seine Gegenwart mich an ihn fesselt. Diese Wirkung wird er auch, glaub ich, nie auf einen Menschen machen. Aber er ist gut, warm, offen und besitzt in der Tat eine unendliche Menge von Kenntnissen.» (Br. I, 471) Aber was nütze ihm all sein Wissen, wenn ihm jenes große Glück versagt bleiben wird, das Wilhelm für sich und Caroline in liebender Einheit und ländlicher Ruhe erhofft. Alexander mag zwar gut sein und auch fähig zu einer großen und starken Anhänglichkeit. «Glücklich wird er schwerlich je sein, er ist nicht ruhig und wird es nie werden, weil ich doch nie glaube, dass irgend ein Interesse sein Herz beschäftigen wird.» (Br. I, 477) Ihnen selbst soll es ganz anders ergehen, verspricht Wilhelm Anfang Juni seiner Caroline, kurz bevor er von Berlin nach Erfurt reist, wo am 29. Juni 1791, sechs Uhr abends, im Haus seines Schwiegervaters endlich der so lang aufgeschobene Bund der Ehe geschlossen wird.

Burgörner, den 16. August 1791. An Georg Forster: «Ich habe mich nun von allen Geschäften losgemacht, Berlin verlassen und geheirathet, und lebe auf dem Lande, in einer unabhängigen, selbst gewählten, unendlich glüklichen Existenz. Ich empfinde dieß doppelt, indem ich es Ihnen sage; ich kenne Ihr warmes, liebevolles Herz, Ihre innige Theilnahme. Ich besorge auch von Ihnen nicht die Misbilligung des Schritts, den ich that, die ich von so vielen andren erfuhr. (…) Die Säze, daß nichts auf Erden so wichtig ist, als die höchste

Kraft und die vielseitigste Bildung der Individuen, und daß daher der wahren Moral erstes Gesez ist: bilde Dich selbst und nur ihr zweites: wirke auf andre durch das, was Du bist, diese Maximen sind mir zu eigen, als dass ich mich je von ihnen trennen könnte.»[17]

Zweieinhalb Jahre werden Wilhelm und Caroline von Humboldt auf dem Lande leben, meist auf Gut Auleben und Burg Örner, zeitweise auch in Dacherödens Wohnung in Erfurt. Für den jungen Ehemann ist es eine glückliche Zeit, in der er nur in sich selbst, in die Liebe zu seiner Frau und in seine Studien versenkt ist. Auch freut er sich sehr, als am 16. Mai 1792 die erste Tochter geboren wird, Caroline, ein allerliebstes Geschöpf voll Leben und Munterkeit und mit großen blauen Augen, die ihn verzaubern.

Er ist fern von allem, was mit Geschäften zu tun hat. Völlig unabhängig will er sein, um seine Ideen entwickeln und durchdenken zu können. Er kehrt zu seinen ehemaligen Studien zurück und beschäftigt sich erneut mit Metaphysik, wobei er wieder Kants große kritischen Schriften von vorn und von neuem durchstudiert. Dabei versucht er für sich jene Existenz zu verwirklichen, die Immanuel Kant 1784 in seiner *Beantwortung der Frage: Was ist Aufklärung?* modellhaft skizziert hat: das Leben und Arbeiten eines gelehrten Selbstdenkers, der durch kein Amt und keinen ihm anvertrauten *«bürgerlichen Posten»*[18] in die gesellschaftliche Maschine eingebunden ist und darauf Rücksicht nehmen muss. Als Gelehrter nimmt Humboldt sich die Freiheit, von seiner Vernunft in allen Stücken öffentlichen Gebrauch zu machen. Denn er will ja nicht untätig sein. Er arbeitet an seinen Ideen, bringt sie zu Papier und versucht, sie zu veröffentlichen. Aus der ländlichen Einsamkeit wendet er sich an das Publikum der Leserwelt, wobei ihm Kants Programmschrift als Richtlinie gilt. Als Gelehrter will er die uneingeschränkte Freiheit genießen, sich seiner eigenen Vernunft zu bedienen und in seiner eigenen Person zu sprechen. Nur so glaubt er, Aufklärung unter Menschen zustande bringen zu können.

Humboldts erste Schrift als freiberuflicher Gelehrter betrifft ein politisches Problem, worüber er selbst erstaunt. «Ich beschäftige mich in meiner Einsamkeit mehr mit politischen Gegenständen, als ich es je bei den häufigen Veranlassungen dazu, die das geschäftige Leben darbietet, gethan habe.» (G. S. I, 77) Aufmerksam verfolge er die französische Politik, schreibt er im August 1791 an Friedrich Gentz, mit dem er sich oft über die Ereignisse im revolutionären Frankreich unterhalten und gestritten hat. Kritisch setzt er sich mit der neuen französischen Staatsverfassung auseinander, deren Orientierung an den Grundsätzen der Vernunft und den Maximen der Aufklärung, an den Idealen der Freiheit und der Volkssouveränität er zwar grundsätzlich befürwortet. Doch er gibt zu bedenken, dass sie scheitern werde, weil sie gleichsam von außen das staatliche Gebäude zu errichten versuche, ohne auf die inneren Kräfte der Menschen in ihren besonderen gesellschaftlichen und geschichtlichen Situationen zu achten. «Staatsverfassungen lassen sich nicht auf Menschen, wie Schösslinge auf Bäume pfropfen. Wo Zeit und Natur nicht vorgearbeitet haben, da ists, als bindet man Blüthen mit Fäden an. Die erste Morgensonne versengt sie.» (G. S. I, 80) Bemerkenswert vor allem ist, dass Humboldt in seinen brieflich skizzierten *Ideen über Staatsverfassung, durch die neue französische Constitution veranlasst*, die 1792 in der Januar-Ausgabe der *Berlinischen Monatsschrift* veröffentlicht werden, die Aufmerksamkeit auf die menschlichen Kräfte richtet, die etwas hervorbringen können, während die Resultate nichts sind ohne diese Kräfte. Daran habe sich auch die Vernunft zu orientieren. «Die Vernunft hat wohl Fähigkeit, vorhandnen Stoff zu bilden, aber nicht Kraft, ihn zu erzeugen. Diese Kraft ruht allein im Wesen der Dinge, diese wirken, die wahrhaft weise Vernunft reizt sie nur zur Thätigkeit, und sucht sie zu lenken.» (G. S. I, 80)

Diese Idee, zunächst an einem politischen Gegenstand erläutert, führt Humboldt in einem Bruchstück gebliebenen Text *Über die Gesetze der Entwicklung der menschlichen Kräfte* grundsätzlicher und weiter aus, indem er die physischen, intellektuellen und moralischen Kräfte festzustellen versucht, die tätig sind und alle Veränderungen hervorbringen, sei es beim einzelnen Menschen, bei ganzen Nationen oder bei aufeinanderfolgenden Menschengeschlechtern in der großen Kette der Wesen. (G. S. I, 86–96)

Wie lassen sich diese Kräfte in ihrer freien Selbsttätigkeit am besten und wirksamsten bilden? Und welche Rolle soll dabei dem Staat zukommen, in dem sich die einzelnen Individuen vergesellschaften können, ohne auf ihre Freiheit verzichten zu müssen? Als der Statthalter des Mainzer Kurfürsten und Erzbischofs im kurmainzischen Erfurt, Carolines Mentor und väterlicher Freund Karl Theodor von Dalberg, von Humboldts Fragen und Antwortversuchen erfährt, regt er ihn zu einer ausführlichen Niederschrift seiner Ideen an. Und so kommt in den folgenden Monaten unter den kritischen Augen Dalbergs sein «Grünes Buch» zustande: *Ideen zu einem Versuch, die Gränzen der Wirksamkeit des Staats zu bestimmen.* (G. S. I, 97–254)

Der Titel der Schrift, die zunächst nur abschnittsweise in Schillers *Thalia* und in Biesters *Berlinischer Monatsschrift*, Oktober bis Dezember 1792, als Monographie erst 1852 veröffentlicht worden ist, klingt bescheiden. Es sind nur Ideen zu einem Versuch. Doch sowohl der Reichtum der Themen als auch die konsequente Entwicklung der Gedanken machen dieses liberale Manifest zu einem Höhepunkt der Staatsphilosophie im Zeitalter der Aufklärung. Mit großer geistiger Radikalität hat Humboldt nicht positiv bestimmt, was ein Staat alles tun könnte, um das Glück, die Sittlichkeit und den Wohlstand seiner Bürger zu garantieren, sondern alles negativ «abgeschnitten» und «abgesondert», was nicht seine wesentliche Aufgabe sein soll. Am Ende dieses Reduktionsverfahrens bleibt nur der engbegrenzte Grundsatz übrig: Der Staat gehe keinen Schritt weiter, als zur Sicherheit der Bürger gegen sich selbst und gegen auswärtige Feinde notwendig ist; zu keinem anderen Endzweck beschränke er ihre Freiheit!

Die *Ideen zu einem Versuch, die Gränzen der Wirksamkeit des Staats zu bestimmen* handeln vom Staat und vom Wohl der Bürger, von Sicherheit und Gesetzen, von Religion ohne Dogma und Moral ohne Gottesglauben. Sie werden in ihrer praktischen Anwendbarkeit auf die Wirklichkeit reflektiert und zu «allgemeinsten Grundsäzen der Theorie aller Reformen» (G. S. I, 240) ausformuliert. Der 25-jährige Humboldt kann zu Recht stolz auf diese Arbeit sein. «Ich halte das Buch nicht allein für gut, sondern – warum sollte ich mich zieren? –

auch, seinen HauptGesichtspunkten nach, für neu und tief, daß gerade meine Wendung des Kopfes und Charakters dazu gehörte, um gewisse Dinge zu finden und darzustellen, eine Wendung, die, sie möchte an sich sein, wie sie wollte, doch vielleicht nicht sobald wiederkommt.»[19] Doch wichtiger als dieses Eigenlob ist Humboldts selbstbezüglicher Hinweis, dass seine *Ideen* zwar auf eine allgemeine Theorie zielen, zugleich aber auch Ausdruck seiner eigenen Lebensform sind. Er spricht in seiner eigenen Person, für die er jene «Kraft» in Anspruch nimmt, die er als erste und wesentliche Tugend des Menschen annimmt. Und nur im Hinblick auf ihre Bildung und freie Entfaltung lasse sich, ihm zufolge, die Wirksamkeit des Staates vernünftig begründen und begrenzen: «Der wahre Zwek des Menschen – nicht der, welchen die wechselnde Neigung, sondern welchen die ewig unveränderliche Vernunft ihm vorschreibt – ist die höchste und proportionirlichste Bildung seiner Kräfte zu einem Ganzen. Zu dieser Bildung ist Freiheit die erste, und unerlassliche Bedingung. Allein ausser der Freiheit erfordert die Entwikkelung der menschlichen Kräfte noch etwas andres, obgleich mit der Freiheit eng verbundenes, Mannigfaltigkeit der Situationen. Auch der freieste und unabhängigste Mensch, in einförmige Lagen versetzt, bildet sich minder aus.» (G. S. I, 106)

Fürchtet Humboldt, dass es ihm in der Einsamkeit der thüringischen Güter bald an Abwechslung fehlen wird, um seine eigenen Kräfte weiterbilden zu können? Ein weiteres Jahr wird er dort bleiben, wobei er sich verstärkt Gedanken macht *Über das Studium des Alterthums, und des griechischen insbesondre* (G. S. I, 255–281), auch jetzt wieder auf die tätigen Kräfte konzentriert, wie sie in der griechischen Sprache, Dichtung, Geschichte, Politik und Philosophie zum Ausdruck gekommen sind.

Wir wollen ihn nicht verlassen, ohne aus der Fülle seiner Ideen noch jene besondere Humboldt'sche «Sinnlichkeit» herauszugreifen, in der menschliche Kräfte besonders energisch wirken können. Er hat sie nicht schamvoll verborgen. Vor allem in seiner großen Staatsschrift wird sie gefeiert als eine treibende, lebendige Energie, ohne die alle menschlichen Tätigkeiten absterben würden. «Die sinnlichen

Empfindungen, Neigungen und Leidenschaften sind es, welche sich zuerst und in den heftigsten Aeusserungen im Menschen zeigen.» (G. S. I, 165) Humboldt gibt zwar zu bedenken, dass ohne geistige Kultivierung diese Sinnlichkeit auch die Quelle einer großen Menge physischer und moralischer Übel sein kann. Dann werde die menschliche Freude zum tierischen Genuss, und der Geschmack erhalte «unnatürliche Richtungen». (G. S. I, 174) Aber er hebt auch besonders hervor, dass ohne sinnliche Lebenslust «nie etwas Gutes und Grosses» (G. S. I, 165) entstehen und sich bilden kann.

Alexander von Humboldt: *Dem Leben auf der Spur*. Wie hängen körperliche Sinnlichkeit und geistige Fähigkeiten konkret zusammen? Wie kann die sinnliche Energie das Leben und Streben des Menschen so anregen, dass er ins Große und Ganze wirken kann? Wilhelm von Humboldt hat diese Fragen nur gestellt und selbstreflexiv hinsichtlich seiner eigenen Erfahrungen beantwortet, wobei er die Ästhetik als Vermittler einsetzt. Eine wissenschaftlich und philosophisch überzeugende Antwort erwartet er dagegen von seinem Bruder Alexander. So jedenfalls schreibt er es Anfang 1793 aus Erfurt an Karl Gustav von Brinkmann in Berlin, wo sich zu dieser Zeit auch Alexander vier Monate aufhält. «Alexander ist jetzt bei Ihnen. Ich möchte ihn Ihnen beneiden. Ich liebe ihn erstaunlich.»[20] Er will wissen, was Brinkmann von seinem Bruder hält. Doch er verschweigt nicht, wie er selbst ihn sieht. Am 18. März 1793 schickt er Brinkmann einen ausführlichen Bericht, den er für sachlich und zutreffend hält, auch wenn er gesteht, dass sein Urteil nicht interesselos ist, weil Alexanders Charakter sein Herz fesselt.

«Ich halte ihn unbedingt und ohne alle Ausnahme für den größesten Kopf, der mir je aufgestoßen ist. Er ist gemacht Ideen zu verbinden, Ketten von Dingen zu erblicken, die Menschenalter hindurch, ohne ihn, unentdeckt geblieben wären. Ungeheure Tiefe des Denkens, unerreichbarer Scharfblick, und die seltenste Schnelligkeit der Kombination, welches alles sich in ihm mit eisernem Fleiß, ausgebreiteter Gelehrsamkeit, und unbegränztem Forschungsgeist verbindet, müssen Dinge hervorbringen, die jeder andre Sterbliche sonst unversucht lassen müßte. (…) Das Studium der physischen Natur nun mit dem der moralischen zu verknüpfen, und in das Universum, wie wir es erkennen, eigentlich erst die wahre Harmonie zu bringen, oder wenn dieß die Kräfte Eines Menschen übersteigen sollte, das Studium der physischen Natur so vorzubereiten, daß dieser zweite Schritt leicht werde, dazu, sage ich, hat mir unter allen Köpfen, die ich historisch und aus eigner Erfahrung in allen Zeiten kenne, nur mein Bruder fähig geschienen. Ja, was noch mehr ist, so ist es beinah einerlei, wie er seine Studien treibt, und worauf er sie richtet. Was er behandelt, führt ihn, das habe ich oft bemerkt, von selbst auf den eben angegebenen Gesichtspunkt, wenn er ihn selbst auch nie gerade so gedacht haben sollte. Ich hoffe und weiß gewiß, er wird sein Leben allein diesem Studium weihen, er wird keine Verhältnisse eingehn, die, wie schön sie an sich sein mögen, immer hindern die Kräfte ungeteilt Einem Zwek zu geben, und da er zugleich in die äußre Lage gesezt ist, die es ihm möglich macht seine Absichten ganz dem Bedürfniß der Beschäftigungen gemäß unter allen Himmelsstrichen zu verfolgen, so erwarte ich mit der festesten Gewissheit etwas Großes von ihm.»[21]

Es ist eine sehr persönliche und ausführliche Charakterisierung seines Bruders, die Wilhelm von Humboldt an Brinkmann schickt, «weil Sie meinen Bruder, wie ich, lieben». Doch sie geht über eine individualpsychologische Beobachtung hinaus. Denn Wilhelm bewundert Alexander zwar als ein einzigartiges Individuum, und er glaubt auch dessen besonderen zukünftigen Lebensweg in Grundzügen zu kennen: Er werde keine Familie gründen oder andere schöne Verhältnisse eingehen, jedenfalls nicht auf Dauer, sondern sich nur auf seine Forschungen konzentrieren, wobei ihm die ganze Welt, «unter allen Himmelsstrichen», als Lebensraum und Untersuchungsgegenstand dienen werde. Aber vor allem hat Wilhelm seinen Bruder so genau studiert, um sich durch ihn «völlig neue Aussichten»[22] über den Menschen überhaupt und seine Kräfte zu verschaffen.

Muss er sein bisheriges Welt- und Menschenbild ändern, in dem der «innere Mensch» das Zentrum bildet, das von sich aus auf andere Menschen und in die Welt wirkt? Alexanders Lebensweise und Forschergeist zwingen ihn, sich mit der konträren Idee auseinanderzusetzen, dass alles den Menschen «von außen» beeinflusst. Hat er bisher das Eigentliche übersehen, um das es in allem menschlichen Streben geht und das er nun mit Blick auf seinen Bruder anzuerkennen bereit ist? «Von allem, was auf den Menschen einwirkt, ist das Hauptsächlichste eigentlich die physische Natur und diese Wirkung ist umso stärker, als ihre Ursachen uns unbekannt sind. Ueberhaupt ist die physische Natur eigentlich die wichtigere, da, was man sonst studiren mag, man es eigentlich mit Menschenwerk zu thun hat, bei dem Studium jener aber eigentlich der Gang des Schiksals, des Schiksals, dem auch der Mensch selbst unterthan ist, offenbar wird.»[23]

Allein sein geliebter Bruder scheint ihm fähig zu sein, diese Wirkungen des Äußeren und ihre unbekannten Ursachen aufklären zu können, während er selbst sich nur ins Innere versenke, um sich über seine eigenen Ideen und Ideale klarzuwerden. So sieht Wilhelm es 1793. «Gar lustig» findet Alexander diese komplementäre brüderliche «Verwirrung», und er weiß sich im gleichen Jahr darüber zu mokieren: «Wilhelm ist ein prächtiger Mensch. Wenn man ihn aber wenig kennt, irrt man sich leicht in ihm. Entweder er ist, wie Göthe, beleidigend, zurükstoßend oder etwas gezwungen höflich. Es geht alles in ihm vor, er ist zu esoterisch. Dazu kommt jetzt seine Heirath, die jenes Wesen, jene scheinbare Kälte, sie ist nur scheinbar, vermehrt. Mann, Frau und Kind machen *ein* Wesen aus. Sie leben einzig in ihren Gefühlen und in sich selbst. Mir selbst ist fremd, wenn ich um sie bin. Ich passe nicht ganz zu ihnen. Wilhelm liebt mich gewiß noch eben so, seitdem er verheirathet ist, als sonst, aber dennoch ist ein verheiratheter Mensch, immer ein verlorener Mensch. (…) Es ist das merkwürdigste Wesen, das mir je vorgekommen. Daher interessiert mich nichts so innigst.» (Jbr., 280)

Das ist etwas übertrieben, es sei denn, man versteht das «innigst» in einem streng personenbezogenen Sinn. Denn am meisten interessiert Alexander in diesen Jahren die Natur in ihrer ganzheitlichen Komplexität, vom toten Stein über die Pflanzenwelt bis zur menschlichen Lebenskraft. Und nicht vergessen hat er auch die «entfernten Pläne», die er während seiner Reise mit Forster geschmiedet hat. Um sie zu verwirklichen, gab es noch einiges zu tun und zu lernen, worauf wir einen kurzen Rückblick werfen wollen.

Nach der Rückkehr von seiner Reise an den Niederrhein, nach Holland, England und Frankreich entschließt sich Alexander von Humboldt, nach Hamburg zu gehen. Im August 1790 beginnt er die dortige private Handelsakademie zu besuchen, die 1767 gegründet worden ist und seit 1772 von Johann Georg Büsch geleitet wird. Obwohl er bereits ein universitäres Studium hinter sich gebracht hat, muss er wieder die Schulbank drücken. Damit folgt er zwar einem Vorschlag seiner Mutter, die sich für ihren jüngeren Sohn eine praktische Laufbahn im staatlichen Finanz-, Wirtschafts- und Verwaltungsbereich wünscht. Aber auch er selbst will sich in den Kameralwissenschaften umsehen, um einen Einblick in den nationalen und globalen Waren- und Geldverkehr zu gewinnen.

Als große Handelsstadt ist Hamburg ein Tor zur Welt, und das Zusammensein mit seinen Mitschülern aus den verschiedensten Teilen Europas, von Portugal bis Russland, von Schottland bis Italien, bietet eine gute Gelegenheit, sich in fremden Sprachen zu üben. Er wohnt mit dem Engländer Archibald Maclean zusammen, mit dem er sich eng befreundet und dem er «so manchen heiteren Lebensgenuß» (Jbr., 156) verdankt. Das Lernen an der Handelsakademie ist nützlich, auch wenn Alexander oft nur noch Zahlen und Kontorbücher vor sich sieht und seine geliebten Steine und Pflanzen vergessen muss. Dann hilft eine kurze Seereise nach Helgoland, um seinen Wunsch, in der Natur leben und forschen zu können, wenigstens ein wenig zu befriedigen. Meist aber muss er sich mit dem Anblick der Schiffe im Hamburger Hafen begnügen, um sich imaginär in ferne Länder außerhalb Europas zu versetzen.

Schon vor seiner kameralistischen Lehrzeit in Hamburg hat Humboldt an seine weitergesteckten Ziele gedacht. Er hat von dem kleinen, auf einem Ausläufer des Erzgebirges liegenden Städtchen Freiberg in Sachsen gehört, das seine Entstehung größeren Silbererzlagerstätten verdankt. An der Freiberger Bergakademie forscht und unterrichtet seit 1775 der berühmte Abraham Gottlob Werner, einer der Begründer und führenden Köpfe der «Geognosie» (auch «Erd-kunde», «Théorie de la Terre» oder «Géographie physique» genannt). Das Freiberger Forschungsprogramm, verbunden mit der praktischen Arbeit im Bergbau, entspricht Humboldts Zwecken, und so schickt er dem «Hochzuverehrenden Herrn Inspector» bereits am 25. Juli 1790, kurz vor seiner Abreise nach Hamburg, ein kleines Päckchen mit seinen *Mineralogischen Beobachtungen über einige Basalte am Rhein.* Er schmeichelt Werner als dem glücklichen Restaurator der Gesteinslehre, bekennt sich zu dessen neptunistischer Hypothese der Basaltentstehung und bedauert, dass ihn widrige Verhältnisse bisher noch abgehalten haben, die vortreffliche Freiberger Bergakademie zu besuchen. «Vielleicht glückt es mir noch künftig, mich zu Ihren Schülern zu gesellen.» (Jbr., 99)

Alexander von Humboldt will im Bergbau arbeiten. Das entspricht zwar nicht ganz den Erwartungen seiner Mutter. Aber es gelingt ihm, sie davon zu überzeugen, dass mit dieser Tätigkeit eine erfolgreiche Karriere im Staatsdienst möglich ist. Da kann die Mutter schlecht nein zum Wunsch ihres Jüngsten sagen. Sie ahnt nicht, dass auch dieses Studium dem Zweck dienen soll, der Verwirklichung seiner «entfernten Pläne» näher zu kommen.

Nachdem Alexander die Hamburger Handelsakademie verlassen hat, lebt er fünf Wochen im Berliner Elternhaus und Tegeler Schlöss-chen. Mit Willdenow unternimmt er einige botanische Exkursionen. Auch beginnt er mit pflanzenphysiologischen Experimenten, um den beschleunigenden Einfluss von Chlor auf die Keimfähigkeit von Pflanzen zu erforschen. Er freut sich, für einige Zeit wieder mit seinem Bruder zusammen zu sein, diesem guten Menschen, «dem ich gerade die Stimmung verdanke, welche mich des edleren Lebensgenußes empfänglich macht». (Jbr., 134) Doch dieser Genuss verblasst gegen-über dem treibenden Wunsch, seinen eigentlichen Lebenszweck zu erfüllen.

Achteinhalb Monate, vom 14. Juni 1791 bis zum 26. Februar 1792, studiert Alexander von Humboldt in Freiberg. Die Trennung von seinem Bruder, den er nur kurz zu seiner Hochzeit am 29. Juni in Erfurt besucht, fällt ihm sehr schwer. Mit dem «edleren Lebensgenuß» und seiner glücklichen Laune ist es zu Ende. Jetzt muss, in einige Monate zusammengedrängt, bewältigt werden, was in der Regel drei Jahre dauert. Mit einer fast übermenschlichen Energie stürzt sich Alexander in seine theoretischen Studien und praktischen Arbeiten, die ihn von vier Uhr morgens bis in den späten Abend beschäftigen. Er nimmt an den öffentlichen Kursen über Geognosie teil, erhält Privatunterricht bei Werner, der ihm sein System der mineralogischen und botanischen Gattungen und Spezies vermittelt, arbeitet im Bergbau unter Tage, befährt zahlreiche Gruben und Schächte im Erzgebirge. Auch jetzt, wie schon an der Hamburger Handelsakademie, ist er «zufrieden», weil er seinem Ziel näher komme, schreibt er seinem Freund Archibald Maclean in Hamburg, dem er am 6. November 1791 zugleich die Eigenart seiner eigenen Lebenskraft zu erläutern versucht. Er sei oft krank gewesen, mit einem schwächlichen Körper; das innere Treiben, das ihn rastlos nach guten Zwecken hinwirken ließ, scheine seinen Verstand und seine Gesundheit zu zerstören; doch in den Gruben des Erzgebirges deute sich zum ersten Mal eine Lösung dieser Leiden an: «Was mir vielleicht am meisten schadet, ist ein Geist der Unruhe, ein Streben nach Täthigkeit, das mich plagt. Aus dieser inneren Unruhe erkläre ich es mir, warum große körperliche Anstrengung mich so schnell aufheitert. Es ist dann eine Art von Gleichgewicht im physischen und moralischen Menschen.» (Jbr., 157)

Zu Alexanders körperlich-moralischer Harmonie trägt in Freiberg nicht nur die harte Arbeit unter Tage bei, sondern auch die Liebe zu dem zwei Jahre jüngeren Bergbaustudenten Carl Freiesleben, in dessen Elternhaus er lebt. «Dieser Mensch hat viel, sehr viel ähnliches mit Ihnen, im Intellektuellen, nicht im Physischen» (Jbr., 157), berichtet er seinem lieben Archibald. Er habe etwas Sanftes und Herzliches, das ihn überaus liebenswürdig mache. Fast täglich ist Alexander mit Carl zusammen, und er wird ihm bald gestehen, «daß ich noch nie irgend ein menschliches Wesen *so innig, so herzlich* liebte, als Sie».

(Jbr., 173) Er wünscht sich, in Zukunft mit ihm zusammenzuleben. Doch zunächst unternehmen die beiden im August 1791 eine anstrengende Studienreise, um ihre mineralogischen und geologischen Kenntnisse zu erweitern. Zu Fuß wandern sie durch das böhmische Mittelgebirge, besuchen Bergwerke und Fabriken, machen und notieren sich *geognostische Beobachtungen,* die im *Bergmännischen Journal* publiziert werden. «Wir hatten bloß noch einen Bergmann mit einem Schubkarren bei uns, der unsere Wäsche und Mineralien karrte. Ein sonderbarer Aufzug!» (Jbr., 154)

Alexander ist ein äußerst fleißiger Schüler und Bergmann. Hinzu kommt, dass er die wenige freie Zeit, die ihm das theoretische und praktische Arbeiten lässt, zu eigenen botanischen Studien nutzt. Bereits in seinen *Mineralogischen Beobachtungen über einige Basalte am Rhein* hatte er sich nicht nur auf Steine, sondern auch auf Kräuter, Moose und Flechten konzentriert und zu dokumentieren versucht, dass das natürliche Zusammenwirken von Gesteinsarten und Pflanzenwuchs ein reizvolles geophysikalisches Forschungsgebiet sein sollte. Er untersuchte Pflanzen, wie sie auf verschiedenen Steinen wachsen, was ihm nicht zuletzt für den Weinbau nützlich zu sein schien.

In den Bergwerken des Erzgebirges sind es neue Tatsachen, die Humboldt faszinieren. Die sich in völliger Dunkelheit entwickelnde Pflanzenwelt weckt sein besonderes Interesse. «Eine Vegetation im Innern unseres festen Erdkörpers in einer mit Stickluft überschwängerten, des Lichtstoffes beraubten Athmosphäre schien mir zu merkwürdig, um nicht meine ganze Aufmerksamkeit zu beschäftigen und vielleicht hat nie jemand so viel Gelegenheit sie zu beobachten als ich, der ich ¾ Jahr alle Tage 4–5 Stunden regelmäßig in der Grube zubrachte.» (Jbr., 184) Er staunt über die unerschöpfliche Vielfalt der unterirdischen Gewächse, über all diese zarten, fädigen Schimmelbildungen und korallen- oder schwammähnlichen Formen, die an den feuchten Balken wuchern, über die vielen flächigen, polster- und knollenförmigen Gebilde mit ihren sonderbaren Aufsätzen.

Alexander von Humboldt beschränkt sich nicht auf die Zeichnung, Beschreibung und Klassifizierung der unterirdischen Pflanzen.

Durch zahlreiche chemisch-physikalische Experimente will er ihre Lebenskraft und ihre Lebensbedingungen aufklären. Die Ergebnisse seiner Beobachtungen und Untersuchungen bringt er in freien Abendstunden zu Papier. Er schreibt einige Aufsätze für botanische Journale und, in lateinischer Sprache, seine erste große botanische Monographie. Sie besteht aus zwei Abschnitten. Im ersten Teil beschreibt Humboldt 260 «Cryptogamia» (Pflanzen mit «verborgenem Geschlecht», zu denen Algen, Pilze, Flechten, Moose und Farne gehören), die bei Freiberg vorkommen: *Florae Fribergenis specimen, plantas cryptogamicas praesertim subterraneas exhibens*, wobei es ihm besonders darauf ankommt, die Abhängigkeit der Pflanzen von der Bodenbeschaffenheit, der Gesteinsart, der Höhenlage und anderen Landschaftsfaktoren ins Blickfeld zu rücken. Im zweiten Teil, den *Aphorismi ex doctrina physiologiae chemicae plantarum*, die er seiner «Freiberger Flora» angliedert, stellt er seine chemischen Experimente mit Pflanzen dar, um die physiologischen Grundlagen ihrer besonderen Lebensformen entdecken zu können. Er weiß selbst, dass er kein ausgebildeter Botaniker, sondern nur ein Pflanzenfreund ist, und hofft, für seine botanophilen Arbeiten doch wenigstens halb so viel Nachsicht bei den Botanikern zu finden, «als meine bisherigen Arbeiten bei den Mineralogen gefunden haben». (Jbr., 152)

Die *Aphorismen aus der chemischen Physiologie der Pflanzen*, 1794 in Leipzig in Gotthelf Fischer von Waldheims Übersetzung erschienen, sind Humboldts erster Versuch, die gesetzmäßigen Beziehungen zwischen belebter und unbelebter Materie festzustellen, um das Leben in seiner ihm eigenen Kraft zu verstehen. Wie sein Bruder Wilhelm zur gleichen Zeit über die *Gesetze der Entwicklung der Kräfte* nachdenkt, wobei die *menschlichen* Kräfte im Zentrum seiner Aufmerksamkeit stehen, so ist auch Alexander auf diese Kräfte fixiert, deren Geheimnis er lüften will. Aber er geht einen anderen Weg als sein Bruder. Denn für Wilhelm ist 1791 die Erkenntnis dieser wirkenden Kräfte nur durch Selbsterfahrung möglich: Wir kennen sie aus unserem eigenen Gefühl; und die Kraft anderer Lebewesen ist uns erfahrbar, weil wir in der Lage sind, «uns gleichsam in die Natur jedes lebendigen

Wesens zu versezen, uns nicht bloss vorzustellen, wie es uns erscheint, sondern auch, wie es wohl selbst in sich fühlt. Mit jedem lebendigen Wesen sind wir gleichsam verwandt, und erwarten in ihm nichts, als wovon wir wenigstens analoge Empfindungen haben.» (G. S. I, 92) Es ist Wilhelm zufolge eine *innere* Empathie, die uns mit dem Leben verbindet und von der leblosen Materie trennt, in deren Sein und Kraft wir uns nicht einfühlen können. Alexander dagegen vertraut allein auf *äußere* Wahrnehmung und gezieltes Experiment, jedenfalls zu Beginn seiner biologischen Studien. Er will das Leben chemisch-physiologisch untersuchen, wobei er sich zunächst Pflanzen als Untersuchungsobjekte gewählt hat. Er ist dem Leben auf der Spur[24] im Rahmen einer «Vitalen Chemie», indem er das Reiz-Reaktions-Wechselspiel zwischen anorganischer Materie und Organismen beobachtet.

Humboldts Grundgedanke ist nicht besonders originell. Er teilt die unter Naturforschern weitverbreitete, durch Albrecht von Haller entwickelte Ansicht, dass Lebensprozesse durch den Grad ihrer «Reizbarkeit» oder «Erregbarkeit» gekennzeichnet sind und dass zu dieser Disposition alles Lebendigen jene besondere Kraft beiträgt, die der Heidelberger Botaniker Johann Kasimir Medicus 1774 physikalisch als «Lebenskraft»[25] (vis vitalis) bezeichnet hat. Doch außergewöhnlich ist die Energie, mit der sich der junge Kameralist und Bergfachschüler Humboldt auf den Zusammenhang zwischen Lebensprozessen und anorganischen Stoffen konzentriert hat, um diese geheimnisvolle Lebenskraft zu identifizieren und zu untersuchen. Und ungewöhnlich ist auch seine wissenschaftstheoretische Überzeugung, dass es sich bei der Annahme einer eigenständigen Lebenskraft nur um eine theoretische Hypothese handle, die ihm als Beobachter und Experimentator Probleme bereitet. Ihre Existenz könne nur vermutet, aber nicht bewiesen werden. Dennoch wagt Humboldt eine allgemeine Bestimmung: «Vim internam, quae chymicate affinitatis vincula resolvit, atque obstat, quominus elementa corporum libere conjungatur, vitalem vocamus.» (Diejenige innere Kraft, welche die Bande der chemischen Verwandtschaft auflöst und die freie Verbindung der

Elemente in den Körpern hindert, nennen wir Lebenskraft.) Daher gebe es kein untrüglicheres Zeichen des Todes als die Fäulnis, durch welche die elementaren Stoffe in ihre alten Rechte eintreten und sich nach chemischen Verwandtschaften ordnen. Unbelebte Körper dagegen können nicht in Fäulnis übergehen. «Corporum inanimorum nulla putredo esse potest.»[26]

Am 26. Februar 1792 hat Alexander von Humboldt seine akademischen Lehr- und Wanderjahre abgeschlossen. Voller Freude stellt er fest, dass er in Freiberg seine letzte Akademie besucht hat. Denn «Collegien» zu hören, hält er für «die langweiligste Beschäftigung für einen Menschen, der gern seinen eigenen Ideengang geht». (Jbr., 151) Geregelt hat er nicht studiert, und er hat auch kein ordentliches Examen abgelegt. Er hat gelernt, was ihn interessiert, und seine eigenen Forschungsprogramme zu verwirklichen versucht. Immer mehr ist das Leben ins Zentrum seiner Erkenntnisinteressen gerückt, und er hat es selbst in den tiefsten, lichtlosen Schächten der Bergwerke zu erforschen gesucht.

Doch was soll er jetzt tun? Soll er wie sein Bruder, der es nicht viel länger als ein Jahr im Staatsdienst ausgehalten hat, ein freiberuflicher Gelehrter werden? Was würden seine Mutter und Kunth dazu sagen? Oder will er weiter ein so «herumirrendes Leben» (Jbr., 157) führen, das er selbst für «zerstreut» und «wild» hält, weil es noch kein festes Ziel hat, sondern nur durch den unbändigen Wunsch getrieben wird, irgendwann in der freien, fernen Natur leben zu wollen? Schon gegen Ende seines Freiberger Jahres gesteht er Archibald Maclean seine beruflichen Zweifel. «Noch ein Paar Worte unter uns, aber im *engsten* Vertrauen. Ich bin noch ungewiß, ob ich in öffentlichen Diensten bleibe oder nicht.» (Jbr., 158) Das betrifft Angebote, im staatlichen Finanzfach und Commerzwesen zu arbeiten, vor allem aber die Zusage des Ministers von Heinitz, nach dem Freiberger Jahr als «Assessor cum voto» im preußischen Berg- und Hüttendepartement angestellt zu werden.

Humboldt entscheidet sich für die Bergbaupraxis. Fünf Jahre, von Ende Februar 1792 bis Ende Dezember 1796, arbeitet er als Beamter auf verschiedenen Posten im Dienst des preußischen Staates. Einige Daten und Stichworte müssen genügen, um sich ein Bild von seiner ungeheuer schnellen und steilen Karriere machen zu können, die er schließlich von sich aus beenden wird, um den großen Traum seines ganzen Lebens verwirklichen zu können.

Nachdem er am 6. März 1792 seine Ernennung zum Assessor erhalten hat, unternimmt er eine ausgedehnte dienstliche Inspektionsreise durch die fränkischen Fürstentümer Bayreuth und Ansbach, die seit Januar 1791 zu Preußen gehören. Er besucht zahlreiche Fabriken und Bergwerke und erstattet Heinitz einen ausführlichen Bericht *Über den Zustand des Bergbaus und Hütten-Wesens in den Fürstentümern Bayreuth und Ansbach.*[27] Seine Fähigkeit, komplexe Zusammenhänge in geognostischer, technisch-wirtschaftlicher und ökonomischer Hinsicht erkennen und systematisch darstellen zu können, findet ungeteilte ministerielle Zustimmung, und auch König Friedrich Wilhelm II. ist mit Humboldts Bericht sehr zufrieden. Bereits am 6. September 1792, gerade ein halbes Jahr im Dienst, wird Humboldt zum «Oberbergmeister» der beiden fränkischen Fürstentümer befördert, mit der Vollmacht, den Bergbau im Fichtelgebirge und im Frankenwald zu erneuern. Er selbst hält es zwar für «unverschämt» (Jbr., 210), in seinem jugendlichen Alter bereits eine solch verantwortungsvolle und hohe Stellung einzunehmen, aber er stellt auch fest, dass er «doch lange, lange nicht so heiter in die Zukunft geblikt» (Jbr., 211) habe, vor allem, da er nun viel reisen dürfe, wobei er sich Carl Freiesleben als seinen liebsten Begleiter wünscht.

Seine erste große bergmännisch-halurgische Besichtigungsreise unternimmt er jedoch allein. Fast vier Monate (vom 23. September 1792 bis Mitte Januar 1793) ist er durch Bayern, Österreich, Polen und Schlesien unterwegs. Danach tritt er offiziell seinen Dienst als Oberbergmeister in Bayreuth/Ansbach an, wo er die nächsten zwei Jahre nicht nur den Bergbau effektiver organisiert, sondern sich auch für bessere Arbeitsbedingungen der einfachen Bergleute engagiert. In Steben, einem kleinen Bergdörfchen im Frankenwald, richtet er auf eigene Kosten eine Freie Bergschule ein, um den Arbeitern «deutliche und vernünftige Begriffe» und richtige Ideen über den Bergbau vermitteln zu können. Nur so lasse sich Aberglaube und bergmännische Unwissenheit abschaffen und das «gemeine Bergvolk» zum verständnisvollen «Selbsthandeln» motivieren.[28] Um die Sicherheit der gefahrvollen Arbeit zu erhöhen, erfindet Humboldt eine Grubenlampe, die bei sauerstoffarmem Gasgemisch brennen kann, und eine transportable Atemmaschine, um bei Erkundungen oder Rettungsaktionen in giftigen Gasen arbeiten zu können.

Es ist eine aufreibende und zeitraubende Arbeit, die Humboldt für den preußischen Staat leistet. Umso erstaunlicher ist, dass er in den wenigen Stunden seiner Muße seine eigenen wissenschaftlichen Forschungen nicht vernachlässigt. Die Frage «Was ist Leben?» lässt ihn nicht los. Im sächsischen Freiberg sind es Pflanzen gewesen, an denen er die rätselhafte Lebenskraft beobachten und nachweisen wollte. Doch schon in seinen chemisch-physiologischen *Aphorismen* stellte er Vergleiche zwischen pflanzlichem und tierischem Gewebe an. Während seiner fränkischen Dienstjahre richtet er sein Forschungsinteresse stärker auf den tierischen Körper. Er will zwar keine falschen Analogien zwischen Pflanzen und Tieren herstellen, die Vegetabilien auch nicht als eine Art von Tieren betrachten. Doch das Studium der Reizempfänglichkeit der Pflanzen im Rahmen einer «Vitalen Chemie» führt ihn zwangsläufig zu einem gründlichen Studium der tierischen Organismen und ihrer Erregbarkeit. Sind in Pflanzen und Tieren, den Menschen inbegriffen, die gleichen Lebenskräfte wirksam? Lassen sich Pflanzen und Tiere physiologisch unter einem gemeinsamen Gesichtspunkt begreifen?

Unmittelbarer Anlass, sich trotz seiner vielen Arbeiten und Reisen mit diesen Fragen zu beschäftigen, sind die Entdeckungen des italienischen Anatomen Luigi Galvani, von denen Humboldt zum ersten Mal während seines Aufenthalts in Wien (27. Oktober bis 9. November 1792) hört. 1791 ist in Bologna dessen aufsehenerregendes Hauptwerk *De viribus electricitatis in motu musculari comentarius* erschienen, 1793 die deutsche Übersetzung: *Abhandlung über die Kräfte der thierischen Elektrizität auf die Bewegung der Muskeln.* Angeregt durch

Studien Albrecht von Hallers, der durch mechanische und chemische Einwirkungen tierische Muskeln in Bewegung versetzt («irritiert») und tierische Nerven zu Empfindungen gereizt («sensibilisiert») hatte, unternahm Galvani vor allem mit Froschschenkeln seine Experimente, die ihm zufolge für die Annahme einer besonderen animalischen Elektrizität sprachen: «Aus dem bisher untersuchten und bekannten glaube ich erhelle es klar, daß die Thiere eine selbständige Elektrizität besitzen: diese erlaube man uns mit dem berühmten Bertolon und andern, mit dem allgemeinen Namen einer thierischen zu belegen. Sie ist, wenngleich nicht in allen, dennoch in den meisten Theilen der Thiere enthalten, in den Muskeln und Nerven aber zeigt sie sich am deutlichsten.»[29]

Galvanis Annahme einer besonderen Bioelektrizität hat Alexander von Humboldt elektrisiert. Ist sie die rätselhafte Lebenskraft, der er selbst auf der Spur ist? 1792 beginnt er mit eigenen Experimenten am tierischen Körper. Etwa 3000 Tiere werden Objekte seiner mehr als 4000 «galvanischen» Versuche. Bevorzugt werden Frösche. Die Leichtigkeit, sie in großen Mengen zu sammeln, ihr starker Nervenbau und ihre fast unzerstörbare Reizbarkeit, ihr reinliches Muskelfleisch und ihr fast durchsichtiger Körper haben unglücklicherweise die Hauptaufmerksamkeit der Physiologen auf sich gezogen, merkt Humboldt mit gespieltem Bedauern an. Es werde ein wahres «Blutbad» unter ihnen angerichtet. Um die Reizbarkeit der tierischen Organismen zu erforschen, kommt auch oxygenierte Kochsalzsäure, mit der er zuvor Pflanzen gereizt hat, zum Einsatz. Mit ihr hat er scheinbar tote Muskeln und Schenkel wieder zu «lebhaften, zappelnden Zukkungen zurükgebracht. Herzen, die nicht mehr schlugen, fingen zu pulsiren an, wenn man sie 3–4 Sek. lang in oxygenierte Salzsäure tauchte.» (Jbr., 494 f.) Intensiv denkt Humboldt über erregbare Muskeln und reizbare Nerven nach und studiert die wichtigsten tierphysiologischen Schriften, auch Hallers 1752 veröffentlichtes Grundlagenwerk *De partibus corporis humani sensibilis et irritabilibus.* Selbst auf seinen Dienstreisen hat er Geräte dabei, um experimentieren zu können. «Der Galvanische Apparat, ein Paar Metallstäbe, Pincetten, Glastafeln und anatomische Messer sind so bequem (selbst zu Pferde) bei sich zu führen, dass ich selten ohne sie reise.»[30]

Dabei glaubt Humboldt sich immer stärker von der Annahme überzeugen zu können, dass es eine echte tierische Elektrizität gibt, die nicht von außen durch die elektrischen Apparate in den Körper hineingelenkt wird, sondern in den erregbaren Organen selbst liegt und von ihnen ausgeht. Doch er scheut sich, sie mit der Elektrizität zu identifizieren, die in leblosen Materialien fließt. Lieber bezeichnet er sie deshalb als ein besonderes «galvanisches Fluidum», das durch elektrische Reize nur angeregt und verstärkt werde und dessen Hauptquelle das Gehirn sein könne.

Um diese theoretische Vermutung zu überprüfen, beginnt er nun auch, mit seinem eigenen Körper zu experimentieren. In sich will er die Wirkungen spüren, die das Leben auszeichnen. Er muss sich also selbst chemischen und elektrischen Reizen aussetzen. Einige seiner Selbstversuche sind äußerst schmerzhaft. Doch zugleich freuen ihn die gemachten Beobachtungen. «Es ist zwar mit vielem Schmerz, aber alles prächtig geglückt.» (Jbr., 471) Vor allem sein Rücken ist ein Experimentierfeld für Säuren und elektrische Ströme. Er fügt sich Wunden zu und reizt sie mit verschiedenen Chemikalien und galvanischen Metallen, um zu erleben, wie sich sein lebendiges Fluidum regt. Heftiges Brennen, schmerzhaftes Pochen, muskuläres Zucken und nervöses Schlagen sind die Folgen. Entzündungen, Rötungen und blutrote Striemen lassen seinen Rücken wie den eines geprügelten Spießrutenläufers aussehen. Doch alle Schmerzen scheinen ihm klein zu sein im Vergleich mit dem großen Erkenntnisgewinn: «Ich glaube, nun bald den gordischen Knoten des Lebensprocesses zu lösen. Brennen und Leben ist Eins. Entzündlichkeit ist Reizbarkeit.» (Jbr., 495) Ausführlich berichtet Alexander von Humboldt in zahlreichen Briefen an Sömmering, Blumenbach, Willdenow, Herz, Freiesleben und andere Naturforscher von seinen Selbstversuchen, die er teilweise auch gemeinschaftlich mit Johann Wolfgang von Goethe und seinem Bruder Wilhelm unternimmt. «Die rechte Wunde mit Silber, die linke mit Zink belegt, beide Metalle mit einem Eisendraht berührt, den 1 Mensch unter die Zunge, ein anderer an die spongiö-se Substanz der Zähne anlegte, fühlte ich heftiges Brennen an der Schulter, der *latus dorsi* schwoll sichtbar, der eine Mensch sah Licht, und der andere schmekte die Säure. Von anderen Erscheinungen an meinem Rükken, besonders von Erhöhung meiner Empfänglichkeit durch *Oleum tartari*, von Bewegungen nach oben … in meinem Bu-che mehr.» (Jbr., 471)

Sein Buch soll zur Herbstmesse 1795 erscheinen. Die Ausarbei-tung, Korrektur und Drucklegung des Manuskripts verzögert sich jedoch. 1797 ist es dann so weit. «Dem grossen Zergliederer S. Th. Sömmering» widmet Alexander von Humboldt mit dankbarer Ver-ehrung und Freundschaft den ersten Band seiner *Versuche über die gereizte Muskel- und Nervenfaser, nebst Vermuthungen über den che-mischen Process des Lebens in der Thier- und Pflanzenwelt*, deren zwei-ter Band 1798 erscheint. Auf 963 Seiten ist eine ungeheure Menge von Tatsachen zusammengestellt, die er experimentell erzeugt hat und ein-leitend programmatisch mit dem Hinweis begründet: «Seit mehreren Jahren bin ich bemüht gewesen, einige Erscheinungen der thierischen Materie mit den Gesetzen der todten Natur zu vergleichen. Bei dieser Arbeit sind mir Versuche geglückt, welche der Enthüllung des che-mischen Lebensprocesses näher zu führen scheinen.»[31]

Es sind *Versuche* und *Vermutungen*, mit denen Humboldt als Ge-lehrter vor das Publikum der Leserwelt tritt, wobei seine Sympathie bei den Beobachtungen und Experimenten liegt. Er bevorzugt Tat-sachen, weil sie auch dann noch bestehen bleiben, wenn Theorien längst widerlegt sein werden. Deshalb hat Humboldt selbst in diesem umfangreichen Werk seiner Vitalen Chemie keine große Theorie des Lebens entwickelt. Und am Ende des zweiten Bandes hat er sogar grundlegende Zweifel am theoretischen Zentralbegriff *Lebenskraft* geäußert. Sein früherer Glaube an eine eigene Lebenskraft, die man gesondert identifizieren und untersuchen könne, ist erschüttert. Viel-leicht ist das Leben ja nichts anderes als ein äußerst kompliziertes, schwer überschaubares Zusammenspiel bereits bekannter Stoffe und Kräfte? Vielleicht erhalten und stärken sich lebendige Körper allein dadurch, dass ihre Teile sich zur *Einheit eines Ganzen* verbinden und dabei im Gleichgewicht befinden?

«Das Gleichgewicht der Elemente erhält sich in der belebten Materie dadurch, dass sie Theile eines Ganzen sind. Ein Organ bestimmt das andere, eines giebt dem anderen gleichsam die Temperatur, die Stimmung, in welcher diese und keine andere Affinitäten wirken. So ist im Organismus alles wechselseitig Mittel und Zweck.»[32] Das ist die neue *ganzheitliche* Idee, die sich am Ende seiner *Versuche über die gereizte Muskel- und Nervenfaser* andeutet und Humboldts zukünftigen Erforschungen des Lebens zur Orientierung dient.[33]

Sie ist nicht vom Himmel gefallen. Humboldt hat sie von Immanuel Kant übernommen, der im zweiten Teil seiner *Kritik der Urteilskraft* (1790) die Zweckmäßigkeit natürlicher Organismen «teleologisch» durch das Prinzip aufgeklärt hat: «*Ein organisiertes Produkt der Natur ist das, in welchem alles Zweck und wechselseitig auch Mittel ist.* Nichts in ihm ist umsonst, zwecklos, oder einem blinden Naturmechanismus zuzuschreiben.»[34] Ein organisiertes und sich selbst organisierendes Lebewesen ist keine bloße Maschine, die nach Bewegungsgesetzen funktioniert. Als Naturprodukt besitzt es eine «*bildende* Kraft», die ins Ganze wirkt. Denn um ein lebendiger, zweckmäßig gebildeter Körper sein zu können, ist erstens gefordert, «daß die Teile (ihrem Dasein und der Form nach) nur durch ihre Beziehung auf das Ganze möglich sind»; und zweitens, «daß die Teile desselben sich dadurch zur Einheit eines Ganzen verbinden, dass sie einander wechselseitig Ursache und Wirkung ihrer Form sind»[35].

Kants Idee fällt bei Humboldt auf fruchtbaren Boden. Er hat sie allerdings nicht allein weiterentwickelt und wissenschaftlich ausgearbeitet. Produktive Gestalt für seine Ansichten der Natur gewinnt sie erst im Gespräch mit Johann Wolfgang von Goethe, Friedrich Schiller und seinem Bruder Wilhelm, das Ende des Jahres 1794 in Jena beginnt.

SIEBTES KAPITEL

Jenaer Verhältnisse
Wie sich die Brüder mit Goethe und Schiller anfreunden
und ihre klassischen Ideen vom Ganzen entwickeln

Pflanzen und Tiere funktionieren nicht wie Uhren. Es sind Organismen, die in sich eine *bildende* Kraft besitzen, während Apparate nur durch eine *bewegende* Kraft angetrieben werden; und sie bilden die «Einheit eines Ganzen», während die Elemente eines Mechanismus bloß miteinander kombiniert sind. So sieht es Kant 1790 im teleologischen Teil seiner *Kritik der Urteilskraft.* Aber Kant wäre nicht der Philosoph der menschlichen Erkenntnismöglichkeiten, wenn er seine Idee des Ganzen der Natur an sich zugesprochen hätte. Zwar gesteht er zu, dass das teleologische Prinzip des Ganzen durch die sinnliche Erfahrung der Objektwelt angeregt werden kann. Aber es ist darin nicht begründet. «Dieses Prinzip ist zwar, seiner Veranlassung nach, von Erfahrung abzuleiten, nämlich derjenigen, welche methodisch angestellt wird und Beobachtung heißt; der Allgemeinheit und Notwendigkeit wegen aber, die es von einer solchen Zweckmäßigkeit aussagt, kann es nicht bloß auf Erfahrungsgründen beruhen, sondern muß irgend ein Prinzip a priori, wenn es gleich bloß regulativ wäre, und jene Zwecke allein in der Idee des Beurteilenden und nirgend in einer wirkenden Ursache lägen, zum Grunde haben.»[1]

Das Ganze ist als solches nicht beobachtbar. Es kann nicht objektiv als Naturtatsache festgestellt werden, sondern beruht auf einem Prinzip der menschlichen Urteilskraft und hat seinen Grund im «Beurteilenden» selbst, der das Zusammenspiel der Teile in einem organischen Ganzen zu begreifen sucht. Doch das heißt nicht, dass das Ganze nur eine subjektive Vorstellung ist und nichts mit den Zwecken der Natur zu tun hat. Denn wir können die Idee des Ganzen, Kant zufolge, als ein «regulatives» Prinzip denken, das uns den Weg einer erfolgreichen systematischen Naturerkenntnis vorzeichnet. Als «Maxime» regelt und lenkt sie die Art und Weise, wie wir die Zweckmäßigkeit organisierter Wesen erkennen können, wobei wir hoffen dürfen, dass wir im Fortschreiten der Wissenschaften nach und nach den Beweis für die allgemeine und notwendige Wahrheit dieser regulativen Idee nachliefern können. Indem sie dem menschlichen Naturstudium einen Leitfaden bietet, ermöglicht sie eine tiefere Einsicht in die bildenden Kräfte des Naturganzen, die uns ohne diese regulative Maxime verborgen blieben.

Damit hat Kant 1790 philosophisch reflektiert, wonach viele Naturforscher seiner Zeit streben. In seinem Begriff des Ganzen verdichten sich Forschungsprogramme, die sich in den beiden letzten Jahrzehnten des 18. Jahrhunderts gegen ein mechanistisches Weltbild durchzusetzen versuchen. «Denn dieser Begriff führt die Vernunft in eine ganz andere Ordnung der Dinge, als die eines bloßen Mechanismus der Natur, der uns hier nicht mehr genug tun will.»[2]

Diese ganz andere, ganzheitliche Ordnung der Dinge zeigt sich auf verschiedenen Ebenen und in unterschiedlichen Erkenntnisanstrengungen. Von ihr sprechen die Biologen des späten 18. Jahrhunderts, wenn sie die *große Kette der Wesen* (the Great Chain of Being) zu erkennen versuchen, in der alle Lebewesen in einer übergeordneten Ganzheit miteinander verknüpft sind.[3] Georg Forster, der sich auf seiner großen Weltreise auch durch philosophische Gedanken leiten ließ, wirft 1781 seinen *Blick in das Ganze der Natur*, um die tätigen, lebendigen Kräfte zu entdecken, die alles in der ganzen Schöpfung bewirken, vom kosmischen Gleichgewicht der Himmelskörper bis zur organischen Bildung kleinster Lebewesen. «Schönheit und Vollkommenheit des Ganzen sind dabey der allgemeine Endzweck der Natur.»[4] Johann Gottfried Herder rekonstruiert 1784 in seinen *Ideen zur Philosophie der Geschichte der Menschheit* die aufsteigenden Kräfte und Formen, vom Stein über die Pflanzen und Tiere bis zum Menschen, die durch die alles umfassende Analogie der Natur ein großes Ganzes bilden.[5] In seinen *Vorlesungen zur Naturlehre* an der Göttinger Universität weist der Experimentalphysiker Georg Christoph Lichtenberg wiederholt darauf hin, dass trotz aller notwendigen Spezialisierung der Einzelwissenschaften «*Alles in Allem ist*».[6] Nach seinem intensiven Kant-Studium glaubt er 1794 begründet fordern zu dürfen, dass «dereinst alle die einzeln bearbeiteten Theile der *gesammten Naturlehre* zu einem Ganzen zusammen gefügt werden sollen»[7]. Und nicht zuletzt steht auch die folgenreiche Begegnung der Brüder Humboldt mit Johann Wolfgang von Goethe und Friedrich Schiller im Zeichen dieser Ganzheits-Idee, die ihren Gedanken und Forschungen zur Orientierung dient.

Am 14. Dezember 1794, frühmorgens, kommt Alexander zu Pferde in Jena an. Er will die Familie seines Bruders besuchen. Sofort schreibt Wilhelm an Goethe in Weimar und schickt ihm einen Boten mit der Nachricht: «Da mein Bruder aus Bayreuth so eben angekommen ist, so folge ich Ihrer gütigen Erlaubnis, Ihnen davon Nachricht zu geben. Ihr Wunsch, ihn zu sehen, ist ihm unendlich schmeichelhaft gewesen, und er bittet Sie recht sehr ihm die Freude zu verschaffen, Sie hier zu sehen. Schiller, meine Frau und ich vereinen unsere innigsten Bitten mit ihm, und lassen Sie uns hoffen, dass sie nicht vergeblich sein werden. Er bleibt bis Freitag Abend hier.»[8] Goethe reagiert sofort und reist nach Jena. Am 17. Dezember findet ein erstes Treffen statt. Auch die nächsten beiden Tage verbringt man gemeinsam.

Am Abend des 19. Dezember reitet Alexander nach Bayreuth zurück. Er habe beruflich viel zu tun. Den wahren Grund verschweigt er. Er will möglichst bald wieder bei seinem Reinhard sein. Das jedenfalls schreibt er noch schnell am Tag seiner Abreise, abends um 8 Uhr, an Reinhard von Haeften, den jungen Leutnant der Infanterie, in den er sich Anfang des Jahres 1794 verliebt hat: «Ich halte noch immer Wort, guter innigst geliebter Reinhard. In wenig Stunden reise ich ab, reite morgen bis Lauenstein, den 21ten bis Steeben, und den Heiligen Abend *hoffe* ich an Deinem Halse zu hängen. (…) An Geistesnahrung hat es mir indeß nicht gefehlt. Göthe hat Wort gehalten und kam um meinethalben herüber. Er war 3 Tage bei uns, unendlich freundlich gegen mich. Er wollte mich mit Gewalt nach Weimar nehmen, weil es ihm der Herzog eingeprägt hatte, mich mitzubringen. Aber so gern ich mit Göthe bin (er ist mir hier eigentlich der liebste), so wären denn doch leicht die Feiertage darauf gegangen. Ich hätte Dich 6 Tage später gesehen, und diesen Verlust ersezt mir nichts, nichts auf der weiten Erde. Mögen andere Menschen keinen Sinn dafür haben. Mir gilt es gleich. Ich weiß, dass ich nur mit Dir, durch Dich, guter einziger Reinhard, lebe, nur in Deiner Nähe ganz glüklich bin.» (Jbr., 388)

Es gibt kein Protokoll der Gespräche, die an diesen Tagen geführt worden sind. In seinen *Tagebuchnotizen von 1794* hat Wilhelm von Humboldt nur lapidar festgehalten: «17. assen Göthe, Meyer, und Schillers mittags hier. assen wir Abends bei Schillers.» (G. S. XIV, 255) Goethe hat seinen Freund, den Schweizer Maler und Kunsthistoriker Johann Heinrich Meyer, mitgebracht. Humboldts Lina und Schillers Lotte sind als Gastgeberinnen dabei. Dennoch ist dieses gemeinsame Essen am 17. Dezember mehr als ein alltägliches gesellliges Ereignis. Es besitzt einen symbolischen Wert. Denn zum ersten Mal finden sich hier jene vier Persönlichkeiten zu einer *Gruppe 94* zusammen, deren innere Dynamik eine einzigartige geistige Kraft freisetzt.[9] Von ihr nimmt jene Wirkung ins Große und Ganze ihren Ausgang, die kulturgeschichtlich als *deutsche Klassik* bezeichnet wird.[10] Wie kam es zu dieser denkwürdigen Konstellation? Was wird als anregende «Geistesnahrung» geboten? Und welche Wirkungen werden sich daraus für das Lebenswerk der Brüder Humboldt ergeben?

I. *Glückliche Begegnungen.* Es waren Liebesbeziehungen, die Wilhelm von Humboldt und Friedrich Schiller zusammenbrachten. Die beiden Lengefeld-Schwestern Charlotte und Caroline, verheiratete von Beulwitz, waren eng mit Caroline von Dacheröden befreundet und lose mit dem Berliner «Tugendbund» verbandelt. Gemeinsam verbrachten sie Badekuren, und so konnte es nicht ausbleiben, dass sich auch ihre Geliebten über den Weg liefen. Nach erotischen Verstrickungen mit beiden Schwestern hatte sich Schiller endlich für die ledige, zurückhaltendere Charlotte entschieden und Ende Dezember 1789 seine Verlobung bekanntgegeben. Dabei fand am Weihnachtsabend die erste Begegnung mit Wilhelm von Humboldt statt, der sich ebenfalls gerade mit seiner Caroline verlobt hatte. Schiller fand sofort Gefallen an Humboldt. «Er ist beides, ein äußerst fähiger Kopf und ein überaus zarter, edler Charakter. Vorzüglich lernte ich ihn bei einer Herzensangelegenheit kennen, in die er mit einem Fräulein von Dacheröden aus Erfurt verwickelt ist. Er ist mit ihr versprochen und er hat Ursache, sich mit einer solchen Frau Glück zu wünschen. (…) Humboldt hat hier bei mir logiert und wir sind in der benachbarten Welt miteinander herumgestreift. Auch lagen unsere Herzensangelegenheiten auf dem nämlichen Wege, daß wir einander nicht einmal hätten ausweichen können.»[11] Den heiteren, herzbewegenden Tagen folgten glückliche Jahre, in denen sich Schiller und Humboldt immer stärker zu philosophischen Forschungen hingezogen fühlten. Vor allem die Philosophie Kants gewährte ihnen Stoff für das gemeinsame Nachdenken, wobei sie ihre besonderen Begabungen für das Gespräch kultivieren konnten.

Um es nicht nur brieflich führen zu müssen, sondern lebendig gestalten zu können, war Humboldt Anfang 1794 nach Jena gezogen. Sie lebten nun nachbarschaftlich und konnten sich täglich treffen, oft mehrmals am Tage, «vorzüglich aber des Abends allein und meistentheils bis tief in die Nacht hinein». (G. S. VI, 493 f.) Worüber sie debattiert haben, lässt sich besonders in Schillers Briefen *Über die ästhetische Erziehung des Menschen* nachlesen, seinem bedeutendsten Beitrag für die neugegründeten *Horen*. Er hat ihn im Herbst 1794 zu schreiben begonnen, größtenteils «Kantische Grundsätze»[12] befolgend. Das betraf vor allem seine Überzeugung, dass das Wesen des Schönen nicht aus der sinnlichen Erfahrung gewonnen werden kann, sondern eine regulative Idee ist, deren annähernde Verwirklichung die ewige Aufgabe der Kunst bleibt. Das «Schöne» ist kein Erfahrungsbegriff, sondern ein Imperativ. «Es ist gewiß objektiv, aber bloß eine notwendige Aufgabe für die sinnliche vernünftige Natur.»[13] Darin war sich Schiller nicht nur mit Kant und Humboldt einig.

Auch an Goethe wurde dabei gedacht, der diese Idee des Schönen aus dem harmonischen Zusammenspiel des sinnlichen Lebens-Triebes mit dem gestalterischen Form-Trieb zu erklären versuchte. Denn es ist Goethes Begriff der «*lebenden Gestalt*», der Schiller zufolge «allen ästhetischen Beschaffenheiten der Erscheinungen und mit einem Worte dem, was man in weitester Bedeutung *Schönheit* nennt, zur Bezeichnung dient»[14]. Goethe war begeistert und stimmte Schiller überschwänglich zu.

Während sich Wilhelm von Humboldt mit Schiller recht schnell anzufreunden wusste, fiel es ihm nicht leicht, Kontakt zu Goethe zu finden. Auch sie sahen sich Ende des Jahres 1789 zum ersten Mal. Doch das geschah in großer Gesellschaft am Weimarer Hof. Obwohl er Goethe bereits durch Friedrich Heinrich Jacobi als «ein trefflicher junger Mann»[15] empfohlen worden war, suchte Humboldt vergeblich den Kontakt in persönlicher Atmosphäre. Er nahm es dem berühmten Dichter nicht übel, dass er Distanz hielt. Denn auch wenn er ihm zunächst nicht nahe kommen konnte, so machte es ihm doch sehr viel Freude, «ihn nur zu sehen und vorzüglich das herrliche Auge, in dem so unendlich viel seines bewundernswürdigen Geistes sich ausdrückt»[16]. Auch in den nächsten Jahren gab es nur wenige Gelegenheiten zur Begegnung. Erst 1794, mit Humboldts Umzug nach Jena, änderte sich die Situation. Berufliche Interessen führten Goethe öfters aus Weimar in die nahegelegene Stadt, wo er sich über den Stand der Naturwissenschaften informierte. Er besichtigte den Botanischen Garten, hörte sich Vorträge bei der «Naturforschenden Gesellschaft» an und besuchte, seit November 1794, gemeinsam mit Wilhelm von Humboldt Vorlesungen und Übungen beim Medizinprofessor Justus Christian Loder, einem Meister der anatomischen Zergliederung. Das war der Anfang ihres geistig anregenden Zusammenseins, das beide als ein großes Glück erlebten. Ihr Leben lang werden sie sich dankbar an den Beginn ihrer Freundschaft erinnern, nicht ohne dabei Schiller zu vergessen, der wesentlich zur Steigerung ihrer gemeinsamen «Gesamtbildung»[17] beigetragen habe.

Goethe und Schiller. Auch diese Freundschaft, mit der die deutsche Klassik epochal begründet wurde, begann erst Mitte 1794. Denn die Jahre zuvor hatte Goethe vermieden, sich mit Schiller zu treffen. Begegnet waren sie sich zwar schon am 7. September 1788, ebenfalls im Haus der Familie Lengefeld in Rudolstadt, wo gerade Schillers verwirrende Romanze mit den beiden Töchtern Caroline und Charlotte begann. Doch die Erwartungen, die Schiller mit dieser ersten Begegnung verbunden hatte, erfüllten sich nicht. Es kam zu keinem persönlichen Gespräch. Goethe verhielt sich äußerst zurückhaltend, mit steifer Körperhaltung und verschlossenem Gesicht. Er war nicht zu fassen und schien «ein Egoist in ungewöhnlichem Grade»[18] zu sein. Schiller wollte keine Zeit und Mühe darauf verwenden, diesen sonderbaren Menschen zu verstehen, der so schwer zu entziffern war. Er konnte nicht wissen, warum Goethe ihn abwehrte. Die wilden Werke des hageren Schiller, vor allem seine *Räuber*, widerten Goethe an. Sie erinnerten ihn zu sehr an seine eigenen Tollheiten des Sturm und Drang, von denen er sich während seiner Italienischen Reise (1786–1788) endgültig befreit hatte. In der reichhaltigen, beglückenden Natur unter südlichem Himmel glaubte er einen reinen und ruhigen Blick für das Ganze gewonnen zu haben, für den so wunderbaren Zusammenhang all der geprägten Formen, die lebend sich entwickeln. Die Art und Weise, wie er sich selbst in und an der Natur gebildet hatte, schien ihm durch die paradoxen, schneidenden und wunderlichen Arbeiten Schillers gefährdet. Auch hielt er dessen Philosophie für verkehrt. Angeregt durch Kants Hochschätzung des autonomen Subjekts habe Schiller die Natur gegenüber dem Ich auf den zweiten Platz verdrängt. Schiller, so sah es Goethe, «war undankbar gegen die große Mutter, die ihn gewiß nicht stiefmütterlich behandelte»[19]. «Er predigte das Evangelium der Freiheit, ich wollte die Rechte der Natur nicht verkürzt wissen.»[20]

Eine leichte Lockerung dieses gespannten Verhältnisses trat ein, nachdem Goethe die 1790 erschienene *Kritik der Urteilskraft* gelesen hatte und sich darüber mit Schiller (am 31. Oktober 1790 in Jena) unterhielt. Besonders ihr teleologischer Teil entsprach seinen eigenen Ideen. Was er selbst «unbewußt und aus innerem Trieb» als Naturansicht entwickelt hatte, fand in Kants Philosophie der organischen Wesen eine hilfreiche Unterstützung, sodass ihn nun nichts mehr hindern sollte, «das Abenteuer der Vernunft, wie es der Alte vom Königsberge selbst nennt, mutig zu bestehen»[21]. Das betraf vor allem sein eigenes rastloses Streben nach einer Morphologie (von griech. «morphé»: Gestalt, Form), die sich auf typische Formen im Pflanzen- und Tierreich konzentriert. Kants «intellectus archetypus», der von der Anschauung eines Ganzen zu den Teilen geht, schien Goethes eigener Intention auf das «Urbildliche» und «Typische» die philosophische Legitimation zu geben.

Damit konnte Schiller zunächst wenig anfangen, und so kam es zu keinen weiteren Gesprächen. Goethe und Schiller blieben sich fremd. Der Bann wurde erst gebrochen, als Schiller am 13. Juni 1794 Goethe einen ersten Brief schrieb, in dem er den hochzuverehrenden Herrn Geheimrat zur Mitarbeit an der geplanten Zeitschrift *Die Horen* einlud. Schiller wollte die besten Köpfe und vorzüglichsten Schriftsteller der Nation, von Kant und Herder bis Jacobi und Goethe, unter dem Dach einer einzigen Zeitschrift zusammenführen.[22] Johann Gottlieb Fichte und Wilhelm von Humboldt hatten bereits zugesagt. Da wollte auch Goethe dabei sein. «Ich werde mit Freuden und von ganzem Herzen von der Gesellschaft sein.»[23]

Etwas mehr als einen Monat später, am 20. Juli 1794, fand dann jenes *Glückliche Ereignis* statt, das zwischen den beiden Antipoden einen lebenslangen Bund stiftete.[24] Goethe reiste nach Jena, um einen Vortrag in der «Naturforschenden Gesellschaft» zu hören, deren Ehrenmitglied er war. Auch Schiller war da. Beim Hinausgehen knüpften sie ein Gespräch über die Vorlesung an. Beide waren enttäuscht über die «zerstückelte Art», mit der die Natur behandelt worden war. Goethe wies darauf hin, dass es noch eine andere Art gäbe, sich die Natur nicht gesondert und vereinzelt vorzunehmen, «sondern sie wirkend und lebendig, aus dem Ganzen in die Teile strebend darzustellen». Schiller wollte mehr darüber wissen. Sie gelangten zu dessen Haus. Das Gespräch lockte Goethe hinein. Lebhaft trug er seine Gestaltlehre vor, die er anhand einer archetypischen Pflanzenform zu veranschaulichen suchte. «Ich ließ, mit manchen charakteristischen Federstrichen, eine symbolische Pflanze vor seinen Augen entstehen. Er vernahm und schaute das alles mit großer Teilnahme, mit entschiedener Fassungskraft; als ich aber geendet, schüttelte er den Kopf und sagte: ‹Das ist keine Erfahrung, das ist eine Idee.› Ich stutzte, verdrießlich einigermaßen; denn der Punkt, der uns trennte, war durchaus aufs strengste bezeichnet. – Der alte Groll wollte sich regen; ich nahm mich aber zusammen und versetzte: ‹Das kann mir sehr lieb sein, daß ich Ideen habe, ohne es zu wissen, und sie sogar mit Augen sehe.›»[25]

Dass Goethe Ideen sehen zu können glaubte, musste dem philosophisch gebildeten Schiller als ein erkenntnistheoretischer Witz erscheinen. Denn für ihn bestand eine wesentliche Eigenart von Ideen ja gerade darin, dass sie nicht mit sinnlichen Erfahrungen übereinstimmen oder durch sie begründet werden können. Doch er machte sich nicht lustig über diese befremdliche Selbstcharakterisierung seines Gesprächspartners. Er wollte Goethe nicht verprellen, dessen Interesse er gerade gewonnen hatte. Er begann auch zu verstehen, dass Goethe als Morphologe ein Augenmensch war, dessen Urteilskraft stärker «anschauend» als begrifflich sein musste. Denn sie fasste die empirische Mannigfaltigkeit der Erscheinungen nicht abstrakt unter theoretische Begriffe zusammen, sondern richtete den Blick auf die Dinge, um ihre wesentlichen Gestaltformen «sehen» zu können. Und so schrieb Schiller am 23. August einen langen Brief an Goethe, in dem er um gegenseitiges Verständnis warb. «Mir fehlte das Objekt, der Körper, zu mehreren spekulativischen Ideen, und Sie brachten mich auf die Spur davon. Ihr beobachtender Blick, der so still und rein auf den Dingen ruht, setzt Sie nie der Gefahr aus, auf den Abweg zu geraten, in den sowohl die Spekulation als die willkürliche und bloß sich selbst gehorchende Einbildungskraft sich so leicht verirrt.»[26] Mit diesem Brief hat Schiller Goethe ganz für sich gewonnen. Endlich fühlte sich Goethe in seiner eigensten Welt-Anschauung verstanden, und es konnte die Freundschaft zwischen ihm und Schiller besiegelt werden. Es begann, wie Goethe zwei Tage später antwortete, eine «Epoche».[27]

Zuletzt kam Alexander von Humboldt als Vierter im Bunde dazu. Als er im März 1794 seinen Bruder für einige Tage in Jena besuchte, traf er bei ihm auch Goethe an. Am 9. März gab es ein erstes gemeinsames Abendessen, bei dem Goethe vermutlich auch von den Arbeiten des jüngeren Humboldt erfahren haben wird, die seinen eigenen Interessen entsprachen: von seiner praktischen Tätigkeit im Bergbau und seinen 1793 publizierten botanischen Schriften über die Freiberger Pflanzenwelt (*Florae Fribergensis*), die durch *Aphorismen aus der chemischen Physiologie der Pflanzen* ergänzt worden waren. Jedenfalls ist gesichert, dass er diese Werke besaß und im Sommer 1794 durchzuarbeiten begann. Er stimmte Humboldts Ansichten im Grundsätzlichen zu. Doch dessen Definition der «Lebenskraft» als einer inneren Kraft, welche die Bande der chemischen Verwandtschaft auflöst und die freie Verbindung der Elemente im Körper verhindert, schien ihm weder klar genug noch ausreichend zu sein. In seinen Notizen zur Lektüre hielt er fest, dass es vielleicht hilfreich sein könne, Humboldts Suche nach den Kräften des Lebens durch die eigenen morphologischen Ansichten zur «Gestalt» zu ergänzen! Goethe vermisste in Humboldts botanischen Werken die Frage nach der «*Form*»[28], die im Zentrum seiner eigenen Forschungen zur Morphologie der Pflanzen stand. Von zukünftigen Treffen erhoffte er sich vor allem eine Klärung des Verhältnisses zwischen Leben und Gestalt, und so bat er Wilhelm von Humboldt, ihn sofort zu benachrichtigen, wenn Alexander wieder einmal in Jena zu Besuch sein sollte.

Alexander wird überrascht gewesen sein, dass auch er im Sommer 1794 Schillers *Einladung zur Mitarbeit* an den *Horen* erhielt. Sie waren sich persönlich noch nie begegnet, sondern hatten nur, über Wilhelm vermittelt, viel voneinander gehört. Was erwartete Schiller von ihm, zumal er der einzige Naturforscher war, der auf dessen Einladungsliste stand? Er wollte es genauer wissen und schrieb deshalb am 6. August an Schiller einen Brief, in dem er ausführlich über seine eigenen Arbeiten und Ideen Auskunft gab und sie geschickt mit Schillers großem Zeitschriftenplan zu verknüpfen wusste. Es freute ihn

1 – Der Vater: Alexander Georg von Humboldt (1720–1779)

2 – Die Mutter: Marie Elisabeth von Humboldt, geb. Colomb (1741–1796)

3 – Schloss Tegel um 1700, von der Wasserseite gesehen

4 – Joachim Heinrich Campe, der erste
Erzieher der Brüder

5 – Gottlob Johann Christian
Kunth, langjähriger Erzieher der
Brüder und enger Vertrauter
ihrer Mutter

6 – Marcus Herz

7 – Henriette Herz

8 – Moses Mendelssohn

9 – Georg Forster

10 – Alexander von Humboldt, 1796

11 – Wilhelm von Humboldt, 1796

12 – Die Humboldt-Brüder mit Friedrich Schiller (links)
und Johann Wolfgang von Goethe (rechts) in Jena

13 – Caroline von Humboldt, geb. Dacheröden. Gemälde von Gottlieb Schick, um 1804

14 – Adelheid und Gabriele von Humboldt. Gemälde von Gottlieb Schick

15 – Das Große Jüngste Gericht. Gemälde von
Peter Paul Rubens, 1615/16

16 – Blick ins Kraterinnere des Pic von Teneriffa. Nach einer Skizze Alexander von Humboldts, 1799

17 – Alexander von Humboldt (Bildmitte) und Aimé Bonpland (rechts, mit einer Botanisiertrommel) in den Anden, links der Chimborazo. Gemälde von Friedrich Georg Weitsch, 1810

18 – Postbeförderung in der Provinz Jaén de Bracamoras

20 – Eine Sitzung des Wiener Kongresses. Zeichnung von
Jean Baptiste Isabey, 1815

19 – Höhenprofil der Anden. Nach einer Skizze Alexander von Humboldts, 1803. Der hohe Berg links ist der Chimborazo, der rauchspeiende Vulkan der Cotopaxi. Bis zur Schneegrenze sind die Pflanzen nach ihrer Höhenlage eingezeichnet.

21 – Das Schloss zu Tegel. Neubau von Karl Friedrich Schinkel, 1821–1824

22 – Die Berliner Universität um 1830

23 – Wilhelm von Humboldt.
Zeichnung von Johann Joseph Schmeller, 1826

24 – Alexander von Humboldt in seinem Arbeitszimmer. Aquarell von Eduard Hildebrandt, 1848

An der Wand hängt eine englische Weltkarte, in den großen Kartons bewahrte er seine Briefschaften auf.

25 – Die Grabstätte der Familie Humboldt im Park des Tegeler Schlosses, mit einer marmornen «Statue der Hoffnung» von Bertel Thorwaldsen

unendlich, dass die botanische Naturkunde nicht aus dem literarischen *Horen*-Projekt ausgeschlossen sein sollte. Als hätte er am *glücklichen Ereignis* zwischen Schiller und Goethe teilgenommen, verwies er darauf, dass die Pflanzenlehre nicht den «elenden Registratoren der Natur» überlassen bleiben dürfte, sondern die höheren und weiteren Gesichtspunkte «speculativer Menschen» einnehmen sollte. Es gelte, «den ästhetischen Sinn des Menschen und dessen Ausbildung in der Kunstliebe mit in die Naturbeschreibung» einzubeziehen, wie es die alten griechischen Philosophen getan hatten und auch Schiller und Goethe wieder anstrebten. «Die allgemeine Harmonie in der Form, das Problem, ob es eine ursprüngliche Pflanzenform gibt, die sich in tausenderlei Abstufungen darstellt, die Vertheilung dieser Formen über den Erdboden; die verschiedenen Eindrücke der Fröhlichkeit und Melancholie, welche die Pflanzenwelt im sinnlichen Menschen hervorbringt; (…) das scheinen mir Objecte, die des Nachdenkens werth und fast ganz unberührt sind. Ich beschäftige mich ununterbrochen mit ihnen.» (Jbr., 346 f.)

Humboldt hatte also Goethes morphologische Anregungen aufgegriffen und seinen Blick auf die Pflanzenformen gerichtet, wobei auch ihm das Bild eines Archetypus vorschwebte. Besonderen Wert legte er auf jene beiden Gedanken, die zu seinen originellsten zählen: seine Idee einer «Geographie der Pflanzen» in ihrem Zusammenhang mit den Kräften des Bodens und des Luftkreises; und seine Idee einer «Physiognomik der Gewächse», die über den Einfluss landschaftstypischer Vegetationen auf menschliche Empfindungen und Stimmungen aufklärt. (Zehn Jahre später wird er beide Ideen ausarbeiten und anschaulich ihre Fruchtbarkeit demonstrieren.) Schiller war begeistert, freute sich über Alexanders Zusage zur Mitarbeit und schrieb kurz darauf an seinen Freund Körner: «Von Humboldt's Bruder, der preussischer Oberbergmeister ist, haben wir über Philosophie des Naturreichs sehr gute Aufsätze zu erwarten. Er ist jetzt in Deutschland gewiss der vorzüglichste in seinem Fache und übertrifft an Kopf vielleicht noch seinen Bruder, der gewiss sehr vorzüglich ist.»[29]

II. *Eine klassische Idee.* Am 17. Dezember 1794 sind endlich alle vier zusammen. Das erste gemeinsame Treffen in Jena findet statt, wobei der Jüngste von ihnen zunächst die wichtigste Rolle spielt. Er gibt das Thema vor, das ihre Aufmerksamkeit fordert. So sieht es zumindest Goethe. «Alexander von Humboldt längst erwartet, von Bayreuth ankommend nötigte uns ins Allgemeine der Naturwissenschaft. Sein älterer Bruder, gleichfalls in Jena gegenwärtig, ein klares Interesse nach allen Seiten hinrichtend, teilte Streben, Forschen und Unterricht.»[30] Durch die Brüder Humboldt wird Goethe dazu motiviert, seine pflanzen- und tierbezogenen Studien und allgemeinen naturkundlichen Ideen wieder aufzugreifen und weiterzuentwickeln. Gemeinsam besuchen sie anatomische Vorlesungen bei Hofrat Justus Christian Loder über die Bänderlehre. Sie wollen genauestens wissen, wie Muskeln und Knochen durch Bänder verbunden werden. Frühmorgens laufen sie durch tiefsten Schnee, «um in einem fast leeren anatomischen Auditorium diese wichtige Verknüpfung aufs deutlichste nach den genauesten Präparaten vorgetragen zu sehen»[31].

In diesem Zusammenhang macht Goethe einen folgenreichen Vorschlag. Er kann nicht ahnen, dass er damit eine zentrale Leitidee für das weitere Lebenswerk der Brüder Humboldt entwirft. Er formuliert das Prinzip des «Typus». Wie er ein halbes Jahr zuvor dem erstaunten Schiller mit charakteristischen Strichen eine «symbolische Pflanze» skizziert hat, so verdeutlicht er nun den Humboldts seine Ideen über eine vergleichende Anatomie und deren methodische Behandlung an einem allgemeinen Tier-Typus. «Auch bei dieser Gelegenheit strömte der Mund über, wovon das Herz voll war und ich trug die Angelegenheit meines Typus so oft und zudringlich vor, dass man, beinahe ungeduldig, zuletzt verlangte, ich solle das in Schriften verfassen was mir in Geist, Sinn und Gedächtnis so lebendig vorschwebte.»[32] Er tut ihnen den Gefallen. Glücklicherweise befindet sich Anfang 1795 der junge Medizinstudent Maximilian Jacobi, jüngster Sohn des Pempelforter Philosophen, in Jena, der Goethe bei seinen anatomischen Studien hilft und dem er in frühen Morgenstunden, noch in seinem Bett liegend, den *Ersten Entwurf einer allgemeinen Einleitung in die vergleichende Anatomie, ausgehend von der Osteologie* (Knochenlehre) diktiert. Auch Wilhelm von Humboldt ist manchmal dabei, wenn Goethe seine Ideen aphoristisch skizziert und mitschreiben lässt. So entsteht das Gründungsdokument einer morphologischen Typen-Lehre, mit der Goethe zugleich die Ansprüche einer genauen sinnlichen Beobachtung und einer konstruktiven ganzheitlichen Urteilskraft zu erfüllen versucht.

In Goethes Typus sollen sich Sinn und Geist vermitteln. Aber auch seinem Gedächtnis schwebt noch etwas «so lebendig» vor. Der neue Entwurf einer anatomischen Typenlehre hat eine Vorgeschichte. Durch die Gespräche mit Schiller und den beiden Humboldts fühlt sich Goethe wieder in die Zeit seiner frühen Naturforschungen versetzt, als er, auch damals schon durch Loder angeleitet, zusammen mit seinem Freund Herder anatomische Studien unternommen hat. Dabei spielte für beide die Knochenlehre eine wegweisende Rolle. Sie sollte ihnen dabei helfen, sich über jene große regulative Idee klarzuwerden, die ihr tägliches Gesprächsthema war. Herder hat sie Anfang 1784 im Ersten Teil seiner *Ideen zur Philosophie der Geschichte der Menschheit* ausgeführt: Auch der Mensch ist ein Geschöpf unter den Tieren der Erde; und der anatomische Vergleich ihres Knochenbaus kann uns auf die Spur jenes natürlichen »Analogon *Einer Organisation*»[33] bringen, durch welche die große Kette der Lebewesen, trotz aller sichtbaren Unterschiede, als Ganzes zusammengehalten wird. Osteologisch schienen besonders alle Landtiere nach einem Prototyp gebildet zu sein. Dieser Idee widersprach die differenzierende Behauptung führender Anatomen und Biologen, dass allein der Mensch keinen Zwischenkieferknochen habe, kein »os intermaxillare», das sich bei den Tieren zwischen die beiden Hauptknochen des Oberkiefers hineinschiebt und deren Schneidezähne hält. Goethe fühlte sich durch diese anatomische Einzigartigkeit provoziert. Deshalb legte er alle anatomischen Lehrbücher beiseite und sah sich zunächst äußerst aufmerksam, durch Loder unterstützt, skelettierte Totenköpfe von Reh, Kamel, Schwein, Fuchs, Affe, Löwe, Walross und anderen Säugetieren an, um sich die anatomische Gestalt des Zwischenkieferknochens vor Augen zu führen. So geschult, hoffte er ihn dann auch beim Menschen zu entdecken. Er fand, was er suchte, wenngleich verwachsen und versteckt, und am 27. März 1784 teilte er Herder eiligst seine «unsägliche Freude» über seine kleine Entdeckung mit: «Das os intermaxillare am Menschen! Es soll Dich auch recht herzlich freuen, denn es ist wie der Schlußstein zum Menschen, fehlt nicht, ist auch da! Aber wie! Ich habe mirs auch in Verbindung mit Deinem Ganzen gedacht, wie schön es da wird.»[34]

Dieses glückliche Ereignis wird in Goethes Gedächtnis präsent gewesen sein, als er zehn Jahre später durch die Brüder Humboldt zu seinem Entwurf einer vergleichenden Anatomie gedrängt wird. Im Mittelpunkt seiner Aufmerksamkeit steht nun der «Typus» des tierischen Knochenbaus höherentwickelter Säugetiere. Anatomisch will er die Teile des tierischen Organismus zur Einheit eines Ganzen verbinden, in dem sich alles in einem wechselseitigen Gleichgewicht befindet. Das ist das «Klassische», das Goethe aus Kants *Kritik der teleologischen Urteilskraft* gefolgert hat und das den natur-, kultur- und geisteswissenschaftlichen Forschungen der Brüder Humboldt als Leitfaden dienen wird: Es gilt, ein übereinstimmendes Ganzes in der Mannigfaltigkeit zu erkennen.

Doch wie kann diese Idee verwirklicht werden? Goethe gibt zu bedenken, dass kein Einzelnes Muster des Ganzen sein kann. Es existiert weder eine Urpflanze noch ein Urtier, die man als Dinge in der Pflanzen- und Tierwelt auffinden kann. Empirisch feststellbare Individualitäten sind kein Typus, den es dennoch geben soll. Aber wie und wo?

Goethe gibt darauf keine philosophische Antwort, sondern skizziert ein forschungstechnisches Programm. In einem ersten Schritt betrachtet er vergleichend den anatomischen Knochenbau zahlreicher Tiere, zerlegt ihn in einzelne Teile, die einander ähnlich sind und sich von anderen Teilen unterscheiden lassen. Versuchsweise legt er Tabellen an und stellt Schemata auf, in die er die gefundenen Einheiten nach dem Maß ihrer Ähnlichkeit und Unterschiedlichkeit eingliedert. Was er getrennt hat, setzt er in einem zweiten Schritt wieder zusammen, wobei er sich durch die Idee eines Ganzen leiten lässt, die dem geistigen Kampf gegen die unüberschaubare empirische Mannigfaltigkeit der verschiedenartigsten Einzelkörper ein Ziel vorgibt: die konstruktive «Erbauung des Typus» zu einem «allgemeinen Bilde, worin die Gestalten sämtlicher Tiere, der Möglichkeit nach, enthalten wären, und wornach man jedes Tier in einer gewissen Ordnung beschriebe»[35].

Nicht unerwähnt bleiben darf, dass die Idee des anatomischen Typus ein zweibahniges Vergleichen ermöglicht. Denn auch diese doppelte Weise werden Alexander und Wilhelm von Humboldt aufgreifen und in ihren jeweiligen Forschungsgebieten praktizieren. Zum einen kann man eine einzelne Tierart auswählen und ihre typischen Gestaltformen freizulegen versuchen; zum andern nur einen besonderen Teil herausgreifen, zum Beispiel den oberen Kieferknochen, und ihn «durch alle Hauptgattungen durchbeschreiben»[36], wobei besonders diese zweite Art die Zusammenarbeit mehrerer Forscher erfordere, weil kein einzelner alle Gattungen kennen könne.

III. *In Schillers «Horen» und auf Goethes Spuren.* Ihren unmittelbaren publizistischen Niederschlag finden die Jenaer Begegnungen in den Beiträgen, die Alexander und Wilhelm von Humboldt für Schillers *Horen* schreiben. In ihnen haben nicht nur die Ideen von 1794 ihre Spuren hinterlassen. Biographisch bedeutsam sind sie vor allem, weil sie uns über die unterschiedlichen Triebschicksale der beiden Brüder Auskunft geben. Man muss sie parallel lesen, um ihre Intentionen nachvollziehen zu können.

Im Ersten Band der *Horen* erscheint 1795 Wilhelm von Humboldts Aufsatz *Über den Geschlechtsunterschied und dessen Einfluß auf die organische Natur.* Kurz darauf folgt seine Betrachtung *Über die männliche und weibliche Form.* Es sind seine ersten «klassischen» Versuche, ein allgemeines Bild vom Ganzen der Natur und der Menschheit zu zeichnen. Er spricht vom Streben der Natur nach etwas Unbeschränktem, Großem und Vortrefflichem, das alle endlichen Kräfte und begrenzten Individualitäten übersteigt. Alles soll «Ein grosses

Ganzes» (G. S. I, 314) bilden. Doch Humboldt, durch Kants Kritiken geschult, gibt sofort zu bedenken, dass dieses wunderbare und unermessliche Ganze als solches nicht erfahrbar ist. Es ist eine reine, idealische Größe, die in der wirklichen Welt, in der alles endlich, begrenzt, vereinzelt und an die Gesetze der Zeit gebunden ist, nicht aufzufinden ist.

Um diese Spannung zugleich deutlich machen und auflösen zu können, konzentriert sich Humboldt auf den «Geschlechtsunterschied». Denn dieser ist einerseits die sichtbarste Tatsache einer scharf entgegengesetzten natürlichen Differenz, wobei beide Seiten nicht einfach zu vertauschen sind und auch kein Drittes die typischen Unterschiede ohne weiteres auslöschen kann. Es gibt kein allgemeines Bild des Menschen als übergeschlechtliches Wesen, allenfalls bestimmte einzelne Züge einer Gestalt, in denen männliche und weibliche Eigenschaften «verwischt» sind. (G. S. I, 349) Andererseits lässt sich an der Verschiedenheit der Geschlechter demonstrieren, wie es der Natur selbst gelingt, aus der Ungleichartigkeit und endlichen Begrenztheit ihrer Kräfte und Formen ein Ganzes herstellen zu können. Beide Geschlechter «befördern, indem sie einander entgegenwirken, gemeinschaftlich die wunderbare *Einheit* der Natur, welche zugleich das Ganze aufs innigste verknüpft, und das Einzelne aufs vollkommenste ausgebildet zeigt». (G. S. I, 328)

Im Mittelpunkt seiner Betrachtungen und Überlegungen steht der Mensch. Humboldt konzentriert sich auf die typischen Charaktere von Mann und Frau, um über deren produktiven Widerstreit zur harmonischen Einheit gelangen zu können, wobei er organische, intellektuelle, moralische und ästhetische Eigenarten berücksichtigt. Es ist keine distanzierte Behandlung eines ihm fremden und äußerlichen Stoffs, die er typologisierend an den beiden Geschlechtern vornimmt. Er verarbeitet seine eigenen Erfahrungen, die er mit Frauen gemacht hat, von den frühen unerfüllten Sehnsüchten und ersten Liebschaften über seine groben sinnlichen Ausschweifungen mit den «Edlen» bis hin zur großen Liebesverbindung mit seiner Lina. Dabei ist nicht zu übersehen, dass die Polaritäten, die Humboldt grundsätzlich feststellt und detailliert ausmalt, auch kulturgeschichtlich geprägt sind. Seine männlichen und weiblichen Typen sind nicht frei von Stereotypen: männliche Kraft / weibliche Fülle; Einwirkung / Empfänglichkeit; Streben nach außen / Konzentration nach innen; Energie / Dasein; strenge Herrschaft der Form / anmutige Freiheit des Stoffes; begriffliche Aufklärung / bildliche Vorstellung.

Doch radikal und über seine Zeit hinausweisend ist noch immer sein Versuch, all diese Differenzen auf ihren Grund im Körperlichen zurückzuführen. Vom Einfluss des Geschlechtsunterschieds auf die *organische Natur* handelt Humboldts erster *Horen*-Beitrag. Stärker als ihre gesellschaftlichen Ausbildungen interessieren ihn die anatomischen und physiologischen Grundlagen von Männlichkeit und Weiblichkeit. Um darüber sachkundig räsonieren zu können, studiert Humboldt neuere Untersuchungen zur *Lebenskraft* und zum *Bildungstrieb*, wobei ihm sein Bruder wertvolle Informationen vermittelt. Auch benötigt er präzise anatomische Kenntnisse über die unterschiedlichen Körperformen und Geschlechtsorgane. In seinem Tagebuch hat er den ersten Tag seiner neuen Studien festgehalten. Am 3. November 1794 «fieng ich die Anatomie an. Assen wir Mittags bei Schiller mit Göthe und Meyer.» (G. S. XIV, 253) Mit Goethe und Meyer besucht er das anatomische Kollegium bei Loder, der «glücklicherweise» gerade sechs Leichen zur Verfügung hat und sich wünscht, «der Tod wäre mir und unsern 206 Medizinern immer so günstig»[37]. Alexander wundert sich zunächst über das neue Interesse seines Bruders. Sömmering berichtet er, dass Wilhelm «praktisch Anatomie mit kannibalischer Wut treibt». (Jbr., 428) Marcus Herz in Berlin wird ebenfalls informiert: «Wilhelm lebt und webt in den Cadavern» (Jbr., 309), und zwar sehr geschickt und manchmal sogar präziser und erfolgreicher als er selbst.

Dass das anatomische Interesse Wilhelms einen besonderen Grund hat, erhellt der Hinweis Alexanders, der sich in seinem Buch *Über die gereizte Muskel- und Nervenfaser* finden lässt. Für den Zergliederer tierischer Körper sei es interessant, «den wundersamen Geschlechtsunterschied durch die ganze organische Natur physiologisch zu verfolgen»[38]. In dieser Hinsicht habe sein Bruder geforscht und in Schillers *Horen* darüber berichtet. Er will wissen, worin der natürliche Grund der Geschlechterdifferenz besteht, um eine befriedigende Lösung dieser spannungsreichen Beziehung finden zu können. Das erhellen auch die Briefe an seine Frau, in denen er über sein neues Weltbild Auskunft gibt: Früher, allein auf sein individuelles Selbst konzentriert, sei ihm das «wundervolle Ganze» der Natur fremd gewesen. Alles war abgerissen und halb gewesen. Es gab kein Band, das ihn mit anderen Wesen verknüpfte. Erst die Liebe hat alles verändert. Vereint mit seiner Lina vermochte «ich mich, selbst ein Ganzes, an das Ganze der Natur anzuschließen» und mit dem All der übrigen Wesen ein «harmonisches Ganzes» zu schaffen. (Br. II, 5) Nur als Liebendem gelang es ihm, die Gewissheit des «gedoppelten Seins» (Br. I, 433) mit der Empfindung des unzertrennlichen Zusammengehörens zu verbinden.

Es geht in Wilhelm von Humboldts Beitrag zu Schillers *Horen* um seine sexuelle Neigung, genauer gesagt: seine Heterosexualität, auch wenn dieses Wort im Text nicht vorkommt. Sie ist der Fokus, um den all seine ausschweifenden Gedanken und ausschmückenden Beschreibungen kreisen. Deshalb betrifft für ihn die *organische Natur* des Menschen primär die unterschiedlichen Geschlechtsorgane von Mann und Frau, die zur Verbindung bestimmt sind, aber nicht Eins sein können. In ihnen liegt der «Keim einer unruhvollen Sehnsucht», die im anderen Geschlecht suchen lässt, was dem eigenen mangelt. «Wird ihr Suchen hier mit glücklichem Finden gekrönt, so strebt sie nach einer Vereinigung, welches jedes einzelne Daseyn vertilgt. Es entsteht ein Wogen, ein Hin- und Herwanken, und jene Sehnsucht erreicht eine schmerzliche Höhe» (G. S. I, 318), bis schließlich in der Vereinigung des Getrennten der höchste Genuss erreicht wird.

Ebenfalls im Ersten Band der *Horen* findet sich ein Beitrag von Alexander von Humboldt. Es ist keine naturwissenschaftliche Studie, auch keine philosophische Untersuchung. Alexander hat eine *Erzählung* geschrieben, die im fünften vorchristlichen Jahrhundert handelt, mit dem mythologisch erweiterten Titel: *Die Lebenskraft oder der rhodische Genius.*

Es ist eine recht vertrackte Geschichte, mit einer Rahmenhandlung, die in der griechischen Kolonie Syrakus auf Sizilien spielt. Dort steht in einer Säulenhalle ein rätselhaftes Gemälde. Das Volk bestaunt und bewundert, was es nicht versteht. Man vermutet, dass das Bild einst aus dem griechischen Rhodos kam, und so nennt man es *Der rhodische Genius*, wegen der Gestalt, die sich erhöht in der Mitte des Bildes befindet. Ein Schmetterling sitzt auf ihrer Schulter. In der rechten Hand hält sie eine lodernde Fackel empor. Ihr Körper ist himmlisch lebhaft. Gebieterisch sieht sie auf die vielen Jünglinge und Mädchen herab, die sich dichtgedrängt zu ihren Füßen befinden und ein sonderbares Verhalten zeigen. Sie sind nackt, schön gebildet, von starkem Gliederbau. Ihre Haare sind mit Laub und Feldblumen geschmückt. Doch statt zu tanzen, sich zu umarmen und gemeinsam zu freuen, ist ihr Ausdruck von Sehnsucht und Kummer beherrscht. «Verlangend streckten sie die Arme gegen einander aus; aber ihr ernstes, trübes Auge war nach einem Genius gerichtet, der, von lichtem Schimmer umgeben, in ihrer Mitte schwebte.»[39]

Es gibt viele Interpretationen dieses geheimnisvollen Gemäldes. Keine ist überzeugend. Schließlich kommt ein zweites Bild von Rhodos nach Syrakus. Sofort erkennt man es als Gegenstück. Wieder steht der Genius in der Mitte, aber diesmal ohne Schmetterling und mit gesenktem Haupt. Die Fackel ist erloschen und zur Erde gerichtet. Und jetzt geschieht etwas Überraschendes: «Der Kreis der Jünglinge und Mädchen stürzte in mannigfachen Umarmungen gleichsam über ihm zusammen; ihr Blick war nicht mehr trübe und gehorchend, sondern kündigte den Zustand wilder Entfesselung, die Befriedigung lang genährter Sehnsucht an.»[40]

Wieder sucht man den Sinn dieses Bildes zu enträtseln. Es gelingt nicht. Auch der Zusammenhang der beiden Gemälde ist undurchsichtig. Schließlich lässt der Tyrann von Syrakus den alten Pythagoräer Epimarchus um Rat fragen. Das ist ein freier Geist, der die Fürstennähe scheut und sich seines eigenen Verstandes zu bedienen weiß. «Er beschäftigte sich unablässig mit der Natur der Dinge und ihren Kräften, mit der Entstehung von Pflanzen und Thieren, mit den harmonischen Gesetzen, nach denen Weltkörper im großen, und Schneeflocken und Hagelkörner im kleinen sich kugelförmig ballen.»[41] Er liebt das Meer, das sein Auge und seinen Geist ins Unbegrenzte und Unendliche streben lässt. Lange schaut er sich die beiden Gemälde an. Dann teilt er mit gerührter Stimme seinen Schülern deren Bedeutung mit.

Auf dem ersten Bild sieht man, wie alles in der belebten und unbelebten Natur danach drängt, sich zu verbinden. In der anorganischen Materie gelten die Gesetze chemischer Verwandtschaft, die ihre Elemente aneinander bindet und miteinander vermischt. Auch in der lebenden Materie ist dieser Drang wirksam. Der Unterschied der Geschlechter lässt die Jünglinge und Mädchen nach ihrer Vereinigung streben. Sie sehnen sich zueinander. Doch ihre freie Verbindung wird durch die Macht des Genius verhindert. Es ist die Kraft des Lebens selbst, die hier ihren Anspruch auf Trennung erhebt. «Tretet näher um mich her, meine Schüler, und erkennet im rhodischen Genius, in dem Ausdruck seiner jugendlichen Stärke, im Schmetterling auf seiner Schulter, im Herrscherblick seines Auges das Symbol der *Lebenskraft*, wie sie jeden Keim der organischen Schöpfung beseelt. Die irdischen Elemente, zu seinen Füßen, streben gleichsam ihrer eigenen Begierde zu folgen und sich miteinander zu mischen. Befehlend droht ihnen der Genius mit aufgehobener, hochlodernder Fackel, und zwingt sie, ihrer alten Rechte uneingedenk, seinem Gesetze zu folgen.»[42]

Auf dem zweiten Bild ist die Lebenskraft erloschen. Die Fackel ist ausgebrannt, das Haupt des Genius gesenkt, der Schmetterling davongeflogen. Es ist ein Bild des Todes. «Nun reichen sich Jünglinge und Mädchen fröhlich die Hände. Nun treten die irdischen Stoffe in ihre Rechte ein. Der Fesseln entbunden, folgen sie wild, nach langer Entbehrung, ihren geselligen Trieben; der Tag des Todes wird ihnen ein bräutlicher Tag.»[43]

Unverständlich waren die beiden Gemälde aus Rhodos, die es in der Syrakuser Säulenhalle zu besichtigen gab. Ihr Sinn blieb unenträtselt. Erst der Naturwissenschaftler, Philosoph und Dichter Epimarchus lieferte die richtige Interpretation. Als literarischer Doppelgänger

Alexander von Humboldts klärte er das staunende Volk über die Bedeutung der Gemälde auf. Doch als Leser von Humboldts Erzählung müssen wir weiterfragen: Was bedeutet diese mysteriöse Geschichte mit ihren Bildern des Lebens und des Todes? Die Deutung des Epimarchus gibt darauf keine befriedigende Antwort. Wir müssen diese Interpretation interpretieren, um den Sinn dieses sonderbaren Textes verstehen zu können.

Dass die Geschichte vom *rhodischen Genius* kein verspielter literarischer Einfall gewesen ist, sondern ein verschlüsselter Ausdruck von Humboldts Neigungen und Ängsten, zeigt sich noch viele Jahrzehnte später. Er übernimmt sie 1826 in die zweite Auflage seiner *Ansichten der Natur*, in deren Vorrede er über ihre Entstehungsgeschichte informiert: «*Schiller*, in jugendlicher Erinnerung an seine medicinischen Studien, unterhielt sich während meines langen Aufenthalts in Jena gern mit mir über physiologische Gegenstände. Meine Arbeit über die Stimmung der gereizten Muskel- und Nervenfaser durch Berührung mit chemisch verschiedenen Stoffen gab oft unsern Gesprächen eine ernstere Richtung. Es entstand in jener Zeit der kleine Aufsatz von der Lebenskraft.»[44] Dieser Hinweis erhellt allerdings nur den wissenschaftsgeschichtlichen Hintergrund der Erzählung. 1793 hat Humboldt die «Lebenskraft» als eine innere Kraft definiert, welche die Elemente im belebten Körper daran hindert, ihren ursprünglichen Anziehungskräften zu folgen. Sie vermischen sich nicht, sondern bleiben getrennt, um eine organische Struktur bilden zu können. So gesehen personifizieren die Jünglinge und Mädchen die elementaren Teile eines Organismus, der durch den Genius der Lebenskraft am Leben gehalten wird.

Schon um 1795 hat Humboldt seinen Glauben an eine eigenständige Lebenskraft (vis vitalis) verloren. Er gibt seinen Vitalismus auf zugunsten eines «Holismus»[45], zu dem Kant und Goethe die entscheidenden Hinweise gegeben haben. Das lebendige Ganze tritt an die Stelle der Lebenskraft. Doch diese Wende, über die Humboldt ein letztes Mal 1849 in der dritten Auflage seiner *Ansichten* berichtet, schmälert nicht den Reiz seiner kleinen Erzählung, die er noch als

Achtzigjähriger mit Freude betrachtet. Das spricht dafür, dass sie mehr ist als nur die Einkleidung einer überholten physiologischen Idee in ein mythisches Gewand. Und auch die Quellen seiner dichterischen Einbildungskraft lassen eine andere, tiefer reichende Lesart dieser Allegorie von Leben und Tod zu.

Das Bild des Genius, mit dem ursprünglich der Schutzgeist eines Mannes dargestellt wurde, der ihn zur Zeugung von Kindern befähigt, ist Humboldt aus Schillers philosophischem Gedicht *Die Götter Griechenlands* vertraut gewesen.

> «Damals trat kein gräßliches Gerippe
> Vor das Bett des Sterbenden. Ein Kuß
> Nahm das letzte Leben von der Lippe,
> Still und traurig senkt' ein Genius
> Seine Fackel.»

Mit dem «damals» erinnert Schiller an die antiken Künstler, die den Tod nicht durch das Sinnbild eines Skeletts vorgestellt haben, sondern «gleich einem jungen Genius, mit umgestürzter Fackel»[46], wie es Gotthold Ephraim Lessing 1769 in seiner Streitschrift *Wie die Alten den Tod gebildet* nachgewiesen hat. Lessings antiquarische Betrachtung ist auch Humboldt bekannt gewesen, der ihre Hauptmotive übernimmt: das Erlöschen der gesenkten Fackel symbolisiert den Tod; der Schmetterling die Seele, die beim Sterben den Körper verlässt; und das gesenkte Haupt des Genius den Verlust der Lebenskraft.

Doch während in der antiken Ikonographie der Tod die menschlichen Körper erstarren lässt, geraten sie bei Humboldt außer Rand und Band und folgen ungezügelt ihren Trieben. Um diese eigenwillige Verdrehung nachvollziehen zu können, muss ein zweites Bild hinzugezogen werden, in dem die antike Figur ihre christliche Entsprechung findet. Es ist ein Gemälde, das Humboldt zutiefst erschreckt hat. Am 30. März 1790 hat er mit Georg Forster die Düsseldorfer Gemäldegalerie besucht, wo Rubens' monumentales Gemälde *Das Jüngste Gericht* hängt – wir haben es bereits erwähnt im fünften Kapitel. Dieses Gemälde ist das Vorbild, das er in die antike Mythologie zurückversetzt. Aus dem von Licht umstrahlten, in der Höhe thronenden Christus macht er den Genius. Die Taube über seinem Haupt wird zum Schmetterling, das Flammenschwert zur Fackel. Direkt nachgebildet werden die nackten Körper, die beim Jüngsten Gericht übereinander in den Abgrund stürzen. In seinen *Ansichten vom Niederrhein* hat Forster den Ekel geschildert, den beide Betrachter angesichts dieser verworrenen Fleischmassen empfanden. Abscheulich erschien ihnen das Verschlungensein von Gliedern, die wie auf einem «kannibalischen Fleischmarkt»[47] zu sehen sind. Humboldt hat diese schauderhafte Ansicht übernommen. Der Zustand wilder Entfesselung und mannigfacher Umarmungen, in dem die Jünglinge und Mädchen sich miteinander mischen und übereinander stürzen, gilt ihm als Sinnbild einer zerstörten natürlichen Harmonie und Ordnung.

Auch Alexander von Humboldts *Horen*-Erzählung handelt von Begierde und Befriedigung, von Trieben und Versagungen. Sie ist sein Beitrag zur Sexualtheorie. Aber er wählt einen anderen Weg als sein Bruder Wilhelm, der offen bekennt, was er begehrt. Indem Alexander eine literarische, halb mythische, halb wissenschaftliche Form wählt, wirft er einen Schleier über das eigentlich Gemeinte. Wie in einem Traumtext sind im *rhodischen Genius* verschiedene Motive miteinander verdichtet, die nicht leicht zu entwirren sind: die wissenschaftlich konzipierte «Lebenskraft» aus der chemischen Physiologie der Pflanzen; die Todessymbolik des griechischen Genius; und die Körperbilder des Jüngsten Gerichts, wie Rubens sie äußerst ambivalent dargestellt hat, hin- und hergerissen zwischen Ekstase und Abscheu. Zusammen ergeben sie das Bild einer sexualpathologischen Abwehr. Sie beherrscht den latenten Gedanken, der in der manifesten Erzählung seinen eigenwilligen Ausdruck findet: Nur sexuell voneinander getrennt können die unterschiedlichen Geschlechter am Leben bleiben, während die sexuelle Vereinigung ihren Tod bedeutet. Das aber ist nichts anderes als die komplementäre Entgegnung auf das heterosexuelle Hohelied seines Bruders. Was Wilhelm von Humboldt als höchstes Glück und größten Genuss des Lebens feiert, verwirft Alexander von Humboldt als lebensbedrohliche Gefährdung. Indem er den «bräutlichen Tag» zum Tag des Todes erklärt, negiert er die heterosexuelle Lust, auf die sein Bruder fixiert ist.

Während Schiller den beiden Brüdern eine Gelegenheit geboten hat, in den *Horen* ihre entgegengesetzten sexuellen Neigungen und Antipathien auszudrücken, hat Goethe ihnen ein gemeinsames Projekt entworfen, das sie lebenslang verbinden wird. Von seinen Ideen zur vergleichenden Anatomie, zentriert um das allgemeine Bild des «Typus», geht eine Langzeitwirkung aus, deren Spuren noch in ihren letzten Werken zu finden sind.

Alexander von Humboldt bleibt für Goethe ein anregender Gesprächspartner, der sein naturkundliches Forschen und Nachdenken immer wieder neu in Schwung bringt. Und Humboldt wird sich wiederholt bei Goethe dafür bedanken, vor allem während ihrer Begegnungen zwischen 1794 und 1797 durch dessen typologische, ganzheitliche Naturansicht mit neuen Erkenntnisorganen ausgestattet worden zu sein. Schon bald nach ihrem ersten Treffen in Jena schickt er Goethe am 21. Mai 1795 aus Bayreuth seine frühen Werke zur Mineralogie und Botanik. Auch plane er, wie er Goethe mitteilt, eine Schrift über die Vegetation im Inneren der Erde. «Ich dachte das *Leben*, nicht die *Form* der lichtscheuen Pflanzen darzustellen, und hier eine Probe zu liefern, wie nach meinen Ansichten organische Wesen behandelt werden müssen. Es ist eine Lieblingsidee von mir, diese obskure Schrift Ihnen zuzueignen.»[48] Goethe hat die kritische Spitze dieser Ankündigung nicht übersehen, und er bietet Humboldt am 18. Juni 1795 an, sich mit ihm in der Mitte zu treffen, um seine eigene morphologische *Gestalt*-Lehre mit den *Lebens*-Forschungen des jungen Humboldt verknüpfen zu können. Bereits in seinen galvanischen Versuchen zur gereizten Muskel- und Nervenfaser, die Goethe aufmerksam verfolgt und ab und zu auch praktisch begleitet, nimmt Humboldt diese Anregung auf. Seine vielen Experimente mit den Froschschenkeln, die der Erforschung der Lebenskraft dienen, haben ihn auch deren Muskeln sorgfältig präparieren lassen, wobei ihm Goethes typologisches Programm einer vergleichenden Anatomie erstaunt feststellen lässt: «Welche Übereinstimmung mit dem Menschen! Welche Ähnlichkeit der Organisation in Formen, die so weit von einander abzustehen scheinen. (…) So ist der thierische Stoff fast überall nach einem Typus geformt. Bei dem einen Thiere ist oft nur angedeutet, was der Gebrauch in dem andern deutlich ausbildet.»[49]

Während seiner großen Forschungsreise (1799 bis 1804) durch die tropischen Wälder am Orinoko und über die vulkanischen Berge der Andenkette habe er danach gestrebt, geologisch, botanisch und anatomisch das Zusammen- und Ineinanderweben typischer Gestaltformen zu entdecken, wobei ihm Goethes ganzheitliches Denken zur Orientierung diente. So jedenfalls stellt er es dar in einem Brief an Schillers Schwägerin Caroline von Wolzogen, geschiedene von Beulwitz, geborene von Lengefeld. Zwar haben in der Zwischenzeit in einer fast schauderhaft lebendigen Natur tausende wunderbare Gestalten zu seinen Sinnen gesprochen, aber all das Neue knüpfte doch immer an die Ideen an, die ihm während seiner Aufenthalte in Jena vertraut geworden sind: «In den Wäldern des Amazonenflusses, wie auf dem Rücken der hohen Anden erkannte ich, wie von einem Hauche beseelt, von Pol zu Pol nur ein Leben ausgegossen ist in Steinen, Pflanzen und Tieren und in des Menschen schwellender Brust. Überall ward ich von dem Gefühle durchdrungen, wie mächtig jene Jenaer Verhältnisse auf mich gewirkt, wie ich durch Goethes Naturansichten gehoben, gleichsam mit neuen Organen ausgerüstet worden war.»[50]

«Morphologen sind Seher, und das Auge ist daher das Sinnesorgan, mit welchem die Morphologen vor allem denken.»[51] Mit dieser paradox anmutenden Feststellung hat Adolf Meyer-Abich die erkenntnistheoretische Eigenart von Goethes typologischer Morphologie charakterisiert, die bei Alexander von Humboldt ihre Vollendung findet. «Das Auge ist das Organ der Weltanschauung»[52], wird es 1845 in Humboldts letztem Werk, seinem *Kosmos* heißen, in dem er das morphologische Programm universalisiert und auf das große Ganze der Welt ausweitet. Doch auch sein erstes Buch, in dem er die Forschungsergebnisse seiner Amerikareise ausarbeitet, ist durch Goethes Blick inspiriert. Denn mit seinen 1805 geschriebenen *Ideen zu einer Geographie der Pflanzen*, die er mit tiefer Verehrung und inniger Dankbarkeit Goethe widmet[53], habe er sowohl die Absicht verfolgt, unter den zahllosen Gewächsen der Erde einige wenige Grundgestalten («Prototypen») zu erkennen, als auch versucht, «die Hauptresultate der von mir beobachteten Erscheinungen in ein allgemeines Bild zusammenzufassen»[54]. Dieses Bild ist durch siebzehn Grundgestalten geprägt, von der Bananenform bis zur Form der Hutschwämme, die Humboldt «physiognomisch» beschreibt und morphologisch systematisiert. Aufmerksam beobachtet er die Pflanzenformen, statt sie «botanisch» nach den kleinen Teilen der Befruchtung zu klassifizieren, die dem menschlichen Auge kaum sichtbar sind. Es kommt ihm auf die großen Umrisse an, die man sehen kann. In diesem Sinne versteht er sich als ein Botaniker, der seine Objekte «ästhetisch» betrachtet und wie ein Maler ihre Gestalt abbildet.

Am 30. Januar 1806 trägt Humboldt auf einer Sitzung der Königlich Preußischen Akademie der Wissenschaften in Berlin seine *Ideen zu einer Physiognomik der Gewächse* vor, mit denen er den staunenden Zuhörern die charakteristischen Eindrücke unterschiedlicher Landschaftstypen anschaulich vor Augen führt. Dabei spielen wieder jene unterschiedlichen Pflanzenformen die Hauptrolle, die er bereits in seiner Pflanzengeographie vorgestellt und durch morphologische Konvergenz ausgezeichnet hat: «Typen, von deren individueller Schönheit, Vertheilung und Gruppirung die Physiognomik der Vegetation eines Landes abhängt.»[55] Kein Wunder, dass Goethe sofort für die *Jenaische Allgemeine Literatur-Zeitung* einen begeisterten Bericht verfasst: «Nachdem der erste sehnliche Wunsch erfüllt war, den trefflichen und kühnen Naturforscher von seiner müh- und gefahrvollen Reise wieder bei den Seinen zu wissen: so mußte nun der zweite sogleich lebhaft entstehen, und Jedermann höchst begierig sein auf eine Mitteilung aus der Fülle der eroberten Schätze. Hier nun empfangen wir die erste Gabe, in einem kleinen Gefäß sehr köstliche Früchte. Wenn wir uns ins Wissen, in die Wissenschaften begeben, geschieht es denn doch nur, um desto ausgerüsteter ins Leben wiederzukehren; und so erscheint uns hier das im einzelnen so kümmerlich ängstliche, botanische Studium in seiner Verklärung auf einem Gipfel, wo es uns einen lebhaften und einzigen Genuß gewähren soll.»[56]

Die *Ideen zu einer Physiognomik der Pflanzen* sind 1808 in Humboldts *Ansichten der Natur* erschienen, das ihm lebenslang sein liebstes Buch bleiben wird. Der Titel spielt auf Forsters *Ansichten vom Niederrhein* an, diesen beschreibenden und räsonierenden Bericht einer Reise, bei der auch Humboldt gelernt hat, seinen Blick für die gestalterische Vielfalt der mineralogischen und vegetabilischen Formen zu schärfen. Aber auch an Goethe und dessen Naturansichten hat er dabei gedacht. Der holistische Blick auf die großen Naturgegenstände, auf den Ozean, die Urwälder des Orinoko, die Steppen von Venezuela und die erhabene Einöde der südamerikanischen Gebirgskette verbindet genaue wissenschaftliche Beobachtungsgabe mit ausgeprägter ästhetischer Urteilskraft. «Überblick der Natur im großen, Beweis von dem Zusammenwirken der Kräfte, Erneuerung des Genusses, welcher die unmittelbare Ansicht der Tropenländer dem fühlenden Menschen gewährt: sind die Zwecke, nach denen ich strebe.»[57]

Goethe fühlt sich geschmeichelt. Er schätzt Humboldts Anstrengung, Naturkunde und Ästhetik zu verbinden. Auch erkennt er, wie in den einzelnen Naturansichten auf jene «doppelte Weise» verfahren worden ist, die er in seiner vergleichenden Anatomie skizziert hat. Humboldt stellt einzelne typische Naturformen dar: die Wasserfälle am Orinoko; und das Hochland von Caxamarca, der alten Residenzstadt des Inka Atahualpa. In anderen Aufsätzen berichtet er darüber, wie eine besondere Physiognomie oder Lebensform sich über die ganze Welt ausbreitet: Er entwirft ein Naturgemälde der Steppen und Wüsten mit ihren typischen Vegetationen und Tierarten; beschreibt den Bau und die Wirkung der Vulkane in den verschiedenen Gebieten der Erde; vergleicht die weltweit verbreitete Pflanzenphysiognomie; und erzählt vom nächtlichen Tierleben in den Urwäldern.

Doch wie groß wäre erst Goethes Genuss gewesen, wenn er noch den *Kosmos* hätte lesen können, dieses großartige Bild von der Welt, an dem Alexander von Humboldt 1834 zu arbeiten beginnt und das «innerlich und äußerlich der Goethezeit zu eigen ist»[58]. Denn mit diesem universalen *Entwurf einer physischen Weltbeschreibung* hat er versucht, gegen die Hohlheit einer reinen Spekulation und die Anmaßung einer ideenlosen Empirie die Natur lebendig in ihrer Ganzheit zu schildern, wobei ihm noch immer Goethe das Stichwort souffliert: «In der Mannigfaltigkeit und im periodischen Wechsel der Lebensgebilde erneuert sich unablässig das Urgeheimnis aller Gestaltung, ich sollte sagen, das von Göthe so glücklich behandelte Problem der Metamorphose, eine Lösung, die dem Bedürfniß nach einem idealen Zurückführen der Formen auf gewisse Grundtypen entspricht.»[59]

Worauf Alexander von Humboldt als Naturforscher zielt, vollzieht sein Bruder Wilhelm als Geistes- und Sprachwissenschaftler. Auch er hat sich Anfang 1795 durch Goethes anatomische Typenlehre begeistern lassen. Er beginnt, Schädel zu sammeln, und skelettiert selbst einen Pfau, den er durch Max Jacobi als Geschenk für Goethe nach Weimar bringen lässt, «weil Sie wahrscheinlich sich nun bald mit dem osteologischen Schema für Vögel beschäftigen». Er plant, eine vergleichende Monographie über das Keilbein zu schreiben, und findet kaum Worte, Goethe dafür zu danken, «welche Freude Sie mir durch die Erlaubnis gemacht haben, Ihnen auf Ihrem Gange folgen zu dürfen»[60].

Ein Jahr später entwirft Wilhelm von Humboldt seinen *Plan einer vergleichenden Anthropologie* als Parallelaktion zur vergleichenden Anatomie. In ihr findet seine frühentwickelte Fähigkeit, menschliche Charaktertypen in ihren verschiedenen Ausdrucksformen erkennen zu können, ein weites Feld. Ganz in Goethes Sinn geht es ihm vor allem darum, praktischen Beobachtungssinn und philosophischen Geist, empirische Vielfalt und ganzheitliche Konstruktion zusammenspielen zu lassen, um den «allgemeinen Typus» (G. S. I, 378) des Menschen als ein Ideal herauszuarbeiten, zu dem sich die empirischen Individuen heranbilden sollten. Aber er gibt dabei noch einmal nachdrücklich zu bedenken, dass diese allgemeine Humanität nur die Möglichkeit einer Harmonie anzeigt, welche die «hauptsächlichste Thatsache» nicht außer Kraft setzen kann: den Unterschied der Geschlechter. (G. S. I, 400–410)

Am 21. April 1821 trägt Humboldt in der Akademie der Wissenschaften zu Berlin seine Gedanken *Über die Aufgabe des Geschichtsschreibers* vor, für die er mit Goethes Zustimmung rechnet: «Das Geschäft des Geschichtsschreibers in seiner letzten, aber einfachsten Auflösung ist Darstellung des Strebens einer Idee, Daseyn in der Wirklichkeit zu gewinnen.» (G. S. IV, 56) Diese nicht unmittelbar wahrnehmbare Idee dürfe jedoch nicht als geistreicher Einfall der Geschichte wie eine fremde Zugabe geliehen werden. Sie könne nur am lebendigen Reichtum der mannigfachen einzelnen Begebenheiten selbst erkannt werden, gleichsam wie die ganzheitliche Gestalt, die ein Künstler in den Erscheinungen rein aufzunehmen begabt ist. Die Niederschrift seines Akademie-Vortrags schickt Humboldt am 18. März 1822 an Goethe, wobei er ihm brieflich mitteilt: «Es wird Ihnen vielleicht eine sonderbare Grille scheinen, die Geschichte gerade mit der Kunst zu vergleichen. Allein in mir liegt diese Idee schon lange, und sollte nicht auch wirklich etwas sehr Ähnliches in der Darstellung menschlicher Gestalt und menschlicher Handlungen liegen? In dem, was ich über die Kunst selbst sage, darf ich noch eher auf Ihre Übereinstimmung rechnen. Nur wenn die Gestalt von innen heraus aufgefaßt wird, kann sie wieder in ihrem Ganzen dargestellt werden.»[61]

Doch am stärksten wirken die klassischen Maximen von 1794/95 in Humboldts eigentlichem Lebenswerk nach, dessen Programm er am 29. Juni 1820 in der Berliner Akademie vorträgt: *Über das vergleichende Sprachstudium in Beziehung auf die verschiedenen Epochen der Sprachentwicklung*. Damit zieht er das Resümee aus einer zwanzigjährigen Sprachforschung und legt zugleich die Leitlinien einer sprachwissenschaftlichen und -philosophischen Arbeit fest, der er die letzten fünfzehn Jahre seines Lebens in der Einsamkeit des Tegeler Familienschlosses widmen wird. Und auch dabei folgt er programmatisch den Ideen, die im Mittelpunkt seiner Gespräche mit Goethe, Schiller und seinem Bruder Alexander gestanden haben.

Mit seinen Ansichten der Sprache[62] greift Humboldt vor allem die Gedanken einer organischen Ganzheit und einer bildenden Kraft auf, die ihnen allen durch Kant bekannt geworden sind. Humboldt überträgt sie von der Naturforschung in das Sprachstudium und zieht daraus die Konsequenz: «Unmittelbarer Aushauch eines organischen Wesens in dessen sinnlicher und geistiger Geltung, theilt die Sprache darin die Natur alles Organischen, dass Jedes in ihr nur durch das Andre, und Alles nur durch die eine, das Ganze durchdringende Kraft besteht.» (G. S. IV, 3)

Konkretisiert hat diese Idee zur Folge, dass sich Humboldt auf den Sprachbau konzentriert, sei es einer Einzelsprache in ihrer Individualität oder der menschlichen Sprache überhaupt in der Vielfalt ihrer Gestaltungsmöglichkeiten. Dabei versucht er, diesen Bau, den er gelegentlich auch «Struktur» nennt, auf jene doppelte Weise klarzumachen, die Goethe in seinem anatomischen *Entwurf* vorgezeichnet hat: Zum einen geht es ihm darum, den inneren Zusammenhang einzelner Sprachen in Monographien darzustellen, wobei er jede Sprache, selbst «die Mundart der rohesten Nation» (G. S. IV, 10), als ein organisches Werk ansieht, das nicht in isolierte Fragmente zerstückelt werden soll. Es kommt ihm darauf an, innerhalb der Einzelsprachen Analogien aufzufinden, einander ähnliche Einheiten also, die sich systematisch zu einem Ganzen ordnen lassen. Deren geregelte Verknüpfung ergibt den grammatischen Satz-Bau, wie er für jede einzelne Sprache charakteristisch ist. – Zum anderen konzentriert Humboldt sich auf den Stellenwert, den bestimmte Einheiten in allen Sprachen besitzen können. Am 3. Juni 1823 verdeutlicht er es vor der Berliner Akademie an der grammatischen Form des Verbs in den amerikanischen Sprachen, sofern es für den «Begriff des Seyns» eine sprachliche Schlüsselrolle spielt.[63] Und am 26. April 1827 trägt er in der Akademie der Wissenschaften seine sprachvergleichenden Ansichten *Ueber den Dualis* vor.

Im Dualis, den Humboldt sprachgeschichtlich aus dem Semitischen und dem Sanskritischen herleitet, sind zwei Personen als eine Einheit gemeint. Diese merkwürdige grammatische Mehrheitsform kommt Humboldts Sprachansichten entgegen. Exemplarisch kann er an ihr den «Urtypus aller Sprachen» (G. S. VI, 26) verdeutlichen. Im Dualis zeigt sich der grundlegende Dualismus von Anrede und

Erwiderung, die Wechselrede von Sprechendem und Hörendem. Diese unabänderliche Zweiheit ist im Wesen der Sprache begründet, in der zugleich die Tendenz zur geselligen Verbindung wirksam ist. So lässt sich am Dualis demonstrieren, wie Zweiheit und Einheit zusammenhängen, wie das Ganze getrennt ist, um sich als gegliedert vereinigen zu können, ganz so, wie es Humboldt in seiner ersten anthropologischen Studie *Über den Geschlechtsunterschied und seinen Einfluß auf die organische Natur* verdeutlicht hat. Jetzt geht es ihm um dessen Auswirkung auf die sprachliche Natur. Das Zusammenfügen von Ich und Du im Dualis wird als grammatischer Ausdruck der sexuellen Grundstruktur verstanden. «Der in seiner allgemeinsten und geistigsten Gestaltung aufgefasste Geschlechtsunterschied führt das Bewusstseyn einer, nur durch gegenseitige Ergänzung zu heilenden Einseitigkeit durch alle Beziehungen des menschlichen Denkens und Empfindens hindurch.» (G. S. VI, 25)

Humboldts Grundthema der Vereinigung des Getrennten hat nicht nur in der besonderen Form des Dualis seinen grammatischen Ausdruck gefunden. Das Zusammenspiel von Verschiedenheit und Abhängigkeit beherrscht seine grundlegende Sprachidee, die er im Verlauf seiner ausgedehnten sprachwissenschaftlichen Forschungen immer deutlicher herausarbeitet. Die Natur der Sprache ist durch das Prinzip der *doppelten Gliederung* bestimmt: In allen Sprachen gibt es gedankliche Einheiten und artikulierte Lautformen. Zusammen bilden sie *Grundzüge des allgemeinen Sprachtypus.* (G. S. V, 364–475) Auch sie sind als sprachtheoretische Analogie zur Geschlechterdifferenz konzipiert. Wie das Männliche und das Weibliche bilden geistige Reflexion und lautliche Artikulation ein gedoppeltes Sein. Sie sind voneinander getrennt und gehören zusammen. Gemeinsam ermöglichen sie die sprachgedankliche Produktivität und liefern den Grund, «dass die Sprache nicht bloss die Bezeichnung des, unabhängig von ihr geformten Gedankens, sondern selbst das bildende Organ des Gedanken ist». (G. S. V, 374)

Nicht zuletzt ist es Humboldt mit seinen Arbeiten und Ideen zur Sprache gelungen, eine Lösung des Problems zu finden, das ihn seit seinen Studienzeiten beschäftigt: Wie hängen Sinnlichkeit und Geist zusammen? Jetzt kann er es am gegenseitigen Zuschnitt von sprachlicher Artikulation und intellektueller Tätigkeit erläutern, der den ganzen Bau der Sprache durchzieht und begründet, dass die lautlichen Äußerungen keine bloßen Geräusche sind und die Gedanken keine reinen Imaginationen, die nur in den einzelnen Köpfen existieren und nicht mitgeteilt werden können. Es ist das lebendige *Ganze* der Sprache, das äußerlichen *sinnlichen* Stoff und innerlichen *geistigen* Sinn harmonisch verbindet und, mit Kant gesagt, alle ihre Teile wechselseitig als Ursache und Wirkung vermittelt. «Damit der Mensch nur ein einziges Wort wahrhaft, nicht als blossen sinnlichen Anstoss, sondern als articulirten, einen Begriff bezeichnenden Laut verstehe, muss schon die Sprache ganz, und im Zusammenhange in ihm liegen. Es giebt nichts Einzelnes in der Sprache, jedes ihrer Elemente kündigt sich nur als Theil eines Ganzen an.» (G. S. IV, 14 f.)

ACHTES KAPITEL

Welch ein Genuß!
Wie Alexander endlich nach Amerika gelangt, und was
er von dort seinem Bruder Wilhelm berichtet

Als Wilhelm von Humboldt 1830 seinen Briefwechsel mit Friedrich
Schiller publiziert, nutzt er die Gelegenheit zu einer ausführlichen
Vorrede. In dieser *Vorerinnerung* (G. S. VI, 492–527) beschreibt er
Schillers Charakter und folgt dem Gang seiner Geistesentwicklung.
Dankbar erinnert er sich an die Jahre 1794 bis 1797, in denen er Schiller nahe war. Er lässt die Zeit lebendig werden, in der sie beide sich mit
abstrakten Ideen beschäftigten, um «alles Endliche in ein grosses Bild
zu fassen, und es an das Unendliche anzuknüpfen». (G. S. VI, 508)
Besonders Kants große Kritiken lieferten ihnen Anregungen, um gemeinsam über Geist und Natur, Form und Stoff, Ideal und Leben zu
philosophieren.

Im Rückblick erscheinen Humboldt diese Jahre als die bedeutendste Epoche in Schillers geistiger Entwicklung. Aber es ist zugleich die
Zeit einer großen «Krise», weil Schiller seine dichterische Produktivkraft untätig sein lässt und sich ausschließlich auf eine «zu mächtig
angewachsene Ideenbeschäftigung» (G. S. VI, 492) konzentriert. Aber
auch Humboldt hat es mit schwierigen Problemen zu tun, seit er am
1. Juli 1795 Jena verlassen hat. Das glückliche Jahr, in dem er zusammen mit Goethe und Schiller forschen, denken und diskutieren konnte, ist zu Ende. Mit seiner Frau und den beiden Kindern (nach der
am 16. Mai 1792 geborenen Tochter Caroline war am 5. Mai 1794 der
erste Sohn Wilhelm zur Welt gekommen) ist er nach Tegel gezogen.
Er muss seiner Mutter zur Seite stehen. Denn Marie Elisabeth von
Humboldt ist schwer erkrankt. Von Tag zu Tag wird sie schwächer. Sie

glaubt, im Winter zu sterben. Das Leiden wird durch ihre Neigung zur Schwermut verstärkt, die nun auch ihren Sohn ergreift. Zwar will er sich durch fleißiges Studium so gut er kann der depressiven Stimmung im mütterlichen Haus entziehen. Doch es gelingt ihm nur für kurze Zeit, wenn er hochfliegende Pläne entwirft, eine Typik des griechischen Geistes skizziert und auch die eigene Epoche zu charakterisieren versucht: *Das achtzehnte Jahrhundert*. (G. S. II, 1–112)

Zunehmend wird er mutloser. Er vermisst die anregenden Gespräche mit Schiller, dem er in zahlreichen Briefen ausführlich seine Situation und Stimmung schildert. Im Schloss Tegel und in Berlin, wohin er im Winter 1795/96 zieht, fühlt er sich zu Freudlosigkeit und Untätigkeit verdammt. Rheumatische Übel plagen ihn, und seine Frau ist ernsthaft an Krämpfen erkrankt. Nur die Kinder sind wohl und munter und können ihren Eltern und der Großmutter ein wenig Freude bereiten. Am 16. Juli 1796, noch immer in Berlin, klagt Wilhelm über die «unangenehme Leere»[1], in die er sich geworfen fühlt und aus der ihn auch seine früheren Bekanntschaften nicht befreien können. Selbst der libertine Genussmensch Friedrich Gentz kann ihn nicht aufheitern.

Alexander, der im Frühjahr 1796 nach Berlin kommt, um bei seiner kranken Mutter zu sein, verlebt hier ebenfalls fünf sehr unglückliche Wochen. Er wird so schwermütig, dass er sein Testament schreibt und beim Berliner Stadtgericht hinterlegt. An Freiesleben in Freiberg schreibt er: «Das Schiksal meiner armen Mutter ist schreklich. Sie leidet fürchterlich am Brustkrebs, und es ist nicht bloß keine Rettung, auch nicht einmal Linderung möglich. Ich glaube, daß sie gegen den Herbst stirbt.» (Jbr., 503) Deshalb will er keine größeren Reisen unternehmen, obwohl es ihn sehr in die Ferne zieht. Schon seit einiger Zeit plant er, mit seinem Freund Reinhard von Haeften nach Italien zu ziehen; und er weiß, dass sein Bruder das gleiche Ziel verfolgt: «Er geht auch mit Weib und Kind hin. Er hängt mehr noch an mir, als ich an ihm, und wenn er auch nicht selbst schon Interesse an Dir fände, so würde doch schon der Gedanke, dass er mich nicht ohne Dich in seiner Nähe haben kann, ihn dankbar an Dich ketten.» (Jbr., 479)

Und dann gibt es auch noch den alten Plan zu einer großen «Amerikanischen Reise», von der er sich das größte Glück erhofft. Doch all das muss aufgeschoben werden, solange seine Mutter noch lebt.

Zurück in Bayreuth, erkrankt Alexander an einem Nessel- und Schleimfieber. Doch nach einigen Wochen hat er die gesundheitliche Krise hinter sich. Erfolgreich führt er Verhandlungen mit den über den Rhein vordringenden Franzosen, um die politische Unabhängigkeit preußischer Gebiete in Württemberg und Franken zu erhalten. Voller Energie konzentriert er sich auf seine wissenschaftlichen Forschungen. Er arbeitet an seinem physikalisch-chemischen Werk über den Muskel- und Nervenreiz, schreibt über Versuche mit dem Lichtstrahl, über neue Gasarten und physiologische Pflanzenreaktionen. Er erforscht die Zusammensetzung der Luft und plant ein großes geognostisches Werk *Ueber die Construction des Erdkörpers im mittleren Europa*. Voller Stolz informiert er Abraham Gottlob Werner, seinen Lehrer an der Freiberger Bergakademie: «Ich kann Sie versichern, daß ich nie so ununterbrochen fleißig, als jezt war, und da ich jezt ganz den Wissenschaften lebe, weiß ich meine Muße einzuteilen.» (Jbr., 561)

Zur gleichen Zeit gerät sein Bruder Wilhelm in eine tiefe Schaffenskrise. Er fühlt sich geistig gelähmt, und oft überfällt ihn «ein solches ängstliches Zweifeln an der Tauglichkeit des Hervorgebrachten, daß ich kaum von der Stelle habe rücken können»[2]. Schiller kann ihm zwar nicht direkt helfen. Aber er kann ihm wenigstens kurz mitteilen, wie er die Sache seines Freundes sieht. Als Begriffsmensch blockiere sich Wilhelm selbst durch «ein Übergewicht des urteilenden Vermögens über das frei bildende»[3]. Sein kritisches Urteil zerstöre die schöpferische Erfindungskraft. Deshalb solle er steigern, wozu sein Wesen neige: scharfe Urteilskraft und ausgeprägte Genussfähigkeit.

Kaum hat er Schillers Brief gelesen, entscheidet sich Humboldt, mit seiner Frau und den Kindern eine Reise zu unternehmen. Länger als ein Jahr hat er mit seiner Mutter gelitten. Jetzt will er endlich einmal das Meer sehen, wieder Freunde und Bekannte besuchen, neue Anregungen bekommen, das Leben ein wenig genießen. Anfang

August 1796 beginnt die Reise durch Norddeutschland. Zu weit von der Mutter, der es etwas bessergeht, will er sich nicht entfernen, und so ist die kleine Reisegruppe einige Wochen vor allem an der Ostseeküste unterwegs. Wieder in Berlin zurück, schreibt Humboldt sofort an Schiller: «Ich habe sehr viel Vergnügen unterwegs genossen.»[4] Das Reisetagebuch (G. S. XIV, 258–352) zeigt ihn auf der Höhe seiner ästhetischen und charakterologischen Urteilsfähigkeit. Anschaulich beschreibt er die Landschaften, besonders die Insel Rügen, und mit klarem Blick erfasst er die Personen, die er auf seiner Reise besucht, unter anderen Johann Heinrich Voß, Johann Georg Schlosser, Friedrich Gottlieb Klopstock, Matthias Claudius und Friedrich Heinrich Jacobi, den er in Hamburg trifft: «Die Hauptzüge in ihm sind unverkennbar etwas Edles und Grosses, das aber manchmal in Stolz und auch wohl in Eitelkeit ausartet, und eine gewisse Geistigkeit, die sowohl das Körperliche, als das durch den Verstand bloss in Begriffen Construirte verschmäht. Daraus mag es entstehen, dass er in seinen Empfindungen und vorzüglich in dem Ausdruck derselben etwas Fremdartiges, auf den ersten Anblick nicht Natürliches hat.» (G. S. XIV, 347)

Die Reise hat sein Vertrauen in die eigene geistige Produktivität gestärkt. Doch schon bald sieht es wieder schlimm aus. Caroline ist erkrankt, und ein Aderlass hat sie noch mehr ermattet. «Der Arzt rät ihr sehr, ihre Rückkunft in Jena, da sie einmal nicht hierbleiben kann, zu beschleunigen.»[5] Mit seiner kranken Frau und den beiden Kindern verlässt Humboldt Ende Oktober seine leidende Mutter, die sich nach ärztlicher Auskunft nicht in ganz naher Todesgefahr befinden soll. Anfang November, nach fünfzehn krisenreichen Monaten, ist er wieder zurück in Jena.

Zwei Wochen später, am 14. November 1796, stirbt in Tegel Marie Elisabeth von Humboldt im Alter von 55 Jahren. Ihre beiden Söhne aus zweiter Ehe sind nicht bei ihr. Auch an der Beisetzungsfeier in der Dorfkirche von Falkenberg nehmen sie nicht teil. Es scheint, als fühlten sie sich befreit durch diesen Tod, der sie nicht unvorbereitet getroffen hat. Ihre Trauer hält sich in Grenzen. Sie sind nicht betroffen, sondern eher erleichtert, dass das Leiden ihrer unglücklichen Mutter endlich zu Ende ist. «Du weißt, mein Guter», schreibt Alexander an Freiesleben, «daß mein Herz von dieser Seite nicht empfindlich getroffen werden konnte. Wir waren uns von je her fremd; aber wen hätte das unselige endlose Leiden der Verschiedenen nicht rühren sollen.» (Jbr., 553) Ähnlich hat es Wilhelm empfunden, dem die Gefühlswelt seiner Mutter zeitlebens verschlossen gewesen ist.

Der Tod ihrer Mutter verstärkt die Reiselust der beiden Brüder. Keine familiären Bande halten sie in Preußen. Alexander beschließt, «allein dem Studium der Natur zu leben»[6] und sich voll und ganz auf seine große wissenschaftliche Expedition vorzubereiten. Ende 1796 verlässt er den Staatsdienst und zieht zu seinem Bruder nach Jena. Bald gerät er in finanzielle Schwierigkeiten. Denn es dauert einige Monate, bis der treue Kunth mit väterlicher Fürsorge die Teilung der Erbschaft zwischen den beiden Humboldts und ihrem Stiefbruder von Holwede organisiert hat. Besonders strittig ist der geplante Verkauf von Tegel, das am Ende doch im Besitz von Wilhelm von Humboldt bleibt. Goethe muss den beiden Brüdern finanziell unter die Arme greifen, «damit wir flott werden». (Br. II, 71) Er hilft ihnen gern. Doch dann ist alles geregelt.[7] Alexander und Wilhelm von Humboldt sind vermögend und können nun endlich ungebunden die großen Reisepläne verwirklichen, die sie schon seit einiger Zeit geschmiedet haben.

Wilhelm will mit seiner Familie (am 19. Januar 1797 ist das dritte Kind, Theodor, geboren worden) nach Italien, um auf den Spuren von Goethes Italienischer Reise die antike Aura, vor allem in Rom, nacherleben zu können. Er hofft, dort etwas Produktives ausarbeiten zu können, was seiner Vorstellung eines klassisch-harmonischen Werks entspricht. Goethe denkt daran, mitzureisen. Da will auch Alexander dabei sein. Doch stärker als die römischen Gebäude und Denkmäler interessieren ihn die italienischen Vulkane. Längerfristig plant er, Europa für mehrere Jahre zu verlassen und eine wissenschaftliche Expedition nach Amerika zu unternehmen. Aber zuvor will er noch Ätna, Stromboli und Vesuv näher untersuchen, um sich ein genaues Bild der vulkanischen Naturkräfte machen zu können, und sich auch in praktischer Astronomie weiterbilden, vor allem mit Sextantenbeobachtungen zu genauen geographischen Ortsbestimmungen, die er später benötigen wird. «Meine Reise ist unerschütterlich gewiss. Ich präparire mich noch einige Jahre und sammle Instrumente, ein bis anderthalb Jahre bleibe ich in Italien, um mich mit Vulkanen genau bekannt zu machen, dann geht es über Paris nach England, wo ich leicht wieder ein Jahr bleiben könnte (denn ich eile schlechterdings nicht, um recht präparirt anzukommen), und dann mit englischem Schiff nach Westindien. Erlebe ich das Ende dieser Plane nicht, nun so habe ich wenigstens thätig begonnen und die Lage genutzt, in die mich glückliche Verhältnisse gesetzt haben.» (Jbr., 560)

Es kommt anders, als Alexander von Humboldt geplant hat. Italien und England werden nicht besucht. Doch das Reiseziel «Westindien», womit er nicht allein die Inselwelt der Karibik meint, sondern das tropische und subtropische Mittel- und Südamerika, wird er schließlich erreichen, obwohl auf unvorhersehbaren Umwegen und erst im Juli 1799.

Zielstrebig bereitet er sich auf dieses westindische Abenteuer vor, mit dem er sich seinen Kindheitstraum erfüllen will. Im Frühjahr 1797 beginnt er nicht nur sich zu «präparieren», indem er seine physikalischen und chemischen Messtechniken perfektioniert und den Spiegelsextanten sicher zu verwenden lernt. In Jena besucht er vor allem einen anatomischen Privatkurs bei Loder, wo er sich im Sezieren und Präparieren weiterbildet. Auch ein armer Bauer und seine Frau, die vom Blitz erschlagen worden sind, geraten unter sein Messer. «Ich habe den Mann zum Theil selbst seciert. Es war wieder merkwürdig darum, wie gewaltig die Knochen die Elektrizität leiten. Das Hinterhauptbein war vom Blitz wie von Schrotkörnern durchbohrt! Auch trat schon nach 12 Stunden Fäulnis ein.» (Jbr., 580) Ununterbrochen arbeitet er, um sich für sein großes Reise- und Forschungsvorhaben vorzubereiten. «Freilich kann ich nicht existiren, ohne zu experimentiren, aber der eigentlich Zweck meines Treibens ist es jetzt nicht.» (Jbr., 579)

Ende Mai 1797 bricht Alexander mit seiner Schwägerin von Jena nach Dresden auf, wo er sich mit seinem Bruder treffen will, um dann gemeinsam nach Italien zu reisen. Es ist eine sonderbare Gesellschaft, wie Caroline ihrem Bill schreibt, der unterdessen in Berlin mit der endgültigen Regelung der Erbschaftsangelegenheiten beschäftigt ist. «Es geht recht gut mit dem Fahren. Alexander saß mit in meinem Wagen, weil Haeftens, die doch ein Kind weniger haben, so gut wie keine Leute, Sachen und dreimal mehr Platz zu bequemen und geräumigen Packen, eine solche Packerei bis in den Wagen hatten, dass schlechterdings kein Platz für Alexander mehr da war. Wie gefällt Dir das? Künftig werden sie doch ein andres Arrangement machen müssen.» (Br. II, 72) Wilhelm wird die merkwürdige Beziehung nicht gefallen haben, auf die sich sein Bruder eingelassen hat. Reinhard von Haeften, der seinen Abschied vom Militär genommen hat und Christiane, geschiedene von Waldenfels, geheiratet hat, ist mit seiner Frau und ihren beiden Kindern mit von der Partie.[8]

Doch was soll Wilhelm gegen diese befremdliche Anhänglichkeit seines Bruders unternehmen, die sich bis zur totalen Abhängigkeit zu steigern droht, nur um den geliebten Reinhard glücklich zu sehen? Schließlich kennt er selbst ein solches Arrangement, seit sich seine geliebte Lina in einen Dritten verliebt hat, der ebenfalls auf der Reise in den Süden dabei ist. Mehrere Jahre zuvor hat er es Georg Forster angekündigt, dass er niemals das Glück und die Empfindung seiner Frau zerstören oder entweihen würde, sollte sie nicht in ihm, sondern in einem Dritten das finden, worin sie ihre ganze Seele versenken möchte.[9] Jetzt wird sein Versprechen auf die Probe gestellt. Friedrich Wilhelm von Burgsdorff, ein charmanter märkischer Adliger, den das Ehepaar Humboldt 1796 in einem Berliner Salon kennengelernt hat, ist in ihre Zweisamkeit eingebrochen und in Jena zum Dauergast geworden. Humboldt ist nicht verborgen geblieben, was Caroline (am 1. Dezember 1796) ihrer Freundin Rahel Levin vertraulich gesteht: «Sie wissen nun auch gewiß recht innig wie es mir ist in seinem Anschaun, seiner Nähe, wie sein Wiedersehn eine Fülle von Glük und Leben für mich aufschloß. (…) Meine süße Kleine, bewahren Sie es tief in Ihrem Herzen wie ich ihn liebe, wie ich ihn verbunden fühle mit dem Besten in mir.»[10]

Eine sonderbare Karawane begibt sich auf den Weg nach Italien. Da Caroline wieder erkrankt ist und sich in Dresden erst erholen muss, bricht Alexander mit den Haeftens zuerst auf in Richtung Wien. Wilhelm und Caroline mit ihren drei Kindern, begleitet von Burgsdorff und dessen Freund, dem Maler und Bildhauer Christian Friedrich Tieck, reisen etwas später. Burgsdorff wundert sich über Alexanders Freundschaft mit den Haeftens, die ihm zu beweisen scheint, wie wenig sich der Naturwissenschaftler mit Menschen auskennt. Caroline ist nicht nur «ganz, wie Sie sie kennen, reich an Freude und Schmerz»[11], sondern auch gefühlsmäßig zwischen ihrem Mann und ihrem Freund hin- und hergerissen. Alexander mokiert sich über das vertraute Verhältnis zwischen seiner Schwägerin und dem leichtlebigen Burgsdorff. Und Wilhelm studiert den Wiener Volkscharakter, dessen Pikanterie auf ihn eine angenehme Wirkung ausübt. Auch einige amouröse Erlebnisse lässt er sich nicht entgehen. Die Wienerinnen und Wiener seien viel fröhlicher und humorvoller, in ihrem Verhalten leichter und gewandter als die Menschen im nördlichen Deutschland. Bedauert er seine eigene Stimmung, in die ihn die ständige Anwesenheit dieses «Dritten» versetzt, der auch zu den Kindern ein herzliches Verhältnis hergestellt hat? «Sie tanzen, springen, reiten mit ihm und lassen sich wacker herumtragen.» (Br. II, 43 f.)

Eigentlich soll Wien nur eine kurze Zwischenstation sein. Doch jetzt müssen sie die Klärung der politischen Verhältnisse in Italien abwarten. Das Land ist ihnen verschlossen. Der ehrgeizige General Napoleon Bonaparte hat mit der Französischen Revolutionsarmee große Teile Nord- und Mittelitaliens erobert. Es herrscht Unruhe in der Bevölkerung. Dieser Situation will Wilhelm seine Familie nicht aussetzen. Schon die Reise bis Rom wäre äußerst unsicher, und an eine ruhige Existenz in der italienischen Metropole ist nicht zu denken. Am 5. September schreibt Humboldt an Goethe, «daß der Weg gefährlich, der Aufenthalt prekär und der Genuß höchst gestört sein würde»[12]. Auch Alexander weiß nicht recht weiter. «Der kriegerische und revolutionäre Zustand in Italien entfernte jede Idee des Genusses einer wissenschaftlichen Reise.»[13] Er nutzt die Zeit zu physiologischen Pflanzen- und Tierexperimenten, besucht berühmte Mediziner und Naturwissenschaftler und schreibt den zweiten Band seiner *Versuche über die gereizte Muskel- und Nervenfaser* zu Ende. In den Gewächshäusern des nahegelegenen Schönbrunn studiert er eine große Zahl westindischer Pflanzen, die sein Verlangen nach den Tropen steigern. Er «präpariert» sich für seine amerikanische Reise.

Wilhelm entschließt sich, mit seiner Familie nicht nach Rom, sondern nach Paris zu ziehen. Das ist ungefährlich, weil Preußen und Frankreich einen Separatfrieden geschlossen haben und der neue preußische König Friedrich Wilhelm III. ein überzeugter Kriegsgegner ist, dem die Bewahrung des Friedens und der Ruhe eine Herzensangelegenheit ist. Am 11. Oktober reist die Familie aus Wien ab, begleitet von Burgsdorff und Tieck. Alexander will noch einige Zeit in Österreich bleiben, in der Hoffnung, dass sich die italienischen Verhältnisse beruhigen. Die Trennung fällt den Brüdern schwer. Sie haben sich sehr nahe gefühlt nach dem Tod ihrer Mutter. Wenige Tage nach Wilhelms Abreise schreibt Alexander an Carl Freiesleben: «Ich bin leider wieder von Wilhelm getrennt. Mein Bruder, meine Schwägerin und *also* auch Burgsdorf und der Bildhauer Dyk sind vor 4–5 Tagen nach Paris über München, Schafhausen, Zürich, Basel abgereist. Sie kommen den 26. Nov. in Paris an. Für Wilhelm war dieser Entschluß der vernünftigere. Nun ist Italien jezt so tumultuarisch und Postpferdelos, dass niemand hin kann. Er denkt, 1 Jahr oder 2 in Paris zu bleiben und dann durch das südliche Frankreich nach Italien zu gehen. *Haeftens* und ich, wir warten den Tumult ab und bleiben wahrscheinlich den Winter in Salzburg.» (Jbr., 592)

Am 26. Oktober kommt Alexander von Humboldt in Salzburg an. In den kommenden Monaten führen die Haeftens ihr eigenes Leben. Für Humboldt wird eine andere Person wichtig. Leopold von Buch, mit dem er an der Freiberger Bergakademie bei Abraham Gottlob Werner studiert hat, kommt ihn besuchen. Mehrere Monate erforschen sie gemeinsam die Alpenwelt. Sie wandern über die Kämme der

Hohen und Niederen Tauern, stellen eine geognostische Übersicht des österreichischen Salzkammerguts her, führen Höhenmessungen, meteorologische Beobachtungen, geographische Ortsbestimmungen und eudiometrische Luftanalysen durch. Fünf Monate leben sie in «tiefer, einsiedlerischer Einsamkeit, aber arbeitsamer und glüklicher in Versuchen als je. (…) Ich habe eine große Menge neue *facta* zusammen und schreibe jezt ununterbrochen daran.» (Jbr., 629 f.) Aber das ist kein Glück des erfüllten Augenblicks. Selbst in den eisigen Alpen bereitet Alexander sich auf die Tropen vor, in die es ihn treibt. Doch wie will er sein Ziel erreichen?

Während er sich in Salzburg aufhält, macht ihm unerwarteterweise «der alte und *tolle* Lord Bristol» (Jbr., 661), 4th Earl of Bristol und Bischof von Derry, ein reicher, vergnügungssüchtiger Exzentriker, den Vorschlag, ihn auf einer Reise nach Ägypten zu begleiten. Humboldt sagt zu. Er ist des ständigen Aufschubs seiner westindischen Reise müde. Außerdem hofft er, im Orient auch das Palmenklima zu finden, das er sucht. Doch auch daraus wird nichts. Napoleons militärische Expedition nach Ägypten verhindert die Reise. Lord Bristol wird in Mailand verhaftet und beschuldigt, wegen politisch-militärischer Interessen Englands nach Ägypten gehen zu wollen. Humboldt ist enttäuscht und stellt melancholisch fest: «Man ist an allem gehindert. Die Welt wird versperrt.» (Jbr., 631)

Er will handeln und sich nicht dem Schmerz überlassen. Ende April 1798 reist er nach Paris zur Familie seines Bruders, wo er am 12. Mai ankommt. Er weiß die Zeit zu nutzen. Er nimmt Kontakt zu den wichtigsten Wissenschaftlern auf, mit denen er sich sofort gut versteht. Er erweitert sein botanisches, chemisches, anatomisches und astronomisches Wissen und vervollständigt seine Instrumentensammlung. Am französischen National-Institut (Institut de France) hält er einige wissenschaftliche Vorträge: über die Analyse von Gasen, seine Studien zur chemischen Physiologie der Pflanzen und seine galvanischen Experimente. Schnell findet er Anerkennung durch die Elite der französischen Gelehrten. Und dann erlebt er in der Pförtnerloge des «Hotel Boston» einen der glücklichsten Zufälle seines Lebens: Er trifft den vier Jahre jüngeren Mediziner und Botaniker Aimé Bonpland. «Er hat auf der Flotte gedient, ist sehr stämmig, muthig, gutmüthig und in der *anatomica comparata* sehr geschickt.» (Jbr., 662) Bonpland soll den Marineoffizier Thomas-Nicolas Baudin auf einer vom französischen Direktorium geplanten Reise um die Welt begleiten. Doch fehlende Finanzmittel führen zum Aufschub der Expedition. «Das war ein Blitzstrahl für Herrn Bonpland und mich. Ich griff sofort auf mein afrikanisches Projekt zurück. Ich glaubte, über Ägypten nach Ostindien gehen zu können. Da ich keine Forschungsreise auf Kosten einer Regierung machen konnte, beschloß ich, sie aus meinen eigenen Mitteln zu bestreiten. Ich lud Herrn Bonpland ein, mich zu begleiten.»[14] Bonpland lässt sich auf das Abenteuer ein. Eine schwedische Fregatte, die in Marseille erwartet wird, soll sie nach Algier bringen, von wo sie mit einer Karawane durch die Wüste nach Kairo gelangen wollen.

Am 20. Oktober 1798 verlässt Alexander zusammen mit Bonpland Paris. Die Trennung fällt den Humboldt-Brüdern schwer. Fünf Monate lang sind sie zusammen gewesen und haben mit Freude gemeinsam am kulturellen und wissenschaftlichen Pariser Leben teilgenommen. Es ist ein bewegender Augenblick. Beinahe verliert Alexander die Haltung, als ihm seine Schwägerin den kleinen Theodor zum Abschied emporhebt. Er blickt Bonpland an, mit dem er diese lange Reise unternehmen will. Ist er der richtige Gefährte, auf den er sich auch in schwierigen Situationen wird verlassen können? Am längsten sehen sich die Brüder an. Alexander freut sich, dass sein Bruder heiter ist und ihm Mut macht: Alexander sei dazu gemacht, diese Reise zu unternehmen, und er sei sich sicher, dass sie sich wieder sehen werden. Dann geht es mit der «Diligence», der Postkutsche, ab nach Marseille.

Zwei Tage später schreibt Wilhelm am 22. Oktober an Friedrich August Wolf: «Mein Bruder ist leider vorgestern von hier abgereist. Seine Abreise hat mich unendlich geschmerzt. Wir hatten die letzten Monate hier in demselben Haus gewohnt, alle Mittag zusammen gegessen, meist dieselben Gesellschaften besucht, kurz im eigentlichen

Verstande miteinander gelebt, und nachdem wir so alles Angenehme des ungestörten Beisammenseins in vollem Masse genossen hatten, musste diese Trennung folgen, die noch dazu höchst wahrscheinlich nicht weniger als kurz sein dürfte.»[15]

In Marseille erleben Humboldt und Bonpland die nächste Enttäuschung. Die erwartete Fregatte trifft nicht ein. So sitzen sie also in der Provence fest. Das Land, vor allem das Klima, finden sie herrlich. Aber der Anblick des Meeres mahnt sie ständig an ihre zerstörten Hoffnungen. Sie müssen improvisieren. «Voller Verdruß begab ich mich mit Herrn Bonpland nach Spanien, um ein Paketboot zu benutzen, das von Zeit zu Zeit von Cartagena nach Tunis fährt; ich hielt an diesem Afrika-Projekt fest.»[16]

Die Entscheidung, nach Madrid zu gehen, ist ein Glücksfall. Denn durch die Vermittlung des Ersten Staatssekretärs von Spanien, Don Mariano Luis de Urquijo, den Humboldt während seiner Reise mit Georg Forster 1790 in London als spanischen Gesandtschaftssekretär kennengelernt hat, wird er dem spanischen König Karl IV. vorgestellt, der den jungen Preußen mit ausgezeichnetem Wohlwollen empfängt und ihm als Privatperson das Recht zubilligt, eine wissenschaftliche Reise durch die spanischen Kolonien zu unternehmen. Er erhält einen Pass, der bestimmt, «gemäss dem Entschlusse des Königs (den Gott erhalten möge) dem Hrn. *Alexander Friedrich* Freiherrn *von Humboldt*, Oberbergrath Sr. Majestät des Königs von Preussen, zu gestatten, in Begleitung seines Gehülfen oder Secretärs *Alexander Bonpland* nach Amerika und andern überseeischen Besitzungen seines Reichs zu gehen, um seine bergmännischen Studien fortzusetzen und für den Fortschritt der Naturwissenschaften werthvolle Sammlungen, Beobachtungen und Entdeckungen zu machen». Kein Hindernis soll ihnen im Wege stehen. Vielmehr soll man ihm und seinem Begleiter «alles zu Gefallen thun, ihnen jede Hülfe und jeden Schutz, den sie brauchen, gewähren»[17].

Von Madrid reisen Humboldt und Bonpland nach La Coruña, von wo sie sich nach der Insel Kuba einschiffen wollen. Im Juni 1799 soll die «Pizarro» ablegen, um die Post nach Kuba und Mexiko zu bringen. Die Einschiffung verzögert sich um zehn Tage. Das Wetter ist schlecht, und vor der Küste kreuzen englische Kriegsschiffe, um die Verbindung zwischen Spanien und seinen Überseekolonien zu unterbrechen. Humboldt und Bonpland nutzen den Aufschub, um ihren Freunden in Deutschland und Frankreich zu schreiben. «Der Augenblick, wo man zum ersten Mal von Europa scheidet, hat etwas Ergreifendes.»[18] Das große Abenteuer in der fernen und fremden Natur, nach dem sich Humboldt seit seinen Kindertagen sehnt, steht kurz bevor. Wird er ihm gewachsen sein? Und hat er sich genügend Kenntnisse und Fähigkeiten angeeignet, um das Zusammen- und Ineinanderwirken aller Kräfte im Ganzen der Natur erforschen zu können? Selbstkritisch gibt er zu bedenken: «Ich weiß wohl, daß ich meinem großen Werke, über die Natur, nicht gewachsen bin, aber dieses ewige Treiben in mir (als wären es 10 000 Säue) wird nur durch die Richtung nach etwas Großem und Bleibendem erhalten.» (Jbr., 657 f.)

Doch dieser Zweifel schmälert nicht die ungeheure Freude, die Humboldt in diesem Augenblick empfindet, und voller Hoffnung schreibt er an seinen geliebten Jugendfreund Carl Freiesleben: «Welch ein Glük ist mir eröfnet! Mir schwindelt der Kopf vor Freude. Ich gehe ab mit der spanischen *Fregatte Pizarro*; wir landen vorher in den *Canarien* und an der Küste *Caraccas* in Süd-Amerika. (…) Welchen Schaz von Beobachtungen werde ich nun nicht zu meinem Werke über die Construction des Erdkörpers sammeln können! Von dort aus mehr, mein guter Herzensfreund. Der Mensch muß das Gute und Große wollen. Das Uebrige hängt vom Schiksal ab.» (Jbr., 680)

Am Abend des 5. Juni 1799 verlässt Alexander von Humboldt den Alten Kontinent. Das Licht einer kleinen Fischerhütte, das mit zunehmender Entfernung mit dem Licht der Sterne verschmilzt, die am Horizont aufgehen, ist das Letzte, was er von Europa sieht. «Dergleichen Eindrücke vergißt einer nie, der in einem Alter, wo die Empfindung noch ihre volle Tiefe und Kraft besitzt, eine weite Seereise angetreten hat. Welche Erinnerungen werden in der Einbildungskraft wach, wenn so ein leuchtender Punkt in finsterer Nacht, von Zeit zu

Zeit aus den bewegten Wellen aufblitzend, die Küste des Heimat-
landes bezeichnet!»[19]

Fünf Jahre und zwei Monate später, am 3. August 1804, wird er in
Bordeaux wieder europäischen Boden betreten. Wir können ihm nicht
auf seiner *Reise in die Äquinoktial-Gegenden des Neuen Kontinents* begleiten, die er selbst anschaulich geschildert hat und die auch von
anderen ausführlich nacherzählt worden ist.[20] Stattdessen wollen wir
nachlesen, was er von unterwegs in sechs *Amerikanischen Briefen* seinem Bruder Wilhelm berichtet hat[21], der währenddessen in Paris lebt,
zwei längere Reisen durch Spanien unternimmt und ab 1802 in Rom
als Preußischer Resident beim Vatikan arbeitet.

Teneriffa, den 23. Juni 1799, abends: «Gestern Nacht kam ich vom Pik
zurück. Welch ein Anblick! Welch ein Genuß! Wir waren bis tief im
Krater, vielleicht weiter als irgend ein Naturforscher.» (S. 22)

Das schlechte Wetter und eine ausgedehnte Nebelbank vor der
Küste haben geholfen, die Blockade der englischen Kriegsschiffe zu
durchbrechen. Zehn Tage später hat die «Pizarro» die marokkanische
Küste erreicht. Dann noch eine kurze Fahrt, und sie sind auf den
Kanarischen Inseln. «Unendlich glücklich bin ich auf afrikanischem
Boden angelangt» (S. 21), schreibt Humboldt, geographisch korrekt,
an seinen Bruder. Unterwegs ist er nicht untätig gewesen. Zwar haben
ihn besonders die prächtigen mondhellen Nächte verzaubert, und
kaum hat er seinen Blick vom Leuchten des Meeres und der Sterne
lösen können. Doch er hat auch viele wissenschaftliche Beobachtungen und Messungen angestellt, über die Qualität der Luft, die Temperatur und Strömung des Meerwassers, die Stellung der Gestirne.
Zusammen mit Bonpland hat er Medusen (Quallen) untersucht
und ein sonderbares zylinderartiges Weichtier, die «Dagysa notata»,
galvanisiert. «Umsonst versuchte ich die galvanische Elektrizität
an diesen Weichtieren: sie brachte keine Kontraktion hervor.»[22] Aus
100 Meter Tiefe fischen sie eine unbekannte, weinblättrig grüne
Pflanzenart empor.

Auf Teneriffa werden sie freundlich empfangen und bewirtet. Der königliche Pass bewirkt Wunder. Aber sie wollen sich nicht gesellig amüsieren, sondern unbedingt den riesigen Vulkan besteigen, den «Pic de Teide», dessen Anblick «wirklich großartig» ist.[23] Am 21. Juni beginnen sie mit dem Aufstieg, wobei sie etwas feststellen, das folgenreich für Humboldts Idee der Pflanzengeographie sein wird: In der Vertikale des Berges finden sie gestaffelt, was in der Horizontale der Erde ausgebreitet ist. Die Abnahme der Temperatur, der Luftdichte und des verfügbaren Wassers führt zu verschiedenen Vegetationszonen, die wie Stockwerke übereinandergelagert sind: von der Zone der Reben über die des Lorbeers, der Kiefern und des Ginsters bis zur Zone der Gräser.

Schließlich haben sie die Botanik hinter sich gelassen und sind, nach einer eisig kalten Nacht, die sie unter zwei überhängenden Felsen in 3000 Meter Höhe zubringen, auf dem Gipfel angelangt. Es ist der 22. Juni 1799. Der Blick über den Kraterrand fasziniert Humboldt. An Ort und Stelle setzt er sich auf einen winzigen Platz aus erstarrter Lava und zeichnet, was er sieht: seinen *Blick ins Kraterinnere des Pic von Teneriffa*, den er später als Tafel LIV in seine *Vues de Cordillères* (Ansichten der Kordilleren) aufnehmen wird, da er sich gut in den *Pittoresken Atlas* seiner Tropenreise einfügt.[24] Es ist die Ansicht, die ihn begeistert. Dafür nimmt er alle Gefahren auf sich. Er erträgt die eisige Kälte in der Höhe und die Hitze, als er in den Krater hineinsteigt. «Im Krater brannten die Schwefeldämpfe Löcher in unsre Kleider.» (S. 22) An den Seiten bricht glühende Lava aus, die Humboldt mineralogisch als geschmolzenen Basalt identifiziert. Vermutlich haben gegen die Neptunisten doch die Vulkanisten recht, wenn sie die Basaltentstehung auf vulkanische Aktivitäten zurückführen!

«Gott, welche Empfindung auf dieser Höhe (11 500 Fuß)!» (1 Pariser Fuß = 32,5 cm.) Welch ein Anblick! Sie befinden sich 3738 Meter über dem Meeresspiegel. Über sich haben sie die dunkelblaue Himmelsdecke, unter sich die Lavaströme, die einen Schauplatz der Verwüstung erzeugt haben, bis tiefer unten dann die Zone der Wälder und der Reben beginnt, und schließlich «wie eine Landkarte unter uns» (S. 22) das weite Meer mit allen sieben kanarischen Inseln.

Humboldt misst den Luftdruck und die Temperatur, er analysiert die Zusammensetzung der Gase und Gesteine. Doch glücklich macht ihn seine sinnliche Wahrnehmung. Er ist überwältigt durch die Größe der Natur und die unermessliche Fülle ihrer malerischen Reize.

«Welch ein Genuß!», schreibt Alexander an Wilhelm, bevor er ihm die Gefahren auf der Spitze des Pic schildert, um ihm ein wenig Angst zu machen. Er hat das Wort bewusst und nicht ohne Hintersinn gewählt. Das ästhetische Geschmacksurteil richtet er an und gegen seinen Bruder. Denn er kennt seinen Bruder ja als einen Genießer, der die sinnliche Lust zu schätzen weiß. Aber er weiß auch, dass Wilhelm eine besondere Vorliebe für das *Schöne* hat, so wie es Kant in seiner *Kritik der Urteilskraft* analysiert hat. Schön sind die angenehmen Dinge, die ohne besonderes Interesse allgemein und notwendig gefallen. Schön sind die wohlgestalteten Figuren, bei denen Form und Stoff harmonisch zusammenspielen. Kant lobt den Unbekannten, der zuerst die Frauen treffend «unter den Namen des *schönen Geschlechts* begriffen» hat, und er will beobachtet haben, dass die «*Geschlechterliebe*» hauptsächlich Züge des Schönen an sich hat.[25]

Auch Alexander hat seinen Kant gelesen. Aber viel stärker als das Schöne fasziniert ihn das Erhabene, das zwar dem schönen Wohlgefallen widerstreitet, aber dennoch Genuss bereiten kann. Kant hat es an typischen Beispielen erläutert, die er vor allem aus dem Bereich der dynamisch-erhabenen Natur bezieht. Erhaben sind die unendlichen Weiten des Weltalls; ungestaltete Gebirgsmassen, in wilder Anordnung übereinandergehäuft, deren beschneite Gipfel sich über die Wolken erheben; am Himmel sich auftürmende Donnerwolken, mit Blitzen und Krachen einherziehend; der grenzenlose Ozean, in aufbrausende Empörung versetzt; die Einöden der Wüsten und Steppen; überhängende, drohende Felsen; tiefe Abgründe und darin tobende Gewässer; hohe Wasserfälle und mächtige Ströme; und, mehr als alles andere, «Vulkane in ihrer ganzen zerstörenden Gewalt»[26].

Alexander von Humboldt neigt zur Ästhetik des Erhabenen. Er genießt den Anblick einer Natur, deren Macht und Größe sich nicht instrumentell messen lassen, sondern den ästhetischen Sinn des empfindsamen Menschen ansprechen, auch wenn sie seine Sinne zu überwältigen drohen. In dieser Hinsicht folgt er Kants *Analytik des Erhabenen*. Er geht jedoch weiter als der Philosoph aus Königsberg, der seine Heimatstadt kaum verlassen hat und gern auf kleine Segelausflüge auf der Ostsee verzichtete, nachdem er einmal seekrank geworden war. Kant hat das Erhabene der Natur nur imaginiert, um dagegen die geistige Größe des Menschen zu behaupten. Als Philosoph, der über das Gefühl des Erhabenen räsoniert, befindet er sich selbst in Sicherheit. Er betrachtet die Natur als furchtbar, ohne sich vor ihr fürchten zu müssen, und trennt das ästhetische Gefühl für das Erhabene vom unmittelbaren Genuss oder Schrecken eines lebendigen, körperlichen Menschen.[27]

Ganz anders Alexander von Humboldt. Zwar knüpft er an Kants Analytik des Erhabenen an, und oft hat man den Eindruck, als stammten die Beschreibungen seiner Wahrnehmungen und Erlebnisse aus Kants Beobachtungen über das Gefühl des Erhabenen. Aber er genießt tatsächlich die Gefahren, von denen Kant nur gesprochen hat. Ohne Sicherheit und Distanz setzt er sich ihnen aus, wobei er sich seiner eigenen Grenzen bewusst bleibt. Die Spitze de Pic de Teneriffa muss wieder verlassen werden. «Der Sturm fing an, heftig um den Gipfel zu brausen. Wir mußten uns fest an den Kranz des Kraters anklammern. Donnerähnlich tobte die Luft in den Klüften, und eine Wolkenhülle schied uns von der belebten Welt. Wir klommen den Kegel hinab, einsam über den Dünsten.» (S. 22)

Cumaná, 16. Juli 1799: «Wie Narren laufen wir bis jetzt umher.» (S. 26) Gerade erst an der südamerikanischen Küste gelandet, schildert Alexander seinem Bruder das Glück, das er erlebt. Die dreiwöchige Überquerung des Atlantischen Ozeans ist ruhig verlaufen. In der Nacht vom 4. auf den 5. Juli hat er zum ersten Mal das «Kreuz des Südens» gesehen, von dem er seit seiner Kindheit geträumt hat. Wegen eines an Bord ausgebrochenen nervösen Fiebers sind Humboldt und Bonpland nicht weiter nach Kuba gesegelt, sondern haben in der Hafenstadt Cumaná, die zum Vizekönigreich Neu-Granada (heute

Venezuela) gehört, das Schiff verlassen. Der Statthalter der Provinz, selbst sehr an Naturwissenschaften interessiert, empfängt sie herzlich als seine Gäste. Einige Monate wollen sie hierbleiben, die meiste Zeit davon in Caracas, zwei Tagesreisen mit dem Schiff von Cumaná entfernt. Das nahegelegene Schneegebirge lässt einen kühlen Aufenthalt erwarten. Sie glauben, sich «in dem göttlichsten und vollsten Lande» zu befinden. (S. 25) Sie fühlen sich wie verzaubert durch den Reichtum der wunderbaren Natur.

«Welche Bäume!» (S. 26) Die Kokospalmen sind bis zu zwanzig Meter hoch. Sträucher sind mit den prachtvollsten Blüten geschmückt, und die Bäume haben ungeheure Blätter an ihren Zweigen. «Und welche Farben der Vögel, der Fische, selbst der Krebse (himmelblau und gelb)!» (S. 26) Sie sehen Affen, Papageien und kleine Alligatoren in freier Natur. Humboldt fühlt, dass er hier sehr glücklich sein wird und dass ihn die Eindrücke der Pflanzen- und Tierwelt oft erfreuen werden. Noch kann er kaum fassen, was er zu sehen bekommt. «Wie Narren laufen wir bis jetzt umher. In den ersten drei Tagen können wir nichts bestimmen, da man immer einen Gegenstand wegwirft, um einen andern zu ergreifen. Bonpland versichert, daß er von Sinnen kommen werde, wenn die Wunder nicht bald aufhören. Aber schöner noch als diese Wunder im einzelnen ist der Eindruck, den das Ganze dieser kraftvollen, üppigen und doch so leichten, erheiternden, milden Pflanzennatur macht.» (S. 26)

Da er die anthropologischen Interessen seines Bruders kennt, informiert ihn Alexander auch kurz über das Leben der Indianer, von denen viele noch «echte halbwilde» sind: «eine sehr schöne und interessante Menschenrasse». (S. 25) Die meisten von ihnen leben außerhalb der Stadt in Hütten aus Bambusrohr, die mit Kokosblättern bedeckt sind. Die Männer sind fast nackt. Neugierig betritt der preußische Edelmann eine Hütte. Eine Mutter sitzt mit ihren Kindern auf Korallenstämmen, die aus dem Meer angespült worden sind. Aus Kokosschalen essen sie Fische. Alles strahlt einen natürlichen Reiz aus. Wozu braucht man feine Kleidung, Stühle und Essgeschirr, wenn die Natur alles bietet, was man benötigt!

Die nächsten Monate verbringen Humboldt und Bonpland in und um Cumaná. Sie besuchen Missionen der Chaymas-Indianer im Süden der Stadt, einige Plantagen, «die wahren englischen Gärten gleichen». (S. 26) Sie besteigen den Tumiriquiri in der hohen Bergkette des Hinterlandes. Am 18. September 1799 stehen sie vor dem majestätischen Eingang der riesigen Höhle von Guácharo, in deren Inneres sie vordringen. Sie ist von Millionen von Nachtvögeln bewohnt, die so groß wie Hühner sind. Humboldt zeichnet ein Bild dieser sonderbaren Vogelart, die er später als «Steatornis caripensis» (Fettvogel) klassifizieren wird. Alles macht Humboldt und Bonpland große Freude. «Man muss genießen, was man nahe hat.» (S. 26) Aber dabei vergessen sie ihre Forschungen nicht. Sie botanisieren und sezieren, messen und analysieren. Neugierige sammeln sich auf der Straße und wundern sich, wenn Humboldt astronomische Messungen auf dem flachen Dach seines gemieteten Hauses anstellt; und oft werden sie von vornehmen Damen besucht, die einen Blick durch das Mikroskop werfen wollen, um die verschiedenen Läusearten zu betrachten, die sich in ihren lockigen Frisuren tummeln. So sind seine Instrumente in ständigem Gebrauch, um das «Ganze» der Natur erfassen zu können, vom fernen Stern bis zur kleinen Laus.

Cumaná, 17. Oktober 1800: «Das Schicksal wollte nicht, daß wir in dieser Wüste umkommen sollten.» (S. 78) – Aus Paris, wo er sich mit seiner Familie aufhält und die Freuden der Zivilisation und Kultur zu genießen weiß, schreibt Wilhelm von Humboldt am 6. August 1799 einen Brief an Goethe, in dem er ihm von Alexanders Reise in die Neue Welt berichtet. Er hält seinen Bruder für einen glücklichen und beneidenswerten Menschen. «Es ist selten, daß das Schicksal einen Menschen so begünstigt, das zu werden, wozu ihn die Natur bestimmt hat, und noch seltener, daß ein Mensch selbst diese Bestimmung so früh und ganz findet.»[28] Nie habe Alexander sich von seinen Lieblingsstudien abbringen, nie auf seinem Lebenswege irremachen lassen. Seit frühester Kindheit habe er diesen brüderlichen Charakterzug verfolgen können.

Noch ist Alexander in Cumaná. Erst Ende Oktober entscheidet er sich zu einer weiten Reise, die ihn in unerforschte Gebiete bringen soll. Zunächst geht es mit dem Schiff nach Caracas, wo Humboldt und Bonpland einige Wochen zubringen. Im höchsten Teil der Stadt bewohnen sie ein großes, alleinstehendes Haus, von dem sie einen freien Blick auf den hohen Berg Silla haben, den sie am 2. Januar 1800 besteigen. Einen Monat später wagen sie sich an ihr großes Abenteuer. Sie wollen den riesigen Orinoko-Strom hinauffahren, um in seinem Quellgebiet eine unbekannte Verbindung zum Amazonas zu finden. Geplant, getan. Am 3. Februar brechen sie in südlicher Richtung landeinwärts auf. Nachdem sie die hohen Berge hinter sich gelassen haben, müssen sie eine weite unwirtliche Steppenlandschaft, die *Llanos*, durchqueren. Sie leiden sehr unter dem vielen Staub und dem Wassermangel, und oft müssen sie große Umwege machen, «um etwas faules Wasser zu finden». (S. 79) Statt Kühlung zu bringen, führt der Ostwind neue Glut herbei, wenn er über den erhitzten Boden weht. Von Hunger und Durst gequält, schweifen zahllose Scharen verwilderter Pferde, Rinder und Maulesel umher.

Dann haben Humboldt und Bonpland endlich den Rio Apure erreicht, den sie mit einer «Piroge», einem ungefähr zwölf Meter langen und ein Meter breiten ausgehöhlten Baumstamm, abwärts bis zum Orinoko fahren. Als eine ungeheure Wasserfläche dehnt sich dieser Strom in seiner Erhabenheit vor ihren Augen aus. Etwa 800 Kilometer folgen sie seinem Lauf, wobei ihnen die Piroge oft wie ein Gefängnis erscheint. Gebückt sitzen sie unter einem niedrigen Blätterdach, während im Vorderteil des Bootes die ganz nackten indianischen Ruderer im gleichmäßigen Takt die Piroge gegen die Strömung vorantreiben.

Am 6. April 1800 geschieht das Unglück. Sein Leben lang wird Humboldt seinem Gefährten Bonpland für dessen Verhalten dankbar sein. «Niemals würde ich einen so treuen, tätigen und mutigen Freund wieder gefunden haben. Auf unserer Reise hat er erstaunliche Proben von Mut und Resignation gezeigt. Nie werde ich seine großmütige Anhänglichkeit an mich vergessen, wovon er mir bei einem Sturme, der uns am 6. April 1800 mitten auf dem Orinoco überfiel, die größten Beweise gab. Unsere Piroge war schon zu zwei Dritteln mit Wasser angefüllt, und die Indianer, die bei uns waren, fingen schon an, sich in das Wasser zu werfen, um das Ufer durch Schwimmen zu erreichen. Mein großmütiger Freund bat mich, ihrem Beispiele zu folgen, und bot sich, mich ebenso zu retten. Das Schicksal wollte nicht, daß wir in dieser Wüste umkommen sollten, wo 10 Meilen im Umkreise kein Mensch weder unsern Untergang, noch die geringste Spur davon würde entdeckt haben. Unsere Lage war in Wahrheit schrecklich.» (S. 78) Das Ufer ist weit entfernt, Humboldt kann nicht schwimmen, und Alligatoren ziehen gefräßig ihre Bahn durch den Strom. Zum Glück schwellt in diesem Augenblick ein Windstoß das kleine Segel des Schiffchens «und rettete uns auf eine unbegreifliche Weise». (S. 79) Wie glücklich fühlen sie sich, als sie am Abend an Land gehen können. Die Nacht ist dunkel. Nur selten kommt der Mond durch die vom Wind gejagten Wolken. Die Reisenden versinken in tiefe und unruhige Gedanken. Was wird die Zukunft bringen? Der nächste Tag ist sehr schön, «und die Ruhe und Heiterkeit, welche sich über die ganze Natur verbreitete, kehrte auch in unsre Seelen zurück». (S. 79)

Am 7. Mai erreichen sie den südlichsten Punkt ihrer Reise, unmittelbar gelegen an der Grenze zwischen dem spanischen und dem portugiesischen Kolonialreich: San Carlos del Rio Negro. Sie durchstreifen das Land zwischen Orinoko und Amazonas, Popayán und Guayana, «ein Land, in welches die Europäer seit 1766 nicht wieder gekommen sind» und wo noch zahlreiche indianische Völker leben, «wovon die meisten noch keinen weißen Menschen gesehen und ganz verschiedene Sprachen und Bildungen haben». (S. 78) Dann geht es wieder zurück, wobei durch die Flussströmung von Rio Negro und Orinoko die Fahrt beschleunigt wird. Am Ende müssen sie wieder die Llanos durchqueren. Doch dieses Mal ist Regenzeit, und statt der staubigen Hitze bereiten ihnen nun die überschwemmten Ebenen große Mühe, vorwärts zu kommen. Am 27. August, mehr als sieben Monate unterwegs gewesen, sind sie zurück in Cumaná, wo sie bis Mitte November bleiben.

Lange Zeit hat Wilhelm keinen Brief seines Bruders erhalten. Doch jetzt, nach diesem großen Forschungs- und Reiseabenteuer, gibt es viel zu erzählen. Alexander kann nicht genug wiederholen, wie glücklich er sich in diesem Teil der Welt fühlt. Hier findet er, wozu ihn seine Natur bestimmt hat. Er kann eine Natur ansehen und untersuchen, die «reich, mannigfaltig, groß und über allen Ausdruck majestätisch» (S. 77) ist; und er kann die verschiedenen Menschenrassen studieren, die untereinander vermischt sind. «Keine Lage könnte zum Studieren und zum Untersuchen vorteilhafter sein als diejenige, in der ich mich wirklich befinde. Die Zerstreuungen, welche in kultivierten Ländern aus dem gesellschaftlichen Umgange entstehen, ziehen mich hier von nichts ab. Dagegen bietet mir die Natur unaufhörlich neue und interessante Gegenstände dar. Das einzige, was man in dieser Einsamkeit bedauern könnte, ist, daß man mit den Fortschritten der Aufklärung und Wissenschaften in Europa unbekannt bleibt und der Vorteile beraubt ist, welche aus der Mitteilung der Ideen entspringen.» (S. 77) Doch allzu schwer leidet Humboldt nicht unter diesem Mangel. Denn oft kommt es ihm vor, als existiere unter den Bewohnern des Neuen Kontinents eine größere Menschlichkeit und eine wahrhaftigere Philosophie als unter den Nationen, die man kultiviert nennt, schreibt Alexander aus Cumaná nach Paris. Hier scheint die erhabene Idee der Freiheit nicht nur eine schöne philosophische Redensart zu sein. Sie wird als Existenzform gelebt. «Aus diesen Ursachen wird es mir schwer werden, diese Gegend zu verlassen und die reichern, mehr bevölkerten Kolonien zu befahren.» (S. 77)

Cartagena de las Indias, 1. April 1801. «Wenn Du meinen letzten Brief aus der Havanna empfangen hast …» beginnt der nächste Brief, den Alexander aus der kolumbianischen Hafenstadt Cartagena an seinen Bruder schreibt. Der Brief aus Havanna hat seinen Empfänger nicht erreicht. Fast drei Monate, vom 19. Dezember 1800 bis zum 15. März 1801, ist Alexander auf Kuba gewesen, dieser «Perle der Antillen». Er hat die Zeit genutzt, um geographische Karten des Orinoko-Gebiets zu zeichnen (von mehr als 50 Orten hat er die Längen- und Breitengrade bestimmt), seinen Reisebericht zu schreiben, seine Gesteins-, Pflanzen- und Tiersammlungen zu sortieren. Ein Herbarium hat er nach Spanien geschickt, das Gleiche nach London und Berlin. Eine Doublette blieb in Havanna.

In Kuba hat er präzise Untersuchungen des Klimas, der Geographie, der Landwirtschaft und der Bevölkerungsstruktur angestellt. Hier sind auch die ersten Aufzeichnungen zu seinem *Cuba-Werk* entstanden, das im dritten Band von Humboldts französisch geschriebenem Reisebericht *Relation historique* (Paris 1825) erschienen ist. Er selbst hat es 1827 in einem Brief an Goethe «mein *schwarzes* Buch über die Insel Cuba»[29] genannt. Das betraf nicht allein einen thematischen Schwerpunkt: die Lebensbedingungen des schwarzafrikanischen Bevölkerungsanteils, der großteils in Sklaverei lebte und auf Zuckerrohrplantagen arbeitete. Schwarz ist das Buch auch in seinem politischen Gehalt. Es malt das Bild eines schrecklichen gesellschaftlichen Übels. Groß geworden im geistigen Klima der Aufklärung, gilt Humboldt die Sklaverei als eine barbarische Missachtung und Entwürdigung der menschlichen Natur. «Ohne Zweifel ist die Sklaverei das größte aller Übel, welche die Menschheit gepeinigt haben.»[30] Es ist die absolute Verneinung der Idee menschlicher Freiheit, die Humboldt als Leitbild gilt.

Als aufgeklärter Mensch im Sinne Kants, der den Menschen als ein mündiges Wesen ohne Leitung eines andern bestimmt, hat er die Ablehnung der Sklaverei aus Europa mitgebracht. Auf Kuba hat sie sich zu einer wahren Abscheu gesteigert, die sich schließlich auch gegen das Kolonialsystem als solches richtet: «Woher kommt dieser Mangel an Moral, woher diese Leiden, dieses Unbehagen, dem jeder empfindsame Mensch in den europäischen Kolonien ausgesetzt ist? Das rührt daher, daß die Idee der Kolonie selbst eine unmoralische Idee ist.»[31]

Eigentlich wollte Humboldt von Havanna über die südlichen Gebiete der Vereinigten Staaten von Nordamerika nach Mexiko gelangen, um von dort über den Pazifik zu den Philippinen zu segeln. Es kam anders. Als er erfuhr, dass Kapitän Thomas-Nicolas Baudin sich auf dem Seeweg zu den Küsten Chiles und Perus befand, änderte er seinen Plan, um an Baudins Weltreise teilnehmen zu können. Von Kuba segeln Humboldt und Bonpland auf einem kleinen Schiff über das karibische Meer zurück an die südamerikanische Küste. Sie wollen nach Cartagena, «um von hier zu Lande nach Quito und Lima zu reisen. Es würde zu weitläufig sein, Dir die Gründe, die mich hierzu vermogt haben, vollständig auseinanderzusetzen.» (S. 92) Wilhelm wird erschrocken sein, als er diese Nachricht erhält. Wie will sein Bruder diesen fast 3000 Kilometer langen Weg bis zur Hauptstadt Perus bewältigen, der über die unwegsamen, riesig aufragenden Kordilleren der Anden mit den höchsten Bergen der Welt verläuft?

Schon der Bericht über die vergleichsweise kurze Reise von Havanna nach Cartagena kann Angst machen. Größte Gefahren gab es zu bestehen. Der Meeresstrom in der Karibik «und die Ungläubigkeit des Kapitäns, der meinem Chronometer nicht traute» (S. 92), haben das Schiff zu weit westlich in den Golf von Darién getrieben. Sie müssen nun gegen orkanartige Ostwinde kreuzen, was äußerst schwierig und gefährlich ist. Sie kommen nur langsam voran. Am Rio Sinú, in einer großen Bucht etwa 100 Kilometer südwestlich von Cartagena, werden die Anker geworfen. An den Ufern des Flusses, «die wohl noch nie ein Beobachter betreten hat», sammeln Humboldt und Bonpland zahlreiche unbekannte Pflanzen. Die Natur ist herrlich, palmenreich und wild. Im breiten Fluss ziehen zahlreiche Alligatoren ihre ruhige Bahn. Die Darien-Indianer, denen sie begegnen, leben «unbezwungen und unabhängig». (S. 92)

Auf der Weiterreise nach Cartagena geschieht wieder eine lebensgefährliche Katastrophe. Es ist der 29. März 1801. Gegen den Wind versucht der Kapitän mit Gewalt, in den Hafen einzulaufen. Das Meer wütet fürchterlich. Das Schiffchen neigt sich steuerlos zur Seite. Eine entsetzliche Welle droht es zu verschlingen. «Jetzt hielten wir uns alle für verloren.» (S. 92) Doch zum Glück richtet sich das Boot auf dem Rücken einer neuen Welle wieder auf. Sie retten sich in eine kleine, durch Vorgebirge sturmgeschützte Bucht.

«Doch hier drohte mir eine neue und fast noch größere Gefahr.

Es war eine Mondfinsternis, und um dieselbe besser zu beobachten, ließ ich mich in einem Boote ans Land setzen. Aber kaum war ich mit meinen Begleitern ausgestiegen, so hörten wir Ketten rasseln und baumstarke, entlaufene Neger (Cimarrones), aus dem Gefängnis von Cartagena entsprungen, stürzten mit Dolchen in den Händen aus dem Gebüsch hervor und auf uns zu, vermutlich in der Absicht, sich, da sie uns unbewaffnet sahen, unsers Boots zu bemächtigen. Wir flohen augenblicklich dem Meere zu, hatten aber kaum noch so viel Zeit, uns einzuschiffen und die Küste zu verlassen.» (S. 92) Wilhelm soll sich jedoch keine Sorgen machen. «Meine Gesundheit ist fortdauernd sehr gut.» (S. 93) Und wenn alles so geht, wie geplant, dürfen beide hoffen, sich in drei Jahren wiederzusehen.

Contreras, den 21. September 1801: «Ich schreibe diese Zeilen am Fuß der Kordillere, die ich in drei Tagen besteige.» – Weil Alexander nicht weiß, ob seine Briefe in Europa ankommen, berichtet er seinem Bruder noch einmal von seiner Reise auf dem Orinoko bis «in das unbekannte Land der unabhängigen Guaicas-Indianer». (S. 99) Er erwähnt seinen Aufenthalt in Havanna und die großen Gefahren, in die er vor Cartagena geraten ist. Dann beginnt er vom zweiten Teil seiner Amerika-Reise zu erzählen, der eineinhalb Jahre dauert und sie von Cartagena (Abreise am 19. April 1801) bis nach Lima, der Hauptstadt des Vizekönigreichs Peru, führen wird (Ankunft am 23. Oktober 1802).

Es ist die «Begierde, die ungeheure Kordillere der Anden zu übersteigen» (S. 100), die Humboldt und Bonpland diese übermenschliche Leistung vollbringen lässt. Die erste Etappe der Anden-Reise bringen sie auf dem Rio Magdalena hinter sich. Fast zwei Monate sind sie in einem Boot auf diesem großen Strom unterwegs. Zwanzig Ruderer kämpfen gegen die Gewalt des durch starke Regenfälle angeschwollenen, mächtig strömenden Wassers an. «Ich sage Dir nichts mehr von der Gefahr der Katarakten, von den Moskitos, von den Stürmen und Gewittern, die hier fast ununterbrochen fortdauern und alle Nächte das ganze Himmelsgewölbe in Flammen setzen.» (S. 100) Unterwegs zeichnet Humboldt einen topographischen Plan des Rio Magdalena, den er dem Vizekönig überreichen will. Durch barometrische Messungen hat er die Höhenverhältnisse bestimmt und an vielen Orten eudiometrisch den Zustand der Luft analysiert. Er freut sich, dass «überhaupt kein einziges meiner kostbaren Instrumente zerbrochen ist». (S. 100)

In Honda, nach einer beinahe 1000 Kilometer langen Flussfahrt, gehen sie an Land. Sie besuchen Pflanzungen und Bergwerke. 1370 Toisen (1 Toise = 1,949 Meter) klettern und steigen sie aufwärts in kleinen, in den Fels eingehauenen Treppen, die oft so schmal sind, dass die Maultiere nur mit Mühe ihren Leib hindurchquetschen können. Endlich sind sie oben, auf einem ausgedehnten Plateau, das sich in 2600 Meter Höhe flach und baumlos wie ein Meer vor ihnen ausdehnt. «Diese Ebene (los Llanos de Bogota) ist der ausgetrocknete Grund des Sees Funza, welcher in der Mythologie der Muiscas-Indianer eine wichtige Rolle spielt.» (S. 100 f.) Am 8. Juli 1801 kommen sie in Santa Fe de Bogotá an. Ihr Empfang gleicht einem Triumphzug. Die Vornehmsten der Stadt kommen ihnen im Wagen des Erzbischofs entgegen. Der Vizekönig von Santa Fe empfängt sie auf seinem Landgut. Am wichtigsten ist ihnen jedoch die Begegnung mit dem berühmten, beinahe 72 Jahre alten Botaniker Don José Celestino Mútis, der zahlreiche botanische Expeditionen geleitet hat, ein umfangreiches Herbarium besitzt und 30 Maler beschäftigt, um etwa zwei- bis dreitausend Zeichnungen der «Flora von Bogotá» anfertigen zu lassen, «welche Miniaturgemälde scheinen». (S. 101)

Weil der arme Bonpland, auf der Fahrt auf dem Magdalenenstrom von zahlreichen Moskitostichen geplagt, fiebrig erkrankt ist, dauert der Aufenthalt in Bogotá länger als geplant. Während sich Bonpland langsam erholt, erkundet Humboldt die Umgebung. Er vermisst die umliegenden Berge, besucht nahegelegene Seen und Wasserfälle, besichtigt Steinsalzgruben.

Am 4. August 1801 beginnt er seine Selbstbetrachtungen *Ich über mich selbst* zu schreiben, in denen er seinen *Weg zum Naturwissenschaftler und Forschungsreisenden 1769–1790* schildert. Er will sich darüber klarwerden, warum es ihn seit frühester Jugend dazu getrieben hat, «entfernte Weltteile zu besuchen und die Produkte der Tropenwelt in ihrer Heimat zu sehen»[32]. Er erinnert sich an Carl Willdenow, den er sehr liebgewann und mit dem er oft Hand in Hand durch den Berliner Tiergarten geschlendert ist, an seine Reisen mit Steven Jan van Geuns und Georg Forster. «Ich hatte entfernte Pläne geschmiedet.»[33] Das war im Jahr 1790. So endet Humboldts Bekenntnis. Jetzt ist er dabei, seine Pläne zu verwirklichen. Und während er damals oft weinte, ohne zu wissen, warum, und sich von Tag zu Tag unverständlicher wurde, ist er nun sehr glücklich und weiß genau, was er will.

«Sobald Bonpland wiederhergestellt war, verließen wir Santa Fe und sind jetzt auf dem Wege nach Quito. Wir wollen durch Ibagué und die Schneegegenden von Quindíu über die Anden gehen. Ich schreibe diese Zeilen am Fuß der Kordillere, die ich in drei Tagen besteige. Wir sind mehr zu Fuße als auf unsern Maultieren. Aber diese Art zu reisen bekommt uns sehr wohl, und wir sind sehr gut mit allem Nötigsten versehen.» (S. 101)

Lima, den 25. November 1802: «Der kurze Aufenthalt in der ungeheuren Höhe, zu der wir aufgestiegen sind, war sehr triste und furchterregend.» – Zwei Monate sind Humboldt und Bonpland in Bogotá geblieben. Da auf diesem Breitengrad die Anden drei getrennte Gebirgsketten bilden und sie sich auf der östlichsten befinden, müssen sie zunächst den höchsten dieser Arme überqueren, um nach Westen näher an den Pazifik, die «Südsee» (S. 149), zu gelangen. Sie wählen den Weg über den Quindíu-Pass. Ochsen tragen ihr Gepäck. Sie selbst gehen zu Fuß durch diese hochgelegenen Einöden, «in denen keine Spur darauf deutet, daß sie jemals bewohnt gewesen wären». (S. 149) Am westlichen Abhang der Zentralen Kordilleren geraten sie in Sümpfe, in die sie bis zu den Knien einsinken. Unablässig regnet es. «Unsere Stiefel faulten uns an den Beinen, und mit nackten und verletzten Füßen kamen wir in Cartago an, aber mit einer schönen Sammlung neuer Pflanzen bereichert, von denen ich viele Zeichnungen mitbringe.» (S. 149)

Im November 1801 besteigen sie den ersten südamerikanischen Vulkan. Sie gelangen bis zum Kraterrand des etwa 2500 Toisen (4870 Meter) hohen Puracé, der mit schrecklichem Getöse Schwefelwasserstoffdämpfe ausstößt. Sie sammeln vulkanische Mineralien: Porphyr, Basalt, Bimsstein, Schwefelkristalle und Grünstein, die sie in Kisten verpacken und mit sich schleppen werden. Die größte Schwierigkeit bereitet ihnen der weite, fürchterliche Weg nach Quito, der Hauptstadt des heutigen Ekuador. Sie müssen durch dichte Wälder und morastartige Sümpfe, in die ihre Maultiere bis zum halben Leib einsinken; durch tiefe und enge Schluchten, deren Boden mit den Knochen der Tiere gepflastert sind, die hier vor Kälte oder Erschöpfung verendeten. «Nachdem wir zwei Monate hindurch Tag und Nacht von Regengüssen durchnäßt wurden und bei der Stadt Ibarra beinahe ertranken, als durch ein Erdbeben plötzlich das Wasser anstieg, kamen wir am 6. Januar 1802 in Quito an.» (S. 150) Fünf Monate werden sie in dieser nahe dem Äquator gelegenen Stadt bleiben. Der Marqués de Selva Alegre richtet ihnen ein schönes Haus ein. Hier lernen sie auch dessen Neffen Carlos Montúfar y Larrea kennen, den Humboldt in seine kleine Expeditionsgruppe aufnimmt. Er wird ihn bis nach Europa begleiten.

Quito liegt in einem hohen Gebirgsteil, dessen Krater verschiedene Schlote bilden, die alle zum gleichen Herd führen. Das unterirdische Feuer bricht bald aus der einen, bald aus der anderen der Öffnungen aus, die man gewöhnlich als voneinander abgesonderte Vulkane betrachtet. Um seine Vermutung unterirdischer Verbindungen zu überprüfen, sind Humboldt, Bonpland und Montúfar wiederholt damit beschäftigt, «jeden der dortigen Vulkane zu besuchen. Nacheinander untersuchten wir die Gipfel des Pinchincha, des Cotopaxi, des Antisana und des Iliniza, wobei wir uns vierzehn Tage bis drei Wochen bei jedem von ihnen aufhielten und zwischendurch immer nach Quito zurückkehrten». (S. 151)

Es sind nicht allein wissenschaftliche Fragestellungen, die Humboldt auf diese fünf- bis sechstausend Meter hohen Vulkane treiben und deren Beantwortung er am 24. Januar 1823 an der Akademie zu

Berlin öffentlich vortragen wird: *Über den Bau und die Wirkungsart der Vulkane in den verschiedenen Erdstrichen.*[34] Seinen brieflichen Berichten an den Bruder wie seinen Tagebucheintragungen merkt man an, dass es ihm auch um die Steigerung seines Gefühls für das Erhabene geht. Gerade die größte Gefahr auf den Berggipfeln scheint ihm den höchsten Genuss zu bereiten.

Dreimal besteigt er den Pinchincha, der die Stadt Quito überragt. Mit Schrecken, aber nicht entmutigt, überquert er eine Brücke aus gefrorenem Schnee am Kraterrand. Er klettert auf eine Felsspitze, die nicht mit Schnee und Eis bedeckt ist, weil sie die heißen vulkanischen Schwefeldämpfe unaufhörlich schmelzen lassen. Der Felsen ist wie ein Balkon über dem schwindelerregenden Abgrund. «Hier ließ ich mich nieder, um meine Untersuchungen anzustellen.» (S. 151) Doch bald lassen ihn heftige Erdstöße diesen gefährlichen Platz verlassen. Er legt sich auf den Bauch, um über den Rand einen Blick in das Innere des Kraters werfen zu können. «Ich glaube nicht, daß sich die Phantasie etwas Tristeres, Finstereres und Schrecklicheres vorstellen kann.» (S. 151) Hier ist die ästhetische Empfindung des Erhabenen/ Sublimen wirklich bis zu ihrer obersten Grenze (sub limes) gesteigert.[35] Der schwarze Schlund ist so gewaltig, dass sich in ihm mehrere Bergspitzen befinden und sich der Boden des Kraters in einer unvorstellbaren Tiefe dem Blick entzieht. Schwefeldämpfe steigen wie aus der Hölle empor, und bläuliche, hin- und herwandernde Flammen erzeugen ein gespenstisches Licht.

Auch die gefahrvolle Besteigung des 5705 Meter hohen Antisana am 16. März 1802 weiß Alexander seinem Bruder Wilhelm anschaulich darzustellen. Zusammen mit Bonpland und Montúfar gelangt er bis in die Höhe von 2773 Toisen (5405 Meter), so hoch, wie bisher noch kein Mensch gestiegen ist, «und die geringe Luftdichte ließ uns das Blut aus den Lippen, dem Zahnfleisch und sogar aus den Augen treten. Wir fühlten uns sehr matt, und einer unserer Begleiter wurde ohnmächtig.» (S. 152)

Am 9. Juni verlassen sie Quito und reisen in die 200 Kilometer südlicher gelegene Hochebene von Riobamba. Sie haben den Höhepunkt ihrer Reise erreicht: den gewaltigen Vulkan-Koloss Chimborazo, den man damals für den höchsten Berg der Welt gehalten hat. Humboldt, Bonpland, Montúfar und ein lokaler Begleiter aus San Juan wagen *einen Versuch, den Gipfel des Chimborazo zu besteigen.*[36] Er ist zu einem Mythos geworden.

Es ist der 23. Juni 1802, drei Jahre nach der Besteigung des Pic de Teneriffa. Der Tag ist dunkel und neblig. Nur ab und zu sieht man den schneebedeckten, domartig aufragenden Gipfel des Chimborazo durch die aufgerissenen Nebelschichten. Dann bietet der riesige Berg einen ernsten, großartigen Anblick. Humboldts Messungen haben ergeben, dass seine Spitze 2011 Pariser Fuß = 3350 Toisen = 6530 Meter über dem Meeresspiegel liegt. Kein Mensch ist bisher in einer solchen Höhe gewesen.

Humboldt selbst wird später feststellen, dass das Erreichen großer Höhen, wenn diese weit über der Schneegrenze liegen und nur für kurze Zeit besucht werden können, «von geringem wissenschaftlichen Interesse»[37] ist. Er hält es für forschungsmäßig unfruchtbar, auch wenn es die Aufmerksamkeit des Publikums übermäßig fesselt. Der Chimborazo biete mit seiner Höhe allenfalls einen «erhabenen Anblick», der nur ästhetisch bemerkenswert sei und deshalb in den *Ansichten der Kordilleren* (Tafel XXV) seinen angemessenen Platz habe: *Der Chimborazo, vom Plateau von Tapia her gesehen.* «Die Tafel XXV stellt den Chimborazo nun so dar, wie wir ihn nach überaus reichlichen Schneefällen gesehen haben, am 24. Juni 1802, nur einen Tag nach unserer Exkursion zum Gipfel.»[38] Auch legt Humboldt mehrmals Wert auf die Feststellung, dass es sich bei der Besteigung dieses erhabenen, ruhigen und majestätischen Riesen nur um einen *Versuch* gehandelt hat. Der Gipfel wird nicht erreicht. Es ist kein triumphaler Erfolg.

Aber vielleicht ist es ja gerade dieses Scheitern, das die Besteigung des Chimborazo zum Mythos werden ließ. Sie hat die Gipfelstürmer an ihre Grenze getrieben angesichts einer riesigen «Spalte», die sie nicht übersteigen können. Sie ist etwa 20 Meter breit und 175 Meter tief. «Das waren unsere Säulen des Herkules»[39], die ein erfolgreiches

Weiterkommen verhindern. Es fehlen nur 390 Meter, um auf den Gipfel zu gelangen und die «interessante» Frage zu beantworten, «ob er einen Krater hat»[40].

Sein Bruder Wilhelm ist der Erste, der von diesem extremen körperlichen Selbstversuch erfährt. «Eine Spur nicht schneebedeckter vulkanischer Gesteine erleichtert uns den Aufstieg. Wir stiegen bis zu der Höhe von 3031 Toisen und fühlten uns ebenso abgemüht wie auf dem Gipfel des Antisana. Selbst noch zwei oder drei Tage nach unserer Rückkehr in die Ebene hatten wir ein Unwohlsein, das wir nur der Wirkung der Luft, deren Analyse 20 Prozent Sauerstoff ergeben hatte, in diesen hohen Gebieten zuschreiben konnten. Die uns begleitenden Indianer hatten uns schon vor Erreichen dieser Höhe verlassen, da sie sagten, daß wir die Absicht hätten, sie zu töten. Wir blieben also allein, Bonpland, Carlos Montúfar, ich und einer meiner Bediensteten, der einen Teil meiner Instrumente trug. Trotzdem hätten wir unseren Weg bis auf den Gipfel fortgesetzt, wenn nicht eine Spalte, zu groß, um sie zu überspringen, uns daran gehindert hätte. Auch taten wird gut daran abzusteigen. Auf unserer Rückkehr fiel soviel Schnee, daß wir Mühe hatten, uns zu erkennen. Wenig geschützt vor der Kälte, die diese hohen Regionen durchdringt, litten wir schrecklich, besonders aber ich, denn ich hatte die Unannehmlichkeit, von einem Sturz wenige Tage vorher einen wunden Fuß zu haben, der mich schrecklich behinderte auf einem Weg, wo man jeden Augenblick gegen einen spitzen Stein stieß und wo man jeden Schritt genau berechnen musste. La Condamine fand den Chimborazo 3217 Toisen hoch. Die trigometrische Messung, die ich zwei verschiedene Male von ihm machte, gab mir 3267, und ich darf meinen Operationen etwas trauen. Dieser ganze unermeßliche Koloß (wie alle hohen Berge der Anden) ist nicht aus Granit, sondern aus Porphyr, vom Fuß bis zum Gipfel, und der Porphyr ist hier 1900 Toisen stark. Der kurze Aufenthalt in der ungeheuren Höhe, zu der wir aufgestiegen sind, war sehr triste und furchterregend. Wir waren von einem Nebel umhüllt, der uns nur von Zeit zu Zeit die fürchterlichen Abgründe, die uns umgaben, flüchtig sehen ließ. Kein lebendiges Wesen, auch nicht der

Kondor, der auf dem Antisana stets über unseren Köpfen schwebte, belebte die Luft. Niedrige Moose waren die einzigen organischen Wesen, die uns daran erinnerten, daß wir noch auf der bewohnten Erde waren.» (S. 152 f.)

Erschöpft und verwundet kehren sie zu den Menschen zurück. Sie haben den Zenit ihrer Reise hinter sich. Noch zwei Jahre werden sie unterwegs sein. Über die unvorhersehbaren Wege und Umwege sollen einige kurze Informationen genügen.

Am 23. Oktober 1802 kommen Humboldt, Bonpland und Montúfar in Lima (Peru) an. Da Kapitän Baudin, den sie hier treffen wollten, seine Reiseroute geändert hat und nicht an der südamerikanischen Südsee-Küste gelandet ist, segeln sie über Guayaquil (Ekuador) nach Acapulco in Mexiko (Vizekönigreich Neu-Spanien). Humboldt nutzt die Zeit an Bord für Meerwasser-Messungen. Dabei stellt er die kühlere Temperatur jener besonderen Strömung fest, die später seinen Namen erhalten wird: die «Humboldt-Strömung». Am 12. April 1803 kommen sie in Mexiko-Stadt an. Fast ein Jahr lang stellen sie in Zentral-Mexiko geographische, botanische, anatomische, ökonomische, politische und sprachwissenschaftliche Untersuchungen an. Dann reisen sie noch einmal nach Havanna, wo sie sich vom 19. März bis zum 29. April 1804 aufhalten. Humboldt arbeitet weiter an seinem *Cuba-Werk: Essai politique sur l'île de Cuba.*

Zuletzt segeln sie noch die nordamerikanische Ostküste hinauf bis zur Mündung des Delaware River. Sie besuchen Philadelphia und Washington, wo sie mehrmals Präsident Thomas Jefferson und Mitglieder seines Kabinetts treffen. Der Aufenthalt in den Vereinigten Staaten scheint Humboldt wie ein schöner Traum. Er genießt das geistige und politische Schauspiel, das ein freies Volk bietet, «das mit großen Schritten auf die Vervollkommnung des gesellschaftlichen Zustands zugeht» (S. 227), schreibt er am 27. Juni an Präsident Jefferson. Nur mit der Sklaverei kann er sich überhaupt nicht abfinden. Sie mag ökonomisch von Nutzen sein, widerspricht aber elementar seiner Vorstellung von Gerechtigkeit. «Es ist mit dem Reichtum der

Nationen wie mit dem der einzelnen Personen. Er ist nur die Nebensache unseres Glücks. Bevor man frei ist, muß man gerecht sein, und ohne Gerechtigkeit gibt es kein dauerhaftes Wohlergehen.» (S. 225)

Auf der «Favorite» verlassen sie die Vereinigten Staaten am 9. Juli, und am 1. August 1804 landen sie wieder an der europäischen Küste, nahe von Bordeaux. Zwei Tage verbringen sie in Quarantäne auf dem Schiff.

Am 4. Juni 1799, kurz vor seiner Abreise aus Europa, hat Humboldt in La Coruña an seinen guten Herzensfreund Freiesleben voller Vorfreude geschrieben: «Welch ein Glük ist mir eröfnet!» Er wollte das Gute und Große erreichen und einen «Schaz von Beobachtungen» für sein Werk über die Erde sammeln. «Das Uebrige hängt vom Schiksal ab.» (Jbr., 680) Das Schicksal ist ihm gnädig gewesen. Jetzt, am 1. August 1804, gerade erst in die Garonne eingelaufen und noch an Bord, schreibt er wieder an Freiesleben. Alles hat sich erfüllt, wie er es sich erhofft hat. Wieder spricht er vom Glück: «Nach fünfjähriger Abwesenheit bin ich endlich auf europäischen Boden glücklich zurückgekommen. (…) Meine Expedition von 9000 Meilen in beiden Hemisphären ist vielleicht ohne Beispiel glücklich gewesen. Ich war nie krank und bin gesünder, stärker und arbeitsamer, selbst heiterer als je.» (S. 229) Er hat zahlreiche Kisten voller mineralogischer, botanischer und zoologischer «Schätze» bei sich, die er in seinem großen Werk verarbeiten will. Er glaubt, dafür nur einige Jahre zu brauchen. (Es werden drei Jahrzehnte, und das Reise-Werk wird schließlich aus 34 Bänden bestehen.)

Aber Humboldt verschweigt nicht, dass sein eigentliches Glück jetzt in der Vergangenheit liegt: Seine Reise ist glücklich gewesen. Es ist ihm sehr schwergefallen, «diese indische prächtige Welt zu verlassen». In den Tropen ist er in seinem Element gewesen. Wie wird es ihm in den frostigen Gegenden seiner nördlichen Heimat gehen? «Ich scheue den ersten Winter. Ich bin so neu, daß ich mich erst orientieren muß. Aber schon der Gedanke, mich gerettet zu wissen, tröstet.» (S. 229) Das ist ein schwacher Trost angesichts der Genüsse, die er unterwegs, selbst in größter Lebensgefahr, empfunden hat.

Einen letzten kurzen Brief von seiner langen Reise schreibt Alexander von Humboldt am 3. August 1804 an Bord der «Favorite» an Gottlob Johann Christian Kunth, den Freund und Vermögensberater der Familie, der als Leiter der preußischen Generalverwaltung für Handel und Gewerbe (Manufaktur- und Kommerzkollegium) Karriere gemacht hat. «Mein verehrter und geschätzter Freund! Nach sechs Jahren Abwesenheit auf europäischen Boden zurückgekehrt, den Gefahren entronnen, die mit so weiten Reisen unvermeidlich verbunden sind, benutze ich die erste Gelegenheit bei meiner Ankunft, um Ihnen die Nachricht von meiner Existenz zu geben und um Sie erneut meiner liebevollen Anhänglichkeit zu versichern.» (S. 231) Doch wichtiger als diese Versicherung ist ihm die Information, wie es um sein Geld steht. Es mag zwar nur eine Nebensache seines Glücks sein. Aber er will wissen, was er an Vermögen besitzt, um entscheiden zu können, wie und wo er zukünftig leben will. «Auch bitte ich Sie sehr, mir mit der nächsten Post eine Übersicht über den gegenwärtigen Stand meines Vermögens und meiner Einkünfte zu geben, ganz kurz und auf Französisch sowie auf einem gesonderten Blatt (ohne weitere Bemerkungen) und mit Ihrem Namen unterzeichnet.» (S. 232) Durch die Reise, die er als Privatmann ohne jeden staatlichen Zuschuss selbst finanziert hat, wird seine verfügbare Geldmenge geschrumpft sein. Dafür weiß er Kunth zu berichten: «Ich bin kräftiger, dicker und tätiger als je zuvor. Übrigens, Sie und ich, mein lieber Freund, wir werden alt.» (S. 232) Bald wird Alexander von Humboldt seinen 35. Geburtstag feiern.

NEUNTES KAPITEL

Vor der Welt muß man das Vaterland ehren

Warum Wilhelm von Humboldt Politik für Deutschland
macht, während Alexander immer französischer wird

Noch an Bord der «Favorite» schreibt Alexander von Humboldt am
3. August 1804 an Kunth, dass er den lebhaftesten Wunsch habe,
seinen Bruder wiederzusehen, «den ich in Rom vermute, wo ich
wahrscheinlich den Winter verbringen werde». (S. 232) Er weiß nicht
genau, wo Wilhelm sich befindet, und auch seine eigenen Pläne sind
nicht sicher. Wo soll er leben? Friedrich Wilhelm III., seit 1797 König
von Preußen, will den berühmten Reisenden mit seinen reichhaltigen
naturkundlichen Sammlungen am liebsten in Berlin haben und ließ
ihn schon während seiner Abwesenheit zum auswärtigen Mitglied
der Akademie der Wissenschaften zu Berlin ernennen. Diese Nachricht habe ihm wenig Vergnügen bereitet, klagt Alexander gegenüber
dem französischen Astronomen Jean Baptiste Joseph Delambre. Er
werde Mittel finden, sich von Berlin und Preußen fernzuhalten. Statt
in seine Heimatstadt zurückzukehren, will er lieber in Paris leben, im
europäischen Zentrum der Wissenschaften, «umgeben von bedeutenden Männern, die mich mit ihrer Freundschaft beehren und die allein
nur meine Kenntnisse fördern können». (S. 182)

Aber auch Rom hat seine Reize. Er wollte schon seit langem nach
Italien, auch wegen der dortigen Vulkane. Kaum hat er europäischen
Boden betreten, schreibt er deshalb an seinen Bruder, der seit 1802 in
Rom als Preußischer Gesandter im Vatikan diplomatisch tätig ist. Er
will es wie sein Reisegefährte Bonpland machen, der nach ihrer Ankunft sofort ins nahegelegene La Rochelle zu seiner Familie gefahren
ist: «Er sieht nun bald die wieder, die er liebt.» (Br. II, 232) Wilhelm

ist gerührt von der Anhänglichkeit seines Bruders, den er zum letzten Mal am 20. Oktober 1798, bei ihrem Abschied in Paris, in den Armen gehalten hat. Doch ganz so schnell wie bei Bonpland soll das Wiedersehen nicht stattfinden.

Alexander entwirft einen Zeitplan. Zunächst möchte er nach Paris gehen, am Ende des Jahres dann nach Madrid, um dem spanischen König dankbar von seiner Reise zu berichten, von dort nach Rom, wo er sich sehr lange aufhalten will, und dann am Schluss erst notgedrungen nach Berlin. Wilhelm antwortet ihm sofort, dass er diesen Plan nicht billigen könne. Stattdessen empfiehlt er seinem Bruder, so schnell wie möglich nach Berlin zu gehen und die königlichen Erwartungen zu erfüllen. «Leider aber hat er diesen Brief nicht abgewartet», klagt Wilhelm gegenüber Kunth, «und ich höre, dass er schon den König um Erlaubnis gebeten hat, erst nach Rom zu kommen.» Am schlimmsten aber findet Wilhelm die Begründung, die sein Bruder für seine Bitte angegeben hat: «dass, an das Tropen Klima gewöhnt, er den Winter in Berlin fürchte. Ich, der ich diese wirklich poetischen Tropen nicht in Briefen an Könige liebe, hatte diese Wendung (was närrisch genug war) vorausgesehn, und ihn davor gewarnt. Sie wird schwerlich gefallen.»[1] Doch eine vermutete königliche Unzufriedenheit scheint Alexander nicht zu stören. Was bedeutet sie schon im Vergleich mit den Naturgewalten, denen er getrotzt hat!

Als Alexander in Bordeaux ankommt, weiß er noch nichts von den Problemen, mit denen sich sein Bruder und seine Schwägerin plagen. Und er ahnt nicht, dass er nur wenige Tagereisen von Caroline und drei ihrer Kinder entfernt ist, die getrennt von Wilhelm in Paris leben. Erst durch einen zunächst verlorengegangenen Brief, den ihm Caroline nach La Rochelle «poste restante» (Br. II, 231) geschrieben hat, erfährt er von ihrem Pariser Aufenthalt. Dort will er sie besuchen, um dann zusammen mit ihr nach Rom zu fahren.

Kaum ist seine Nachricht in Paris angekommen und bekanntgeworden, wird Carolines Wohnung von früh morgens bis spät abends von neugierigen Besuchern bevölkert. Alle wollen den Amerikareisenden sehen. «Alexander wird hier in süßem Weihrauch leben», schreibt Caroline am 14. August 1804 ihrem Mann nach Rom, während Alexander mit der Postkutsche irgendwo zwischen Bordeaux und Paris unterwegs ist. Sie freut sich, ihren Schwager bald wiederzusehen. Aber sie möchte dennoch nicht, «daß Alexander heute oder morgen ankäme, ich möchte nicht, dass uns je in allen diesen Tagen etwas wahrhaft Erfreuliches begegnete, da das Schicksal uns in ihnen die tiefsten Schmerzen des Lebens empfinden ließ». (Br. II, 220) Die Freude über Alexanders Besuch soll die große Trauer nicht stören, der sich Wilhelm und Caroline in diesen Tagen ganz hingeben wollen. Von welchem Schicksalsschlag ist hier, Mitte August 1804, die Rede? Und warum leben die Eheleute Humboldt überhaupt getrennt?

Kurzer Rückblick. Nach zehn Jahren, in denen er sich ohne dienstliche Tätigkeit allein um seine geistige «Selbstbildung» und seine kultur- und sprachwissenschaftlichen Studien gekümmert hatte, war Wilhelm von Humboldt in den auswärtigen Dienst zurückgekehrt, von dem er sich 1791 nur hatte «beurlauben» lassen. Im November 1802 war er mit seiner Familie in Rom angekommen. Diplomatisch hatte er allgemeine Kirchenfragen zwischen Preußen und dem Vatikan zu klären, wobei es besonders die Verhältnisse zwischen den katholischen preußischen Staatsbürgern und Papst Pius VII. zu regeln galt. Doch es war nicht nur der Posten an der preußischen Residenz, der ihn nach Rom gelockt hatte. Er sehnte sich nach Italien als dem Land der klassischen Kultur. Rom galt ihm als der ausgezeichnete Ort, in dem sich für ihn das ganze Altertum in einer Gestalt verdichtete. Hier schien, trotz aller Armut des Volkes und der Verschmutzung der Stadt, die als edel und erhaben angesehene Vergangenheit gegenwärtig geblieben zu sein. Hinzu kam ein finanzieller Aspekt. Seine Familie war stark angewachsen und das private Herumreisen außerhalb Preußens zu kostspielig geworden. Fünf Kinder hatte Caroline bereits zur Welt gebracht: nach Caroline (1792), Wilhelm (1794) und Theodor (1797) noch Adelheid (1800) und Gabriele (1802). Alles schien gut zu sein. Die Stellung als preußischer Resident am Vatikan wurde gut bezahlt. Die Familie war glücklich, ihr römisches Haus ein gesellschaftlicher Mittelpunkt der in Rom lebenden Künstler und Wissenschaftler.

Der Schicksalsschlag ereignete sich im August 1803. Caroline hatte sich gerade mit den Kindern ins nahe, himmlisch gelegene Bergstädtchen L'Ariccia begeben, um der römischen Sommerhitze zu entgehen, als der neunjährige Wilhelm plötzlich über Kopfschmerzen zu klagen begann. Er galt den Eltern als das schönste, zärtlichste, stärkste und hoffnungsvollste ihrer Kinder. Kurz darauf bekam er hohes Fieber, begann zu phantasieren, verlor große Mengen Blut. Er wollte den Vater sehen, der mit entzündetem Hals und Fieber in Rom geblieben war. Es war die Nacht vom 15. August 1803: «‹Liebe Mutter, Vater, Vater, Vater›, rief er aus und bekam einige Zuckungen in den Armen und Beinen, er fing an zu röcheln, sein Kopf sank tiefer an meine Brust, und nach drei oder vier Sekunden war er tot. – Wenige Minuten darauf kam Humboldt an. (…) Mein armer Humboldt fand ihn nicht, und daß der Knabe nicht mehr die Freude gehabt hat, seinen Vater zu sehen, und der Vater sein Kind, ist vermehrte Bitterkeit in dem Kelch dieser Leiden. Wilhelm war sein liebstes Kind.» (Br. II, 119 f.)

So hat es Caroline am 2. September 1803 ihrem Vater, dem alten Dacheröden, berichtet, nachdem ihr Sohn bei der Pyramide des Cajus Cestius, wo die nichtkatholischen Fremden in Rom begraben wurden, beerdigt worden war. Zugleich musste sie ihm die schwere Krankheit ihres zweitgeborenen Sohnes Theodor mitteilen. Auch er war an einem heftigen Nervenfieber erkrankt und sah oft wie ein Toter aus. Der Arzt gab bereits alle Hoffnung auf eine Rettung auf. Schließlich brach auch noch bei der Tochter Caroline ein starkes Fieber aus, sodass sie kaum den Kopf heben konnte.

Zum Glück überlebten die beiden Kinder diese rätselhaften Anfälle. Doch das konnte kaum die große Trauer mildern, die beide Eltern wegen Wilhelms Tod empfanden. Besonders der so oft kalt und gleichgültig scheinende Wilhelm drohte von seinem Schmerz überwältigt zu werden. Todesgedanken ergriffen ihn. An Schiller schrieb er mit wehmütigem Herzen, dass dieses «erste Unglück» ihn am heftigsten getroffen hätte. «Dieser Tod hat mir auf der einen Seite alle Sicherheit des Lebens genommen. Ich vertraute nicht meinem Glück, nicht dem Schicksal, nicht der Kraft der Dinge mehr. Wenn dies rasche, blühende, kraftvolle Leben so auf einmal untergehn konnte, was ist dann noch gewiß? Und auf der anderen habe ich wieder auf einmal so eine unendliche Sicherheit mehr gewonnen. Ich habe den Tod nie gefürchtet und nie kindisch am Leben gehangen, aber wenn ein Wesen tot ist, das man liebte, so ist die Empfindung doch durchaus verschieden. Man glaubt sich einheimisch in zwei Welten.»[2]

Aus Sorge um ihre Kinder und weil sie selbst unter dem südlichen Klima litt, entschloss sich Caroline, mit ihrem Sohn Theodor und ihrer Tochter Caroline zuerst zu ihrem Vater nach Erfurt zu reisen, von dort dann nach Paris. Kaum hatte sie Anfang März 1804 Rom verlassen, schrieb ihr Wilhelm: «Ich weiß wohl, daß unser Leben von jetzt an nicht mehr so glücklich sein kann. Es ist einmal in seinem Innern gestört. Aber, Liebe, es kommt nicht eigentlich darauf an, glücklich zu leben, sondern sein Schicksal zu vollenden und alles Menschliche auf seine Weise zu erschöpfen.» (Br. II, 134)

Es blieb unausgesprochen, ob Wilhelm zu all diesem Menschlichen auch die enge Freundschaft Carolines mit dem in Paris lebenden schlesischen Grafen Gustav von Schlabrendorff gezählt hat, mit dem sich beide Eheleute während ihres Pariser Aufenthalts 1798 mehrmals getroffen hatten. Wilhelm hat diesen in völliger geistiger Freiheit und materieller Bedürfnislosigkeit lebenden Einzelgänger als das merkwürdigste und sonderbarste Wesen bezeichnet, das ihm je begegnete. Von bizarrem und wildem Äußeren, mit einem wuchernden Vollbart, lebte er einsiedlerisch wie ein «Diogenes von Paris».[3] War er der Grund, warum Caroline nicht bei ihrem Vater in der thüringischen Heimat blieb, sondern nach Paris reisen wollte? Jedenfalls schrieb sie aus Erfurt an Schlabrendorff, dass sie diesen Plan nur verfolgen würde, um ihn wiederzusehen. «Ach, es ist nicht Freude, die ich bei Dir suche, ich bringe Dir auch keine, aber Du bist es, nach dem ich verlange, mit allen Deinen Eigentümlichkeiten, die Sehnsucht, die Du mir im Herzen, in der tiefsten Seele gelassen hast, die kann mir nichts stillen als wieder Du selbst.»[4]

Die Beziehung war nicht unbemerkt geblieben. Auch hatte es sich herumgesprochen, dass der frühere Hausfreund Friedrich Wilhelm von Burgsdorff ebenfalls nach Paris reisen wollte, um sich dort mit Caroline zu treffen. Es gab Gerede. Ihren beunruhigten Vater sollte Caroline, so riet ihr Wilhelm, mit dem Hinweis zufriedenstellen, sie ginge nur Alexander entgegen, der nach Paris kommen wolle. «Eine Reise nach Paris ist so etwas Gewöhnliches, und Du bist so frei, daß Du niemand über Deine Reise Rechenschaft zu geben hast.» (Br. II, 163) Und auf das «alberne Geschwätz», das in Deutschland kursierte, «wir lebten sehr übel zusammen, würden uns wahrscheinlich trennen» (Br. II, 244), sollte sie nicht hören. Allerdings würde selbst Kunth, der sie doch besser kennen müsste, von dem Gerücht beeindruckt gewesen sein. Humboldt schmerzte es sehr, dass dieses «dumme Gerede» seiner geliebten Li weh tat, und er versuchte, es durch wiederholte Liebeserklärungen außer Kraft zu setzen. «Wie wir miteinander gelebt haben, süßes Kind, und noch leben, wie wir nie einen Moment uneins gewesen sind, um nur das zu nennen, was auch die plattesten Menschen begreifen müssen, so kann ein vernünftiger Mensch an ein so albernes Gerücht nie glauben. Auch Kunth hat das gewiß nicht. (…) Ich begreife wohl, daß nur unendlich wenige Menschen Dich und mich kennen, um so weniger, weil wir beide schwer zu kennen sind und uns nie Mühe geben, uns zu zeigen.» (Br. II, 256)

Das also ist die traurige, schwierige familiäre Situation, als Alexander von Humboldt nach seiner großen Forschungsreise wieder europäischen Boden betritt. Mit ihm hat es das Schicksal gut gemeint. Glücklich und körperlich gestärkt hat er alle Lebensgefahren überstanden. Doch jetzt sieht er sich den tiefsten Schmerzen seines Bruders und seiner Schwägerin konfrontiert. Gerade jährt sich der Todestag ihres Kindes. Auch durchschaut er nicht, was deren Trennung bedeutet, über die allerlei vermutet wird. Hinzu kommt noch ein weiterer Unglücksfall. Im selben Brief, in dem ihm sein Bruder den Tod des über alles geliebten Sohnes bekanntgab, hat er die furchtbare Nachricht lesen müssen, dass auch sein Freund Reinhard von Haeften überraschend am 20. Januar 1803 gestorben ist. Er ist nur 30 Jahre alt geworden.

Es scheint Humboldt, als werde er in Europa vom Tod empfangen, während er in den Tropen das Leben in seiner stärksten Kraft genossen hat. Er weiß nicht recht, was er den Trauernden sagen soll; und so kann er nur versuchen, Christiane von Haeften mit einer allgemeinen Überlegung im Anschluss an jüdische und griechische Philosophen zu trösten: «Seit fünf Jahren war ich so glücklich in den Unternehmungen meiner Expedition, beständig erfreute ich mich der besten Gesundheit, alle meine Pläne gelangen mir, (…) mit etwas mehr Lebensweisheit hätte ich ahnen müssen, daß mich ein großes Unglück erwartet. Der Mensch ist zur Arbeit und zum Leiden bestimmt. Je glücklicher Sie sich fühlen, um so näher befinden Sie sich am Abgrund.»[5]

Auch an Wilhelm in Rom hat Alexander eine Abschrift dieses Trauerbriefes geschickt, worauf Wilhelm wiederum an Caroline in Paris schreibt: «Er schreibt sehr gerührt, doch in seiner Art. An die Haeften einen Brief, französisch, von dem sie kein Wort verstehen kann, und in dem weit mehr von den Meinungen der Griechen und sogar der Juden (die besonders zu Ehren kommen) über Tod und Unsterblichkeit steht, als von ihrem armen verstorbenen Mann und den Kindern. Man kommt der Natur, sieht man daraus, nicht näher, wenn man aus der zivilisierten Welt herausgeht.» (Br. II, 183)

Doch Wilhelm hat noch ein größeres Problem mit Alexander, das nun zum ersten Mal erwähnt wird und das brüderliche Verhältnis die nächsten zwanzig Jahre belasten wird: Wie steht es mit Alexanders «Deutschheit»? Das ist die große Frage, mit der Wilhelm und Caroline von Humboldt seine Rückkehr erwarten. Mit Sorge sehen sie, dass er nicht zurück in seine preußische Heimat gehen will. Denn in seinem letzten «amerikanischen» Brief, den er am 28. März 1804 in Havanna an seinen Bruder schrieb, hat er ihn ausdrücklich darum gebeten, Wilhelm solle alles tun, «que je n'aie jamais besoin de revoir les tours de Berlin» (Br. II, 182) – er hat kein Bedürfnis, jemals wieder die Türme von Berlin zu sehen. Warum schreibt Alexander auf Französisch? Beginnt er die deutsche Sprache zu missachten, die er auch während seiner langen Reise nicht gesprochen hat? Fünf Jahre lang hat er sich meist spanisch verständigt. Für sein Reise-Werk bevorzugt er die französische Sprache.

Caroline wartet auf Alexander. Er kommt nicht. Sie begreift nicht, wo er so lange bleibt. Jeden Tag sieht sie Passagiere aus der Postkutsche aussteigen, «aber immer noch kein Alexander» (Br. II, 225), informiert sie ihren Mann am 22. August. Nur ein Brief an den jungen Wissenschaftler Pommard ist ihr zur Kenntnis gekommen, in dem Alexander geschrieben hat, dass er im kommenden Jahr nach Italien gehen werde, «*pour y voir sa famille*», und sich dann mehrere Jahre in Paris niederlassen möchte, um sein Reise-Werk zu veröffentlichen, «*s'établirait peut-être à Paris pour quelques années pour publier son voyage*», was Caroline nicht recht gefällt. Wie Wilhelm meint auch sie, dass Alexander Berlin nicht umgehen dürfe. Das habe schließlich auch finanzielle Vorteile; denn der König werde sich wohlwollend zeigen und den Amerika-Reisenden großzügig belohnen. «Auch wünschte ich aus vielen Ursachen, daß Du, mein geliebter, verständiger Wilhelm, mit Deinem milden, schonenden und doch treffenden Sinn ihm einen ernsten Brief über das Beibehalten seiner Deutschheit schriebest. *Il va s'enivrer ici d'une vaine gloire*, und am Ende lacht man sich doch hier ins Fäustchen, wenn er sich *tête perdue* in ihre Arme wirft.» (Br. II, 226) Caroline befürchtet, dass sich ihr Schwager an seinem in Paris zu erwartenden Ruhm berauscht und dabei kopflos sein Deutschsein verliert. Zugleich erwartet sie freudig seine Ankunft.

Wilhelm teilt Carolines Freuden und Sorgen. Unaussprechlich glücklich macht ihn das bevorstehende Zusammensein seines Bruders und seiner Frau. Sie soll es in vollen Zügen genießen. Es muss doch himmlisch sein, Alexander in Paris ankommen zu sehen. Wie ein «Wundertier» wird er angestaunt werden. Er wird es klug für seine Zwecke zu nutzen wissen. Aber auch Wilhelm befürchtet, dass Alexander sich zu schroff gegenüber den Berliner Erwartungen verhält. «Das ist in keiner Art klug. Vor der Welt muß man das Vaterland ehren, wenn es auch eine Sandwüste ist.» (Br. II, 232) Deshalb legt Wilhelm seinem Brief an Caroline einen Brief an Alexander bei, der ihm bei seiner Ankunft in Paris ausgehändigt werden soll. Er rät ihm, König Friedrich Wilhelm III. um Urlaub zu bitten, um sich für eine kurze Zeit in Paris und Rom aufhalten zu können. «Alexander hier zu haben, wird ein unendlicher Genuß sein.» (Br. II, 233)

Alexanders erwartete Ankunft in Paris gibt seinem Bruder wieder einmal Gelegenheit, sich mit ihren unterschiedlichen Charaktertypen zu beschäftigen. Wie haben sie sich in den Jahren ihrer Trennung entwickelt? Wird Alexander verstehen, welche Fortschritte sein Bruder «im Reich der inneren Erfahrung» (Br. II, 234) gemacht hat, vor allem nach dem unglücklichen Todesfall, der sein inneres Schicksal am stärksten bestimmt hat? Das Grundmuster dieses brüderlichen Charakterbilds ist nicht neu. Es ist schon in ihrer Kindheit angelegt gewesen. Bereits um 1790 hat es Wilhelm seiner Verlobten deutlich herausgearbeitet: Alexander wird rastlos nach außen in die Welt getrieben und strebt dabei, verführt durch seine kleinen Eitelkeiten, nach öffentlicher Anerkennung; er selbst will dagegen vor allem nach innen auf seinen eigenen Charakter wirken, weil er nur das für wertvoll hält, was der Mensch in sich ist. Jetzt heißt es kurz und knapp: «Seit unserer Kindheit sind wir wie zwei entgegengesetzte Pole auseinandergegangen, obgleich wir uns immer geliebt haben und sogar vertraut miteinander gewesen sind. Er hat von früh nach außen gestrebt, und ich habe mir ganz früh schon nur ein inneres Leben erwählt, und glaube mir, darin liegt alles.» (Br. II, 260)

Schon als Kinder haben beide Brüder diese Bipolarität empfunden. Jetzt gewinnt sie eine neue Dimension hinzu. Sie übersteigt die persönlichen Beziehungen und Lebensformen und wird bedeutsam im «Problemkreis der national bedingten Kultur»[6]. Es geht um das Französische und das Deutsche.

Am 27. August kommt Alexander endlich in Paris an. Überrascht stellt Caroline fest, dass er sich kaum verändert hat. «Er ist so unbeschreiblich noch derselbe in Manieren, Mienen, Gestikulationen und Tournüren, so daß ich meine, er wäre erst vorgestern von uns gereist.» (Br. II, 231) Nur «viel fetter» ist er geworden. Die nächsten Tage und Wochen sind wie erwartet. Alexander wird von der Pariser Gesellschaft gefeiert. Er genießt den Ruhm und ist «unendlich beschäftigt und fetiert». (Br. II, 237) Jeder will den berühmten Forscher und Reisenden treffen. Nur morgens findet er ein wenig Zeit, um mit seiner Schwägerin und ihren Kindern zu frühstücken. «Er ist unendlich zärtlich mit mir.» (Br. II, 238) Doch das kann ihre Sorgen nicht vertreiben. Alexander ist unruhig. Ständig schmiedet er neue Reisepläne. Er möchte nach Griechenland und Korfu. Auch Petersburg lockt ihn. «Alle europäischen Länder gehen ihm im Kopf herum.» (Br. II, 231) Am liebsten möchte er überall zugleich sein.

Alexander soll seine «Deutschheit» beibehalten! Das ist Carolines sehnlichster Wunsch. Deshalb hält sie es für ein großes Glück, dass der Schwager sie in Paris angetroffen hat. Ohne sie, glaubt Caroline, wäre er so tief und rettungslos ins Französische eingesunken, «dass er nie wieder herausgekonnt hätte». (Br. II, 249) Unterstützung erhofft sie sich von ihrem Mann. Wilhelm soll seinem Bruder ernsthafte Briefe schreiben, um ihn auf das Deutsche zu lenken. Das ist nicht einfach. Denn Alexander schneidet Grimassen, wenn er die brüderlichen Ermahnungen liest, das Vaterland zu ehren.

Wilhelm rät, behutsam und nicht überhastet vorzugehen. Auch ist sein eigenes Deutschsein nicht so patriotisch wie das seiner Frau, der er am 11. September beruhigend schreibt, dass der Pariser Rausch des überschwänglichen Ruhms sich bald verflüchtigen wird: «Ihn eigentlich an seine Deutschheit zu erinnern, und ihn überhaupt von der *ivresse de la vaine gloire* zum Ernst zurückzuführen, dazu muß man einige Zeit abwarten. In gewisser Weise fürchte ich da nicht. Er hat wahren Ehrgeiz. Er fühlt gewiß, daß, wenn er nicht in Deutschland Ruhm erwirbt, es außerhalb nichts ist. Sollte er selbst das Unglück haben, was jetzt das Beste in Deutschland ist, wenig zu achten, so ist er doch fein und merkt selbst, wie die Umstände des Augenblicks stehen.» (Br. II, 248) Und eine Woche später unterstreicht er noch einmal sein Vertrauen in Alexanders Einsicht, der doch eigentlich auch »echt deutsch» sei: «Doch kann man nicht sagen, daß er durch die Sucht, Effekt zu machen, getrieben wird. Das ist nur die Außenseite der tiefen inneren Regsamkeit, die auf etwas Besseres und Höheres hinausgeht. Darin ist er doch auch wieder echt deutsch und wahrhaft zu achten.» (Br. II, 252)

Was verstehen Wilhelm und Caroline von Humboldt unter «deutsch» und «Deutschheit»? Was ist jetzt «das Beste» in Deutschland? Es sind keine politischen oder staatlichen Kategorien. Das Deutsche besitzt für sie auch keine nationalistische Bedeutung. 1804 kann von einer deutschen Nation nicht die Rede sein. Das Heilige Römische Reich Deutscher Nation bietet ein vielgestaltiges, in zahlreiche Königreiche, Kurfürstentümer, Erzherzogtümer, Herzogtümer, Erzbistümer, Bistümer, Landgrafschaften, Reichsstädte und landständische Residenzstädte zersplittertes Bild. Auch das Preußische spielt hier keine wichtige Rolle.

Nach seinem Abschied aus dem preußischen Staatsdienst hat Humboldt die Bande zu seiner Heimat gelöst. Lieber lebte er auf den thüringischen Gütern seines Schwiegervaters, dann in Jena, um in Schillers Nähe zu sein. Ab 1797 hielt sich die Familie im Ausland auf. Der Separatfrieden, den Preußen mit Frankreich 1795 in Basel geschlossen hatte und der eine zehnjährige politisch-militärische Neutralität Preußens zur Folge hatte, ermöglichte es Humboldt, ab 1797 problemlos in Paris zu leben. Die Stadt machte einen großartigeren und vorteilhafteren Eindruck als Berlin. Selbst während des Zweiten Koalitionskrieges gegen Frankreich, aus dem sich der friedliebende König Friedrich Wilhelm III. heraushielt, bevorzugten Wilhelm und Caroline von Humboldt, in der französischen Metropole zu leben, «die ein so buntes Gemisch verschiedenartiger Elemente, so viel Stoff für das mannigfaltigste Interesse in sich enthält». So lobte Wilhelm in einem Brief an Friedrich Schiller diese faszinierende Stadt, wo Fremde mit der freundlichsten Humanität behandelt werden «und wo wirklich ein lebendiges und wahres Interesse für Wissenschaft und Gelehrsamkeit herrscht»[7].

Bemerkenswerterweise ist in diesem Brief aus Paris, geschrieben am 7. Dezember 1797, zum ersten Mal von einem «deutschen Wesen» die Rede. Erst in der fremden Kultur wird Wilhelm von Humboldt bewusst, was er hier vermisst. «In der Tat rechne ich es zu den Vorzügen meines hiesigen Aufenthalts, daß mir die deutsche Natur in ihrem Adel und ihrer Vortrefflichkeit erst hier recht klar werden wird.»[8] «Deutschheit» ist eine kulturelle, literarische und sprachliche Qualität, und Humboldt hat das Glück, dass sich das «Beste» dieses Deutschseins großteils mit seinen eigenen Beziehungen deckt. Deutsch ist für ihn die kritische Philosophie Immanuel Kants, dessen metaphysische Tiefe und begriffliche Schärfe er seinen französischen Freunden vergeblich zu vermitteln versucht. Es ist Schillers dramatisches Gedicht *Wallenstein*, in dem die Idee, «Freiheit zu geben durch Freiheit», an den wirklichen geschichtlichen Verhältnissen schicksalhaft scheitert. Humboldt hat die Entstehung dieses klassischen Werks aus der Nähe verfolgt, von dessen ganzer Größe man in Paris nicht die mindeste Ahnung hat. Deutsch ist Goethes antikisierender, in Hexametern gedichteter Gesang *Hermann und Dorothea*, dieses ins Typische erhöhte Epos des deutschen Lebens und Liebens in Zeiten des Krieges mit Frankreich, in dem am glücklichen Ende Hermann patriotisch zu seiner Braut sagt:

«Weiß ich durch dich nur versorgt das Haus
und die liebenden Eltern,
O, so stellt sich die Brust dem Feinde sicher entgegen.
Und gedächte jeder wie ich, so stünde die Macht auf
Gegen die Macht, und wir erfreuten uns alle des Friedens.»[9]

Darüber hat Humboldt in Paris, im April 1798, einen umfangreichen ästhetischen Versuch geschrieben: «Die schlichte Einfachheit des geschilderten Gegenstandes und die Größe und Tiefe der dadurch hervorgebrachten Wirkung, diese beiden Stücke sind es, welche in *Göthes Hermann und Dorothea* die Bewunderung des Lesers am stärksten und unwillkührlichsten an sich reissen.» (G. S. II, 124) Dabei ist es kein Zufall, dass Humboldt, während er in Frankreich Goethes Epos liest und ästhetisch reflektiert, sich auf «das Studium des französischen Nationalcharakters und die Vergleichung mit dem deutschen» konzentriert. An Goethe schreibt er im Frühjahr 1798, dass im französischen Charakter «mehr *Verstand* als Geist, mehr außer sich aufs *Leben* gerichtete als eigentlich in sich gekehrte und künstlerisch gestimmte Einbildungskraft, mehr Heftigkeit und *Leidenschaft* als Empfindung herrscht»[10].

Humboldt spricht über das Französische und das Deutsche wie über seinen Bruder und sich selbst. Wörtlich zitiert er, was Therese Forster schon 1790 über Alexander gesagt hat: «Der Mensch hat mehr Verstand wie Geist.» (Br. I, 342) Er hielt es damals für sehr originell, vielleicht etwas übertrieben, aber nicht unwahr. Im Brief an Goethe hat er diese brüderliche Charakterisierung ins Nationale übertragen. Auch die Polarisierungen zwischen außen-gerichtet und in-sich-gekehrt, zwischen heftiger Lebensenergie und künstlerischer Einbildungskraft sind ursprünglich innerfamiliär profiliert gewesen. Erst in mehreren Briefen an die Freunde in der Heimat gewinnen sie einen überpersönlichen Bedeutungsgehalt.

Es scheint, als seien die beiden Brüder typische Ausgestaltungen unterschiedlicher Nationalcharaktere. So jedenfalls sieht es Wilhelm von Humboldt, während er sich seiner eigenen «Deutschheit» vor allem in Frankreich bewusst wird. In der Ferne lernt er sein glückliches Schicksal zu preisen, «zugleich mit Ihnen und Goethe zu leben und Sie und Ihre Liebe zu besitzen», schreibt er an Schiller. «Lachen Sie nicht, mein teurer Freund, über diese Ekstase, in die mich meine Deutschheit versetzt.»[11] An Friedrich August Wolf, während er und seine Frau mit großem Anteil und lebendigem Genuss die Ovid- und Homer-Übersetzungen von Johann Heinrich Voß lesen: «Sie, Glücklicher, mitten in Deutschland und unter lauter Deutschen, können kaum fühlen, wie viel einem eine solche kräftige, hohe und begeisternde Sprache gibt, was solche Bilder dem Sinn, solche Gedanken dem Geist und Herzen sind.»[12] An Friedrich Heinrich Jacobi: «Wir Deutsche unterscheiden immer ganz bestimmt zwey gleichsam ganz verschiedene Welten, eine unsichtbare und eine sichtbare, ein inneres und ein äusseres Dasein, und vergessen sehr oft, dass wir, indem wir reden, schreiben und handeln, aus dem ersteren heraustreten. Dadurch sind wir dunkel, oft (da wir uns oft nur als Natur zeigen) unfein und beinahe immer formlos. Bey den Franzosen ist es gerade das

Gegentheil, sie berechnen alles auf die Wirkung, und dies ist es, was im großen und im kleinen ihnen die politischen und gesellschaftlichen Vortheile über ihre Nachbarn giebt.»[13]

Und jetzt ist Alexander in Paris und droht alles wie ein typischer Franzose zu machen! Alles an ihm strebt nach außen. Er ist dem Leben auf der Spur. Er genießt den Erfolg und berechnet die Wirkungen dessen, was er tut. Er ist geschickt in seinem öffentlichen gesellschaftlichen Auftreten. Unbedingt muss er dabei sein, wenn Napoleon Bonaparte am 2. Dezember 1804 sich selbst zum Kaiser der Franzosen (Napoleon I.) krönt. Er gibt viel Geld für seine elegante Garderobe aus und teilt es nicht ohne Stolz seinem Bruder mit: «Ich bin gezwungen gewesen, mir für 70 Louisdor samtene gestickte Kleider machen zu lassen, um in aller Pracht zu erscheinen. Man muß nach einer solchen Reise nicht scheinen auf den Hund gekommen zu sein.» (Br. II, 266) «Une vaine gloire» scheint ihm wichtiger zu sein als die auf sich selbst bezogene und in sich gekehrte Charakterbildung. Französischer Esprit liegt ihm näher als deutscher Geist. Doch noch besteht ja die Hoffnung, dass Alexanders tiefe innere Regsamkeit «auf etwas Besseres und Höheres hinausgeht. Darin ist er doch auch wieder echt deutsch.» (Br. II, 252)

Noch halten sich die Bedenken gegen Alexanders unterentwickelten deutschen Nationalcharakter in Grenzen. Zwar gibt es Anlässe für die Feststellungen, dass er die «Welt» höher schätzt als das «Vaterland» und dass er sich durch eine heftige Leidenschaft nach außen treiben lässt, statt sich gefühlvoll in sich selbst zu versenken. «Genießen tut er durch Liebe nicht leicht» (Br. II, 252), stellt Wilhelm fest; und Caroline hat bald einen traurigen Grund, seine mangelnde Empfindsamkeit gegenüber dem Leiden anderer Menschen zu erwähnen. Schon über Haeftens und Wilhelms Tod war es ihm schwergefallen, die richtigen Worte zu finden. Jetzt wird sein Mitgefühl auf eine neue Probe gestellt.

Denn am 2. Juni 1804 hat Caroline in Paris wieder ein Kind zur Welt gebracht, ein gesundes, hübsches Mädchen mit unaussprechlich schönen blauen Augen, einem süßen Lächeln und himmlischen Blick.

Die Mutter freut sich sehr über ihre vierte Tochter (nach Caroline, Adelheid und Gabriele) und schreibt ihrem Mann nach Rom: «Es ist mir immer ein wunderbarer Gedanke, wenn ich sie ansehe, daß Du sie noch nicht kennst. Ach, wenn nicht Wilhelm eine solche schreckliche Lücke in unserm Kreise gemacht hätte, könnte man doch keine schönere Familie sehen. Denkst Du nicht auch, daß wir sie künftigen Winter malen lassen? Wer weiß, was uns noch bevorsteht?» (Br. II, 243) Alexander wird Taufpate seiner kleinen Nichte Louise, die er selbst lieber «Mathilde» nennt. Das ist, wie Wilhelm erfreut feststellt, ein schöner Anfang seiner «europäischen Karriere». (Br. II, 248) Doch dann erkrankt Louise. Sie wird gegen Pocken geimpft und ist einige Tage recht munter. Am 16. Oktober sieht sie blass aus, und einen Tag später beginnt sie zu schreien mit einem sonderbar pfeifenden Ton. In der Nacht zum 18. Oktober nimmt Caroline ihr kleines, dreieinhalb Monate altes Mädchen an die Brust, «das Atmen wurde schwächer und schwächer – um siebeneinhalb Uhr verschied sie ohne Zucken, ohne Röcheln – bloß um die Augen war ein krampfhafter Totenzug. So ist sie von uns gegangen und hat eine Öde um uns gelassen, eine Leere, vor der ich zurückschaudere.» (Br. II, 272)

Der tiefe Schmerz droht, Caroline zu überwältigen. Paris erscheint ihr leer ohne diesen kleinen Engel. «Mein Herz ist unbeschreiblich zerrissen über den Verlust meiner schönen Louise» (Br. II, 273), klagt sie gegenüber Wilhelm, der seine Tochter nie gesehen hat oder in die Arme nehmen konnte. Der tiefste familiäre Kummer hat sich erneuert. Ist ihre Louise mit ihrem toten Bruder zusammen, der sie pflegt und liebkost? Oft träumt Caroline von ihren beiden toten Kindern und sieht beide vereint in einer fremden Welt, auch wenn sie in entfernten Städten begraben liegen. «Sind sie zusammen, und wird der Tod uns einst alle wieder vereinen? Lebe wohl, Geliebter, ich breche hier ab, unvermögend, etwas mehr hinzuzufügen. Ich sehne mich unaussprechlich nach Euch und kann nur etwas, was Ruhe ähnlich ist, bei Euch wieder finden.» (Br. II, 272)

Alexander ist glücklicher Taufpate gewesen. Traurig hat er den Leichnam begleitet, als er unter einem hohen Akazienbaum auf einem Gut nahe Paris beerdigt worden ist. Doch niemals könne er mit-fühlen, was er selbst nicht erfahren habe, bemerkt Caroline gegenüber Wilhelm, der wie sie selbst keinen Schmerz scheue. Überhaupt scheint Alexander die Tiefe wahrer Empfindungen fremd zu sein, stellt seine Schwägerin fest. «Alexanders liebevolle Äußerungen sind mehr eine Demonstration der Empfindung als ein tiefes Gefühl.» (Br. II, 274) «Über Wilhelm und Louisen kann ich mit Alexander nicht reden, er versteht kein Mutterherz.» (Br. II, 287)

Außerdem ist Alexander unablässig beschäftigt und fühlt sich wohl in diesem energiegeladenen Paris, das Caroline als leere Ödnis erscheint. Er hat an den preußischen König geschrieben und ihn um «Urlaub» gebeten; und Friedrich Wilhelm III. hat ihm seinen Wunsch erfüllt. Es kann nicht schaden, den weltberühmten Preußen eine Zeitlang in Frankreich wirken zu lassen, mit dem der preußische König in Frieden leben will. Kurz vor Louises Tod hat es Alexander seinem Bruder mitgeteilt, um dessen Bedenken zu zerstreuen: «Liebs-ter Bill! Endlich ist die Antwort des Königs gekommen, freundlicher ist nun wohl nie einem Vasallen geschrieben worden. Alle Furcht also, daß meine französischen Verbindungen den vaterländischen schaden könnten, ist eitel gewesen.» (Br. II, 265)

Stolz berichtet er dem Bruder am 14. Oktober 1804 von seinen unermüdlichen Tätigkeiten. Er arbeitet viel und glücklich. Im Pari-ser National-Institut hält er mehrere Vorträge, unter anderem über seine Reiseerlebnisse, die Geologie der Anden, die Geographie der Pflanzen, über wechselnden Erdmagnetismus und variierende Luft-zusammensetzung, über unbekannte Gifte bei Fischen ohne Bauch-flossen und die erdgeschichtliche, silurische Formation südamerika-nischer Vulkane. «Das National-Institut ist vollgepfropft, sobald ich lese.» (Br. II, 265) Alle wollen Alexander von Humboldt hören, der als Einzelner mit seinen vielfältigen Fachkenntnissen wie eine ganze Akademie zu sein scheint. Am 28. Oktober 1804 wird er auf einer großen Audienz Napoleon Bonaparte vorgestellt, und er ist auch bei dessen Krönung zum Kaiser am 2. Dezember dabei. «Der Ruhm ist größer als je. Es ist eine Art von Enthusiasmus.» (Br. II, 265) Doch er will ihn nicht allein für sich in Anspruch nehmen, und so versucht er auch den Bruder, dessen Bedenken gegen die Ruhmsucht er kennt, mit einzubeziehen. «Du siehst also, daß das pommersche Geschlecht durch Dich und mich verherrlicht ist. Denn auch Deiner wird hier noch sehr, sehr allgemein gedacht.» (Br. II, 266)

Die überwältigende gesellschaftliche Anerkennung hilft Alexander, den Lebensunterhalt für seinen treuen Reisebegleiter und mutigen Gefährten Aimé Bonpland zu sichern. Einige Monate engagiert er sich dafür, ihm eine staatliche Pension als feste Lebensgrundlage zu vermitteln. Gegenüber Jean Marie Gerando, dem Sekretär des französischen Innenministers, bekennt er, dass er Frankreich als «mein zweites Vaterland» betrachtet und dass die große Expedition nach Amerika, die das Interesse der Öffentlichkeit erregt, «durch zwei Individuen aus zwei Nationen ausgeführt worden ist, die seit langem durch die engsten politischen Bande verbunden gewesen sind»[14]. Wiederholt muss er wegen dieses Freundschaftsdienstes seine Abreise aus Paris nach Rom aufschieben, wo er seinen Bruder besuchen will. Erst Anfang März 1805 gelingt es ihm, für Bonpland eine jährliche Pension von 3000 Francs bewilligt zu bekommen. Er hat die Wartezeit publizistisch nicht untätig verstreichen lassen, sodass auch Wilhelm den besorgen Kunth am 13. März, während sich sein Bruder gerade auf dem Weg zu ihm befindet, mit der Nachricht beruhigen kann: «Er ist in Paris von einer unglaublichen Thätigkeit gewesen, und hat mehrere Manuscripte fertig gemacht. Einige werden wirklich jetzt gedruckt, und andre sollen glaube ich hier die letzte Feile erhalten.»[15]

Dieser Hinweis betrifft vor allem den ersten Band seines breitangelegten Reisewerks. Er hat ihn nicht nach der geplanten Chronologie geschrieben, wo er später erst in der fünften Partie seinen Platz finden wird. Er hat seinen *Essai sur la géographie des plantes,* der bereits 1805 in Paris erscheinen wird, vorgezogen, weil er besonders deutlich zeigt, worum es ihm wesentlich geht: Seine Arbeiten sollen das ganzheitliche Zusammenspiel der Erscheinungen umfassen und an der Verteilung der verschiedenen Pflanzen über den ganzen Erdkörper verdeutlichen. Schon in seiner frühen Jugend hat er diese Idee einer «Pflanzengeographie» entworfen, die zu seinen originellsten Einfällen gehört. Er hat sie zum ersten Mal gegenüber Carl Willdenow geäußert. Erste Skizzen legte er seinem Freund Georg Forster vor. Schiller erfuhr im August 1794 davon, als er Humboldt zur Mitarbeit an seinen *Horen* einlud. Und gegenüber dem Botaniker Johann Friedrich Pfaff äußerte er im November 1794 die Prognose: «Ich arbeite an einem bisher ungekannten Theile der allgemeinen Weltgeschichte. (…) Das Buch soll in 20 Jahren unter dem Titel: ‹Ideen zu einer künftigen Geschichte und Geographie der Pflanzen oder historische Nachricht von der allmäligen Ausbreitung der Gewächse über den Erdboden und ihren allgemeinsten geognostischen Verhältnissen› erscheinen.» (Jbr., 370) Damals schien es ihm ein ungeheurer Plan gewesen zu sein, die Pflanzenschöpfung im Zusammenhang mit der ganzen Natur schildern zu wollen. Zehn Jahre später, bereichert durch die gesammelten botanischen Materialien seiner Amerikareise, hat er diese Ideen in Paris publiziert.

Mit dem französisch geschriebenen Manuskript seines *Essai* kommt Alexander von Humboldt am 30. April 1805 in Rom an. Sechseinhalb Jahre sind die Brüder getrennt gewesen. Das Zusammensein in Rom ist für beide eine glückliche Zeit. Alexanders Erzählungen von seiner Reise lassen die Wunder der Neuen Welt vor Wilhelms geistigem Auge entstehen. Besonders freut er sich über das reichhaltige fremdsprachliche Material, das sein Bruder aus Amerika mitgebracht hat. Er wird es später sprachwissenschaftlich verarbeiten. Zufrieden spürt er die «tiefe innere Regsamkeit» seines Bruders, dem er bei der deutschsprachigen Übersetzung seines *Essai* hilft. An diesen *Ideen zu einer Geographie der Pflanzen*, die 1807 in Tübingen erscheinen werden, spürt er, wie sehr auch Alexander «auf etwas Besseres und Höheres hinausgeht». In der Vorrede zu seinen *Ideen*, geschrieben im Juli 1805 in Rom, hat er es mit Goethes Worten als das «allgemeine Bild» bezeichnet, das keine empirische Tatsachensammlung sein soll, sondern das es «in gleichsam höherer Art naturphilosophisch darzustellen» gilt.[16] Es ist ein schönes Zeichen, dass er das Werk Goethe widmet in Erinnerung an jene Jenaer Verhältnisse, in denen seine Empfindung für den typischen landschaftlichen «Totaleindruck» geweckt worden ist. Wie Goethe habe er versucht, Naturkunde, Philosophie und literarische Darstellung zu vereinen. Und schließlich wird Wilhelm sich auch darüber gefreut haben, dass Alexander das philosophische System von Friedrich Wilhelm Schelling erwähnt, dessen «deutsche» Metaphysik ihn selbst zu dieser Zeit begeistert.[17]

Spürbar ist der Einfluss, den der ältere auf seinen jüngeren Bruder während ihres römischen Wiedersehens ausgeübt hat, über das Wilhelm an Kunth schreibt: «Hier sind wir sehr vergnügt gewesen. Er ist äusserst freundlich und lieb, nur ernster, als sonst.»[18] Einige Monate später, als Alexander am Ende seiner Reise dann endlich doch nach Berlin zurückgekehrt ist, ergänzt Wilhelm seine Aussage mit den liebevollen Worten: «Gegen mich ist er unendlich lieb, und es schmerzt mich jetzt, da ich ihn wiedergesehen habe, mehr von ihm getrennt zu seyn, als die langen Jahre hindurch. Er hat mir auf eine wirklich rührende Weise immer gleich feste und gleich treue Anhänglichkeit bewiesen, und es gehört mit zu den schönsten Eigenheiten in ihm, dass bei der ungeheuren Beweglichkeit, die oft sogar an Leichtsinn zu gränzen scheint, man fast auf niemand mit soviel Sicherheit, wie auf ihn, bauen kann.»[19] Wilhelms Verstimmung wegen Alexanders mangelhafter «Deutschheit» scheint behoben zu sein. Nach über neunjähriger Abwesenheit ist der preußische Ausreißer am 16. November 1805 wieder in seiner Heimatstadt Berlin angekommen.

Wie in Paris wird Alexander von Humboldt auch in Berlin begeistert empfangen. Er ist berühmt. Kaum angekommen, wird er mit Ehren überhäuft. Er wird als ordentliches Mitglied der Königlich-Preußischen Akademie der Wissenschaften zu Berlin begrüßt. Durch königliche Kabinettsorder wird ihm eine jährliche Pension von 2500 Talern gewährt, ohne dadurch zu einer besonderen Gegenleistung verpflichtet zu werden. Schließlich erhält er auch noch, wie sein Vater, den Titel und das Amt eines königlichen «Kammerherrn».

Doch diese Ehren scheinen ihn nicht besonders zu freuen. Er fühlt sich fremd und einsam in Berlin. Bis Ende Dezember 1805 erkrankt er an einem masernartigen Ausschlag mit Fieber. Im Dschungel, in den

Steppen und auf den höchsten Bergen ist er nie krank gewesen. Jetzt reagiert sein Körper, weil er sich am falschen Ort befindet. «Meine Gesundheit leidet ohnedies von dem Europäischen Klima und es ist mir hier fürchterlich eng und tot», klagt er am 6. Februar 1806 gegenüber Goethe. Für ihn ist es ein abscheuliches Leben, das er führt. Die Stimmung der meisten Menschen erscheint ihm empörend oberflächlich zu sein, sogar noch «ärger als die Pflanzenöde und der blecherne graue Himmel»[20] über Berlin. Selbst der Besuch bei alten Berliner Bekannten, bei Henriette Herz, Rahel Levin, Nathan Mendelssohn, Carl Willdenow und anderen, bietet ihm weder Ersatz für die amerikanischen Abenteuer noch für die gelebte Geselligkeit und wissenschaftliche Anregung in der Weltstadt Paris. So konzentriert er sich auf seine Arbeiten und beginnt, die mitgebrachten Materialien seiner Reise zu ordnen und sein Reisewerk konzeptionell zu entwickeln.

An der Berliner Akademie hält er einige Vorlesungen. Besonders sein Vortrag am 30. Januar 1806, in dem er seine *Ideen zu einer Physiognomik der Gewächse* skizziert, weckt großes öffentliches Interesse. Im winterlichen Berlin lässt er vor seinen zahlreichen Zuhörern das große Zauberbild der tropischen Natur entstehen mit ihren typischen Pflanzenformen. Er weiß, dass er damit nur die Einbildungskraft anspricht und einen blassen «Ersatz» für das bietet, was er mit all seinen Sinnen in der Tropenvegetation genossen hat. Als tröste er sich selbst, beendet er seinen Vortrag mit dem erhebenden Hinweis: «Im kalten Norden, in der öden Heide kann der einsame Mensch sich aneignen, was in den fernsten Erdstrichen erforscht wird; und so in seinem Innern eine Welt sich schaffen, welche das Werk seines Geistes, frei und unvergänglich wie dieser, ist.»[21]

Kaum hat er seinen Vortrag schriftlich ausgearbeitet, schickt er ihn an Goethe. Er würde sich sehr freuen, wenn dieser «verehrungswerteste Mann» seine kleine Abhandlung lesen würde, in der er physikalische und botanische Gegenstände «ästhetisch» zu behandeln versuchte und den Zuhörern und Lesern etwas von dem Genuss vermitteln wollte, den er während seiner fünfjährigen Reise empfunden hat. «Sie kostet ihnen ja nicht ½ Stunde und am rauhen Winterabend wandelt man ja wohl gerne einmal in einem schön belaubten Tropenwald umher.»²² Goethe nimmt sich die Zeit und schreibt sofort für die *Jenaische Allgemeine Literatur-Zeitung* eine begeisterte Rezension, in der er sich besonders für den «lebhaften und einzigen Genuß»²³ bedankt, den ihm diese köstliche botanische Frucht aus Humboldts Geist bereitet hat.

Einige Monate später gewinnt Humboldts Appell an die geistige Freiheit eine politische Dimension. Elf Jahre lang, seit dem Baseler Sonderfrieden mit Frankreich (5. April 1795), ist Preußen eine Insel des Friedens gewesen in den europäischen Kriegswirren zwischen dem revolutionären Frankreich und den wechselnden Koalitionsmächten England, Österreich und Russland. Friedrich Wilhelm III., der das größte Glück eines Landes in einem fortdauernden Frieden mit seinen Nachbarn sah, hat auf strikte Neutralität Wert gelegt und sich nicht in kriegerische Allianzen hineinziehen lassen. Man hat ihm diese pazifistische Zurückhaltung als Schwäche vorgeworfen und als unfreiwillige Begünstigung der stärkeren, also der französischen Seite, die unter Napoleon von Sieg zu Sieg eilte. Gerade erst hatten, am 2. Dezember 1805, die vereinten österreichisch-russischen Truppen bei Austerlitz eine vernichtende Niederlage erlitten.

Doch 1806 beginnt ein rasch wechselnder Zickzackkurs der preußischen Außenpolitik. Weil Napoleon die Neutralität Preußens nicht so achtet, wie es Friedrich Wilhelm III. erwartet, und sich mehrmals über dessen Interessen hinwegsetzt, stolpert der preußische König im Oktober 1806 in einen Sonderkrieg mit Frankreich. Ohne Verbündete und ohne klares politisches Ziel lässt er sich auf einen mörderischen Waffengang ein, der an einem einzigen Tag entschieden wird. Am 14. Oktober 1806 werden die beiden preußischen Armeen in zwei Schlachten bei Jena und Auerstedt völlig zerstört. Es ist die totale Katastrophe. Die militärische Stärke der jungen und aufstrebenden Großmacht Preußen ist vernichtet. Am 27. Oktober zieht der Kaiser der Franzosen triumphal in Berlin ein. Der preußische König ist bis in den östlichsten Winkel seines Reichs geflüchtet. Über das politische und territoriale Schicksal Preußens wird schließlich am

9. Juli 1807 im ostpreußischen Tilsit zwischen Kaiser Napoleon und Zar Alexander entschieden. Der König von Preußen hat dabei nichts zu sagen. Preußen wird auf die Grenzen von 1772 reduziert und auf sein altes Kernland zurechtgestutzt: auf Brandenburg östlich der Elbe, Ost- und Westpreußen. Mit Pommern, Schlesien und allen Gebieten westlich der Elbe hat es die Hälfte seiner Bevölkerung verloren.[24]

Alexander von Humboldt ist Augenzeuge, als französische Soldaten in Berlin einmarschieren und dabei auch den Familienbesitz in Tegel plündern. Er gehört nicht zu denen, die Napoleon zujubeln. Zwischen den beiden Nationen stehend, versinkt er in eine niedergeschlagene Stimmung, über die er seinem alten Göttinger Professor Christian Gottlob Heyne rückblickend berichten wird: «Nach Deutschland zurückgekommen und gleichsam mit unter den Trümmern eines unglücklichen Vaterlandes begraben zu werden, habe ich eine schreckliche Zeit hier verlebt. Ich habe mich nie so ununterbrochen unglücklich gefühlt.»[25] Er zieht sich in seine Studierstube zurück, in der er seine *Ansichten der Natur* zu Papier bringt. Ästhetisch behandelt er eine Reihe großer naturkundlicher Gegenstände, über die er auch an der Berliner Akademie gesprochen hat: die Steppen und Wüsten; die Wasserfälle am Orinoko; die Physiognomik der Pflanzen. Doch auch die politischen Erfahrungen während der preußischen Niederlage hinterlassen in diesen Natur-Ansichten ihre deutliche Spur. In der *Vorrede* spielt er direkt auf die gequälte Stimmung an, in der er und zahlreiche seiner Mitbürger sich befinden: «*Bedrängten Gemüthern* sind diese Blätter vorzugsweise gewidmet. ‹*Wer sich herausgerettet aus der stürmischen Lebenswelle*›, folgt mir gern in das Dickicht der Wälder, durch die unabsehbare Steppe und auf den hohen Rücken der Andeskette. Zu ihm spricht der weltrichtende Chor:

> Auf den Bergen ist Freiheit! Der Hauch der Grüfte
> Steigt nicht hinauf in die reinen Lüfte;
> Die Welt ist vollkommen überall,
> Wo der Mensch nicht hinkommt mit seiner Qual.»[26]

Das ist nicht nur eine kleine Hommage an den früh verstorbenen Freund Friedrich Schiller (9. Mai 1805), aus dessen *Braut von Messina* die zitierten Verse stammen. Es ist auch an seinen Bruder gerichtet, dem Alexander seine *Ansichten der Natur* widmet: «Seinem theuren Bruder *Wilhelm von Humboldt* in Rom. Berlin, im Mai 1807, der Verfasser».

Wilhelm wird die kleine Spitze nicht übersehen haben, die in dieser freundlichen Widmung versteckt ist. Sein weltbürgerlicher Bruder erfährt die preußische Niederlage in der Heimatstadt, während der «deutsche» Wilhelm sich fern von der Katastrophe in Rom auf sicherem Boden befindet. Aber noch deutlicher hat Alexander unterstrichen, wie sehr ihm die politisch-militärischen Feindschaften und mörderischen Kriege zwischen den europäischen Mächten zuwider sind. Er versucht, sich aus den zeitgeschichtlichen Stürmen zu retten. Gegen den Todesgeruch auf den Schlachtfeldern und die Qual der unter dem Krieg leidenden Menschen imaginiert er ein natürliches Reich der Freiheit, das sich in der reinen Bergluft und den weiten, scheinbar grenzenlosen Steppen erleben lässt. Gegen die politischen und gesellschaftlichen «Bedrängnisse» setzt er keine Maßnahmen des Staates, sondern Ansichten der Natur. Sie sollen den Genuss der Freiheit ermöglichen, die den bedrängten Gemütern politisch verwehrt ist.

Am liebsten wäre er wieder weit gereist, ins Innere Asiens oder nach Indien, nach Tibet und auf die Hochgebirge des Himalaya, die noch erhabener und majestätischer sein sollen als die südamerikanischen Kordilleren. Schon in seinem Brief vom 6. Februar 1806 an Goethe hat er zum ersten Mal diesen Plan geäußert: Er lebe «in der Vergangenheit, in Ihren Schriften und in den Ebenen am Euphrat und Himalus, den ich zu besuchen gedenke»[27]. Doch vor dieser asiatischen Reise will er zunächst seine amerikanische auswerten.

Er fürchtet, dass Berlin dafür nicht der richtige Ort ist. Es mangelt ihm an fähigen Mitarbeitern, um das große, anspruchsvolle Werk zu verwirklichen. Da bietet sich ihm plötzlich die überraschende Gelegenheit, nach Paris zu reisen. Es ist kein wissenschaftlicher Anlass, sondern ein politischer Auftrag. Durch den schmachvollen Frieden von Tilsit ist dem besiegten Preußen eine riesige finanzielle Bürde aufgelastet worden. Auch wollen die Franzosen so lange Preußen besetzt halten, bis die Kriegsentschädigung in Höhe von 120 Millionen Francs beglichen ist, wobei allen klar ist, dass das geschwächte Preußen diese Summe niemals zahlen kann. Um eine Ermäßigung zu erreichen, wird der 24-jährige Prinz Wilhelm von Preußen, ein Bruder des Königs, nach Paris geschickt. Die Mission ist heikel, und der junge Prinz ist diplomatisch unerfahren. Um mit Napoleon verhandeln zu können, braucht er eine Person an seiner Seite, die in Paris großes Ansehen genießt und gute Beziehungen zu nutzen weiß. So kommt es, dass Alexander von Humboldt nach Paris geschickt wird.

«Ich, der ich mich während der französischen Besetzung von Berlin in einem einsamen Garten eifrigst mit stündlichen magnetischen Deklinationsbeobachtungen beschäftigte, erhielt sehr unvermutet den Befehl des Königs, den Prinzen Wilhelm auf seiner schwierigen politischen Mission zu begleiten, und ihm durch meine genaue Bekanntschaft mit damals einflussreichen Personen wie durch größere Welterfahrung nützlich zu werden.»[28]

Am 8. Dezember 1807 kommt Alexander von Humboldt in Paris an. Er ebnet dem Prinzen die gesellschaftlichen Wege, so gut er kann. Die Verhandlungen mit Napoleon sind schwierig und demütigend. Sie ziehen sich monatelang hin und enden erfolglos, sodass der Prinz im September 1808 aus Paris abreist und zurück nach Berlin geht. Damit ist auch Humboldts politischer Auftrag erledigt. Doch er will Paris nicht verlassen, wo er in diesem Jahr seine Freundschaften mit französischen Wissenschaftlern vertieft und kompetente Mitarbeiter für seine *Voyage de Humboldt et Bonpland* gefunden hat. Was soll er tun? Er klagt dem König, dass der Zustand in Deutschland es unmöglich mache, die Herausgabe so umfangreicher, von keinem Gouvernement unterstützter Werke zu wagen; und «so erhielt ich von dem Könige Friedrich Wilhelm III., der mir persönliches Wohlwollen schenkte, die Erlaubnis, als eines der acht auswärtigen Mitglieder der Pariser Akademie der Wissenschaften in Frankreich zu verbleiben»[29].

Welch ein Glück ist ihm eröffnet! Fast zwanzig Jahre, genau: vom

8. Dezember 1807 bis zum 14. April 1827, lebt Alexander von Humboldt in Paris, wo er sich vor allem mit der Ausarbeitung, Gestaltung und Veröffentlichung seines schließlich 34 Bände umfassenden, mit 1425 gestochenen, zum Teil farbigen Kupfertafeln illustrierten amerikanischen Reisewerks beschäftigt: *Voyage aux régions équinoxiale du Nouveau Continent, fait en 1799, 1800, 1801, 1802, 1803 et 1804, par Alexandre de Humboldt et Aimé Bonpland. Rédigé par Alexandre de Humboldt. 1805–1834.*

Während Alexander von Humboldt die preußische Katastrophe in Berlin aus nächster Nähe miterlebt, befindet sich sein Bruder in Rom, wo er den Rest seines Lebens verbringen möchte. Er wünscht sich ein Leben «im Kreis der Lieb', in stillem Haus» und ein Grab an der Cestiuspyramide. So endet sein Gedicht *An Alexander*, in dem er den glücklich Heimgekehrten feiert, den das Schicksal zur «Heimathserde» und zum «Vaterheerde» zurückgeführt hat, «die Stirn von neu errung'nem Kranz umzogen»[30]. Es ist vor allem das familiäre Unglück, das ihn in eine tiefe Melancholie stürzt, während sein Bruder in Berlin große gesellschaftliche Anerkennung genießt. Denn nicht nur sein Lieblingskind Wilhelm liegt an der Pyramide des Cestius begraben, sondern auch sein Sohn Gustav, der im November 1807 gestorben ist, noch nicht ganz zwei Jahre alt. Wieder ist ihm und seiner Frau ein Kind verlorengegangen, das Caroline auf den Namen ihres Freundes Gustav von Schlabrendorff getauft hat, dem sie am 5. Dezember 1807 mitteilt: «Ach Gustav, ich bin sehr unglücklich. Das einzige Glück, was mir in diesen trüben Jahren ward, ist mir auch wieder entrissen und auf das schmerzlichste. (…) Im Innersten so zerrissen, nach außen hin alles so dunkel!»[31]

Außen ereignet sich der Untergang Preußens, der am 9. Juli in Tilsit besiegelt worden ist. Sonderbar zwiespältig reagiert das Ehepaar Humboldt. Die schmerzliche Erinnerung an den fürchterlichen Todeskampf ihres Sohnes, der sich über viele Tage hinzog, überlagert bei Caroline die Wahrnehmung der nationalen Demütigung in der fernen Heimat; und Wilhelm weiß nicht recht, was er fühlen und tun soll. Auf die Nachricht über die militärische Niederlage bei Jena und

Auerstedt reagiert er zunächst düster und schweigend. An den Erbprinzen Georg von Mecklenburg-Strelitz, einen Bruder der Königin Luise, der in Rom sein Gast gewesen ist, schreibt er, dass er Rom sehr liebe und keine ehrgeizige Absicht verfolge, aber sich auch dienstlich «aufopfern» würde, falls man ihn in der Heimat in wichtigen Stellen benötige.[32] Es scheint ihm peinlich zu sein, auf dem römischen Posten müßig zu sein und nichts für das bedrängte Vaterland tun zu können. Stattdessen arbeitet er weiter an seiner Übersetzung der griechischen Tragödie *Agamemnon* von Aischylos. Er beginnt, wieder über die griechisch-römische Antike nachzudenken, und studiert begeistert die Schriften des großen athenischen Redners Demosthenes, die ihn dazu anregen, eine *Geschichte des Verfalls und Unterganges der Griechischen Freistaaten* (G. S. III, 171–218) zu schreiben. Er versetzt sich in eine andere Epoche, die er als einen Höhe- und Mittelpunkt in weltgeschichtlicher Hinsicht betrachtet. Er verschiebt seine gegenwartsbezogenen Gedanken und Empfindungen in eine vergangene Zeit, «in welcher der tief rührende, aber immer anziehende Kampf besserer Kräfte gegen übermächtige Gewalt auf eine unglückliche, aber ehrenvolle Weise gekämpft ward». (G. S. III, 171)

Geschickt verbindet er seine geistes- und kulturgeschichtlichen Forschungsinteressen mit der aktuellen Zeitgeschichte, die er damit zwar als Hintergrund anklingen lässt, aber zugleich auf Distanz hält. An Johann Gottfried Schweighäuser, der Anfang 1799 in Paris für einige Monate Hauslehrer bei den Humboldts gewesen ist, schreibt er kurz nach dem Tilsiter Friedensschluss, dass er sehr gern in Rom bleiben möchte. Politisch gebe es da zwar nicht viel zu tun, und auch sein Gehalt könne reduziert werden. Aber dafür habe er mehr Zeit, besonders die antike Geschichte intensiver zu studieren. «Wenn man aber übrigens, nicht einmal gerade des Herabsinkens Preußens, das vielleicht in welthistorischer Rücksicht durch etwas anderes ersetzt werden kann, aber des Schicksals Deutschlands gedenkt, so kann ein Deutscher und noch dazu ein Preuße diese Zeit nicht anders als wie eine unendlich traurige ansehen. Das tue denn auch ich, lieber Schweighäuser, aber ich bin gewiß glücklicher als die meisten, die sonst hierin eines Sinnes mit mir sind, da ich meine Schwermut an die Alten und ein mildes, schönes und schon durch sich selbst melancholisches Land knüpfe. Für meine Lage hier habe ich auch jetzt bessere und ich denke, nicht unbegründete Hoffnungen.»[33]

Jenseits der Alpen kultiviert Wilhelm von Humboldt seine Deutschheit, die er auf eigenwillige Weise mit der Kultur der alten Griechen und Römer verknüpft. «Der deutsche Geist sitzt Ihnen zu tief, als daß Sie irgendwo aufhören könnten, deutsch zu empfinden und zu denken»[34], hat es in Schillers letztem Brief (2. April 1805) an seinen Freund geheißen. Aber dieses Irgendwo muss nicht Preußen sein. Nichts zieht Humboldt in die Heimat zurück; und auch abberufen aus seiner dienstlichen Position in Rom wird er nicht. Es sind persönliche Gründe, die ihn schließlich im September 1807 einen «Heimaturlaub» beantragen lassen. Er will sich um den Besitz seines Schwiegervaters kümmern, dessen einziger Sohn, Carolines Bruder, im Januar 1806 kinderlos gestorben ist. Es gibt erbrechtliche Regelungen zu treffen. Auch will er sich für das eigene familiäre Vermögen engagieren, das im Herzogtum Warschau angelegt worden ist und sich nun, seit Warschau polnisch ist, dem Zugriff des Preußen entzieht.

Doch erst ein Jahr später verlässt Wilhelm, nur von seinem Sohn Theodor begleitet, am 14. Oktober 1808 das geliebte Rom mit der Zuversicht, bald wieder zurückzukehren. Zuerst und vor allem, da Schiller nicht mehr lebt, möchte er Goethe in Weimar besuchen, dem er seine Reise mit den bemerkenswerten Worten ankündigt: «Dies, mein Bester, ist der einzige leuchtende Punkt, den ich auf dieser Heimfahrt sehe, ich sehne mich in der Tat unbeschreiblich nach dem Gespräch mit Ihnen, und eine Woche, mit Ihnen verbracht, wird wecken, befestigen und nähren, was sonst vielleicht in Jahren nicht zur Reife gelangt. (…) Was aus mir, wenn ich jetzt nach Deutschland komme, werden wird, ist noch ungewiß. Zwar ist bis jetzt mir keine Veränderung meiner Lage angekündigt worden, und meine Reise ist ein bloßer Urlaub. Allein wer das Glück hält, der fürchtet immer, daß es entschlüpfe, und was ist Glück – selbst in Zeiten der Widerwärtigkeit –, wenn es nicht ist, in Italien zu leben?»[35]

Wilhelm von Humboldt hat Italien nicht mehr wiedergesehen. Nach sechs Jahren ist ihm das Glück seiner römischen Existenz verlorengegangen. Ohne es zu wollen, gerät der Urlauber in eine kulturpolitische Situation, die alles ändern wird. Die herausragende politische Leistung Humboldts für sein deutsches Vaterland ist von ihm weder gewünscht noch geplant gewesen. Sie ergibt sich aus den gesellschaftspolitischen Konstellationen, in die er fast zufällig hineinschlittert.

Nach den Verlusten von 1806/07 ist es notwendig geworden, Preußen von innen zu erneuern und zu modernisieren. In dieser Hinsicht hat Frankreich in Europa eine Vorbildfunktion übernommen. Fortschrittliche Beamte, die mit den Idealen der Aufklärung und der Französischen Revolution groß geworden sind, erhalten die Chance zu tiefgreifenden Reformen. Unter Leitung von Heinrich Friedrich Karl Freiherr vom und zum Stein und Karl August Freiherr von Hardenberg werden Programme zur Militärreform und zur Landreform (Bauernbefreiung aus der Leibeigenschaft) entwickelt, zur Selbstverwaltung der Städte und zur Gewerbefreiheit. Aus einem «Untertanenstaat», in dem noch die gesetzlichen Überreste des Feudalismus wirksam sind, soll ein «Bürgerstaat» werden, der auf den Prinzipien der Selbsttätigkeit und Selbstverantwortung ruht. Auch die zentrale Exekutive erhält eine klare und effizientere Ministerialstruktur. Die persönlichen Berater des Königs werden durch fünf Minister ersetzt, die ihren funktional definierten Ministerien vorstehen und unmittelbaren Zugang zum König haben: Minister des Inneren, des Auswärtigen, der Finanzen, des Krieges und der Justiz.

All diese weitreichenden Neuerungen, von denen viele fürs Erste nur auf dem Papier bleiben, können nur gelingen, wenn sie durch eine breitangelegte Bildungsreform begleitet und gestützt werden. Die Menschen müssen zu «Bürgern der Nation» erzogen werden. Deshalb wird im Ministerium des Inneren eine «Sektion des Kultus und des öffentlichen Unterrichts» eingerichtet, mit einem Geheimen Staatsrat als Sektionschef.

Im Oktober 1808 macht sich Stein auf die Suche nach dem richtigen Mann für dieses schwierige Amt. Er korrespondiert mit Kunth. Er denkt an Wilhelm von Humboldt und will ihn dem König als Chef des preußischen Erziehungswesens vorschlagen. Als Ministerresident in Rom könne er dem Staat nur wenig nützen. Humboldt erfährt von diesem Besetzungsplan, als er im November 1808 bei seinem Schwiegervater Dacheröden in Erfurt ankommt. Und statt sich über dieses ehrenvolle Angebot zu freuen, in Preußen ein fortschrittliches Bildungssystem aufbauen zu können, reagiert er irritiert und verschreckt. Er soll nicht mehr in Rom leben dürfen, um dort seinen eigenen Neigungen zu folgen, sondern sich im grauen Berlin oder kalten Königsberg als Bürokrat mit konzeptionellen und organisatorischen Problemen plagen! Es sind «traurige Dinge», die Humboldt am 12. November 1808 aus Erfurt seiner Frau in Rom mitteilt: «Du kannst denken, wie das auf mich gewirkt hat. Ich fühle, daß ich in einer Krise bin, von der Dein Glück, damit meine Zufriedenheit und das Wohl der Kinder abhängt.» (Br. III, 17)

Humboldt zweifelt und zögert. Er will diesen Posten nicht. Ist es nicht absurd, dass er sich als religiöser Freigeist um den christlich-protestantischen Kultus – «(alle Prediger, Kantoren usw. Gott!!)» – kümmern soll? (Br. III, 48) Und wie soll er, der in seinem ganzen Leben keine einzige Schule oder Akademie besucht hat, den öffentlichen Unterricht in ganz Preußen organisieren? Er gibt zu verstehen, dass er viele Gründe gegen die Sache hat, unter anderem: «Was lässt sich jetzt im Preußischen tun, wo man so wenig Mittel hat? Gelehrte dirigieren ist nicht viel besser, als eine Komödiantentruppe unter sich zu haben.» (Br. III, 19) Kunth und Stein drängen weiter. Auch der Innenminister Friedrich Ferdinand Alexander Graf zu Dohna-Schlobitten, ein alter Studienfreund Humboldts an der Universität in Frankfurt an der Oder, will ihn als Leiter der Sektion. Eine königliche Kabinettsorder empfiehlt seine Berufung.

Am 4. Januar 1809 erhält Humboldt die offizielle Mitteilung über seine «Bestimmung zum neuen Posten». Er wagt es, zwei Wochen später das Angebot des Königs abzulehnen und ihn zu bitten, nach Rom zurückkehren zu dürfen: «Wenn ich mir auch schmeicheln dürfte, wie ich nicht kann, das günstige Urteil zu verdienen, welches Ew. Königlichen Majestät Ministerien der Finanzen und des Innern von mir fällen, so bin ich eine sehr lange Reihe von Jahren hindurch nicht bloß von meinem Vaterlande, sondern auch von Deutschland entfernt gewesen, daß ich den Lokalverhältnissen unseres Staats und dem Zustande der deutschen Literatur (welches, wer diesem Posten gut vorstehen will, kennen muß) fast durchaus fremd geworden bin. Dieser Umstand aber muß notwendig von dem größten Nachteile in einem Augenblicke sein, in welchem alles drängt und Organisation und Personenwahl unmittelbar vorgenommen werden sollen.»[36]

Der König lässt Humboldts Bedenken nicht gelten. «Meine frohen Hoffnungen, liebe Li, sind größtenteils verschwunden», bedauert Wilhelm gegenüber Caroline. Er fühlt sich genötigt, in seinem Vaterland zu bleiben. Darüber sei er sehr unglücklich. Seinem Bruder hat der König erlaubt, in Paris zu leben und zu arbeiten. Er selbst darf nicht in Rom sein.

Doch dann kommt es zu einer denkwürdigen Wendung. Weil Wilhelm weiß und oft tief empfunden hat, «wie im edelsten Sinne des Wortes *deutsch* Du bist» (Br. III, 13), begründet er gegenüber Caroline seine Berufstätigkeit in Preußen mit nationalem Pflichtbewusstsein: «Traurig, liebe Li, ist dies alles unendlich. Aber ich glaube nicht, daß ich mich der Pflicht zu wirken entziehen kann, uns selbst könnte es weh tun und reuen, wenn wir in Rom säßen und es hier auf eine Weise übel ginge, zu deren Änderung ich hätte beitragen können. Wir gehören einmal zu dem Lande, unsere Kinder auch, ganz müßig kann man dafür nicht bleiben. Hierin bin ich Deines Beifalls so gewiß, daß ich Deine Vorwürfe befürchtet haben würde, wenn ich anders handelte.» (Br. III, 87)

Mit einer Kabinettsorder vom 10. Februar 1809 wird Wilhelm von Humboldt zum Geheimen Staatsrat und Direktor der Sektion für Kultus und Unterricht im Ministerium des Inneren ernannt. Am 28. Februar bestätigt er die Ernennung und beginnt seine Dienstgeschäfte. Humboldts Reform des preußischen Erziehungssystems kann beginnen. Nur sechzehn Monate (denn bereits am 14. Juni 1810 wird sein Entlassungsgesuch bewilligt werden) benötigt er, um seine selbständig entworfene Idee der Bildung zu verwirklichen.

Humboldt ist kein Spezialist für religiöse und pädagogische Angelegenheiten. Mit den kirchlichen und schulischen Institutionen hat er bisher wenig zu tun gehabt. Auch die wissenschaftlichen und politischen Verhältnisse in Preußen sind ihm fremd geworden, seit er 1797 seine Heimat verlassen hat. Er ist also in keiner Weise auf die große Aufgabe vorbereitet, die er bewältigen soll. Er soll eine breite Bildungsreform organisieren, die von der kleinsten Schule im hintersten Landeswinkel bis zur Universität alles umfasst. Er soll das Erziehungswesen als Ganzes konzeptionell von innen begründen und zugleich organisatorisch von außen strukturieren. Wie will er das leisten? Humboldt wählt einen doppelten Weg.

Zum einen sucht er sich enge Mitarbeiter, mit denen er einen kollegialen Arbeits- und Denkzusammenhang bildet. Es müssen Fachleute sein, die über den Sachverstand verfügen, der ihm selbst fehlt; und es sollen Menschen sein, mit denen er gemeinsam und vertrauensvoll arbeiten kann, die also seine Führungsrolle anerkennen, aber zugleich selbständig ihre jeweiligen Funktionen wahrnehmen. Das gemeinsame Nachdenken mit kompetenten Mitarbeitern ist effektiver als die autoritäre Leitung eines Einzelnen, der sich für allmächtig in seinem Fach hält. Humboldt entwickelt und praktiziert Grundsätze einer Kollegialität, für die er die vier Staatsräte seiner Sektion gewinnen kann: Nicolovius, Uhden, Süvern und Schmedding, die alle vom Geist der Aufklärung durchdrungen sind. Besonders mit Georg Heinrich Ludwig Nicolovius, der bei Kant studiert hat und mit Jacobi, Goethe, Lavater und Pestalozzi gut bekannt ist, hat er einen ausgezeichneten Mann an seiner Seite, der sich vor allem um den geistlich-kultischen Aufgabenbereich der Sektion kümmert.

Zum anderen nutzt Humboldt seine ausgeprägte Fähigkeit, Ideen entwickeln, vergleichen und verarbeiten zu können. Er entwirft eine Idee der Bildung, in deren Mittelpunkt nicht staatliche Interessen oder berufliche Nützlichkeiten stehen, sondern «der Mensch selbst» mit seinen ihm eigenen physischen, intellektuellen und moralischen

Kräften. Seine Gedanken, die er in verschiedenen Plänen zur Reform des preußischen Schulwesens entwickelt, greifen auf das zurück, was ihm selbst schon früh, angeregt durch Kant und Forster, Mendelssohn und Engel, klargeworden ist. Humboldt führt bildungstheoretisch weiter, was er bereits 1791 in seiner Schrift *Über die Gesetze der Entwicklung der menschlichen Kräfte* (G. S. I, 86–96) anthropologisch skizziert hat. Nichts sei so wichtig «als die höchste Kraft und die vielseitigste Bildung der Individuen»[37], schrieb er im gleichen Jahr an Georg Forster; und ein Jahr später stellte er in seinen *Ideen zu einem Versuch, die Gränzen der Wirksamkeit des Staats zu bestimmen* grundsätzlich fest: «Der wahre Zweck des Menschen ist die höchste und proportionirlichste Bildung seiner Kräfte zu einem Ganzen.» (G. S. I, 106) Daran kann er nun anknüpfen, es weiterentwickeln und praktisch fruchtbar werden lassen.

Im *Königsberger Schulplan*, entworfen gegen Ende Juli 1809, steht «die vom Schulunterricht allemal zu fordernde allgemeine Uebung der Hauptkräfte des Geistes» (G. S. XIII, 263) im Mittelpunkt; im *Litauischen Schulplan*, geschrieben am 27. September 1809 im ostpreußischen Gumbinnen, ist von der «allgemeinen Menschenbildung» die Rede, durch die «die Kräfte, d. h. der Mensch selbst gestärkt, geläutert und geregelt werden» sollen (G. S. XIII, 277), wobei diese Kräfte in einen ganzheitlichen Zusammenhang gerückt werden, für den Kant und Goethe die Stichworte liefern: «Denn im Gemüth und in der Wissenschaft (die nur sein von allen Seiten vollständig gedachtes Object ist) steht jeder einzelne Punkt mit allen vorigen und künftigen in Contact, ist kein Anfang und kein Ende, ist alles Mittel und Zweck zugleich, und also jeder Schritt weiter Gewinn, auch wenn unmittelbar dahinter eherne Mauern gezogen würden.» (G. S. XIII, 279)

Diese allgemeine Idee, die den gesamten Unterricht und die harmonische Ausbildung aller Fähigkeiten des Menschen überhaupt bestimmt, hat Humboldt in drei einzelne Stadien ausdifferenziert. Im *Elementarunterricht* soll der Schüler lernen, Gedanken zu äußern und zu verstehen, sie schriftlich zu fixieren und zu entziffern. Damit ist das Fundament geschaffen, um überhaupt lernen und einem Lehrer folgen zu können. Im *Schulunterricht* geht es vor allem um den Erwerb sprachlicher, mathematischer und geschichtlicher Kenntnisse, wobei zugleich das «Lernen des Lernens» geübt wird. Sein Ziel ist, den Lehrer überflüssig zu machen. Denn am Ende des Schulunterrichts ist der Schüler in der Lage, «nun für sich selbst zu lernen» (G. S. XIII, 261). Während also der Elementarunterricht den Lehrer möglich macht, wird er durch den erfolgreichen Schulunterricht schließlich entbehrlich. Damit ist die dritte Stufe erreichbar: der *Universitätsunterricht*. Er ist für Humboldt die Krönung eines ganzheitlichen Bildungsprozesses, in dem der wahre Zweck des Menschen seine höchste Gestaltung finden kann. Hier kann der Universitätslehrer nicht mehr Lehrer sein, der Studierende nicht mehr Lernender. Der Student «forscht selbst, und der Professor leitet seine Forschung und unterstützt ihn darin. Denn der Universitätsunterricht setzt nun in Stand, die Einheit der Wissenschaft zu begreifen, und hervorzubringen, und nimmt daher die schaffenden Kräfte in Anspruch.» (G. S. XIII, 261) Dazu aber ist, so sieht es Humboldt in Erinnerung an seine Universitätsstudien, zweierlei notwendig und nützlich: «Freiheit», um seine Kräfte ohne äußeren Zwang entfalten zu können; und «Einsamkeit», weil jedes Individuum sich selbst bilden muss und seine eigene Individualität für sich ausprägen soll, jedoch in der Erwartung, dass sich dabei «ein ununterbrochenes, sich immer selbst wieder belebendes, aber ungezwungenes und absichtsloses Zusammenwirken» des einen mit dem anderen ergibt. (G. S. X, 251)

In Humboldts Idee der Bildung hat sich seine eigene geistige Entwicklung verdichtet. Sie ist ein Resümee dessen, was und wie er selbst im Lauf seines Lebens gelernt und studiert hat. Humboldt spricht von sich, wenn er sich Gedanken über die Bildung des «Menschen überhaupt» macht. Er erklärt die ihm eigenen Maximen zur Grundlage einer allgemeinen Bildungstheorie.[38]

Wilhelm von Humboldt kennt den Vorwurf der Nützlichkeitsdenker, dass seine Ideen für das praktische Leben nichts taugen. Tüchtigkeit im Beruf sei erforderlich und eine dazu dienliche Ausbildung. «Geschäftswissenschaften», wie Kameralistik oder Volkswirtschaftslehre, seien wichtiger für die Erreichung eines allgemeinen Wohlstands, auf dem das Lebensglück beruhe. Vielleicht sei es am besten, die Universitäten als Orte des gelehrten Unterrichts ganz abzuschaffen, wie es Joachim Heinrich Campe, Humboldts erster Erzieher und Reisegefährte nach Paris, gefordert hat: «Das Übel ist, so viel ich sehen kann, unheilbar. Es liegt in der wesentlichen Form der Universitäten, die nicht anders als mit den Universitäten selbst aufgehoben werden kann.»[39] Für die Forschungen genügen Akademien der Wissenschaften oder Gelehrte Gesellschaften; und für die spezielle Ausbildung gibt es Fachhochschulen, wie zum Beispiel das «Collegium Medico-Chirurgicum» in Berlin, oder die Bergakademie in Freiberg und die Handelsakademie in Hamburg, an denen Alexander von Humboldt gelernt hat.

Um 1800 steht es schlecht mit der altehrwürdigen Einrichtung der Universität. Zwischen 1792 und 1818 wird die Zahl der Universitäten im deutschen Sprachraum halbiert. 22 Universitäten schließen ihre Pforten. In Preußen kommt erschwerend hinzu, dass durch die Tilsiter Gebietsregelungen 1807 die Universitäten in Halle, Erlangen, Erfurt, Münster, Paderborn und Duisburg nicht mehr preußisch sind. Geblieben sind nur noch die alte «Albertina» in Königsberg, die 1804 mit Kant ihren einzigen Lehrer von Weltruf verloren hat, und die recht unbedeutende, provinzielle «Viadrina» in Frankfurt an der Oder.

Angesichts dieser dramatischen Verfallsgeschichte erscheint Humboldts Idee der Universität als völlig illusionär. Sie soll ein Ort sein, an dem der junge Mensch, zwischen Schule und Berufsleben, «der Freiheit und Selbstthätigkeit überlassen werden kann und, vom Zwange entbunden, nicht zu Müssiggang oder zum praktischen Leben übergehen, sondern eine Sehnsucht in sich tragen wird, sich zur Wissenschaft zu erheben, die ihm bis dahin nur gleichsam von fern gezeigt war». (G. S. X, 256) So heißt es in Wilhelm von Humboldts Denkschrift *Ueber die innere und äußere Organisation der höheren wissenschaftlichen Anstalten in Berlin*, die er zu Beginn des Jahres 1810 geschrieben hat, während er sich äußerst engagiert und erfolgreich für die Gründung einer dritten preußischen Universität in Berlin einsetzt. Sie ist seine bildungspolitische Großtat, die ihn zugleich als ideenreichen Meisterdenker und zielstrebigen Organisator erkennen lässt.

Die ersten Pläne zur Errichtung der Berliner Universität stammen nicht von Wilhelm von Humboldt. Andere haben mühevolle Vorarbeit geleistet, zunächst Humboldts ehemaliger Anleiter zum selbsttätigen Philosophieren: Johann Jakob Engel, der kurz vor seinem Tode eine aufklärungspädagogische *Denkschrift über Begründung einer großen Lehranstalt in Berlin* (13. März 1802) vorgelegt hat.[40] Nach Abschluss des Friedens zu Tilsit soll Friedrich Wilhelm III. gesagt haben: «Der Staat muß durch geistige Kräfte ersetzen, was er an physischen verloren hat.»[41] Deshalb solle sich der Geheime Kabinettsrat Karl Friedrich von Beyme um die Errichtung einer allgemeinen Lehranstalt in Berlin kümmern, lautete eine königliche Kabinettsorder vom 4. September 1807. Der Philosoph Johann Gottlob Fichte und der klassische Philologe Friedrich August Wolf griffen den Plan auf. Auch der Theologe Friedrich Schleiermacher machte sich 1808 *Gelegentliche Gedanken über Universitäten im deutschen Sinne, nebst einem Anhang über eine neu zu errichtende*.

Doch erst Humboldt fasst mit großem Elan diese Vorbereitungen zusammen. Er klärt finanzielle und räumliche Probleme. Als Gebäude wird der Universität schließlich das prächtige, Unter den Linden gelegene Palais des Prinzen Heinrich von Preußen (1726–1802) überlassen, des jüngeren Bruders Friedrichs des Großen.[42] Er macht eine kluge kollegiale Kommissionspolitik und beruft mit diplomatischem Geschick die besten Köpfe an die neu zu gründende Universität, was ihn oft an den Rand der Verzweiflung treibt, wie er seiner Frau nach Rom schreibt: Die Gelehrten seien doch «die unbändigste und am schwersten zu befriedigende Menschenklasse – mit ihren sich ewig durchkreuzenden Interessen, ihrer Eifersucht, ihrem Neid, ihrer Lust zu regieren, ihren einseitigen Ansichten, wo jeder meint, daß nur sein Fach Unterstützung und Beförderung verdiene». (Br. III, 399)

Alles geht recht schnell. Am 12. Mai 1809 hat Humboldt in Königsberg, wohin sich der König mit seinem Hof und mehreren Behörden zurückgezogen hat, seinen ersten *Antrag auf Errichtung der Universität Berlin* geschrieben. Ein Jahr später, am 30. Mai 1810, wird durch Kabinettsorder die Gründung der Universität zu Berlin in seinem Sinne beschlossen. Im Lauf des Oktober bis Mitte November wird der Universitätsbetrieb aufgenommen.[43]

Mehr als alles andere hat Wilhelm von Humboldt die Gründung der Berliner Universität, die 1828 den Namen «Friedrich-Wilhelms-Universität» erhält und seit 1949 in Erinnerung an die Leistung der beiden Brüder «Humboldt-Universität» heißt, für sein persönlichstes Werk gehalten, das ihm viel Freude bereite. Er ist stolz darauf, seiner Idee der Wissenschaft und der Bildung einen institutionellen Raum geschaffen zu haben, an dem Professoren und Studierende frei und selbständig tätig sein können.

Bemerkenswert dabei ist, wie er seinen Antrag gegenüber dem König begründet. Er führt keine allgemeinen Ansichten oder Überzeugungen ins Feld, die den «Menschen überhaupt» betreffen. Als Bildungspolitiker argumentiert Humboldt deutsch-national. Schon allein sein Bestreben, von einer Idee auszugehen, die alles aus einem ursprünglichen Prinzip abzuleiten und einem Ideal zuzuleiten versucht, hält er für typisch deutsch. «Der intellectuelle Nationalcharakter der Deutschen hat von selbst diese Tendenz.» (G. S. X, 253 f.) Sie gehört für ihn zum Besten einer Deutschheit, für die Kant, Schiller und Goethe vorbildlich sind. Humboldt erinnert die Königliche Majestät an die Philosophie der Aufklärung und eine klassisch erhöhte Geistigkeit, die gerade in schwierigen und traurigen Zeiten für die «National-Erziehung und Bildung» eine wichtige Rolle spielen. «Weit entfernt, dass das *Vertrauen, welches ganz Deutschland* ehemals zu dem *Einflusse Preussens auf wahre Aufklärung und höhere Geistesbildung* hegte, durch die letzten unglücklichen Ereignisse gesunken sey; so ist es vielmehr *gestiegen*.» (G. S. X, 139 f.)

Elementarschulen, Gymnasien und Universitäten seien von wichtigstem Nutzen für das Land, das unter einem schmachvollen Friedensschluss und französischer Besatzung zu leiden hat und keine gemeinsame staatliche Ordnung besitzt. Dagegen können vor allem Universitäten «auf die Bildung der ganzen, dieselbe Sprache redenden Nation einwirken. Wenn Ew. Königliche Majestät nunmehr diese Einrichtung förmlich bestätigten und die Ausführung sicherten, so würden Sie Sich aufs neue Alles, was sich in Deutschland für Bildung und Aufklärung interessirt, auf das festeste verbinden; einen neuen Eifer und neue Wärme für das Wiederaufblühen Ihrer Staaten erregen, und in einem Zeitpunkte, wo ein Theil Deutschlands vom Kriege verheert, ein andrer in fremder Sprache von fremden Gebietern beherrscht wird, der deutschen Wissenschaft eine vielleicht kaum jetzt noch gehofte Freistatt eröfnen.» (G. S. X, 140)

Humboldt spricht von Deutschland, nicht von Preußen; von Nation, nicht von Staat. «Deutschheit» bezeichnet für ihn eine Kulturnation, wobei das Nationale gleichsam zwischen dem einzelnen Individuum und der ganzen Menschheit angesiedelt ist. In diesem Sinne sind Erziehung und Bildung, wie Humboldt sie ideal entwirft, keine Sache des Staates, sondern der Nation; und wie er es schon in seiner frühen Schrift über *die Gränzen der Wirksamkeit des Staats* konzipiert hat, so ist er auch jetzt noch, selbst als hoher Staatsbeamter, davon überzeugt, dass sich der Staat immer bewusst bleiben muss, dass er die notwendige Aufklärung und Bildung der Nation im Geist der Freiheit nicht bewirken kann, «ja, dass er vielmehr immer hinderlich ist, sobald er sich hineinmischt, dass die Sache an sich ohne ihn unendlich besser gehen würde». (G. S. X, 253)

Humboldt braucht den preußischen König und staatliche Instanzen, um seinen Ideen der Bildung, der reinen Wissenschaft und der deutschen Sprache, Literatur und Kultur einen produktiven Freiraum zu schaffen. Deshalb fällt es ihm auch nicht schwer, von sich aus den Staatsdienst zu verlassen, wenn ihm nicht gelingt, was er anstrebt. Am 29. April 1810, während er noch voller Energie die Gründung der Berliner Universität vorwärtstreibt, schickt er König Friedrich Wilhelm III. sein Entlassungsgesuch. (G. S. X, 244–250)

Er begründet es mit der eingeschränkten Macht der Geheimen Räte und Sektionsleiter, die zunächst in einem «Staatsrat», so dachte es sich der Reformer Stein, das gleiche entscheidende Stimmrecht wie die Minister haben sollten. Unter dieser Bedingung hat Humboldt seinen Posten eingenommen. Seit dem 31. März 1810 aber ist durch Kabinettsorder seine «Wirksamkeit als Sections-Chef vernichtet» worden. (G. S. X, 245) Er hat, wie seine vier Staatsräte, nur noch eine beratende Stimme (*votum consultativum*) und untersteht dem vorgesetzten Minister des Inneren. Er hat seine Verantwortlichkeit verloren. So aber kann und will Humboldt nicht arbeiten. Die dienstrechtliche Herabsetzung hat ihn persönlich «tief gekränkt». Für ihn ist es eine Frage der Ehre und der Pflicht, unter diesen Bedingungen von seinem Posten zurückzutreten. Am liebsten möchte er wieder auf seine vorige Stelle in Rom versetzt werden.

Mehrere Wochen wartet Humboldt auf Antwort. Ende Mai wiederholt er sein Rücktrittsgesuch. Der gerade zum Staatskanzler (Premier-Minister) ernannte Freiherr von Hardenberg entscheidet, Humboldt wieder im Auswärtigen Departement einzusetzen. Doch statt nach Rom, wird er nach Wien versetzt. Er wird zum außerordentlichen Gesandten und bevollmächtigten Minister in Wien ernannt. Humboldt sagt zu. Aber wer soll sein Nachfolger in der Kultus- und Erziehungssektion werden? Er hat die «kühne Idee» (Br. III, 432), seinen Bruder Alexander vorzuschlagen! Das könne dessen mangelhafte Deutschheit in Schwung bringen, die in Paris zum Nullpunkt tendiere.

Hardenberg fragt bei Alexander nach, der entschieden ablehnt. Wie kann sein Bruder nur auf die absurde Idee kommen, ihn aus Paris nach Berlin und in den märkischen Sand zu locken! Er nimmt den brüderlichen Vorschlag «aufs allertragischste», antwortet er ihm mit entrüstetem, doch auch scherzhaftem Ton. Er habe «eine ganze Nacht geweint», antwortet er Wilhelm und sagt, was er vom Dienst fürs Vaterland hält: «Diplomatische Posten sind jetzt so wichtig eben nicht für das arme Vaterland, und trotz Deiner großen Anhänglichkeit an den Sand, in den Du mich versenken willst, gehst Du an das grüne Donauufer. Du gestandest sonst selbst, man sei am patriotischsten gestimmt, wenn man hinter den Alpen sitzt. Warst Du wirklich *so* lange in Berlin als ich nach meiner Rückkunft?» (Br. III, 433)

Der gespielte panische Schrecken seines Bruders amüsiert Wilhelm, der sich durchschaut fühlt. Er selbst hat sich doch mit allen Mitteln gewehrt, von Rom nach Berlin zu gehen, das er nun auch wieder freudig verlässt, um mit seiner Familie in der österreichischen Hauptstadt mit ihren fröhlichen und humorvollen Einwohnern zu leben. Und so richtig «deutsch» hat er sich doch auch nur in der Fremde gefühlt. Wilhelm schreibt Alexanders Äußerung ab und schickt sie weiter an Caroline, wobei er sie kommentierend mit den Worten ergänzt: «Um nur nicht gequält zu werden, in die Sandwüste zu gehen, tut er wie ein Kind, als könnte er gar keine Geschäfte machen, als sei er ein ganz unbeholfener Gelehrter, kurz, um sich totzulachen, wenn er es nicht so tragisch ansähe. Er wird natürlich nicht kommen, und niemand wird ihm etwas darum tun, das versteht sich von selbst. Mir tut es leid. Er hätte hier den literarischen Dingen einen erstaunlichen Schwung geben und auch in vielem anderen sehr nützlich sein können. Es schien mir überdies glorios, dass er die Universität hier vollends organisierte und dann nach Tibet reiste, wie jetzt sein Plan ist.» (Br. III, 433)

Noch sind es nur leichte Missstimmungen, die 1810 zwischen den Brüdern bestehen und scherzhaft überspielt werden können. Wilhelm tut es leid, dass Alexander unbedingt in der Hauptstadt des siegreichen und feindlichen Frankreich bleiben möchte. Für das Deutsche zeigt er kein Interesse. Lieber will er den Himalaya besteigen, statt sich um wichtige Aufgaben und Pflichten in seinem Vaterland zu kümmern.

In den kommenden zehn Jahren nimmt die Spannung zwischen den Brüdern zu. Sie steigert sich, vor allem aus Wilhelms Perspektive, zu einer tiefgreifenden Entfremdung der beiden Brüder, die sich zwar menschlich nahe bleiben und über jede ihrer Begegnungen freuen. Aber zwischen sie ist die Zeitgeschichte getreten. Besonders in Caroline und Wilhelm verstärkten sich zunehmend das Gefühl und die Einsicht, dass Alexander durch und durch französisch ist, während sie selbst sich immer deutlicher ihrer Deutschheit bewusst werden. Es ist ein Jahrzehnt der überpersönlichen Entgegensetzung zwischen brüderlich Vertrauten. «Indem die Spannung durchaus davon entfernt bleibt, persönliches Zerwürfnis zu sein, verliert sie ebenso an akuter Schärfe, wie sie an innerer Tiefe und an zeitlicher Dauer wächst.»[44] Um sie nachvollziehen zu können, müssen hier einige Hinweise auf Wilhelm von Humboldts politische Tätigkeit zwischen 1810 und 1820 genügen, die in Monographien von Bruno Gebhardt und Siegfried Kaehler ausführlich dargestellt worden ist.[45]

Im September 1810 kommt Wilhelm in Wien an, wo er als preußischer Gesandter sich vor allem darum bemüht, Österreich und Preußen anzunähern und in eine Koalition gegen Frankreich einzubinden. Nach der furchtbaren Niederlage der Großen Armee Napoleons im winterlichen Russlandfeldzug 1812/13 erhöhen sich die Chancen zu einem großen nationalen Befreiungskampf gegen die französische Vormacht in Europa. Die Freiheitskriege können beginnen, in denen Österreich an der Seite Preußens, Russlands und Englands kämpft. In einer dreitägigen «Völkerschlacht» vom 16. bis zum 18. Oktober 1813, an der 500 000 Soldaten teilnehmen, wird Napoleon bei Leipzig vernichtend geschlagen.

Jetzt ist es für Humboldt Zeit, im Dezember an den Freiherrn vom und zum Stein seine *Denkschrift über die deutsche Verfassung* zu schreiben. Was er bisher nur als Kulturnation begriffen hat, gewinnt ein klares national-staatliches Profil. «Deutschland muss frei und stark seyn.» (G. S. XI, 97) Um die dazu nötigen Kräfte zu entwickeln, gelte es einzusehen: «Nun aber wird Deutschland in seinen, nach den Zeitumständen erweiterten, oder verengerten Gränzen immer, im Gefühle seiner Bewohner, und vor den Augen der Fremden, Eine Nation, Ein Volk, Ein Staat bleiben. Die Frage kann also nur die sein: wie soll man wieder aus Deutschland ein Ganzes schaffen?» (G. S. XI, 98)

Auf dem Wiener Kongress, an dem Wilhelm von Humboldt 1814 als Bevollmächtigter Preußens und Stellvertreter Hardenbergs teilnimmt, kämpft er entschieden für die Einheit Deutschlands, ebenso auf dem Zweiten Pariser Friedenskongress vom Juli bis zum November 1815. Seine Hoffnungen erfüllen sich nicht. Es kommt kein «gemeinschaftliches Ganzes» zustande, sondern nur ein lockerer Zusammenschluss von 38 unabhängigen Staaten zu einem «Deutschen Bund», dessen Zentralorgan, die «Bundesversammlung», nur ein Kongress der verschiedenen Staatsgesandten ist. Es ist «eine trostlose Idee, daß es kein Deutschland geben sollte», berichtet er am 28. Oktober 1815 seiner Frau, deren Überzeugung er zustimmt, «daß es ein unsichtbares gibt, und ich glaube wie Du, daß es in kurzem ans Licht treten wird, aber schwerlich auf dem Wege, den man ihm vorbereitet». (Br. V, 106) Während langwieriger Territorialverhandlungen in Frankfurt am Main gelingt es ihm nicht, diesem unsichtbaren Deutschland eine geographische Gestalt zu geben. Und von seiner großen Idee des einen nationalen, völkischen und staatlichen Deutschland kann er auf dem Posten des preußischen Gesandten in England nur träumen. Er will diese einflusslose Stellung nicht, die er mehr als ein Jahr lang, vom September 1817 bis Ende Oktober 1818, im kalten London einnimmt.

Schließlich wird er am Ende doch noch als Minister nach Berlin gerufen. Am 11. Januar 1819 wird er zum «Minister für ständische Angelegenheiten» ernannt, wobei er hofft, federführend an einer Verfassung für Preußen arbeiten zu können. Er entwirft eine *Denkschrift über Preußens ständische Verfassung*. (G. S. XII, 225–296)

Doch für eine umfassende Verfassung hält sich der Staatskanzler Hardenberg für zuständig, der zunehmend in Humboldts ministerielles Ressort eingreift. Es kommt zum Streit. Auch mit den restaurativen Tendenzen des preußischen Staates, der inquisitorisch alle liberalen und deutsch-nationalen «Demagogen» verfolgt, kann Humboldt sich nicht einverstanden erklären. Seine politische Stellung in der Regierung wird immer problematischer. Er hat sie nur ein Jahr lang halten können. Am letzten Tag des Jahres 1819 erhält er, auf Druck von Hardenberg, die königliche Entlassungsorder aus dem Staatsdienst. Er nimmt sie, zumindest nach außen, mit Gleichmut hin und schreibt an Stein, dass er sich jetzt wieder um seine anderen Interessen kümmern will: «Ändern sich indes auch die Umstände in einigen Jahren, so bin ich älter, und Ew. Exzellenz kennen meine Gesinnung, die ja der Ihrigen auch gleich ist, daß man nicht vom Aktentisch ins Grab taumeln muß. Mein herzlicher Wunsch ist, daß man nie wieder an mich für ein Amt denke, daß aber die Sachen durch andere als mich gut gehen mögen. Für mich beschäftige ich mich jetzt mit Wissenschaft wie sonst.»[46]

Als Politiker hat Humboldt deutsch zu denken versucht. Er scheint den radikalen Individualismus seiner frühen Jahre überwunden zu haben. Er war damals so fest davon überzeugt gewesen, dass «ins Große und Ganze wirken» nichts anderes heißt als: in und für sich auf den Charakter der Menschheit wirken. Hat er seine beiden Maximen aufgegeben, die ihm so zu eigen waren, dass er sich niemals von ihnen trennen könnte, wie er es Forster 1791 versprach? «Bilde Dich selbst; wirke auf andere durch das, was Du bist.»[47] Doch Humboldts Wende vom individualistischen Weltbürger zum deutsch-nationalen Politiker bleibt dem Impuls treu, der ihn auch früher bestimmte. Wie seine Bildungstheorie eine Projektion seiner eigenen Entwicklung gewesen ist, so ist auch das eine Deutschland eine national-völkisch-staatliche Verkörperung seiner Selbstbildungs-Idee. Es muss sich selbst bilden im Zeichen einer «Deutschheit», die auf andere Staaten und Nationen durch das wirkt, was ihr Bestes ist.

Wilhelm von Humboldt ist kein Nationalist, der eine Vormachtstellung Deutschlands anstrebt. Er versteht sich als ein Deutscher, der für die Ideen der Freiheit und Gerechtigkeit, wie sie ihm durch die Aufklärung vermittelt worden sind, einen deutschen Staatsraum schaffen möchte, in dem sie sich ungehindert und vorbildlich ausbilden können. Deutschland «muss frei und stark seyn, um das, auch wenn es nie einer Prüfung ausgesetzt würde, nothwendige Selbstgefühl zu nähren, seiner Nationalentwicklung ruhig und ungestört nachzugehen, und die wohlthätige Stelle, die es in der Mitte der Europäischen Nationen für dieselben einnimmt, ausdauernd behaupten zu können». (G. S. XI, 97)

All das ist Alexander von Humboldt völlig fremd. Er denkt weder deutsch noch überhaupt national. Für die intensive Selbstbildung, von der sich sein Bruder den größten Nutzen verspricht, hat er kein Organ. Das Große und Ganze, das Wilhelm am individuellen und nationalen Charakter festmacht, ist für ihn die Welt, die er umfassend zu erfahren und zu begreifen versucht. Weltbewusstsein statt Nationalgefühl. Deshalb hält er sich in Paris auf, wo er die wissenschaftliche Atmosphäre und die fähigsten Mitarbeiter findet, um an seinem großen Werk arbeiten zu können, in dem das ganze Spektrum möglicher Erfahrungen Platz finden soll: von der Astronomie und Geologie über die Botanik und Zoologie bis hin zu unterschiedlichen gesellschaftlichen Lebensformen und den politischen Zuständen im Vizekönigreich Neu-Spanien (Mexiko) und auf Kuba.

Wilhelm hat durchaus Gründe, auf seinen äußerst fleißigen, wissenschaftlich produktiven und weltmännisch auftretenden Bruder stolz zu sein. Auch freut er sich jedes Mal, wenn sie sich im Laufe dieses politisch so unruhigen Jahrzehnts treffen. In Wien, Paris, London und Aachen leben sie mehrmals für längere Zeit zusammen, sei es, weil Alexander seinen Bruder besucht oder weil politische Ereignisse und Konferenzen sie zusammenbringen. In zahlreichen Briefen an Caroline berichtet Wilhelm, wie sehr er sich mit seinem Bruder amüsiert, welch gute Seiten Alexander hat, wie «unendlich gern ich ihn sehe» (Br. VI, 25) und wie «sehr ich ihn liebe» (Br. VI, 46). Immer tut es ihm weh, wenn sie sich wieder trennen müssen. «Außer der persönlichen Zuneigung bringt er immer auch Bewegung ins Leben.» (Br. VI, 64) Wilhelm schätzt die umtriebige Lebendigkeit und charmante Liebenswürdigkeit seines Bruders. Er staunt mit ihm über die wundervollen Gestalten der Natur, die ihm Alexander während eines Besuchs in London zeigt; er lacht über die vielen Witze, die er macht, und über sein komisches Talent, die besonderen Eigenarten anderer Menschen nachmachen zu können. «Wir sind sehr gut miteinander, er ist, außer der gewöhnlichen Zärtlichkeit, sehr gut und sanft und aufgeweckt und lustig.» (Br. VI, 324)

Doch er ist nicht deutsch! Er ist der Heimat entfremdet, der deutschen Geisteswelt wie ihrem Träger, jenem «im intellektuellen und moralischen Sinne bestehenden Deutschland, das nicht Preußen und Österreich ist». (Br. IV, 129) Die ersten Vorwürfe klingen noch recht moderat. Doch sie steigern sich von Jahr zu Jahr, bis hin zu Wilhelms

Klage, «daß einem leid tut, wie er aufgehört hat, deutsch zu sein und bis in alle Kleinigkeiten pariserisch geworden ist». (Br. VI, 64) Caroline stimmt ihm zu: «Alexandern kann ich mir recht denken, wie Du ihn beschreibst. Das Französische ist in seine tiefste Individualität eingegangen. Das erklärt unendlich viel.» (Br. VI, 81)

Und es ist wirklich viel, was das Ehepaar Humboldt Alexander vorwirft. Er lebt in Paris, während deutsche Soldaten im Freiheitskrieg gegen Frankreich ihr Leben opfern. «Ja, ich gestehe Dir frei, was ich sonst nicht sage, daß ich auch an Alexander sein Bleiben in Paris nicht billige.» (Br. IV, 188) Er hängt mit seinen Eitelkeiten an den Franzosen und sucht vor allem die Nähe «zu dem schwatzenden, fast nie handelnden» Teil der Pariser Gesellschaft. (Br. V, 144) Deshalb sind selbst seine politischen Überzeugungen, die gegen Despotismus und Krieg gerichtet sind, «nur höchst flach und schal». (Br. V, 143) Auch das französisch geschriebene Reisewerk seines Bruders gefällt Wilhelm nicht. Nachdem er einige Abschnitte eines fertigen Bandes gelesen hat, weiß er zu kritisieren: «Es ist natürlich voll interessanter Stellen und wichtiger Untersuchungen, aber den Einfluß der Sprache sieht man dem Buche auch sehr an; es sind eine Menge von Stellen, die wirklich deutsch nicht würden gesagt worden sein, weil sie zu alltäglich geklungen hätten. Es ist unendlich schade für Alexander, daß er diese Wendung genommen hat, die sich nur dadurch entschuldigen und begreifen läßt, daß es freilich unmöglich gewesen sein würde, das Werk mit diesen Kupfern und Karten so in Deutschland herauszugeben.» (Br. VI, 43 f.) Caroline kann es nur unterstreichen. «Daß er französisch ist durch und durch, fühlt sich besonders daran, wie er nie den deutschen Geist begreift. Er hat auch den von 1813 nicht begriffen.» (Br. VI, 85)

Die brüderliche Entfremdung, aus der Perspektive des Deutschen gesehen, erreicht ihren Höhepunkt im Brief, den der preußische Gesandte an seine Frau am 12. November 1817 aus London schreibt, während Alexander bei ihm zu Besuch ist: «Du kennst Alexanders Ansichten. Sie können nie, so sehr ich ihn liebe, die unseren sein. Unser Umgang ist wirklich oft komisch. Ich lasse ihn immer sprechen und gewähren, was hilft das Streiten, wo die ersten Basen aller Grundsätze verschieden sind. Alexander ist nicht bloß von einzig seltener Gelehrsamkeit und wahrhaft umfassenden Ansichten, er ist auch überaus gut von Charakter, weich, hilfreich, aufopfernd, uneigennützig – aber es fehlt ihm nun einmal das stille Genügen an sich und dem Gedanken, und daraus entspringt alles übrige. Darum versteht er nicht die Menschen, obgleich er immer mit ihnen lebt und sich sogar vorzugsweise mit ihren Empfindungen beschäftigt, nicht die Kunst, obgleich er alles Technische daran recht fertig versteht und ganz leidlich selbst malt, nicht, so kühn und schrecklich das zu sagen ist, die Natur, in der er täglich Entdeckungen macht. Von Religion wird es weder sichtbar, daß er eine hat, noch daß ihm eine mangelt. Sein Kopf und Gefühl scheinen nicht bis an die Grenze zu gehen, wo sich dies entscheidet. Dabei ist nichts mehr über diese Hauptsachen der Menschheit beweglich in ihm, sondern alles wie mit eisernen Schranken abgeschieden und eingezwängt.»

Und der Bruder fährt fort, Alexanders mangelndes deutsches Heimatgefühl besonders hervorhebend: «Das letzte, was ich gewöhnlich, wenn er lange Zeit bei mir gewesen ist, denke, ist, daß es einer der wundervollsten Erscheinungen in der moralischen Welt ist, daß mein Vater und meine Mutter nur zwei Kinder und gerade zwei gehabt haben, die, indem sie doch im ganzen durchaus dieselbe Richtung haben, eigentlich bloß in Gedanken und im geistigen Beschauen der Dinge zu leben, dann auf einmal in allem in größere Verschiedenheit und Gegensätze ausgehen als Menschen in verschiedenen Weltkörpern sein könnten. Und im Grunde ist Alexander nicht so geworden, er ist von jeher so gewesen, das Ausland hat ihn nicht verändert, sondern er hat das Ausland gesucht, weil ihm in Deutschland, soviel vorzüglicher er auch als die meisten Deutschen ist, nicht heimlich sein konnte.» (Br. VI, 46 f.)

ZEHNTES KAPITEL

Ich bereue nicht, was ich gethan habe

Wie die Brüder Humboldt im Alter doch noch das Glück
genießen, gemeinsam an einem Ort zu leben und
ihre Lebenswerke schreiben zu können

Am 1. Januar 1820, nach seiner Entlassung aus dem Staatsdienst, kehrt
Wilhelm von Humboldt in die Lebensform zurück, die ihm am liebsten ist. Er verbringt die letzten fünfzehn Jahre seines Lebens als Privatgelehrter, der in Freiheit und Einsamkeit sich auf das konzentriert,
was ihm als höchster und allgemeinster Zweck des menschlichen
Geistes gilt. Sein Studium der Sprachen und ihrer Beziehungen zum
Denken soll dazu helfen, «dass die Menschheit sich klar werde über
sich selbst und ihr Verhältnis zu allem Sichtbaren und Unsichtbaren
um und über sich». (G. S. VI, 6) Angesichts dieses hohen Ziels sieht
er nun seine politische Tätigkeit als ein untergeordnetes Zwischenspiel an. Sie entsprach nicht seiner Neigung.

Schon während seiner Arbeit im preußischen Staatsdienst schien
es ihm klar gewesen zu sein. Dafür spricht jedenfalls, was er Charlotte Diede geantwortet hat, mit der er im Juli 1788 drei glückliche
Tage in Pyrmont verbracht hatte und die ihm überraschenderweise
am 18. Oktober 1814 einen Brief nach Wien schrieb, wo er gerade als
königlich-preußischer Staatsminister am Wiener Kongress zur Neuordnung des europäischen Staatensystems teilnahm: «Da Sie, wie Sie
mir sagen, manchmal von mir hörten, so werden Sie wissen, daß ich
einige Jahre hindurch Gesandter in Rom war. Ich nahm die Stelle nur
des Landes wegen an und ich hätte es, ohne die unglücklichen Ereignisse, nie verlassen. In diesen aber wurde es gewissermaßen zur Verbindlichkeit zu dienen, und so bin ich nach und nach in verwickelte

Verhältnisse gestoßen worden. Sie sind aber meiner Neigung wenig angemessen, und mir würde ein stilleres und einfacheres Leben mehr zusagen.»[1]

Das war 1814. Jetzt ist er endlich von dieser Pflicht befreit. Er fühlt sich erleichtert. Die Lebensverhältnisse sind entwirrt. Er kann tun, was zu ihm passt. Er kann sich über sich selbst und die Menschheit klarwerden, über die Sprache und das Denken nachdenken und schreiben, ein stilles Gelehrtenleben führen. Er ist zwar körperlich erst 52 Jahre alt, aber seelisch doch schon von einer ruhigen Altersgelassenheit durchdrungen, die ihn von allen Verwicklungen und Leidenschaften abschließt.

Er vertieft sich in seine einsamen Studien der Sprache, in der ihm die Welt und die Menschheit näher sind als im tatsächlichen gesellschaftlichen Umgang. In seinem konzentrierten Nachdenken, das durch keine größeren Reisen und dienstlichen Geschäfte mehr unterbrochen wird, weitet sich sein geistiger Horizont ins Unermessliche, während sich der Raum des Lebens zunehmend verengt. Er hält es für einen Vorzug des Alters, die betrachtende, forschende und reflektierende Existenz, die ihm als die höchste und menschlichste gilt, ungestört genießen zu können. Es ist eine Abendansicht des Daseins, die seinem Wesen entspricht und im Sonnenuntergang ihren natürlichen Ausdruck besitzt: «Der Sonnenuntergang übt von jeher eine große Gewalt über mich aus. Wie ich gestimmt sein möchte, er bringt immer alles ins Gleichgewicht. Es wird einem so weit, wenn die Sonne wie ins Unermessliche herabsinkt, und die Nacht kommt einem so lieb und willkommen. In keinem Augenblick, glaube ich, stürbe man leichter.» (Br. VII, 68)

Um sein innerliches Glück ausschöpfen zu können, kehrt Wilhelm von Humboldt mit seiner Frau an den Ort seiner Kindheit zurück. Lieber als in der geräumigen Berliner Stadtwohnung am Gendarmenmarkt, Französische Straße 42, wo sie den Winter verbringen, lebt und studiert er im Familienschlösschen von Tegel. Im Juli 1820 beginnt er mit dem Bildhauer Christian Daniel Rauch und dem Architekten Karl Friedrich Schinkel den Umbau des alten Gebäudekomplexes zu planen, der sich dann einige Jahre hinzieht und im Oktober 1824 abgeschlossen wird. Er kann wieder die gleichen Wege zum Weinberg und zum See gehen, die ihn als Kind ins Weite hinausdenken ließen. Damals war sein Blick jugendlich strebend gewesen und Wilhelm «so voll Mut und Lust, weit zu wirken, große Taten zu vollbringen». (Br. I, 460) Jetzt sind es ruhige Spaziergänge, die ihn vom Schreibtisch weglocken, an dem er seinen Sprachstudien nachgeht.

Am 10. Juli 1822 berichtet er seiner Freundin Charlotte Diede aus Tegel, wie sehr er diesen Ort liebt. «Die Gegend ist wenigstens die hübscheste um Berlin; auf der einen Seite ein großer Wald, auf der andern von Hügeln, die schön bepflanzt sind, eine Aussicht auf einen ausgedehnten, von mehreren Inseln durchschnittenen See. Um das Haus und fast überall sind hohe Bäume, die ich in meiner Kindheit erst in mäßiger Stärke sah, und die nun mit mir emporgewachsen sind. Ich baue jetzt ein neues Haus hier, das schon halb fertig ist, und bringe auch hierher die Gemälde und Marmorsachen, die wir haben, so wird es ein anmutiger Wohnplatz, von dem ich selten in die Stadt kommen werde.»[2]

Ein wichtiger Anlass, sich auf den sandigen, durch Fichten- und Kiefernwälder führenden Weg vom stillen Tegel nach Berlin zu begeben, ist die Verpflichtung, regelmäßig in der Berliner Akademie der Wissenschaften Vorträge zu halten. Humboldt, seit 1808 ordentliches Mitglied, war während seiner politischen Arbeit von dieser Pflicht befreit gewesen. Als Privatgelehrter nimmt er sie gern wahr, um seine materialreichen Sprachstudien und seine philosophischen Reflexionen über die Sprache vorzutragen und zur Diskussion zu stellen. Die erste Vorlesung im Plenum hält er bereits am 29. Juni 1820: *Ueber das vergleichende Sprachstudium in Beziehung auf die verschiedenen Epochen der Sprachentwicklung.* (G. S. IV, 1–34) In ihr zieht er seine Schlüsse aus einem zwanzigjährigen Nachdenken über die menschliche Sprache überhaupt in der Vielfalt ihrer einzelsprachlichen Gestaltungen, die er geschichtlich auf unterschiedliche Entwicklungsstadien bezieht und philosophisch mit den verschiedenen gedanklichen «Weltansichten» verknüpft. Er entwirft ein sprachwissenschaftliches und -philosophisches Programm, das sich um die Einsicht zentriert: «Durch die gegenseitige Abhängigkeit des Gedankens, und des Wortes von einander leuchtet es klar ein, dass die Sprachen nicht eigentlich Mittel sind, die schon erkannte Wahrheit darzustellen, sondern weit mehr, die vorher unerkannte zu entdecken. Ihre Verschiedenheit ist nicht eine von Schällen und Zeichen, sondern eine Verschiedenheit der Weltansichten selbst. Hierin ist der Grund und der letzte Zweck aller Sprachuntersuchung enthalten.» (G. S. IV, 27)

Was «klar einleuchtet», ist nicht selbstverständlich. Denn mit seiner Feststellung widerspricht Humboldt Vorstellungen und Vorurteilen, die sich sowohl in der philosophischen Tradition als auch im alltäglichen Sprachbewusstsein eingebürgert haben: dass die Sprache nur ein Mittel oder Werkzeug ist, um Dinge und Sachverhalte zu bezeichnen oder vorsprachliche Gedanken auszudrücken; dass die Worte nur willkürliche Zeichen sind, die keinen wesentlichen Einfluss auf das Bezeichnete haben; dass die grammatische Struktur ein fester Mechanismus ist, der sich immer auf die gleiche Weise gebrauchen lässt, um Sätze zu bilden; dass die Verschiedenheit der Sprachen ein Hindernis ist, das es zu überwinden gilt. Gegenüber diesen «ganz gewöhnlichen Ideen» erscheint Humboldts Sprachansicht als «spitzfindig und schwärmerisch».[3] Er kennt die Vorwürfe, die man ihm macht. Aber das soll ihn nicht abhalten, den Weg weiterzuverfolgen, dessen Grund und Ziel er in seinem ersten Akademie-Vortrag skizziert hat.

Vieles ist zwar noch vage und nicht ausreichend empirisch belegt. Aber es hat bereits ein recht solides Fundament, auf dem sich weiterarbeiten lässt. Schon früh hat er sich praktische Kenntnisse und Fertigkeiten verschiedener Sprachen angeeignet: Griechisch, Lateinisch, Italienisch, Französisch und Englisch. Die ersten Bausteine zu einer grundlegenden Sprachreflexion sind bereits 1788 gelegt worden, als Humboldt in Göttingen beim Altphilologen Christian Gottlob Heyne gelernt hat, griechische und lateinische Texte in ihrem Zusammenhang mit den Lebensformen der antiken Welt zu verstehen. In ihnen artikuliert sich der Geist eines Zeitalters als eines lebendigen Ganzen, in dem Handeln, Denken und Sprechen miteinander verwoben sind. Während seiner beiden Spanien-Reisen (1799/1800 und 1801) lernte er die Sprache der Basken kennen, deren Fremdheit ihn auf die Spur der Ureinwohner Spaniens lenkte. Sein Bruder Alexander brachte ihm von seiner Reise reichhaltiges Material aus den «amerikanischen Sprachen» mit, deren geographischer Raum von Mexiko bis Peru reicht. Die Sprachdenkmäler der Mayas und Azteken faszinierten ihn und ließen ihn über die Besonderheit der «mexikanischen» Bilderschrift in ihrem Verhältnis zum Denken und Sprechen nachdenken. Die Orinoko-Sprachen der indianischen «Wilden» vermittelten ihm das Bild einer anderen Kultur, die sein Bruder aus nächster Nähe miterlebt hatte. Er konnte «nur dann ganz in ihren Sinn eingehen, wenn ich mich bemühte, von den jedem Europäer mitgegebenen äußeren Anschauungen ganz abzusehen, und mich mit den guten Menschen in ihr ungetrübtes Gefühlsleben unter dem Eindrucke ihrer erhabenen Natur zu versetzen. Vieles des ersten Schönen und Erhabenen ist sicher in der späteren Entwickelung den Sprachen abhanden gekommen.»[4]

Schon während seines Rom-Aufenthalts hat Wilhelm von Humboldt all diese Impulse und Informationen aufgenommen und mit seinen anthropologischen Ideen über die Einheit der Menschheit in der Vielfalt ihrer Nationalcharaktere zu verbinden versucht. An Karl Gustav von Brinkmann schrieb er darüber bereits am 22. Oktober 1803: «Mein Sprachstudium treibe ich hartnäckiger, als je, und es reiht sich vortreflich an alle jene Ideen an. Der innre geheimnißvoll wunderbare Zusammenhang aller Sprachen, aber vor allem der hohe Genuß, mit jeder neuen Sprache in ein neues Gedanken- und Empfindungssystem einzugehen, ziehen mich unendlich an. Nichts ist bisher so schändlich betrieben worden, als eben die Sprachen, ich glaube einen Schlüssel gefunden zu haben, der jede interessant zeigt, und den Pfad zu allen erleichtert.»[5]

Scheinbar unersättlich ist Humboldts Hunger nach Sprachen, die er noch nicht kennt und die ihm etwas Neues zeigen über den erstaunlichen Zusammenhang zwischen den verschiedenen Sprachen und ihren jeweiligen Weltansichten. Im Jahrzehnt zwischen 1820 und 1830 beginnt er Sanskrit zu studieren, das ihm einen Zugang zur Urquelle der indogermanischen Sprachen eröffnet und ihm die Lektüre des indischen Lehrgedichts *Bhagavad-Gita* im Original ermöglicht, in dem er eine religionsphilosophische Weisheitslehre entdeckt, die seinem eigenen gelassenen Weltgefühl entspricht. (G. S. V, 190–232; 325–344) Er konzentriert sich auf den grammatischen Bau der chinesischen Sprache, studiert das Japanische, beginnt seine Untersuchungen über die malayisch-polynesischen Sprachen der Südsee-Insulaner. Die Entzifferung der altägyptischen Hieroglyphen durch den französischen Orientalisten Jean-François Champollion (1822) lässt ihn verstärkt über den Zusammenhang verschiedener Schriftformen mit der Sprache nachdenken.[6] Die Ergebnisse seiner Untersuchungen trägt er regelmäßig in der Akademie der Wissenschaften vor, zuerst am 29. Juni 1820 *Über das vergleichende Sprachstudium*, zuletzt am 9. Juni 1831 *Über die Kawi-Sprache auf der Insel Java*.[7]

Je mehr sich Wilhelm von Humboldt als Gelehrter mit fremden Sprachen und Kulturen beschäftigt, desto schwächer wird seine Deutschheit. Während er sie als Politiker in preußischen Staatsdiensten immer wieder beschworen und gegen seinen «französischen» Bruder ins Feld geführt hat, wird er als universell forschender Sprachwissenschaftler großzügiger in seinem Urteil. Der tiefempfundene Riss zwischen den brüderlichen Ansichten und Lebensformen kann überwunden werden. Im Oktober 1822, als Alexander seinen Bruder benachrichtigt, für einige Wochen nach Berlin zu kommen, erwähnt Wilhelm zwar noch einmal dessen «französische Manier» (Br. VII, 117) hinsichtlich eines ästhetischen Geschmacksurteils über gegenwärtige Kunst. Doch er freut sich sehr auf den Besuch, der ihm «sehr zärtlich» angekündigt worden ist.

Wenige Monate später ist es dann so weit. Zusammen mit König Friedrich Wilhelm III., den er bei dessen Besuch des Kongresses von Verona begleitet hat, kommt Alexander von Humboldt am 3. Januar 1823 in Berlin an. Fünfzehn Jahre ist er im Ausland gewesen und hat seine Heimatstadt nicht gesehen, die er in politischer Mission als Begleiter des jungen Prinzen Wilhelm von Preußen am 13. November 1807 verlassen hat. Wie zu erwarten war, bringt er «ganz Berlin in Bewegung und dem Familienkreis die schönste Erheiterung» (Br. VII, 126). In der Akademie hält er einen Vortrag *Über den Bau und die Wirkungsart der Vulkane in den verschiedenen Erdstrichen* (24. Januar 1823), in dem er den Zuhörern die gewaltigen Kräfte zu verdeutlichen versucht, die tief aus dem Inneren unseres Planeten durch Klüfte und Gänge ausbrechen. Die Akademie gibt ein festliches Diner zu seinen Ehren, und der König belohnt ihn mit einem großzügigen Geldgeschenk. Fünf Wochen lebt Alexander in Tegel mit seinem Bruder und seiner Schwägerin, die ihrer Tochter Adelheid mitteilt: «Die Masse von *Wissen aller Art*, die da zur Sprache unter den beiden Brüdern kommt, ist wirklich einzig.» (Br. VII, 126)

Damit ist der erste Schritt zurück in die Heimat getan, in der sich Alexander nie heimisch gefühlt hat. Sein nächster Besuch findet dreieinhalb Jahre später statt. Er hat mehrere Gründe. Zum einen drängt ihn der König, nach Berlin und Potsdam zu kommen. Er hat Gefallen an seinem vielgereisten, berühmten, gelehrten und witzigen Kammerherrn gefunden und will ihn zur geistreichen Unterhaltung an seiner Seite haben. Zum andern lockt Alexander das Gehalt, das ihm der König anbietet. Jährlich soll er 5000 Taler erhalten, was für ihn nicht unerheblich ist. Denn er ist finanziell fast ruiniert. Er braucht Geld. Nicht nur das Leben in Paris hat seinen Preis. Besonders die Herstellungskosten seines großen, reichbebilderten Reisewerks in die Äquinoktialgegenden des Neuen Kontinents haben die Reste seines ererbten Vermögens verschlungen. Doch als wichtigsten Grund gibt Alexander an, dass er zurückgekommen sei, um mit seinem Bruder zu leben. «Der Wunsch des Monarchen, mich in seiner Umgebung zu behalten und mich für das Vaterland bleibend wiederzugewinnen, konnte erst im Frühjahr 1827 erfüllt werden. Ich ging damals, meinen dauernden Aufenthalt in Paris aufgebend, über London und Hamburg nach Berlin, wo ich endlich das so lang entbehrte Glück genoß, mit meinem Bruder an einem Orte zu leben und vereint wissenschaftlich zu arbeiten.»[8]

Um seine endgültige Rückkehr vorzubereiten, verlässt Alexander bereits Ende September 1826 Paris, zusammen mit seinem Freund und Mitarbeiter, dem Zoologen Achille Valenciennes. Auf seiner Reise nach Berlin trifft er bekannte Wissenschaftler, die ihm das Leben in Deutschland interessant machen könnten. In Frankfurt am Main besucht er den befreundeten Mediziner und Anatomen Samuel Thomas Sömmering, in Gießen den Chemiker Justus Liebig, in Göttingen den Mathematiker Carl Friedrich Gauß. Den Oktober und November verbringt er in Tegel. Mit dem König trifft er das Arrangement, dass sein ständiger Wohnsitz zwar Berlin sein müsse, er aber jedes Jahr vier Monate in Paris zubringen darf, um seine wissenschaftlichen Kontakte aufrechtzuerhalten und sein Reisewerk abschließen zu können.

Auch auf der Rückreise nach Paris im Dezember 1826 nutzt er die Gelegenheiten, alte Freunde zu treffen. Die Menschen sollen ihm ein Land vertraut machen, das ihm fremd geworden ist. In Freiberg, wo er einst an der Bergakademie studiert hat, fährt er mit seinem alten Freund Carl Freiesleben wieder in die Grube «Beschert Glück», die sie gemeinsam schon einmal am 4. Juli 1797 besucht haben. 30 Jahre lang haben sie sich nicht gesehen. Mit größtem Wohlwollen wird er in Weimar von Goethe und Herzog Karl August empfangen. «Goethe ist wunderbar, voller Kraft und Liebenswürdigkeit», berichtet Alexander seinem Bruder.[9] Und Goethe wird zu seinem Eckermann sagen: «Was ist das für ein Mann! Ich kenne ihn so lange, und doch bin ich von neuem über ihn in Erstaunen. Man kann sagen, er hat an Kenntnissen und lebendigem Wissen nicht seinesgleichen. Und eine Vielseitigkeit, wie sie mir gleichfalls noch nie vorgekommen ist! Wohin man rührt, er ist überall zu Hause und überschüttet uns mit geistigen Schätzen. Er gleicht einem Brunnen mit vielen Röhren, wo man überall nur Gefäße unterzuhalten braucht und wo es uns immer erquicklich und unerschöpflich entgegenströmt. Er wird einige Tage hierbleiben und ich fühle schon, es wird mir sein, als hätte ich Jahre verlebt.»[10] Anschließend bringt Alexander noch einen glücklichen Tag in Jena bei Caroline von Wolzogen zu, Schillers Schwägerin, die er schon aus den frühen Jahren des jugendlichen «Tugendbundes» seines Bruders kennt.

Paris, die Hauptstadt des neunzehnten Jahrhunderts, zu verlassen und in dem noch immer recht provinziellen Berlin leben zu müssen, wirtschaftlich abhängig von der königlichen Großzügigkeit – es fiel Alexander von Humboldt schwer. Doch die Entscheidung zur Rückkehr ist gefallen. Er will das Beste daraus machen. Wieder in Paris, schreibt er an Gauß in Göttingen, 16. Februar 1827: «Es ist ein grosser Entschluß, einen Theil meiner Freiheit und eine wissenschaftliche Lage aufzugeben, in der ich hier seit 18 Jahren manchen schönen geistigen Genuß gehabt. Aber ich bereue nicht, was ich gethan. Das intellectuelle Leben hat mich unendlich angesprochen bei meinem letzten Aufenthalte in Deutschland, und die Idee, in Ihrer Nähe, in der Nähe derer zu leben, die meine Bewunderung für Ihr grosses vielseitiges Talent lebhaft theilen, ist ein wichtiger Beweggrund meines Entschlusses gewesen. An gutem Willen, nützlich zu sein, soll es mir nicht fehlen, und ich rechne stets auf Ihren Rath, auf den Rath ‹des grossen Meisters in der (mathematischen) Kunst›.»[11]

Am 12. Mai 1827 trifft Alexander von Humboldt in Berlin ein. Er bezieht eine Mietwohnung im Haus des Hofzimmermeisters Glatz, Hinter dem neuen Packhofe Nr. 4. Als Diener stellt er Johann Seifert an, der den Rest seines Lebens bei ihm bleibt und von ihm als Erbe eingesetzt wird. Sofort will er nützlich sein. Voller Tatendrang engagiert er sich dafür, Berlin zu einem Ort der naturwissenschaftlichen Forschung zu machen. Er erklärt Wissenschaftsförderung zur Hauptaufgabe seines Lebens. Er will sich eine Umgebung schaffen, wie er sie in Paris verlassen hat, und entwirft ein wissenschaftsorganisatorisches Programm, das er zielstrebig zu verwirklichen sucht. «Berlin soll mit der Zeit die erste Sternwarte, die erste chemische Anstalt, den ersten botanischen Garten, die erste Schule für transzendente Mathematik besitzen. *Das ist das Ziel meiner Bemühungen und das einigende Band meiner Anstrengungen.*»[12]

Kaum in Berlin angekommen, besucht er regelmäßig die Sitzungen der Akademie der Wissenschaften, deren ordentliches Mitglied er seit Februar 1805 ist. In den kommenden Jahren hält er, wie sein Bruder, mehrere Vorlesungen, die eine «beglückende Ermunterung durch die akademische Gemeinschaft»[13] zur Folge haben. Sein erster Vortrag in der öffentlichen Sitzung vom 3. Juli 1827 handelt von den *Hauptursachen der Temperatur-Verschiedenheit auf dem Erdkörper*. Einleitend macht er die Ziele und die Methodik seiner Vorträge deutlich. Er will nicht einzelne Beobachtungen aneinanderreihen und Einzelheiten sinnlicher Anschauung anhäufen, sondern den Blick für das Ganze schärfen, für das Allgemeine und Wesentliche einer einheitlichen Natur. Er will das Typische herausarbeiten. Wie das «vergleichende Sprachstudium» bei seinem Bruder Wilhelm, so steht bei Alexander von Humboldt das «vergleichende Naturstudium» im Mittelpunkt seines Interesses. «Eine lange Reihe von Jahren ist verflossen, seitdem ich, von meiner Reise nach der Andes-Kette zurückkehrend, es versucht habe, in den öffentlichen Versammlungen dieser Akademie einige Natur-Ansichten zu entwickeln, von denen ich hoffen durfte, daß sie durch Größe des Gegenstandes, vielleicht auch durch ein sorgfältiges Hinweisen auf das Gemeinsame in den Erscheinungen, ein allgemeines Interesse erregen würden.»[14]

1828 hält Humboldt keine Akademie-Vorträge. Er findet ein größeres Auditorium. Das allgemeine Interesse geht über die akademische Gemeinschaft hinaus. Ganz Berlin will hören, was Humboldt über die Welt zu sagen hat. Er beginnt im Wintersemester 1827/28 mit Vorlesungen an der Berliner Universität, obwohl er nicht dem Lehrkörper angehört. Als Akademiemitglied nimmt er das Recht in Anspruch, an der Universität «lesen» zu dürfen. 61 Vorlesungen hält er über *physikalische Erd- und Weltbeschreibung*. Sie sind so überfüllt und finden in der Presse eine so große Resonanz, dass er parallel dazu, zwischen dem 6. Dezember 1827 und dem 27. März 1828, sechzehn öffentliche Vorträge für ein breites Publikum in dem Unter den Linden gelegenen Neubau der Berliner Singakademie hält. Der größte, etwa 800 Plätze fassende Saal Berlins steht ihm für seine *Kosmosvorträge* zur Verfügung, die Sternstunden in der Geschichte der Wissenschaftspopularisierung sind. Vom Maurermeister über Künstler und Gelehrte bis zu König

Friedrich Wilhelm III. und seinem Hof reicht das soziale Spektrum der Zuhörer, zu denen auffallend viele Frauen gehören.

Auch Humboldts Bruder und Schwägerin, begleitet von ihrer Tochter Gabriele, hören die Vorträge in der Singakademie. Caroline, die sich oft über Alexanders französische Oberflächlichkeit beklagt hat, ist sehr beeindruckt. Sie staunt, mit welch großartiger Klarheit Alexander den ganzen Kosmos, von den unermesslichen Räumen des Weltalls über die tellurische Struktur der Erde bis zu den Pflanzen, Tieren und Menschen, darzustellen weiß. Alles fügt sich zur Einheit eines großen Naturganzen. Doch sie spürt auch, dass Alexander von einer «tiefsten Wehmut» beherrscht wird. Die Gegenstände, über die er spricht, und sein Geist, dem sich alles zu erschließen scheint, mögen «nach außen und nach innen gleiche Unendlichkeit» besitzen, aber – «ach, und doch nicht glücklich!». (Br. VII, 325)

Ein Grund dafür könnte sein, was Alexander in der letzten Vorlesung erwähnt, in der er nicht von der Natur und dem Menschengeschlecht spricht, sondern von sich selbst. «Wenn ich angeben soll, was in mir zuerst die Sehnsucht nach erweiterter Weltansicht erweckt, und mich zur Unternehmung großer Reisen angetrieben hat, so war es: *Georg Forster*'s Schilderung der Südseeinseln, der Anblick des großen Drachenbaumes in dem hiesigen botanischen Garten, u. *Hodges* vortreffliche Zeichnungen, welche ich bei meiner frühesten Reise nach England zu sehen Gelegenheit hatte.»[15] Nicht zuletzt erinnert er dann noch an «den hohen Meister (Goethe), dessen Werke ein so tiefes Gefühl für die Natur durchdringt. Wie im *Werther*, so in der (italienischen) Reise, in der Metamorphose der Pflanzen, überall klingt dies begeisterte Gefühl an und berührt uns gleich wie ‹ein sanfter Wind vom blauen Himmel weht›!»[16]

Doch all das ist vorbei! So war es. Das Gemälde der Natur, das er vor dem inneren Auge seiner Zuhörer entstehen lässt, ist nicht die Natur, die er einst in ihrer ganzen Fülle erlebt und genossen hat. Jetzt steht er in einem großen Saal vor vielen hundert Menschen, die kaum zu atmen wagen, um ihn hören zu können. Zuerst ist er ganz befangen gewesen, sodass es Caroline tief gerührt hat. Später ist sein

Vortrag immer schöner und freier geworden. Er erntet «viel Beifall und wahren Ruhm», erkennt sein Bruder Wilhelm neidlos an. «Es ist aber auch nicht möglich, besser zu lesen, man mag auf den Vortrag oder die Sachen sehen. Soviel ich habe hören können, ist dies das allgemeine Urteil.» (Br. VII, 326)

Alexander hat nur «gelesen» an einem Ort, den er oft als «Unnatur» empfindet. Er muss sich in der Erinnerung die Palmenwälder, Vulkangebirge und mächtigen Flüsse herbeizaubern, um die kümmerliche Sandnatur in und um Berlin zu verscheuchen. Noch immer ist die Sehnsucht in ihm lebendig, die ihn einst zu seinen Reisen angetrieben hat. Ein Jahr später bietet sich ihm noch einmal eine letzte Gelegenheit, das zu tun, was er am liebsten mag. Ein alter Traum wird Wirklichkeit.

Bereits 1793, während er als Oberbergmeister in Franken arbeitete, hatte er nicht nur den Plan zu einer «westindischen» Reise, sondern auch zu einer großen Expedition nach Asien. Nach seiner Rückkehr aus Amerika wollte er möglichst schnell wieder fort, am liebsten zu den höchsten Bergen des Himalaya, wie er Goethe am 6. Februar 1806 schrieb. Während seines Aufenthalts in Paris hat er mehrfach Vorbereitungen für eine russisch-sibirische Reise getroffen. 1812 war es ihm beinahe gelungen, dafür die kaiserliche Erlaubnis zu erhalten. Zar Alexander I. war auf den berühmten preußischen Naturforscher aufmerksam geworden. An Alexander Freiherr von Rennenkampff, der in russischen Diensten stand, schrieb Humboldt einen langen Brief (7. Januar 1812), in dem er seinen Plan für eine große Expedition durch Asien vorstellte. «Das Ziel meiner Asien-Reise ist die hohe Gebirgskette, die sich von den Quellen des Indus bis zu den Quellen des Ganges erstreckt. Ich würde gern Tibet sehen, aber dieses Land ist nicht das Hauptziel meiner Studien.»[17] Er wollte alles sehen: den Baikalsee und die Vulkane auf der Halbinsel Kamtschatka, Kabul und Kaschmir, das Hochland von Pamir und die Wüste Gobi, am Ende auch noch die Inseln Ceylon, Java und die Philippinen. Von der Route durch das asiatische Russland versprach er sich die interessantesten Naturerfahrungen. Sieben bis acht Jahre lang sollte diese

Reise dauern, aus der nichts wurde. Napoleons Russlandfeldzug ließ das Vorhaben scheitern.

Zwei Jahre später versuchte es Humboldt aufs Neue. Diesmal wollte er mit britischer Hilfe über Indien zum Himalaya. Der Einspruch der «East India Company» durchkreuzte den Reiseplan. 1818 ein neuer Versuch. Das Geld für die Expedition wollte er sich vom preußischen König und vom Staatskanzler Hardenberg besorgen, dem er einen genauen Finanzierungsplan schickte und dabei schrieb: «Eine fünfjährige Reise nach den Tropenländern des Neuen Continents hat mein Vermögen, aber nicht meine Kräfte erschöpft. Ich bin fest entschlossen, Europa aufs neue zu verlassen und eine Reise durch das Vorgebirge der guten Hoffnung nach der indischen Halbinsel und dem indischen Archipelagus auf vier bis fünf Jahre zu unternehmen.»[18] «Er ist ganz entschieden», schrieb Wilhelm am 6. Oktober 1818 seiner Frau, «in einem Jahr etwa, wie er mit seinem Werk fertig ist, nach Ostindien zu gehen. Nach Tibet wird es schwerlich möglich sein, weil die Chinesen jetzt da herrschen, die niemanden einlassen.» (Br. VI, 334) Doch auch da waren die Einwände der Ostindischen Handelskompanie wieder stärker als die Entschiedenheit Humboldts, der den Engländern als Preuße, unterstützt von Russland, verdächtig war.

Erst im Sommer 1827, als sich Humboldt wieder in seiner Heimatstadt befindet, gibt es einen neuen Hoffnungsschimmer. Im Auftrag des neuen Zaren Nikolaus I. und seiner Regierung bittet ihn der russische Finanzminister Georg Graf von Cancrin um ein Gutachten über die mögliche Zweckmäßigkeit, eine Währung aus Platinmünzen einzuführen, deren Material im Ural in beschränktem Ausmaß gewonnen werden kann. Humboldt erklärt sich dazu bereit. Zugleich gibt er zu verstehen, dass er den Ural und Teile Sibiriens bereisen möchte. Er erhält die Zusage, und nach mehr als zweijähriger Vorbereitung kommt es schließlich doch noch zu seiner «asiatischen Reise», an die er 36 Jahre lang gedacht hat.

Zusammen mit seinem Kammerdiener Johann Seifert, dem Biologen, Mediziner und Botaniker Christian Gottfried Ehrenberg und dem Chemiker und Mineralogen Gustav Rose bricht er am 12. April

1829 zu seiner russisch-sibirischen Expedition auf, die zunächst an den Zarenhof in Petersburg führt, von dort nach Moskau, dann über den Ural und durch die einförmigen Steppen Sibiriens bis zum schneebedeckten Altai-Gebirge an der chinesischen Grenze zur Mongolei. China ist ihm verschlossen. Auf der Rückreise besuchen sie das Kaspische Meer, um von dort über Moskau und St. Petersburg nach Berlin zurückzukehren, wo sie am 28. Dezember ankommen.

Achteinhalb Monate sind sie unterwegs gewesen. 15000 Kilometer haben sie hinter sich gebracht. Rose wird später zwei Bände über diese *Mineralogisch-geognostische Reise nach dem Ural, Altai und dem Kaspischen Meere*, Berlin 1837–1842, schreiben; Humboldt seine drei Bücher *Asie centrale. Recherches sur les chaines de montagnes et la climatologie comparée*, Paris 1843. Alexander von Humboldt hat viel gesehen, gemessen und erlebt, und die Fülle von Eindrücken, die er in der sibirischen Weite gesammelt hat, erfüllt ihn. Doch ganz anders als seine «amerikanische» verlief diese «asiatische» Reise. Alles ist von dritter Hand vorbereitet gewesen. Verkehrsmittel, Unterkünfte und Ernährung waren gesichert. Gefährliche Situationen wurden so gut wie möglich zu verhindern versucht. Der Reiz des Abenteuers fehlte. Humboldt saß in einer Kutsche und reiste oft im Frack. In einem seiner Briefe an den Bruder, den er ihm aus Jekaterinburg (heute Swerdlowsk) am östlichen Abhang des Urals schrieb, hat er sich darüber mokiert: «Die Vorsorge der Regierung für unsere Reise ist nicht auszusprechen, ein ewiges Begrüssen, Vorreiten und Vorfahren von Polizeileuten, Administratoren, Kosakenwachen aufgestellt! Leider aber auch fast kein Augenblick des Alleinseins, kein Schritt, ohne dass man ganz wie ein Kranker unter der Achsel geführt wird!»[19]

Einen Monat (vom 15. Juni bis zum 18. Juli 1829) halten sich die Reisenden in der Gegend von Jekaterinburg auf. Sie unternehmen kleinere und größere Exkursionen in den nördlichen Ural. Sie besichtigen Gold- und Kupfergruben, Edelstein- und Marmorbrüche, Hüttenwerke zur Platin- und Goldgewinnung. Sie suchen Materialien für ihre mineralogischen Sammlungen und führen zahlreiche Messungen durch. Als sie von einer längeren Besichtigungstour zurückkommen, findet Alexander vier Briefe seines Bruders vor, die in der Zwischenzeit angekommen sind. Sie machen ihn glücklich, weil sie von Wilhelm sind. Am 14. Juli antwortet er ihm mit dem Bekenntnis: «Zu keiner Zeit meines Lebens war ich für diese Art Glück empfänglicher. Wir sind einander so nahe getreten; ich habe so ganz kennengelernt, wie voller Liebe und Güte Deine Seele ist, daß ich Dir die Freude, mitten in dieser geistigen Einöde von Dir Nachrichten zu erhalten, gar nicht beschreiben kann, mein teurer Freund.» Und etwas später wird er es noch einmal besonders betonen: «Zu keiner Zeit meines Lebens war mir Deine Existenz nötiger.»

Es ist eine paradoxe Wendung, die Alexander hier vornimmt. Denn das «Glück», von dem er spricht, ist keine erfreute Heiterkeit. Das beschworene Glücksgefühl beruht auf einem «unersetzlichen Verlust, den wir erlitten haben»[20]. Die brüderliche Existenz ist notwendig, und jede Nachricht von Wilhelm macht ihn «glücklich», weil beide gemeinsam ein großes Unglück erlebt haben, in dem sie «einander so nahe getreten» sind wie niemals zuvor. Diese Nähe soll für den Rest ihres Lebens bestehen bleiben. Tief empfindet Alexander mit, was im Inneren seines Bruders vor sich geht, und er verspricht ihm: «Niemand in dieser Welt liebt Dich so zärtlich wie ich. Meine Existenz wird für immer an die Deine geknüpft sein; und wir wollen uns niemals mehr auf lange trennen.»[21]

Alexander gibt sein hoffnungsfrohes Versprechen, existenziell mit dem Bruder wieder so eng wie in ihrer Kindheit und Jugend verbunden zu bleiben, anlässlich einer einschneidenden Verlusterfahrung. Sie ist stärker als beim väterlichen Tod, der sie als Kinder überrascht hat, und beim Sterben der Mutter, das sie als Erlösung empfunden haben. Am 26. März 1829 ist Caroline von Humboldt gestorben, nur zwei Wochen, bevor Alexander zu seiner Reise nach Sibirien aufgebrochen ist. Wie gern wäre er bei seinem Bruder geblieben, um mit ihm das erlittene Leid unmittelbar zu teilen. Damals, nach Wilhelms Hochzeit mit Caroline, hat er an Freiesleben geschrieben, dass sein Bruder ihm fremd geworden sei und er nicht ganz zu dessen Familie gehöre. «Wilhelm liebt mich gewiß noch eben so, seitdem er verheirathet ist, als sonst, aber dennoch ist ein verheiratheter Mensch, immer ein verlorener Mensch. Man kann nur ein Wesen mit Liebe umfangen.» (Jbr., 280) Jetzt hat er ihn wiedergefunden und ganz für sich allein.

Carolines Gesundheit ist immer gefährdet gewesen. Die Geburt ihrer Kinder war stets lebensbedrohlich für sie. In den letzten Jahren ihres Lebens sind mehrere Leiden zusammengekommen. Oft schmerzte sie die Brust. Sie litt unter Nervenfieber und Kopfschmerzen. Die Gicht hat ihre Gelenke angegriffen. Vor allem im kalten und feuchten Berlin war sie oft so krank, dass «ich mich dem schmerzlichen Augenblicke, sie zu verlieren, sehr nahe glaubte», schrieb ihr Mann am 12. Februar 1829 an Goethe: «Das Zusammenleben mit meiner Frau war und ist die Grundlage meines Lebens, ich fühle mich daher in meinem Innersten angegriffen und zerstört.»[22]

Sie haben nicht immer zusammengelebt. Es gab lange Phasen der Trennung, wenn Wilhelm in diplomatischen Diensten unterwegs war. Es war ein freies Verhältnis, und mehrmals kamen von beiden Seiten auch «Dritte» ins Spiel, in die sie sich verliebten. Doch das hat niemals die einzigartige Liebe zwischen ihnen gefährdet, über die Lina ihrem liebsten, besten Bill bereits nach ihrer ersten Begegnung in Burgörner am 24. August 1788 gestand: «Daß man *so* lieben kann, wie wir uns lieben, das ist doch des Himmels bestes Geschenk, ist aller Tränen des Schmerzes, aller Leiden wert.» (Br. I, 7) Und auch er hatte damals vor 41 Jahren weit in die Zukunft vorausgeblickt und bereits das Leiden antizipiert, das dennoch niemals die Liebe zwischen ihnen zerstören könne. Mit der jugendlichen Schwärmerei des «Tugendbündlers» dichtete er für sie:

«Nie zerreißt ein Liebesband,
Von der Tugend selbst geschlungen.
Siehst du nicht im Sternenland,
Wenn wir endlich ausgerungen
Dieses Pilgerleben, ausgeweint
Jedes Leiden, dort uns fest vereint?» (Br. I, 6)

Sie fühlten sich erhoben über die Schläge des Schicksals. Es ist ihnen gelungen, diese Hoffnung ihr Leben lang lebendig zu halten, durch all die Wirrungen der Zeit und Irrungen ihrer eigenen Existenz.

Am Ende haben sie oft über dieses «Sternenland» gesprochen, in dem ihr Vertrauen auf die «unsterbliche» Liebe seinen symbolischen Ausdruck gefunden hatte. Einige Jahre vor ihrem Tod hat Caroline die Idee aufgegriffen, die ihr Wilhelm vier Jahrzehnte zuvor gedichtet hat. Doch sie weiß auch, dass dieses Land des Jenseits, in das sie sich imaginär als fest vereint versetzen, nur eine Einbildung ist, in der sich düstere Todesahnungen und hoffnungsfrohe Erwartungen vermengen. «Ach, aber von dort ist wohl *keine sichtbare* Rückkehr möglich. Dunkles Land der Ahndungen – es rückt einem nah und näher, und man weiß nichts darüber.» (Br. VII, 260 f.) Man kann es nicht wissen, aber man darf es hoffen. In einen undurchdringlichen Schleier ist der künftige Zustand nach dem Tode gehüllt. Und Wilhelm antwortete ihr mit einem Bild, in dem er ausmalt, was ihm schon als jungem Mann vorschwebte: «Die Erde bietet ihren Schoß zur Ruhe, und der Himmel öffnet seine Räume zu ungehemmtem Streben. Wer den Tod so fühlt, dem wird er zu einer plötzlich erscheinenden sanften Lösung des Lebens, und einer Lösung bedarf das Leben doch. Denn es ist Fessel und Rätsel.» (Br. VII, 274)

Im Winter 1828/29 ist Caroline immer schwächer geworden. Im März 1829 gibt es kaum noch Hoffnung für ihr Leben. Sooft er kann, kommt Alexander nach Tegel, um das Leid seines Bruders und seiner Schwägerin zu teilen und es durch seine Anwesenheit ein wenig zu lindern. Er ist sehr «lieb und teilnehmend», berichtet Caroline ihrem Schwiegersohn August von Hedemann, der mit ihrer Tochter Adelheid verheiratet ist. (Br. VII, 342) Alles Trennende zwischen ihnen ist überwunden. Die Spannung, die sich in den Zeiten der Napoleonischen Krise zwischen ihnen aufbaute, hat sich angesichts des drohenden Todes in einer freundschaftlichen Vertrautheit gelöst. Das ist das «Glück», von dem Alexander spricht, während er sich im fernen Ural befindet. Noch nie haben sich beide Brüder so nahe gefühlt.

Alexander ist nicht dabei, als Caroline stirbt. Es ist ½ 8 Uhr morgens, als sich ihr Mann und zwei ihrer Töchter, die unverheiratete Caroline und Adelheid von Hedemann, an ihrem Bett befinden. Ihr Ende ist sanft, still und schmerzlos. Es ist nur ein allmähliches Aufhören des Atmens. Sie stirbt mit klarem Bewusstsein. Als Wilhelm am frühen Morgen in ihr Zimmer kommt, «sagte sie zu mir: ‹Teurer Freund› und gab mir die Hand. Ich küßte sie auf die Backen. ‹Gib mir den Mund›, sagte sie und umarmte mich so. Ihr Gesicht atmete den himmlischsten Frieden. Man kann im Entschlafen nie schöner sehen, klarer und ruhiger.»[23]

So hat es Wilhelm am gleichen Tag der gemeinsamen Freundin Caroline von Wolzogen geschildert, auch in Erinnerung an die schönen, glücklichen Tage der Jugend, die sie gemeinsam verbracht haben. Andere Freundinnen von 1788 erhalten ebenfalls Briefe. – Er schreibt Charlotte Diede und erzählt ihr davon, wie unendlich glücklich er an der Seite seiner Frau gewesen ist. Mit dieser Erinnerung möchte er zukünftig in gesellschaftlicher Abgeschiedenheit leben. Die Einsamkeit, die er schon immer liebte, ist zu seinem Schicksal geworden, das den Rest seines Lebens bestimmen wird. «Wenn man das verliert, was einem eigentlich das Princip des gedankenreichsten und schönsten Theils seiner selbst gewesen ist, so geht immer für einen eine neue Epoche des Lebens an. Das bis dahin Gelebte ist geschlossen, man kann es als ein Ganzes überschauen, in seinem Gemüth durch Erinnerung festhalten und mit ihm fortleben, Wünsche aber für die Zukunft hat man nicht mehr.»[24] Zugleich informiert er seine Pyrmonter Jugendbekanntschaft darüber, dass er nun auch seinen vertrauten Freund Gottlob Johann Christian Kunth verloren hat, der 1777 als Erzieher in den Familienkreis der Humboldts eingetreten war und mit dem Wilhelm seit seinem zehnten Lebensjahr in ununterbrochener Beziehung stand. Nach dem Tod Carolines war er ihm noch weinend um den Hals gefallen. Jetzt ist auch der älteste seiner Vertrauten tot. – Therese Huber, verwitwete Forster, geborene Heyne, die Humboldt einst als «herrlichstes Weib» begehrt hat, erfährt ebenfalls von seinem Trauerfall. Sie kann ihn nicht trösten. Aber mit dem ihr eigenen klaren Blick für menschliche Gefühle weiß sie ihm zu sagen:

«Wir weinen doch immer nur um uns; das Überleben ist schwer; die Trauer reine Selbstsucht; Andenken ist Besitz; sich verstanden haben ist unzertrennt bleiben; nachsterben ist vereint bleiben. Ich bin ein Alteingeweihter in der Theorie des Überlebens.»[25] Wenige Wochen später stirbt auch sie.

Nach Carolines Tod will Wilhelm die Menschen meiden. Er versinkt in seinen Erinnerungen. Das Lob der Einsamkeit beherrscht sein Denken und Fühlen. Aber er gibt auch die Hoffnung nicht auf, die er mit seiner Frau geteilt hat, diese schöne Idee, in der sich die Sehnsucht nach einem höheren Zustand ausdrückt, der auf Erden nicht erreicht werden kann. Schon früh war sie ihm in Platons Philosophie begegnet. Von ihr hat die erste Veröffentlichung des damals Zwanzigjährigen gehandelt: *Sokrates und Platon über die Gottheit, über die Vorsehung und die Unsterblichkeit.* Für Caroline war diese Idee in Rom lebendig geworden, wo sie oft das Grab ihrer beiden jung gestorbenen Söhne Wilhelm und Gustav bei der Cestius-Pyramide besuchte. Gestaltet sah sie ihre Hoffnung in der anmutigen Mädchenfigur einer Speranza, die der dänische Bildhauer Bertel Thorwaldsen, mit dem die Humboldts in Rom befreundet waren, nach einem antiken Vorbild geschaffen hatte. Caroline liebte diese lichte, graziöse und stillbewegte Marmorstatue, die für sie die Hoffnung (*spes aeterna*) einer unzerstörbaren, ewigen Liebe über den Tod hinaus darstellte, und sie hatte bereits 1818 den Wunsch geäußert, ein Abbild davon zu besitzen.

Daran erinnert sich Humboldt, als er über ein Grabmal für den Ort nachdenkt, an dem seine Frau beerdigt sein wollte: im Park von Tegel, in der Nähe einer alten, knorrigen Eiche, von wo aus man das Schloss sehen kann, aber weit genug entfernt, wie es die Stille eines Grabes erfordert. Die Grabanlage lässt er von Karl Friedrich Schinkel entwerfen, der auch den Umbau des Hauses geplant hat; und auf einer hohen schlanken Säule findet dann auch Thorwaldsens *Die Hoffnung* ihren Platz, gleichsam zwischen Erde und Himmel schwebend.

Freunde und Bekannte Humboldts fürchten, dass er sich ganz aus der Welt zurückzieht und in Tegel einmauert. Deshalb beruft ihn der König zum Leiter einer Kommission, die sich um die räumliche

Einrichtung des neuen Museums am Berliner Lustgarten kümmern soll, in dem die königliche Kunstsammlung ihren Platz finden soll. Humboldt zögert. Er will sich nicht in Geschäfte hineinziehen lassen. Doch schließlich gibt er dem allgemeinen Drängen nach und nimmt den Auftrag an. Jede Woche muss er für ein oder zwei Tage Tegel verlassen, um in Berlin seine Kommissionsaufgaben zu erledigen. «Sie sind zwar glücklicher Weise wenig bedeutend, nehmen mir aber doch immer Zeit weg, nöthigen mich zu Entfernungen von hier und bringen mich mit mehr Menschen in Berührung.»[26]

Auch um die Einstellung eines fähigen Museumsdirektors hat er sich zu kümmern. Wilhelm denkt an Alexander, der sich gerade auf seiner russisch-sibirischen Reise befindet, und bietet ihm die Stelle an. Und wie schon 1810, als Wilhelm seinen Bruder zu seinem Nachfolger als Sektionsleiter für Kultus- und Erziehungsangelegenheiten machen wollte und ihm dadurch schlaflose, durchweinte Nächte bereitete, reagiert Alexander auch jetzt wieder aufs empfindlichste. Äußerst erregt antwortet er ihm aus Jekaterinburg: «Ist es möglich, daß Du für den Direktorposten an mich denkst. Deine Worte ‹Ich fürchte, Du kannst Dich der Stellung nicht entziehen!›, haben mich erschreckt. Ich konnte deswegen kaum einschlafen. Ich soll meine Stellung in Paris aufgegeben haben, ich soll in meine Heimat zurückgekehrt sein, um Direktor einer Gemäldegalerie zu werden, um den Platz eines Herrn von Forbin anzunehmen, um mich mit Dingen zu beschäftigen, die allem, was mir in der Welt einen Ruf verschafft hat, diametral entgegengesetzt sind! Das wäre zu erniedrigend, ich würde glatt ablehnen, selbst wenn man mich ernennt, ohne mich zu fragen. Du selbst hältst genug auf die äußere Achtung, die wir in Europa genießen, die unser gemeinsamer, unteilbarer Besitz ist, um mich wegen dieses Entschlusses nicht zu tadeln. Ich würde eher das Land verlassen, denn als ich kam, war ich nicht auf diese Gefahr gefaßt. Ich werde nicht nur den Direktorposten ablehnen, sondern auch jede Leitung oder dauernden Vorsitz einer leitenden Kommission.»[27]

Am Geburtstag Friedrich Wilhelms III., am 3. August 1830, wird das Museum feierlich eröffnet. Der König nutzt die Gelegenheit,

Wilhelm von Humboldt die höchste preußische Auszeichnung zu verleihen. Er erhält den Schwarzen Adlerorden – und er freut sich über diese große Ehre, vor allem, «weil es allem möglichen Ehrgeiz ein Ende macht, da ich nun, was in meinem Kreis liegt, erreicht habe. Aber noch eine Rolle spielen, viel ausführen zu wollen, ist mir ebenso fremd. Ich überlasse das gern anderen. Ich habe nie viel davon gehalten, nur benutzt, was die Gelegenheit gab.»[28] Zugleich wird er wieder in den Staatsrat berufen, aus dem er Ende des Jahres 1819 ausgeschlossen worden ist. Doch diese Gelegenheit wird er kaum noch nutzen, auch wenn er bis in den Winter 1834/35 regelmäßig an den Sitzungen teilnimmt.

Aus dem äußeren Treiben der Welt zieht sich Humboldt in den letzten Jahren seines Lebens zurück. In der Stille Tegels konzentriert er sich auf seine Sprachstudien, in deren Mittelpunkt die malayisch-polynesischen Sprachen treten. Er untersucht besonders die Kawi-Sprache auf der Insel Java, die er mit dem Sanskrit vergleicht, um die Verbindungen zwischen Indien und Java zu erhellen. 1831 hält er darüber einige Vorträge an der Akademie der Wissenschaften. Die meiste Zeit arbeitet er an seinem Kawi-Werk. Alexander kommt ihn oft besuchen. Dann räsonieren sie über fremde Sprachen und Kulturen, über verschiedene Weltansichten, die sich in unterschiedlichen Sprachformen ausdrücken, auch über die Möglichkeit, die Mannigfaltigkeit des Sprachbaus auf «Typen» zurückführen zu können, die in den geistigen Anlagen der Menschheit begründet sind und zu ihrer Bildung beitragen.

Der Tod Carolines hat nicht allein Wilhelms innerstes Dasein zerstört. Auch sein Körper reagiert auf den Schmerz, den er erlitten hat. Er fühlt körperlich ein Alter, das er noch gar nicht erreicht hat. Er ist 65 Jahre alt, kann auf einem Auge nichts mehr sehen, und auch im anderen lässt das Augenlicht nach. Oft fällt es ihm schwer zu stehen. Sein Körper magert ab und wird immer gebückter. Seine Hände zittern, und nur mit Mühe kann er das Essen zum Mund führen. Er tröstet sich mit dem Gedanken, dass man zum Glück «zum Denken keine Hände braucht, und in Gedanken, die mich beschäftigen und mich, wenn auch in Wehmut, glücklich machen, lebe ich mehr als je»[29]. Eifrig konzentriert er sich auf seine Sprachuntersuchungen. Nach einem Besuch bei ihrem alten Freund schreibt Henriette Herz im März 1835 an Karl Gustav von Brinkmann, den gemeinsamen Bekannten: «Ohne krank zu sein, wird er immer schwächer und schwächer und sinkt völlig zusammen. Doch arbeitet er noch immer, freilich diktierend, denn er kann weder eine Feder halten noch führen.»[30]

Nach einem Besuch der Grabstätte seiner Frau erkrankt er an einer fiebrigen Erkältung. Ende März 1835 rückt der Tod immer näher, was er gelassen zur Kenntnis nimmt. Seine drei Töchter, Caroline, Adelheid und Gabriele, und sein Bruder Alexander sind bei ihm. Bald kommen auch noch sein jüngster Sohn Hermann und sein Schwiegersohn von Hedemann dazu. Mit seinem Bruder bespricht Wilhelm seine letzten Wünsche und bestimmt seine Grabstätte. Er hofft, bald bei seiner Frau zu sein. Wie im Schlaf spricht er am 2. April zu seinen Kindern: «Ich glaube nicht, daß es mit diesem Leben vorbei sei. Wenn man sich überhaupt findet, dann werde ich sie gewiß gleich finden und von euch grüßen.» Aber er erkennt auch an, dass sein Bruder in dieser Hinsicht anders denkt und keinen Sinn für die Idee einer persönlichen Unsterblichkeit hat. «Alexander glaubt nun, daß wir selbst nach dem Tod nicht mehr von der ewigen Weltordnung erfahren werden, ich aber glaube, daß der Geist doch das Höchste ist und nicht untergehen kann.»[31] Am Abend des 3. April lässt er sich von seinem Bruder Friedrich Schillers Gedicht *Thekla, eine Geisterstimme* vorlesen:

«Wo sich nicht mehr trennt, was sich verbunden – –
Dorten wirst auch Du uns wieder finden,
Wenn Dein Lieben unserm Lieben gleicht.» (Br. VII, 373)

Alexander ist ohne Hoffnung. Er erlebt das Ende seines Bruders als endgültigen Abschied. Er ist selbst überrascht über das Ausmaß seiner Empfindung. «Ich glaubte nicht, dass meine alten Augen soviel Tränen hätten. Es dauert acht Tage.»[32]

Am Nachmittag des 8. April 1835 lässt Wilhelm sich ein Bild seiner Frau zeigen, auf das er seinen letzten Blick wirft. Dann treten die Symptome ein, die den nahen Tod erwarten lassen. Um sechs Uhr abends, als gerade die untergehende Sonne ihre letzten Strahlen ins Zimmer wirft, stirbt Wilhelm von Humboldt, ganz so, wie er es sich früher gewünscht hat. «In keinem Augenblick, glaube ich, stürbe man leichter.» (Br. VII, 68) Am 12. April wird er neben Caroline unter der Statue der Hoffnung im Park von Tegel beerdigt.

«Ich erfülle eine ernste und traurige Pflicht.» So beginnt das Vorwort, geschrieben im März 1836 in Berlin, mit dem Alexander von Humboldt ein sprachwissenschaftliches Nachlasswerk seines Bruders veröffentlicht: *Über die Verschiedenheit des menschlichen Sprachbaues und ihren Einfluß auf die geistige Entwicklung des Menschengeschlechts. Gedruckt in der Druckerei der Königlichen Akademie der Wissenschaften.* Das ist zwar «nur» die *Einleitung* zu einer breitangelegten Untersuchung *Über die Kawi-Sprache auf der Insel Java*, an der Humboldt nach dem Tod Carolines in der Tegeler Abgeschiedenheit gearbeitet hat, unterstützt durch den Sprachwissenschaftler und Kustos der Königlichen Bibliothek Dr. Johann Karl Eduard Buschmann. Doch während in den drei Hauptbänden des Kawi-Werks detailliert der grammatische Bau dieser Sprache in ständigem Vergleich mit anderen Südsee-Sprachen dargestellt wird, hat Humboldt in dieser *Einleitung* das Verfahren der Sprachwissenschaft expliziert, der jene klassische Idee der Sprache zugrunde liegt, die er seit Mitte der neunziger Jahre des achtzehnten Jahrhunderts im Gespräch mit Schiller, Goethe und seinem Bruder entwickelt hat.

Damals hat er es in einem Brief an Schiller (14. September 1795) als ein Desiderat der Forschung festgestellt: «Nicht bloß, daß die Sprache selbst ein organisches Ganze ist, so hängt sie auch mit der Individualität derer, die sie sprechen, so genau zusammen, daß dieser Zusammenhang schlechterdings nicht vernachlässigt werden darf.»[33] Dieser Wunsch bestimmt die Hauptthematik seines sprachwissenschaftlichen Hauptwerks, dessen Entstehung sein Bruder aufmerksam begleitet und unterstützt hat und nun postum mit den Worten preist: «Wenn es dem, dessen Verlust wir betrauern, vergönnt war, durch die Macht seiner Intelligenz und die nicht geringere Macht seines Willens, durch Begünstigung äußerer Verhältnisse, und durch Studien, welche der häufige Wechsel des Aufenthalts und sein öffentliches Leben nicht zu unterbrechen vermochten, tiefer in den Bau einer größeren Menge von Sprachen einzudringen, als wohl noch je von *einem* Geiste umfaßt worden sind, so dürfen wir uns doppelt freuen, die letzten, ich darf wohl hinzusetzen, die höchsten Resultate dieser, das ganze Sprachgebiet berührenden Forschungen in der *Einleitung* dieses Werkes entwickelt zu finden.»[34]

Von diesen Ergebnissen, deren Grund 40 Jahre zuvor gelegt worden ist, wollen wir hier nur vier Einsichten kurz skizzieren, die in der Geschichte der Sprachwissenschaft aufs engste mit dem Namen Humboldt verbunden sind.[35]

Idee des Ganzen. Humboldt studiert das Sanskrit, das Chinesische, das Kawi und zahlreiche andere Sprachen. Die Substantivierungen sprechen dafür, dass es diese Sprachen als Einheiten gibt, die begrifflich identifiziert werden können. Aber vielleicht haben wird es nur mit einer Abstraktion als «daseynloses Gedankenwesen» (G. S. VII, 47) zu tun? Schon am Beginn der Erforschung einer Einzelsprache begegnet man dem Problem, dass sich die Sprache als eine Menge von Einzelheiten darbietet. Es gibt unzählige Wörter, Äußerungen, einzelne Muster, aber auch Ausnahmen aller Art. Die Sprache, aus der Nähe betrachtet, erscheint als ein verwirrendes und zerstreutes Chaos aus lautlichen, lexikalischen und grammatischen Details, die nicht zu überblicken sind. Der Sprachforscher gerät in keine geringe Verlegenheit, wenn er den Bau einer Sprache festzustellen und mit anderen Sprachen zu vergleichen versucht. Doch diese Mannigfaltigkeit soll Humboldt nicht hindern, jede Sprache als die Einheit eines Ganzen zu begreifen. Er bemüht sich, all die vielen zerstreuten Einzelheiten des sprachlichen Materials «in das Bild eines organischen Ganzen» (G. S. VII, 45) zusammenzuziehen. Den erkenntnistheoretischen Leitfaden zu diesem Ganzen bietet ihm Kants regulatives Prinzip a priori, wie er es in dessen *Kritik der Urteilskraft* kennengelernt hat. Das organisierte und sich selbst organisierende Ganze ist zwar nicht als solches wahrnehmbar; und es wird auch niemals gelingen können, eine Sprache als ganzheitliche Individualität zu fassen. Doch das Regulativ der Forschung, sie als Einheit eines Ganzen zu denken, weist den Weg, auf dem man zu immer tieferen Einsichten gelangen kann. Das betrifft vor allem die Erkennbarkeit der «inneren Form der Sprache», auf die sich Humboldt besonders konzentriert. Ihre Untersuchung und Darstellung kann «niemals ganz vollständig, sondern immer nur bis auf einen gewissen, jedoch zur Uebersicht des Ganzen genügenden Grad gelingen. Darum ist aber dem Sprachforscher durch diesen Begriff nicht minder die Bahn vorgezeichnet, in welcher er den Geheimnissen der Sprache nachspüren und ihr Wesen zu enthüllen suchen muss.» (G. S. VII, 48 f.)

Einheit von Sprechen und Denken. Humboldt hat die ganze Sprache nicht allein im Spannungsverhältnis mit ihren einzelnen Elementen gesehen, sondern auch in ihrer Beziehung zum menschlichen Denk- und Empfindungsvermögen. Die Form der Sprache für sich allein genommen ist eine dürre Konstruktion. Dagegen stellt Humboldt das Verfahren der Sprache in seiner weitesten Ausdehnung, für das die menschliche Geistestätigkeit wesentlich ist. Im Abschnitt über die *Natur und Beschaffenheit der Sprache überhaupt* findet sich die prägnanteste, auch populärste Formulierung dieser Ansicht: «Die Sprache ist das bildende Organ des Gedanken. Die intellectuelle Thätigkeit, durchaus geistig, durchaus innerlich und gewissermassen spurlos vorübergehend, wird durch den Laut in der Rede äusserlich und wahrnehmbar für die Sinne. Sie und die Sprache sind daher Eins und unzertrennlich von einander. Sie ist aber auch in sich an die Nothwendigkeit geknüpft, eine Verbindung mit dem Sprachlaute einzugehen; das Denken kann sonst nicht zur Deutlichkeit gelangen, die Vorstellung nicht zum Begriff werden.» (G. S. VII, 53) Mit der Charakterisierung der Sprache als «bildendes Organ» hat Humboldt noch einmal an seine Kant-Lektüre erinnert, über die er vor allem mit Schiller und Goethe ins Gespräch gekommen ist. Die Sprache ist kein

Mechanismus, der aus einzelnen Elementen zusammengebaut ist. Sie ist ein Organismus, in dem bildende Kräfte tätig sind, und diese Bildung ist ein unabschließbarer Prozess, in dem der menschliche Geist daran arbeitet, einerseits die artikulierten sprachlichen Lautformen immer fähiger zum Ausdruck des Gedankens zu machen, andererseits dem Denken eine immer klarere und deutlichere Form zu schaffen, in der es sich gestalten kann. Zu einfach ist dagegen die Vorstellung, dass die Sprache nur zur Bezeichnung von Dingen und Sachverhalten dient oder zum bloßen Ausdruck unabhängig von ihr geformter Gedanken. Humboldt macht uns aufmerksam auf das unauflösbare, dynamische Wechselspiel zwischen der sinnlichen Materialität der gesprochenen Laute und den geistigen Handlungen des Denkens, zwischen dem Äußeren und dem Inneren des menschlichen Sprach-Denkens, das Eins ist in seiner Zweiheit.

Lebendiger Sprachgebrauch. Wenn Humboldt von der ganzheitlichen «Form der Sprache» spricht, in der Lautformen und Gedanken übereinstimmen und einem gemeinsamen Bildungsprozess unterliegen, dann meint er nicht einen reinen Formalismus, der die syntaktische oder grammatische Struktur eines Satzes ohne Rücksicht auf den Gedanken bestimmt, welcher in der sprachlichen Form seine Gestalt findet. Humboldt will die Sprache nicht in einzelne formale Elemente und ihre grammatischen Verknüpfungsregeln zerschlagen, wobei man nur ein «todtes Machwerk wissenschaftlicher Zergliederung» (G. S. VII, 46) konstruieren könne. Er möchte nicht das tote Gerippe einer Sprache freilegen, sondern ihre bildenden Kräfte erforschen, die sie als organische Ganzheit durchziehen. Das aber kann nur gelingen, wenn er den lebendigen Sprachgebrauch in den Mittelpunkt seines Sprachstudiums rückt. Was eine Sprache ist, zeigt sich allein im Sprechen der Sprache. Jedes Wort und jeder Satz ist allein tot. Nur im Gebrauch leben sie und atmen den «Odem des Lebendigen». (G. S. VII, 49) Humboldt spricht von «Tätigkeit», «Arbeit», «Praxis». Und im Rückgriff auf die aristotelische Unterscheidung zwischen der lebendigen Handlung (*praxis, energeia*) und einem hergestellten Produkt (*poiesis, ergon*) stellt er fest: «Die Sprache, in ihrem wirklichen

Wesen aufgefasst, ist etwas beständig und in jedem Augenblicke Vorübergehendes. Selbst ihre Erhaltung durch die Schrift ist immer nur eine unvollständige, mumienartige Aufbewahrung, die es doch erst wieder bedarf, dass man dabei den lebendigen Vortrag zu versinnlichen sucht. Sie selbst ist kein Werk (Ergon), sondern eine Thätigkeit (Energeia). Ihre wahre Definition kann daher nur eine genetische seyn. Sie ist nemlich die sich ewig wiederholende Arbeit des Geistes, den articulirten Laut zum Ausdruck des Gedanken fähig zu machen. Unmittelbar und streng genommen, ist dies die Definition des jedesmaligen Sprechens; aber im wahren und wesentlichen Sinne kann man auch nur gleichsam die Totalität dieses Sprechens als die Sprache ansehen.» (G. S. VII, 45 f.)

Geselligkeit. Zum Sprechen gehören mehrere Menschen. Niemand spricht gern für sich allein. Die Sprache ist kein freies Erzeugnis eines einzelnen Menschen. Ihre «Energeia» kann sich nur dialogisch entfalten und gestalten. Denn es ist das sinnvolle Verständnis, auf das die Sprache zweckmäßig ausgerichtet ist. Humboldt, selbst ein Meister des Gesprächs, hat wiederholt darauf hingewiesen, dass die menschliche Verständigung das höchste Telos des Sprachgebrauchs ist. Die lebendige Sprachpraxis kann keine Einzelleistung sein. Es gibt keine Privatsprache. Die Sprache gehört mindestens zwei Individuen an. In seinem Akademie-Vortrag *Ueber den Dualis* hat Humboldt diese Zweiheit der Wechselrede als «Urtypus aller Sprachen» (G. S. VI, 26) bestimmt und aus der menschlichen Neigung zum geselligen Dasein begründet. In der *Einleitung* zum Kawi-Werk hat er es sprachtheoretisch präzisiert: «In der Erscheinung entwickelt sich die Sprache nur gesellschaftlich, und der Mensch versteht sich nur selbst, indem er die Verstehbarkeit seiner Worte an Andren versuchend geprüft hat. Denn die Objectivität wird gesteigert, wenn das selbstgebildete Wort aus fremdem Munde wiedertönt. Der Subjectivität aber wird nichts geraubt, da der Mensch sich immer Eins mit dem Menschen fühlt; ja auch sie wird verstärkt, da die in Sprache verwandelte Vorstellung nicht mehr ausschliessend Einem Subject angehört. Indem sie in andre übergeht, schliesst sie sich an das dem ganzen menschlichen Geschlechte Gemeinsame an, von dem jeder Einzelne eine, das Verlangen nach Vervollständigung durch die andren in sich tragende Modification besitzt.» (G. S. VII, 55 f.)

Alexander von Humboldt ist zu sehr Naturwissenschaftler und zu gut mit Kants metaphysikkritischer Philosophie vertraut, um von der Unsterblichkeit der menschlichen Seele überzeugt sein zu können. Er will diese Möglichkeit zwar nicht ganz ausschließen. Aber er ist sich sicher, dass wir niemals wissen können, ob sie verwirklicht werden kann. Wir können es nur glauben, in der Hoffnung, damit dem Geistigen in uns auch nach unserem Tod eine weiterreichende Wirkung zu verleihen. Wissenschaftlich unbeantwortbar ist dabei die Frage, ob es für diesen Geist in einer anderen, jenseitigen Welt einen Ort gibt. Im Hinblick auf seinen eigenen Tod hat Humboldt verschmitzt festgestellt: «Innerhalb des Gebietes der Wissenschaft streitet man: ob der Geist untrennbar sei von dem Körper, oder ob er, nach dem Zerfallen desselben, noch fort existiren könne. Für objektiv entscheidbar halte ich, wie gesagt, die Frage nicht. Aber für mich wäre es allerdings an der Zeit, eine Wahl zu treffen.»[36]

Doch unabhängig von diesem unlösbaren philosophischen Problem teilt er die Ansicht seines Bruders, dass der große Wert von Ideen darin besteht, dass sie auch dann noch ihre Kraft entfalten können, wenn der Mensch nicht mehr lebt, der sie gedacht, entwickelt und versprachlicht hat. «Ideen sind das einzig Bleibende»[37], wenn das irdische Dasein des Menschen zu Ende ist, hat Wilhelm von Humboldt an Charlotte Diede geschrieben, die von ihm wissen wollte, warum er sich so sehr mit Ideen beschäftige. Denn sie gehören weder zu den vergänglichen, äußeren Dingen der körperlichen Welt noch zu den darauf bezogenen Empfindungen, Begierden und Leidenschaften. Sie existieren in einer eigenständigen geistigen Welt, die vom Körper und von der Psyche unterschieden werden kann.

Vielleicht ist es dieser Gedanke gewesen, der Alexander motiviert hat, die Ideen seines Bruders über die Sprache zu veröffentlichen. In der Schrift sind sie erhalten geblieben, unvollständig zwar im Vergleich mit den Gedanken, «die in belebendem Gespräch angedeutet, aber nicht niedergeschrieben wurden»[38], und mumienartig, weil ihnen der lebendige Atem des Gesprochenen fehlt. Aber indem sie als Werk der Öffentlichkeit übergeben worden sind, haben sie eine Gestalt erhalten, die immer wieder neu zum Leben erweckt werden kann. Und vielleicht hat ihm diese Ansicht auch ein wenig dabei geholfen, den Tod seines Bruders zu verschmerzen, unter dem er litt.

An Caroline von Wolzogen schrieb er im Juni 1835 über seinen großen Verlust: «Ich war hauptsächlich in dies Land gekommen, um mit ihm zu leben. Jetzt bleiben mir nur die einengenden Verhältnisse, die ich eingegangen war, um mir jenes Glück zu verschaffen. Der Ort, von dem ich diese Zeilen an Sie richte (ein Privatgut des Königs in einer langweiligen Gegend des Havellandes, dem dürren Teil dieser Strecke), kann Sie an diese Verhältnisse erinnern. Aufheben darf ich sie nicht, selbst ein Gefühl der Dankbarkeit hält mich davon zurück. Was ich tun kann, ist, von Zeit zu Zeit wieder in eine größere Welt, nach Paris auf einige Monate zu gehen. (…) Ich fühle mich seit jenem Unglück sehr einsam, nicht mutlos, aber in der trübsten Stimmung. Dazu welche Ansicht der politischen Welt, an deren Zustand ich immer einen dämonisch unruhigen Anteil nehme. Alles ist Unfreude, und wo es in den Richtungen sich entwickelt, die ich seit meinem 17. Jahre mir aneignete, benimmt die Elendigkeit der Werkzeuge alle, alle Freude an dem Gedeihen.»[39]

Sein 17. Lebensjahr ist 1786 gewesen. Damals hat er sich im Haus von Marcus und Henriette Herz und in Berliner Lesegesellschaften, bei Moses Mendelssohn und durch seine Kant-Lektüre die Maximen der Aufklärung zu eigen gemacht. Er hat den Wahlspruch «Habe Mut, dich deines *eigenen* Verstandes zu bedienen!» als Richtlinie für sein eigenes Leben und Forschen übernommen. Als freies Wesen wollte er sich in der ganzen Welt bewegen. Es ist ihm aufgrund politischer Ereignisse und gesellschaftlicher Verhältnisse nicht so gelungen, wie er es sich gewünscht hat. Die «Werkzeuge» zur Herstellung einer Gesellschaft mündiger Menschen, die selbstbewusst und selbsttätig ihr Leben gestalten können, sind zu schwach angesichts der restaurativen Tendenzen einer Heiligen Allianz, die nach dem Sieg über Napoleon die alten Mächte gegen eine Revolution verband, von der sie sich bedroht sah: gegen die demokratischen, nationalen und liberalen Bewegungen und Kräfte, die durch die Französische Revolution und die Ideen von 1789 geweckt worden waren. Darüber ist Humboldt beunruhigt und unglücklich. Doch er will sich nicht entmutigen lassen.

Im Lauf der Jahre nach 1835 wird er selbst zu einem «beunruhigenden Gewissen»[40], das rechtliche, wirtschaftliche, politische und wissenschaftliche Entwicklungen hinsichtlich der Richtungen beurteilt und kritisiert, die er sich seit seiner jugendlichen Aufklärung angeeignet hat. Er engagiert sich für den wissenschaftlichen Fortschritt in den unterschiedlichsten Bereichen, von der Physiologie bis zur Astronomie. An den Akademien in Paris, wo er sich nach seiner Rückkehr nach Preußen noch achtmal für längere Zeit aufhält, und in Berlin hält er wissenschaftliche Vorträge, vor allem über geophysikalische Themen. Er organisiert ein interdisziplinäres und internationales Netzwerk von Wissenschaftlern, die ihre Informationen und Ideen austauschen können. Hinzu kommen seine Dienste als Mann des königlichen Hofes. Die preußischen Könige Friedrich Wilhelm III. und, seit 1840, Friedrich Wilhelm IV. verpflichten ihn als königlichen Kammerherrn und, ebenfalls seit 1840, Mitglied des preußischen Staatsrats auf repräsentative Aufgaben, denen er sich nicht entziehen kann.

Für die Könige mag der Gelehrte von Weltruf ein Prunkstück an ihrer Seite gewesen sein. Für ihn selbst ist es hart, «Humboldt zu sein!».[41] Am königlichen Hof sieht er sich nur von Gegnern umstellt, die ihn, auf die dreifarbige Fahne Frankreichs nach 1789 anspielend, als «alten trikoloren Lappen» verhöhnen, als «Jakobiner» und «Atheisten». All das schwächt nicht seinen Mut, seinen eigenen Verstand zu gebrauchen. Aber oft muss er sich in eine ironische Mehrdeutigkeit oder ein höfliches Mokieren retten, die es schwermachen, seine wirkliche Meinung zu erkennen. Dann beruhigt er einen Freund mit den Worten: «Aber haben Sie denn je an meiner Gesinnung gezweifelt? Seit 1789 bin ich gewiß über meine Richtung und ich denke das ist deutlich in allen meinen Schriften zu lesen.»[42]

Die wichtigste, fünfbändige Schrift seines Lebens beginnt Alexander von Humboldt nach dem Tod seines geliebten Bruders zu schreiben. In ihr hat er die Ideen zu Papier gebracht, die bis heute nichts von ihrem Reiz und Wert verloren haben. «Es ist das Werk meines Lebens, soll abspiegeln, was ich mir für Vorstellungen und Trugbilder von dem ergründeten und nicht ergründeten Zusammenhange der Erscheinungen durch Selbst-Erfahren oder Nachforschen in dem in vielen Sprachen mühsam Gelesenen entworfen habe.»[43] So hat er es bereits 1833 geplant und programmatisch als *Entwurf einer physischen Weltbeschreibung* konzipiert, in dem er alles darstellen, breiter ausführen und tiefer durchdenken will, was er in seinen frei gehaltenen Vorlesungen an der Berliner Universität und in der Singakademie nur skizzieren konnte; und während sein Bruder abgeschlossen in Tegel an seinem großen Kawi-Werk arbeitet, beginnt er sich auf dieses Lebenswerk zu konzentrieren, «das von den Nebelflecken bis zu den Moosen alles enthalten soll, ein Kosmos (eine physische Weltbeschreibung)»[44]. Er ist unsicher wegen des Titels, der in diesem Brief an Caroline von Wolzogen (29. März 1834) nur als thematischer Hinweis auftaucht. Doch schon wenig später hat er den «tollen» Einfall, das ganze Werk mit diesem alten griechischen Begriff zu benennen – «*Kosmos*» –, der ursprünglich etwas Schmuckvolles und Wohlgeordnetes bezeichnete, von Pythagoras auf die Weltordnung übertragen wurde und schließlich als philosophischer Fachbegriff «zur wissenschaftlichen Bezeichnung der *Wohlgeordnetheit der Welt*, ja der ganzen Masse des Raum-Erfüllenden, d. i. des Weltalls selbst, umgeprägt ward». (K, I, 62) Humboldt befürchtet zunächst, dass dieser Titel zu vornehm oder anmaßend klinge, sogar etwas affektiert. Doch schließlich gibt er seine Skrupel auf, nicht zuletzt, weil sein Bruder Wilhelm den Titel *Kosmos* gut findet, mit dem erläuternden Zusatz: *Entwurf einer physischen Weltbeschreibung.*

Sein Bruder lebt noch, als Alexander die Arbeit an seinem *Kosmos* beginnt. Seine Freunde erwarten zunächst nur einen einzigen Band. Er selbst denkt an zwei Bücher und hofft, bereits Anfang des Winters 1833 das erste davon veröffentlichen zu können. Wie schon oft, besonders bei seinem amerikanischen Reisewerk, unterschätzt er Umfang und Zeitbedarf. Die Trauer über Wilhelms Tod, dienstliche Verpflichtungen, längere Reisen und zahlreiche wissenschaftspolitische Aktivitäten verzögern die Arbeit. Es fällt ihm schwer, sich am königlichen Hof in Potsdam, der ihm wie eine karnevaleske, tanzende Totenstadt vorkommt, auf dieses große Werk zu konzentrieren, in dem er das Ganze der Natur darstellen will, noch immer angeregt durch Kants teleologische Idee des Naturganzen und Goethes holistische Vorstellung einer allgemeinen Harmonie der Natur. Er wird dafür den Rest seines Lebens brauchen und am Ende den fünften, letzten Band nicht mehr abschließen können.

Der erste Band erscheint erst 1845. Die *Vorrede*, geschrieben in Potsdam im November 1844, wo er in einer gutbeheizten Wohnung im Zwischengeschoss des Stadtschlosses bis tief in die Nacht an seinem Buch der Natur arbeitet, gibt das Hauptthema vor, das dann breit ausgeführt und vielfältig variiert werden wird. «Am späten Abend eines vielbewegten Lebens» (K, I, V) übergibt er dem deutschen Publikum ein Werk, dessen Bild ihm schon seit seiner Jugend vorgeschwebt hat. Unwiderstehlich ist sein Drang nach verschiedenartigem Wissen in den verschiedensten Disziplinen gewesen (vor allem in Astronomie, Geophysik, Mineralogie, Chemie und Botanik), und ein ewiges Treiben in ihm hat ihn in die Ferne reisen lassen. «Was mir den Hauptantrieb gewährte, war das Bestreben die Erscheinungen der körperlichen Dinge in ihrem allgemeinen Zusammenhange, die Natur als ein durch innere Kräfte bewegtes und belebtes Ganzes aufzufassen.» (K, I, VI) Dieser Trieb hat in früheren Schriften seinen ersten Ausdruck gefunden. Humboldt erinnert an seine *Ideen zu einer Geographie der Pflanzen* (1805), seine *Ansichten der Natur* (1808) und seine Berliner Vorlesungen über *physische Weltbeschreibung* (1827/28), deren Eröffnungsvortrag er seinem *Kosmos* als *Einleitende Betrachtungen über die Verschiedenartigkeit des Naturgenusses und eine wissenschaftliche Ergründung der Weltgesetze* (K, I, 3–40) voranstellt.

Dieser Titel deutet bereits die doppelte Intention Humboldts an, die er zweigleisig zu verfolgen bestrebt ist. Er versteht sich als ein

Erfahrungs-Wissenschaftler, der die Gesetze der Natur entdecken will, welche unter der Decke der vielfältigen Erscheinungen verborgen liegen. Er widerstreitet den «Anmaßungen einer dogmatischen Phantasie» (K, I, 24) und den Spekulationen einer romantischen Naturmythologie durch die klare Ansicht der Natur, für die aufmerksames Beobachten, präzises Messen und kontrolliertes Experimentieren kennzeichnend sind. Humboldt will die Naturgesetze nach «Maaß- und Zahlverhältnissen» (K, I, 36) erkennen, wobei ihm das sorgfältige Auffinden numerischer Größen und Relationen eine höhere Kenntnis des Naturganzen und der Weltgesetze vorbereitet. Doch zugleich will er den *Naturgenuss* zur Sprache bringen, der in der freien Natur mit ihren großartigen Szenarien erlebt werden kann. Seinen eigenen Erinnerungen sich überlassend, erwähnt er das Sternenlicht, das sich in der Milde tropischer Nächte in den sanftwiegenden Wellen des Ozeans spiegelt; die Waldtäler der Kordilleren mit ihren säulenartigen Palmenstämmen; den Pic von Teneriffa, von dessen Kraterrand sich ein weiter Blick auf die Inselgruppe der Kanaren werfen lässt. Es ist das «Ungemessene» (K, I, 8), das zur Quelle eines Genusses werden kann, dem selbst das Schreckliche der Natur noch reizvoll sein kann.

Sowohl Naturerkenntnis als auch Naturgenuss entspringen für Humboldt aus *Ideen.* Damit meint er nicht allgemeine, nur von der Vernunft konstruierte Grundprinzipien. Er erhebt keinen Anspruch auf eine «rationelle Wissenschaft der Natur» (K, I, 31), die sich von der Erfahrung abgespalten hat. Gegen sie favorisiert er die denkende Betrachtung und den sinnlichen Genuss der empirisch gegebenen Erscheinungen, die durch die Idee des Naturganzen geleitet und begründet sind. Für diese Idee steht der Kosmos als höchstes und allumfassendes Bild: «In der Lehre vom *Kosmos* wird das Einzelne nur in seinem Verhältniß zum Ganzen, als Theil der Welterscheinungen betrachtet; und je erhabener der hier bezeichnete Standpunkt ist, desto mehr wird diese Lehre einer eigenthümlichen Behandlung und eines belebenden Vortrags fähig.» (K, I, 40)

Lebendig soll seine vorgetragene und seine aufgeschriebene Weltbeschreibung sein. Alexander von Humboldt nennt in seinen *Einlei-*

tenden Betrachtungen den Namen seines Bruders nicht. Aber er zitiert dessen Sprachansichten, denen er als Leitfaden für seine Darstellungsform folgen will; und wie eine nachträgliche Wiedergutmachung für sein Französisch-Sein, das ihm Bruder und Schwägerin vorgeworfen haben, liest sich der abschließende Hinweis, in dem Wilhelms Stimme mitklingt: «*Gedanken* und *Sprache* stehen aber in innigem alten Wechselverkehr mit einander. Wenn diese der Darstellung Anmuth und Klarheit verleiht, wenn durch ihre angestammte Bildsamkeit und ihren organischen Bau sie das Unternehmen begünstigt, die Totalität der Naturanschauung scharf zu begrenzen; so ergießt sie zugleich, und fast unbemerkt, ihren belebenden Hauch auf die Gedankenfülle selbst. Darum ist das *Wort* mehr als Zeichen und Form, und sein geheimnißvoller Einfluß offenbart sich am mächtigsten da, wo er dem freien Volkssinn und dem eigenen Boden entsprießt. Stolz auf das Vaterland, dessen intellectuelle Einheit die feste Stütze jeder Kraftäußerung ist, wenden wir froh den Blick auf die Vorzüge der Heimath.» (K, I, 40)

Das nächste Jahrzehnt widmet sich Alexander von Humboldt der Ausführung dieses Programms, das er 1844 einleitend formuliert hat. Er beginnt sein ganzheitliches Naturgemälde, mit dem er der «Würde des großartigen Wortes *Kosmos*, als *Universum*, als *Weltordnung*, als *Schmuck* des Geordneten» (K, I, 80) entsprechen möchte, mit einem Blick von weit draußen. Aus den Tiefen des Weltalls und der Region der fernsten Nebelflecke nähert er sich unserem Sonnensystem, steigt dann zur Erde herab, um am Ende seine Aufmerksamkeit den «microscopischen kleinen Organismen des Thier- und Pflanzenreichs» (K, I, 80) zu widmen. Erst in diesen Lebenskreisen der «organischen Bildung» (K, I, 83) erkennt er seine eigentliche Heimat und kehrt dabei zu seinen eigenen Anfängen als Naturforscher zurück. Um die Belebtheit des Organischen zu veranschaulichen, erinnert er an die Wirkungen der Lebenskräfte, wie er sie bereits 1793 in seiner *Flora Fribergensis* und ihrem pflanzenphysiologischen Anhang geschildert hat.

Im Mittelpunkt des *Kosmos* aber steht das «*Menschengeschlecht*» (K, I, 378) mit seinen geistigen Schöpfungen, die vor allem in den

Sprachen ihr Medium und ihre Gestalt besitzen. Alexander verweist auf «die glänzenden Fortschritte, welche das philosophische Sprachstudium im deutschen Vaterlande seit noch nicht einem halben Jahrhundert gemacht» (K, I, 383), und erwähnt das große Werk seines Bruders *Über die Kawi-Sprache auf der Insel Java*, dessen freiheitsliebende Intention er besonders hervorhebt. Denn die Sprache als «Naturanlage» des menschlichen Geistes lässt uns die Einheit des Menschengeschlechts erkennen, die jeder «unerfreulichen Annahme» von höheren und niederen Menschenrassen widerstreitet, auch der «unerfreulichsten», die zwischen freien Menschen und Sklaven einen naturgemäßen Unterschied machen will. «Es gibt bildsamere, höher gebildete, durch geistige Cultur veredelte, aber keine edleren Volksstämme. Alle sind gleichmäßig zur Freiheit bestimmt; zur Freiheit, welche in roheren Zuständen dem Einzelnen, in dem Staatenleben bei dem Genuß politischer Institutionen der Gesammtheit als Berechtigung zukommt.» (K, I, 385)

Im zweiten Band des *Kosmos*, der 1847 erscheint, konzentriert sich Humboldt auf die «Geschichte der Erkenntniß eines Naturganzen» (K, II, 135), die er von ihren Anfängen bei den alten Kulturen des Mittelmeerraums beginnen und mit Newton und Leibniz enden lässt. Auch die dichterischen und malerischen Anregungsmittel zum Naturstudium spielen in dieser Geschichte eine wichtige Rolle. – Der dritte Band, 1850 publiziert, ist dem aktuellen Zustand der wissenschaftlichen Erkenntnisse und Hypothesen hinsichtlich kosmischer Erscheinungen gewidmet, wobei Humboldt darauf hinweist, dass keine Erkenntnis endgültig und absolut sicher sein kann. Das Buch der Natur bleibt ewig unvollendet. Jedes Erforschte ist nur die Stufe zu etwas Höherem im Lauf der Dinge und im Fortschritt des Wissens. Wir können uns der Wahrheit nähern, aber besitzen sie nicht. – Acht Jahre später erscheint der vierte Band, im dem der «tellurische» Teil des Weltalls dargestellt ist: das Äußere und Innere unserer Erde, wobei Humboldt sich am ausführlichsten mit den Vulkanen beschäftigt, deren zerstörerische Kraft und majestätische Größe er aus nächster Nähe erlebt hat.

Im Sommer 1858 verspricht der nun fast Neunzigjährige, bald den letzten Band seines Werks zu vollenden. Nach einigen geologischen Themen, die bis zum Tonschiefer und Granit im sibirischen Altai-Gebirge reichen, das er 1829 besucht hat, will er sich abschließend dem organischen Leben auf der Erde und seinen bildenden Kräften widmen. Doch dazu kommt er nicht mehr. Seine eigene Lebenskraft ist erschöpft. Und wie schon beim *Kawi*-Werk seines Bruders ist es auch jetzt wieder Eduard Buschmanns Aufgabe, das unvollendete *Kosmos*-Werk mit einigen abschließenden Bemerkungen und Ergänzungen zu veröffentlichen, in denen er skizziert, wie Alexander von Humboldt seinen *Entwurf einer physischen Weltbeschreibung* beenden wollte.

Mit einer ungeheuren Energie hat Humboldt an seinem *Kosmos* gearbeitet, mit dem er der erhabenen Größe des Weltganzen zu entsprechen versuchte, das er sein ganzes Leben lang erforschte. Finanziell am Abgrund des Ruins, mit einem beim Bankhaus der befreundeten Familie Mendelssohn verbuchten Darlehen von 1300 Talern belastet und wirtschaftlich völlig vom königlichen Hof abhängig, hat er seine geistige Kraft auf dieses Werk seines Lebens konzentriert. Man erzählte sich gern die Geschichte eines neugierigen Tischnachbarn, der den greisen Humboldt gefragt haben soll, «ob es denn wirklich wahr sei, dass er, wie man sage, von den vierundzwanzig Stunden des Tages nur fünf auf den Schlaf verwende, worauf er antwortete, dies sei geschehen seit seinem fünfundzwanzigsten Jahre, seit einiger Zeit begnüge er sich mit vier Stunden. Auf die Bemerkung Jenes: ‹Excellenz, wie ist das möglich!› antwortete er lächelnd: ‹Ich habe nicht mehr viel Zeit!›»[45]

Im Oktober 1858 erkrankt Humboldt an einer Grippe, von der er sich noch einmal erholen kann. Er steht wieder auf, schreibt Briefe, empfängt Besucher, liest Bücher, schreibt am letzten Band des *Kosmos*. Körperlich geschwächt beginnt sein letztes Lebensjahr. Seine Nichte, Gabriele von Bülow, geborene Humboldt, ist oft bei ihm in seiner Berliner Wohnung in der Oranienburger Straße 67, die er 1842 bezogen hat. Ab dem 21. April 1859 kann er das Bett nicht mehr verlassen. Der Kronprinz und Prinz Wilhelm, der spätere Kaiser Wilhelm I.,

besuchten ihn. «Er litt nicht, sprach selten, aber immer klar, beson-
nen und liebevoll.»[46] Am 6. Mai, nachmittags um halb drei Uhr, tritt
ganz sanft sein Ende ein. Nur seine Nichte Gabriele und August von
Hedemann, der Mann seiner Nichte Adelheid, sind bei ihm. Gabriele
schließt ihm die Augen.

«Humboldt's letzte Worte sollen gewesen sein kurz vor seinem
Scheiden, da er zum letzten Mal sein bis ans Ende klares Auge auf das
in sein Sterbegemach fallende Licht der Sonne gerichtet hatte:

Wie herrlich diese Strahlen!

Sie scheinen die Erde zum Himmel zu rufen!»[47]

Am 11. Mai 1859 wird Alexander von Humboldt im Park von Tegel
beigesetzt, in dem er als Kind die «reizende, anmuthsvolle Natur in so
reichem Maße» (Jbr., 192) genossen hat. Er liegt neben seinem Bruder
Wilhelm und seiner Schwägerin Caroline unter dem Säulendenkmal
der Hoffnung.

ANMERKUNGEN

Erstes Kapitel
Eine traurige frühe Jugend

1 Karl August Varnhagen von Ense: Kommentar und Ergänzungen zu Johann Peter Eckermanns Gesprächen mit Goethe. In: Ders.: Ausgewählte Schriften. 18. Band. Leipzig 1875, 3. verm. Aufl., S. 344

2 Brief an Charlotte von Stein, 24. Mai 1778. Zit. in: Erna Arnhold: Goethes Berliner Beziehungen. Gotha 1925, S. 3

3 Goethes Leben von Tag zu Tag. Eine dokumentarische Chronik von Robert Steiger. Band II: 1776–1788. Zürich und München 1983, S. 160

4 K. A. Varnhagen von Ense, s. o. Anm. 1, S. 344

5 Julius Löwenberg in: Karl Bruhns: Alexander von Humboldt. Eine wissenschaftliche Biographie. Erster Band. Leipzig 1872, S. 19. Vgl. Kurt-Reinhard Biermann: Alexander von Humboldt. Leipzig 1983, 3., erw. Aufl., S. 11; Hanno Beck: Alexander von Humboldt. Band I. Wiesbaden 1959, S. 3

6 J. W. v. Goethe: Morphologische Hefte. In: Die Schriften zur Naturwissenschaft (Leopoldina-Ausgabe). Band 9. Weimar 1954, S. 179

7 Friedrich Nicolais «Beschreibung» zit. in: Paul Ortwin Rave: Wilhelm von Humboldt und das Schloß zu Tegel. Berlin 1956, 2. Aufl., S. 6

8 Ebd., S. 5

9 Ebd., S. 15

10 Albert Leitzmann (Hg.): Wilhelm von Humboldts Briefe an eine Freundin. Erster Band. Leipzig 1910, S. 46

11 Ebd., S. 46

12 Ebd., S. 145

13 Ahnentafel der Brüder Wilhelm und Alexander von Humboldt. Bearbeitet von Heinrich Freiherr von Massenbach. Leipzig 1942

14 Karl Bruhns: Alexander von Humboldt, s. o. Anm. 5, S. 11

15 Anton Friedrich Büsching: Bericht einer siebentägigen Reise im Jahr 1779 von Berlin über Tegel nach Kyritz. Zit. in: Rudolf Freese: Wilhelm von Humboldt. Sein Leben und Wirken, dargestellt in Briefen, Tagebüchern und Dokumenten seiner Zeit. Berlin 1955, S. 29

16 Brief von Karoline Wilhelmine von Briest an ihre Schwester. Januar 1785. Zit. in: Br. I, 54

17 Beate Neubauer: Schönheit, Grazie und Geist. Elisabeth, Caroline,

Gabriele und Constanze. Die Frauen der Familie von Humboldt. Berlin 2007, S. 20

18 Hanno Beck: Alexander von Humboldt, s.o. Anm. 5, S. 3

19 Anna von Sydow. Einleitung in: Br. I, XI

20 Alexander von Humboldt: Aus meinem Leben. München 1989, 2. Aufl., S. 50

21 Karl August Varnhagen von Ense: Wilhelm von Humboldt. In: Ders.: Ausgewählte Schriften. 18. Band. Leipzig 1875, S. 213

22 Wilhelm von Humboldts Briefe an eine Freundin. Zweiter Band, s.o. Anm. 10, S. 264. Zu Campe vgl. Jakob Anton Leyser: Joachim Heinrich Campe. Ein Lebensbild aus dem Zeitalter der Aufklärung. Zwei Bände. Braunschweig 1896

23 Alexander von Humboldt: Aus meinem Leben, s.o. Anm. 20, S. 85. Zu Kunth vgl. Albert Leitzmann: Wilhelm von Humboldt und sein Erzieher. Berlin 1940; Friedrich und Paul Goldschmidt: Das Leben des Staatsraths Kunth. Berlin 1888, 2. verm. Aufl.

24 Ludwig Geiger (Hg.): Goethes Briefwechsel mit Wilhelm und Alexander von Humboldt. Berlin 1909, S. 263

25 Rainer Schmitz (Hg.): Henriette Herz in Erinnerungen, Briefen und Zeugnissen. Frankfurt am Main 1984, S. 208

26 Wilhelm von Humboldts Briefe an eine Freundin, s.o. Anm. 10, S. 166

27 F. und P. Goldschmidt: Das Leben des Statsraths Kunth, s.o. Anm. 23, S. 17; vgl. Rudolf Borch: Alexander von Humboldt. Berlin 1948, S. 16

28 Diterich vertrat eine «neologische» Reformbewegung innerhalb des Protestantismus, die theologische Aussagen mit der rationalistischen Aufklärungsphilosophie zu vereinbaren suchte. Vgl. Christina M. Sauter: Wilhelm von Humboldt und die deutsche Aufklärung. Berlin 1989, S. 38

29 Henriette Herz in Erinnerungen, Briefen und Zeugnissen, s.o. Anm. 25, S. 208

30 Alexander von Humboldt: Aus meinem Leben, s.o. Anm. 20, S. 50

31 Ebd.

32 Ebd., S. 38

33 Herbert Scurla: Alexander von Humboldt. Sein Leben und Wirken. Berlin 1985, 11. Aufl., S. 26

Zweites Kapitel
Habe Mut, dich deines eigenen Verstandes zu bedienen

1 Vgl. Henriette Herz in Erinnerungen, Briefen und Zeugnissen. Hg. von Rainer Schmitz. Frankfurt am Main 1984, S. 28

2 Friedrich Nietzsche: Morgenröte. Abschnitt 197. In: Werke II. Hg. von Karl Schlechta. Frankfurt am Main-Berlin-Wien 1979, S. 144f.; vgl. Rüdiger Safranski: Romantik. Eine deutsche Affäre. München 2004, S. 53f.

3 Eduard Spranger: Wilhelm von Humboldt und die Humanitätsidee. Berlin 1909, S. 115 f.
4 Kant an Marcus Herz, nach dem 11. Mai 1781. In: Immanuel Kant. Briefwechsel. Auswahl und Anmerkungen von Otto Schöndörffer. Hamburg 1986, 3., erw. Aufl., S. 195
5 Kant an Marcus Herz, 20. August 1777. Ebd., S. 155 f.
6 Marcus Herz an Kant, 24. November 1778. Ebd., S. 182
7 1775, 1777 und 1800 erschienen die drei von J. J. Engel zusammengestellten populärphilosophischen Textsammlungen «Der Philosoph für die Welt». Der Titel wurde auf Engel selbst übertragen. Vgl. Christoph Böhr: Philosophie für die Welt. Die Popularphilosophie der deutschen Spätaufklärung im Zeitalter Kants. Stuttgart-Bad Cannstatt 2003; Alexander Kosenina (Hg.): Johann Jakob Engel (1741–1802). Hannover-Laatzen 2005
8 Friedrich II., zit. in: A. Kosenina (Hg.): J. J. Engel, s. o. Anm. 7, S. 194
9 Henriette Herz, s. o. Anm. 1, S. 48 f.
10 Ebd., S. 49
11 Friedrich Nicolai: Ueber meine gelehrte Bildung. Berlin-Stettin 1799 (Nachdruck Brüssel 1968), S. 65. – Zur «Mittwochsgesellschaft» vgl. Norbert Hinske (Hg.): Was ist Aufklärung? Darmstadt 1990, 4. Aufl., S. XXIV–XXXI
12 Johann Heinrich Zöllner: Ist es rathsam, das Ehebündniß nicht ferner durch Religion zu sanciren? In: Ebd., S. 115
13 Vgl. Shmuel Feiner: Haskala – Jüdische Aufklärung. Hildesheim 2007
14 Moses Mendelssohn: Über die Frage: was heißt aufklären? In: Ehrhard Bahr (Hg.): Was ist Aufklärung? Stuttgart 1996, S. 3
15 Ebd., S. 4. Vgl. Norbert Hinske (Hg.): Ich handle mit Vernunft. Moses Mendelssohn und die europäische Aufklärung. Hamburg 1981; Peter Honigmann: Der Einfluß von Moses Mendelssohn auf die Erziehung der Brüder Humboldt. In: Mendelssohn Studien. Band 7. Berlin 1991, S. 36–76
16 Zuerst zitiert von Adolph Kohut: Alexander von Humboldt und das Judentum. Leipzig 1971, S. 65
17 Immanuel Kant: Beantwortung der Frage: Was ist Aufklärung? In: Werke in sechs Bänden. Hg. von Wilhelm Weischedel. Band VI. Frankfurt am Main 1964, S. 61. Zu Kants Aufklärungs-Aufsatz vgl. Manfred Geier: Kants Welt. Reinbek 2003, S. 179–222
18 Kant: Beantwortung der Frage: Was ist Aufklärung? S. o. Anm. 17, S. 53
19 Ebd., S. 55
20 Christian Wilhelm Dohm: Über die bürgerliche Verbesserung der Juden. Zwei Bände. Berlin-Stettin 1781–1783. Band 1, S. 130. Vgl. Ilsegret Dambacher: Christian Wilhelm von Dohm. Bern-Frankfurt am Main 1974
21 Ernst Ferdinand Klein: Über Denk- und Druckfreiheit. An Fürsten, Mi-

nister, und Schriftsteller. In: N. Hinske (Hg.): Was ist Aufklärung? S. o.
Anm. 11, S. 403 f.

22 Johann Jakob Engel: Versuch einer Methode die Vernunftlehre aus Platonischen Dialogen zu entwickeln (1780). In: J. J. Engel's Schriften. Band 9:
Philosophische Schriften. Berlin 1805 (Nachdruck Frankfurt am Main
1971), S. 190

23 Henriette Herz in Erinnerungen, Briefen und Zeugnissen, s. o. Anm. 1,
S. 226 f.

Drittes Kapitel
Der erste Schritt in die Welt

1 Moses Mendelssohn: Über die Frage: was heißt aufklären? In: Ehrhard
Bahr (Hg.): Was ist Aufklärung? Stuttgart 2000, S. 6

2 Henriette Herz in Erinnerungen, Briefen und Zeugnissen. Hg. von Rainer
Schmitz. Frankfurt am Main 1984, S. 48

3 Johann Gottfrid Schadow. Zit. in: Herbert Scurla: Begegnungen mit Rahel. Der Salon der Rahel Levin. Berlin 1966, 4. Aufl., S. 96

4 Henriette Herz, s. o. Anm. 2, S. 153

5 Ebd., S. 49

6 Ebd.

7 Ebd., S. 82

8 Ebd., S. 83

9 Ebd., S. 227

10 Ebd., S. 228 f.

11 Ebd., S. 225

12 Zit. in: Rudolf Freese: Wilhelm von Humboldt. Sein Leben und Wirken,
dargestellt in Briefen, Tagebüchern und Dokumenten seiner Zeit. Berlin
1955, S. 69

13 Hanno Beck: Alexander von Humboldt. Band I. Wiesbaden 1959, S. 68;
vgl. auch ebd., Anm. S. 258

14 Kurt-Reinhard Biermann: Alexander von Humboldt. Leipzig 1983, 3., erw.
Aufl., S. 88

15 Wolfgang-Hagen Hein (Hg.): Alexander von Humboldt. Leben und Werk.
Frankfurt am Main 1985, S. 41

16 Vgl. Albert Leitzmann: Eine Jugendfreundschaft Alexander von Humboldts. In: Deutsche Rundschau 162 (1915), S. 106–126. Dass Alexander
von Humboldt Willdenow «sehr lieb gewann», vgl. Alexander von Humboldt: Aus meinem Leben. München 1989, 2. Aufl., S. 34

17 Ebd., S. 33

18 Zit. in: R. Freese: Wilhelm von Humboldt, s. o. Anm. 12, S. 40

19 Aus der Selbstbiographie von Wilhelm Gabriel Wegener. In: Ebd., S. 43

20 Vgl. Wolfgang-Hagen Hein: Der junge Alexander von Humboldt und

die wissenschaftliche Pharmazie. In: W.-H. Hein (Hg.): Alexander von Humboldt, s.o. Anm 15, S. 154f.

21 Alexander von Humboldt: Aus meinem Leben, s.o. Anm. 16, S. 32

22 Ebd., S. 34

23 Ebd., mit Anm. 19

24 Ebd., S. 51

25 Ebd.

26 Wilhelm von Humboldt an Ephraim Beer, Göttingen, 15. Juni 1788. Zit. in: R. Freese: Wilhelm von Humboldt, s.o. Anm. 12, S. 47f.

27 Albert Leitzmann (Hg.): Briefe von Wilhelm von Humboldt an Friedrich Heinrich Jacobi. Halle 1892, S. 14

28 Immanuel Kant: Anthropologie in pragmatischer Absicht. In: Werke in sechs Bänden. Hg. von Wilhelm Weischedel. Band VI. Frankfurt am Main 1964, S. 594. Vgl. zu Kants Witz Manfred Geier: Worüber kluge Menschen lachen. Reinbek 2006, S. 110–148

29 Henriette Herz, s.o. Anm. 2, S. 75

30 Georg Forster: Ein Blick in das Ganze der Natur. Einleitung zu den Anfangsgründen der Thiergeschichte (1779). In: Georg Forsters Werke. 8. Band. Berlin 1974, S. 77–97, S. 87

31 Vorbericht von Charlotte Diede in: Wilhelm von Humboldts Briefe an eine Freundin. Zum ersten Male nach den Originalen herausgegeben von Albert Leitzmann. Leipzig 1910. Band 1, S. 6

32 Faksimile des Stammbuchblattes, ebd., S. 9

33 Ebd., S. 23

34 Zu Schillers Liebesgeschichte mit den beiden Lengefeld-Schwestern Caroline (von Beulwitz) und Charlotte, die er heiraten wird, vgl. Rüdiger Safranski: Schiller oder Die Erfindung des Deutschen Idealismus. München und Wien 2004, S. 293–300

35 Vgl. Christina M. Sauter: Wilhelm von Humboldt und die deutsche Aufklärung. Berlin 1989, S. 138–173; Clemens Menze: Wilhelm von Humboldt und Christian Gottlob Heyne. Ratingen 1966

36 Georg Christoph Lichtenberg: Schriften und Briefe. Vierter Band. Hg. von Wolfgang Promies, München 1967, S. 740

37 Vgl. Albrecht Schöne: Aufklärung aus dem Geist der Experimentalphysik. Lichtenbergs Konjunktive. München 1982, S. 65–73

38 Georg Christoph Lichtenberg's physikalische und mathematische Schriften. Hg. von Ludwig Christian Lichtenberg und Friedrich Kries. Band 4. Göttingen 1806, S. 131. Schon Albrecht Schöne hat die methodologische Nähe zwischen Lichtenbergs Wissenschaftskonzeption und dem Kritischen Rationalismus von Karl Popper festgestellt, wie er in dessen «Logik der Forschung» und «Vermutungen und Widerlegungen» entwickelt worden ist. Vgl. Manfred Geier: Karl Popper. Reinbek 1994

39 Zu diesen widerstreitenden Problemsituationen, an denen Humboldt teilgenommen hat, gehören bes. die «Basaltstreitigkeit» zwischen Neptunisten und Vulkanisten; die Sexualität der kryptogamen Pflanzen (ohne sichtbares Geschlecht); die tierische Elektrizität; die immaterielle Lebenskraft; das Phlogiston als Verbrennungselement; und der Prozess der geschlechtlichen Zeugung (Epigenesis kontra Präformation).

40 Georg Christoph Lichtenberg: Vorlesungen zur Naturlehre. Notizen und Materialien zur Experimentalphysik. Teil I. Hg. von der Akademie der Wissenschaften zu Göttingen (= Gesammelte Schriften. Band 3). Göttingen 2007

41 Alexander von Humboldt: Versuche über die gereizte Muskel- und Nervenfaser. Band I. Berlin und Posen 1797, S. 5

42 Johann Friedrich Blumenbach: Über den Bildungstrieb (1781). Göttingen 1791, 3. Aufl., S. 12

43 Alexander von Humboldt: Aus meinem Leben, s. o. Anm. 16, S. 86

44 Vgl. Manfred Koch: Von der vergleichenden Anatomie zur Kulturanthropologie. In: Zeitschrift für Germanistik 3/1 (1993), S. 80–98

45 Vgl. Helmut Müller-Sievers: Epigenesis. Naturphilosophie im Sprachdenken Wilhelm von Humboldts. Paderborn, München, Wien und Zürich 1993

46 Johann Friedrich Blumenbach: Über den Bildungstrieb, s. o. Anm. 42, S. 9

Viertes Kapitel
Zu den Gegenständen selbst

1 Vgl. Ralph-Rainer Wuthenow: Die erfahrene Welt. Europäische Reiseliteratur im Zeitalter der Aufklärung. Frankfurt am Main 1980, bes. S. 389 ff.; Christian von Zimmermann (Hg.): Wissenschaftliche Reisen – reisende Wissenschaftler. Studien zur Professionalisierung der Reiseformen zwischen 1650 und 1800. Heidelberg 2003

2 Zum Streit über das Wöllner'sche Religionsedikt vgl. Christina M. Sauter: Wilhelm von Humboldt und die deutsche Aufklärung. Berlin 1989, S. 184–192

3 Georg Christoph Lichtenberg: Briefwechsel. Hg. von Ulrich Joost und Albrecht Schöne. Band III. Brief 1625. München 1990, S. 559

4 Georg Forster: Noch etwas über die Menschenraßen (Brief an Biester, 20. Juli 1786). In: Georg Forsters Werke. 8. Band. Berlin 1974, S. 130–156. Zu G. Forster vgl. bes. Klaus Harpprecht: Georg Forster oder Die Liebe zur Welt. Reinbek 1978; Ulrich Enzensberger: Georg Forster. Ein Leben in Scherben. Frankfurt am Main 1996; Alois Prinz: Die Lebensgeschichte des Georg Forster. Frankfurt am Main und Leipzig 2008

5 Vgl. Rüdiger Safranski: Schiller oder Die Erfindung des Deutschen Idealismus. München-Wien 2004, S. 285 ff.

6 Friedrich Leopold Graf zu Stolberg: Gedanken über Herrn Schillers Gedicht: Die Götter Griechenlands. In: Deutsches Museum 2 (1788), 97 ff.
7 Georg Forster: Fragment eines Briefes an einen deutschen Schriftsteller.
   Über Schillers Götter Griechenlands (Mai 1789). In: Georg Forsters Werke. 7. Band. Berlin 1963, S. 1–14; S. 5 f.
8 Ebd., S. 4
9 Ebd., S. 2
10 Christian Wilhelm von Dohm: Entwurf einer verbesserten Constitution
   der Kaiserl. freyen Reichsstadt Aachen, ihren patriotischen Bürgern vorgelegt. Aachen 1790, S. 3. Vgl. Wilhelm von Humboldt: Zur Aachener
   Verfassungsreform. In: GS VII b, 546–549
11 Albert Leitzmann (Hg.): Briefe von Wilhelm von Humboldt an Friedrich
   Heinrich Jacobi. Halle 1892, S. 24
12 Friedrich Heinrich Jacobi: Über die Lehre des Spinoza, in Briefen an den
   Herrn Moses Mendelssohn. In: F. H. Jacobi: Werke. Band 1, 1: Schriften
   zum Spinozastreit. Stuttgart und Bad Cannstatt 1998, S. 261. Bei diesem
   Pantheismusstreit ging es zunächst um die Frage, ob Lessing ein Anhänger
   Spinozas gewesen war, wobei für Jacobi galt: «Spinozismus ist Atheismus.»
   Ebd., S. 120. Beteiligt an diesem Streit waren vor allem Herder, Goethe,
   Kant, Hamann, Lavater und Mendelssohn. Vgl. Heinrich Scholz (Hg.):
   Die Hauptschriften zum Pantheismusstreit zwischen Jacobi und Mendels-
   sohn. Berlin 1916. Zu Jacobi vgl. Klaus Hammacher: Die Philosophie
   Friedrich Heinrich Jacobis. München 1969
13 Briefe an Forster Nr. 187. In: Georg Forsters Werke. 18. Band. Berlin 1982,
   S. 320
14 Immanuel Kant: Kritik der reinen Vernunft. In: Werke in sechs Bänden.
   Hg. von W. Weischedel. Band II. Wiesbaden 1956, S. 434 f.
15 Steven Jan van Geuns: Tagebuch einer Reise mit Alexander von Humboldt
   durch Hessen, die Pfalz, längs des Rheins und durch Westfalen im Herbst
   1789. Hg. von Bernd Kölbel und Lucie Terken. Berlin 2007, S. 341
16 Ebd., S. 362
17 Ebd., S. 83
18 Ebd., S. 97
19 Ebd., S. 99
20 Georg Christoph Lichtenberg: Briefwechsel. Band III, s. o. Anm. 3, S. 731
21 S. J. v. Geuns: Tagebuch einer Reise, s. o. Anm. 15, S. 115
22 Ebd., S. 375
23 Ebd., S. 161
24 Ebd., S. 199
25 Ebd., S. 201
26 Ebd., S. 207
27 Ebd., S. 56

28 Alexander von Humboldt: Mineralogische Beobachtungen über einige Basalte am Rhein. Braunschweig 1790, S. 77. Vgl. Fritz Krafft: Alexander von Humboldts «Mineralogische Beobachtungen über einige Basalte am Rhein» und die Neptunismus-Vulkanismus-Kontroverse um die Basalt-Genese. In: Studia Fribergensis. Berlin 1994, S. 117–150
29 A. v. Humboldt: Mineralogische Beobachtungen, s.o. Anm. 28, S. V

Fünftes Kapitel
Augenzeuge von merkwürdigen Begebenheiten

 1 Johann Heinrich Campe: Briefe aus Paris, während der Französischen Revolution geschrieben. Hg. von Helmut König. Berlin 1961, S. 25
 2 Wilhelm von Humboldt an Campe. Zit. ebd., S. 32 f.
 3 Ebd., S. 63
 4 Ebd., S. 115
 5 Ebd., S. 137
 6 Ebd., S. 207
 7 Wilhelm von Humboldt an Georg Forster. In: Briefe an Forster. Georg Forsters Werke. 18. Band. Berlin 1982, S. 341. Vgl. Clemens Menze: Wilhelm von Humboldt und die Französische Revolution. In: Jahrbuch des Freien Deutschen Hochstifts 1989, S. 158–193
 8 Zit. in: J. H. Campe: Briefe aus Paris, s.o. Anm. 1, S. 36
 9 Albert Leitzmann (Hg.): Wilhelm von Humboldts Briefe an eine Freundin. Leipzig 1910. Zweiter Band. S. 274
10 Ebd.
11 Albert Leitzmann (Hg.): Briefe von Wilhelm von Humboldt an Friedrich Heinrich Jacobi. Halle 1892, S. 24
12 Albert Leitzmann: Georg und Therese Forster und die Brüder Humboldt. Urkunden und Umrisse. Bonn 1936, S. 116
13 Zit. in: Georg Forster: Über Proselytenmacherei. In: Georg Forsters Werke. 8. Band. Berlin 1974, S. 194–219. Erläuterungen, S. 424
14 Ebd., S. 198
15 Ebd., S. 209
16 J. H. Campe: Briefe aus Paris, s.o. Anm. 1, S. 99
17 Briefe an Forster. Nr. 217, s.o. Anm. 7, S. 350
18 Brief Nr. 220. Ebd., S. 354
19 Brief Nr. 227. Ebd., S. 362
20 Brief Nr. 227. Ebd., S. 363. Vgl. Humboldts Tagebucheintragung. In: GS XIV, 158
21 Zum sonderbaren Streit über «Freudenmädchen» in der *Berlinischen Monatsschrift* vgl. Kommentare und Anmerkungen. In: Wilhelm von Humboldt: Werke in fünf Bänden. Band V, S. 296
22 Zum Umgang mit den »Edlen», vor allem im Winter 1790/91, vgl. bes.

Albert Leitzmann (Hg.): Wilhelm von Humboldts Briefe an Karl Gustav von Brinkmann. Leipzig 1939, S. 12, S. 15

23 Briefe an Forster, s. o. Anm. 7, Brief Nr. 247, S. 381

24 Brief Nr. 247, S. 382

25 Forster an Jacobi, 15. November 1789. Zit. in: Ulrich Enzensberger: Georg Forster. Ein Leben in Scherben. Frankfurt am Main 1996, S. 190 f.

26 Zit. ebd., S. 197

27 Vgl. Caroline Alexander: Die Bounty. Die wahre Geschichte der Meuterei auf der Bounty. Berlin 2004. Im «Magazin für Botanik», 11. Stück, 1790, S. 186–188, gibt Alexander von Humboldt eine «Kurze Nachricht» zur «Rettung des Lieutnant William Bligh».

28 Georg Forster: Ansichten vom Niederrhein: von Brabant, Flandern, Holland, England und Frankreich im April, Mai und Junius 1790. Georg Forsters Werke. 9. Band. Berlin 1958, S. 50

29 Ebd., S. 44

30 A. v. Humboldt: Aus meinem Leben. München 1982, 2. Aufl., S. 36

31 Ebd., S. 38

32 Ebd., S. 40

33 Ebd., S. 39

34 Briefe an Forster, s. o. Anm. 7, Brief Nr. 265, S. 389 f.

35 A. v. Humboldt: Reise in die Äquinoktial-Gegenden des Neuen Kontinents. Erster Band. Hg. von Ottmar Ette. Frankfurt am Main-Leipzig 1991, S. 45

36 A. v. Humboldt: Aus meinem Leben, s. o. Anm. 30, S. 40

Sechstes Kapitel
Jeder Mensch muß ins Große und Ganze wirken

1 Zit. in: Siegfried A. Kaehler: Wilhelm von Humboldt und der Staat. Göttingen 1963, 2. Aufl., S. 87

2 Zit. ebd., S. 464

3 Christian Gottlob Heyne an seinen Schwiegersohn Georg Forster, 24. Januar 1790. Zit. in: Albert Leitzmann (Hg.): Georg und Therese Forster und die Brüder Humboldt. Bonn 1936, S. 69 f.

4 Briefe an Forster Nr. 251. In: Georg Forsters Werke. 18. Band, Berlin 1982, S. 386

5 Ebd., Brief Nr. 317, S. 454

6 Alexander von Humboldt: Aus meinem Leben. München 1989, 2. Aufl., S. 25

7 Alexander von Humboldt: Ansichten der Natur. Frankfurt am Main 2004, S. 467

8 Zit. in: Karl Bruhns (Hg.): Alexander von Humboldt. Eine wissenschaftliche Biographie. Erster Band. Leipzig 1872, S. 104

9 Der Fall Unger gegen Zöllner steht im Zusammenhang mit dem am

19. Dezember 1788 erlassenen «Erneuten Censur-Edict für die Preussischen Staaten». Eine vom Buchhändler Johann Friedrich Unger angekündigte anonyme Schrift war gegen die geplante Einführung eines allgemeinen Landeskatechismus gerichtet und damit indirekt gegen die Religionspolitik des Ministers Wöllner. Oberkonsistorialrat Johann Friedrich Zöllner hatte als Zensor den Druck des Buches genehmigt. Sein «Imprimatur» wurde durch Wöllner aufgehoben und der Vertrieb des Buches untersagt. Da Unger wegen Schadenersatz nur gegen den Zensor klagen durfte, wurde dessen Fall vor dem Kammergericht verhandelt. Zöllner wurde freigesprochen, da er sich bei der Erteilung der Druckerlaubnis gewissenhaft und verständig verhalten und die Rechte der Vernunft aufrechterhalten habe. Indem das Gericht Ungers Klage abwies, entschied es zugleich gegen Minister Wöllner und dessen restriktive Religionspolitik.

10 Gentz an Elisabeth Graun, geb. Fischer. In: Friedrich Carl Wittichen (Hg.): Briefe von und an Friedrich von Gentz. Erster Band. München und Berlin 1909, S. 86. Zu Gentz vgl. Golo Mann: Friedrich von Gentz. Geschichte eines europäischen Staatsmannes (1947). Frankfurt am Main 1972, 2. Aufl. Gentz wurde, nach anfänglicher Sympathie für die Französische Revolution, zunehmend konservativ. 1802 trat er in den österreichischen Staatsdienst ein und wurde später zu einem Gegenspieler Wilhelm von Humboldts auf dem Wiener Kongress.

11 Im Unterschied zur «praktischen Anthropologie» hat Kant in der «Grundlegung zur Metaphysik der Sitten» die Sinnlichkeit, die Gefühle von Lust und Unlust, die Affekte und Leidenschaften, auch die Charaktere der Personen völlig ausgegrenzt. In: Werke in sechs Bänden. Hg. von W. Weischedel. Band IV. Wiesbaden 1956, S. 12 f. Vgl. dazu Manfred Geier: Kants Welt. Reinbek 2003, S. 223–247.

12 Gentz an Christian Garve. In: Briefe von und an Friedrich von Gentz, s. o. Anm. 10, S. 197

13 Ebd., S. 199 f. In dieser Hinsicht liest sich die Charakterisierung Wilhelm von Humboldts als eines Menschen mit «Willensstärke» und «reiner Kraft» wie eine Kritik an Kants ethischer Abstraktion eines «reinen guten Willens».

14 Humboldt an Brinkmann, 9. November 1790. In: Albert Leitzmann (Hg.): Wilhelm von Humboldts Briefe an Karl Gustav von Brinkmann. Leipzig 1939, S. 12

15 Ebd., S. 15 f. Zur Freundschaft zwischen Gentz und Brinkmann vgl. Friedrich Carl Wittichen (Hg.): Briefe von und an Friedrich von Gentz. Zweiter Band. Briefe an und von Carl Gustav von Brinkmann und Adam Müller. München und Berlin 1910

16 Albert Leitzmann (Hg.): Briefe von Wilhelm von Humboldt an Friedrich Heinrich Jacobi. Halle 1892, S. 35

17 Briefe an Forster, Nr. 317, s. o. Anm. 4, S. 454
18 Immanuel Kant: Beantwortung der Frage: Was ist Aufklärung? In: Werke in sechs Bänden. Hg. von W. Weischedel. Band VI. Frankfurt am Main 1964, S. 55
19 Wilhelm von Humboldts Briefe an Karl Gustav von Brinkmann, s. o. Anm. 14, S. 54
20 Ebd., S. 52
21 Ebd., S. 60 ff.
22 Ebd., S. 60
23 Ebd., S. 61
24 Vgl. Ilse Jahn: Dem Leben auf der Spur. Die biologischen Forschungen Alexander von Humboldts. Leipzig, Jena und Berlin 1969
25 Vgl. Walter Botsch: Die Bedeutung des Begriffs Lebenskraft für die Chemie zwischen 1750 und 1850. Stuttgart 1997
26 Alexander von Humboldt: Aphorismen aus der chemischen Physiologie der Pflanzen. Leipzig 1794, S. 9
27 Humboldts Bericht wurde veröffentlicht in der Reihe «Freiberger Forschungshefte», D 23, eingeleitet und bearbeitet von Herbert Kühnert. Berlin 1959. Zu Humboldts Arbeit in Franken vgl. Hans Baumgärtel: Alexander von Humboldt und der Bergbau. In: Alexander von Humboldt. Gedenkschrift zur 100. Wiederkehr seines Todestages. Berlin 1959, S. 1–35
28 Humboldts «Ganz gehorsamstes Promemoria, die Errichtung einer königlichen freien Bergschule zu Steben betreffend» (13. März 1794). Beilage in: Karl Bruhns (Hg.): Alexander von Humboldt, s. o. Anm. 8, S. 292 ff.
29 Aloysi Galvani: Abhandlung über die Kräfte der thierischen Elektrizität auf die Bewegung der Muskeln. Prag 1793, S. 75. Zu Galvani, Galvanismus und zum Streit zwischen Galvani und Volta über die Ursache der gereizten Muskelbewegungen vgl. Marcello Pera: The ambiguous frog. The Galvani-Volta controversy on animal electricity. Princeton, N. J. 1992. Vgl. dazu auch die durch Humboldt angeregten Arbeiten von Johann Wilhelm Ritter: Beyträge zur nähern Kenntniss des Galvanismus und der Resultate seiner Untersuchung. Jena 1800, 1802, 1805. Reprint Hildesheim 2006. Hg. von Heiko Weber
30 Alexander von Humboldt: Versuche über die gereizte Muskel- und Nervenfaser. Band 1. Berlin und Posen 1797, S. 3
31 Ebd., S. 1
32 A. von Humboldt: Ansichten der Natur, s. o. Anm. 7, S. 432. Vgl. dazu A. von Humboldt: Versuche über die gereizte Muskel- und Nervenfaser. Band 2. Berlin und Posen 1798, S. 430–436
33 Zur Entwicklung Humboldts zum «Holisten», der sich durch eine Idee des Ganzen leiten lässt, vgl. bes. Adolf Meyer-Abich: Die Vollendung der Morphologie Goethes durch Alexander von Humboldt. Göttingen 1973

34 Immanuel Kant: Kritik der Urteilskraft. Zweiter Teil: Kritik der teleologischen Urteilskraft. §§ 65 und 66. Zitat in: Werke ins sechs Bänden. Hg. von W. Weischedel. Band V. Wiesbaden 1957, S. 488
35 Ebd., S. 484 f.

Siebtes Kapitel
Jenaer Verhältnisse

1 Immanuel Kant: Kritik der Urteilskraft. In: Werke in sechs Bänden. Hg. von W. Weischedel. Band V, Wiesbaden 1957, S. 488
2 Ebd., S. 489
3 Vgl. Arthur O. Lovejoy: Die große Kette der Wesen. Geschichte eines Gedankens. Frankfurt am Main 1985
4 Georg Forster: Ein Blick ins Ganze der Natur. In: Georg Forsters Werke. 8. Band, Berlin 1974, S. 77–97, S. 87
5 Johann Gottfried Herder: Ideen zur Philosophie der Geschichte der Menschheit (1784–1791). Darmstadt 1966
6 Georg Christoph Lichtenberg's physikalische und mathematische Schriften. Hg. von L. S. Lichtenberg und F. Kries. Band IV. Göttingen 1806, S. 142
7 Georg Christoph Lichtenberg: Vorlesungen zur Naturlehre. In: Gesammelte Schriften. Vorlesungen zur Naturlehre. Band 1. Göttingen 2005, S. 892
8 Ludwig Geiger (Hg.): Goethes Briefwechsel mit Wilhelm und Alexander von Humboldt. Berlin 1909, S. 1 f.
9 Die Bezeichnung «Gruppe 94» stammt von Leo Kreutzer: Alexander von Humboldt und die *Gruppe 94*. Naturwissenschaft und Naturästhetik im Projekt einer anderen Moderne. In: Welfengarten 4 (1994), S. 78–96
10 Geistesgeschichtlich wird die Idee der Ganzheit und Einheit der Natur gern als «romantisch» charakterisiert. Um 1790 ist sie jedoch noch stark durch die Philosophie der Aufklärung bestimmt und gewinnt, besonders bei Goethe, Schiller und den Brüdern Humboldt, ihre «klassische» Form.
11 Schiller an Ferdinand Huber, 13. Januar 1790. Zit. in: Albert Leitzmann (Hg.): Georg und Therese Forster und die Brüder Humboldt. Bonn 1936, S. 62 f.
12 Friedrich Schiller: Über die ästhetische Erziehung des Menschen in einer Reihe von Briefen. In: Gesamtausgabe, Band 19: Theoretische Schriften. Dritter Teil. München 1966, S. 5
13 Schiller an Christian Gottfried Körner, 25. Oktober 1794. In: Ebd., S. 227
14 Schiller: Über die ästhetische Erziehung des Menschen, s. o. Anm. 12, S. 45
15 Jacobi an Goethe, 15. Februar 1789. Zit. in A. Leitzmann (Hg.): Georg und Therese Forster und die Brüder Humboldt. Bonn 1936, S. 61

16 A. Leitzmann (Hg.): Briefe von Wilhelm von Humboldt an Friedrich Heinrich Jacobi. Halle 1892, S. 34

17 Goethe an Wilhelm von Humboldt, 3. Juni 1823. In: L. Geiger (Hg.): Goethes Briefwechsel mit W. und A. von Humboldt, s. o. Anm. 8, S. 257

18 Schiller an Christian Gottfried Körner, 2. Februar 1789. Zit. in Rüdiger Safranski: Schiller oder Die Erfindung des Deutschen Idealismus. München-Wien 2004, S. 302

19 Johann Wolfgang von Goethe: Glückliches Ereignis. In: Gesamtausgabe, Band 39: Schriften zur Botanik und Wissenschaftslehre. München 1963, S. 176

20 J. W. v. Goethe: Einwirkung der neueren Philosophie. In: Ebd., S. 184

21 J. W. v. Goethe: Anschauende Urteilskraft. In: Ebd., S. 186, mit Bezug auf Kants «Kritik der Urteilskraft», § 77, wo Kant die Idee eines «intellectus archetypus» entwirft.

22 Vgl. Bernhard Fischer: Friedrich Schiller und sein Verleger Johann Friedrich Cotta. Zur Gründungsgeschichte der «Horen». In: Zeitschrift für deutsche Philologie 125 (2006), S. 499–517; Ernst Osterkamp: Neue Zeiten – neue Zeitschriften. Publizistische Projekte um 1800. In: Zeitschrift für Ideengeschichte I/2 (2007), S. 62–78

23 Der Briefwechsel zwischen Schiller und Goethe. Erster Band. Briefe der Jahre 1794–1797. Hg. von Siegfried Seidel. München 1984, S. 8

24 Zum «glücklichen Ereignis» der Begegnung zwischen Schiller und Goethe vgl. Manfred Geier: Die kleinen Dinge der großen Philosophen. Hamburg 2001, S. 19–47; Walter Müller-Seidel: Naturforschung und deutsche Klassik. Die Jenaer Gespräche im Juli 1794. In: Vincent J. Günther u. a. (Hg.): Untersuchungen zur Literatur als Geschichte. Berlin 1973, S. 61–73

25 J. W. v. Goethe: Glückliches Ereignis, s. o. Anm. 19, S. 177. Vgl. Jost Schieren: Anschauende Urteilskraft. Methodische und philosophische Grundlagen von Goethes naturwissenschaftlichem Erkennen. Düsseldorf und Bonn 1998

26 Der Briefwechsel zwischen Schiller und Goethe, s. o. Anm. 23, S. 9

27 Ebd.

28 J. W. v. Goethe: Die Schriften zur Naturwissenschaft. Leopoldina-Ausgabe. Band II, 9 A. Ergänzungen und Erläuterungen zur Morphologie. M 139, S. 228

29 Schiller an Körner, 12. September 1794. Zit. in: Karl Bruhns (Hg.): Alexander von Humboldt. Leipzig 1892, S. 205

30 J. W. v. Goethe: Tag- und Jahreshefte als Ergänzung meiner sonstigen Bekenntnisse. In: Goethes Werke. 35. Band. Weimar 1892, S. 32

31 Ebd., S. 33

32 J. W. v. Goethe: Nachträge zu den Heften «Zur Morphologie». In: Die Schriften zur Naturwissenschaft. Leopoldina-Ausgabe. Band I, 9, S. 179.

Zum «Typus» vgl. Dorothea Kuhn: Typus und Metamorphose. Goethe-Studien. Marbach am Neckar 1988

33 J. G. Herder: Ideen zur Philosophie der Geschichte der Menschheit. Darmstadt 1966, S. 77

34 Zit. in Dorothea Kuhn: Empirische und ideelle Wirklichkeit. Graz-Wien-Köln 1967. Vgl. Hermann Bräuning-Oktavio: Vom Zwischenkieferknochen zur Idee des Typus. Goethe als Naturforscher in den Jahren 1780–1786. Leipzig 1956

35 J. W. v. Goethe: Erster Entwurf einer allgemeinen Einleitung in die vergleichende Anatomie. In: Die Schriften zur Naturwissenschaft. Leopoldina-Ausgabe. Band I, 9, S. 119–151, S. 121 f. Zur Langzeitwirkung des «Typus» vgl. Manfred Geier: Von der Urpflanze zum Simulacrum. In: Zeitschrift für Ideengeschichte II/3 (2008). S. 71–87

36 J. W. v. Goethe: Erster Entwurf, s. o. Anm. 35, S. 122

37 Loder an Goethe. In: Die Schriften zur Naturwissenschaft. Leopoldina-Ausgabe. Band II, 9 A, S. 437

38 Alexander von Humboldt: Versuche über die gereizte Muskel- und Nervenfaser. Zweiter Band. Berlin und Posen 1798, S. 285. Vgl. Irina König: Vom Ursprung des Geistes aus der Geschlechtlichkeit. Zur chronologischen und systematischen Entwicklung der Ästhetik Wilhelm von Humboldts. Egelsbach, Köln und New York 1992

39 Alexander von Humboldt: Die Lebenskraft oder der rhodische Genius. Eine Erzählung. In: A. v. Humboldt: Ansichten der Natur. Frankfurt am Main 2004, S. 426

40 Ebd., S. 427

41 Ebd., S. 428

42 Ebd., S. 429 f.

43 Ebd.

44 Ebd., S. 9 f.

45 Mit dem mythologischen Bild des trennenden «Genius» hat Humboldt die Fiktion des «Dämons» vorweggenommen, die James C. Maxwell entworfen hat, um gegen die irreversible entropische Tendenz zur Vermischung (Zweiter Hauptsatz der Thermodynamik) weiterhin Ordnung und Struktur aufrechtzuerhalten. Wie «the Sorting Demon of Maxwell» (1879) schnellere und langsamere Gasmoleküle separiert, so trennt Humboldts Genius männliche und weibliche Lebewesen. Dass er später die fiktive Annahme eines solchen lebenskraftlichen Wesens zurückweist zugunsten eines ganzheitlichen Bildes lebender, sich selbst organisierender Systeme, ist absolut modern und nimmt Überlegungen vorweg, die erst in den letzten Jahren entwickelt worden sind: Lebewesen gelten nun als offene Systeme, die sich selbst durch ständigen Stoff- und Energieaustausch mit ihrer Umgebung vom thermischen Gleichgewicht (Entropie) und dem damit verbundenen

Verfall fernzuhalten versuchen. Das macht den Genius bzw. Dämon als Ordnungsstifter überflüssig.

46 Gotthold Ephraim Lessing: Wie die Alten den Tod gebildet. In: Gesammelte Werke in zehn Bänden. Fünfter Band. Antiquarische Schriften. Berlin 1955, S. 683

47 Georg Forster: Ansichten vom Niederrhein. Georg Forsters Werke. 9. Band. Berlin 1958, S. 44

48 Goethes Briefwechsel mit Wilhelm und Alexander von Humboldt, s. o. Anm. 8, S. 289

49 A. v. Humboldt: Versuche über die gereizte Muskel- und Nervenfaser. Zweiter Band. Berlin und Posen 1798, S. 285

50 Brief vom 14. Mai 1806. Zit. in: Alexander von Humboldt: Aus meinem Leben. München 1989, 2. Aufl., S. 180

51 Adolf Meyer-Abich: Die Vollendung der Morphologie Goethes durch Alexander von Humboldt. Göttingen 1970, S. 38

52 Alexander von Humboldt: Kosmos. Entwurf einer physischen Weltbeschreibung. Frankfurt am Main 2004, S. 40

53 Goethes Briefwechsel mit Wilhelm und Alexander von Humboldt, s. o. Anm. 8, S. 297. Vgl. Pierre Hadot: Zur Idee der Naturgeheimnisse: beim Betrachten des Widmungsblattes in den Humboldt'schen «Ideen zu einer Geographie der Pflanzen». Wiesbaden 1982

54 Alexander von Humboldt: Ideen zu einer Geographie der Pflanzen. Hg. von Mauritz Dittrich. Leipzig 1960, S. 23

55 Alexander von Humboldt: Ansichten der Natur. Frankfurt am Main 2004, S. 248

56 J. W. v. Goethe: Besprechung von Ideen zu einer Physiognomik der Gewächse von Alexander von Humboldt. In: Die Schriften zur Naturwissenschaft. Leopoldina-Ausgabe. Band I, 10, S. 199 f.

57 A. v. Humboldt: Ansichten der Natur, s. o. Anm. 55, S. 7

58 Adolf Meyer-Abich: Nachwort. In: A. v. Humboldt: Ansichten der Natur. Hg. von A. Meyer-Abich. Stuttgart 1992, S. 158

59 A. v. Humboldt: Kosmos, s. o. Anm. 52, S. 37

60 Goethes Briefwechsel mit Wilhelm und Alexander von Humboldt, s. o. Anm. 8, S. 2 f.

61 Ebd., S. 254 f.

62 Zu Wilhelm von Humboldts Sprachansichten im Verhältnis zu Kant vgl. Ernst Cassirer: Die Kantischen Elemente in Wilhelm von Humboldts Sprachphilosophie (1923). In: Gesammelte Werke. Band 16. Hamburg 2003, S. 105–133.

63 W. v. Humboldt: Ueber das Verbum in den Americanischen Sprachen (1823). In: Wilhelm vom Humboldt: Über die Sprache. Reden vor der Akademie. Hg. von Jürgen Trabant. Tübingen-Basel 1994, S. 82–97

Achtes Kapitel
Welch ein Genuß!

1 Der Briefwechsel zwischen Friedrich Schiller und Wilhelm von Humboldt. Hg. von Siegfried Seidel. Berlin 1962. Band II, S. 78

2 Ebd., S. 79

3 Ebd., S. 84

4 Ebd., S. 91

5 W. v. Humboldt an Friedrich August Wolf, 22. Oktober 1796. Zit. in: Wilhelm von Humboldt. Sein Leben und Wirken, dargestellt in Briefen, Tagebüchern und Dokumenten seiner Zeit. Ausgewählt und zusammengestellt von Rudolf Freese. Berlin 1955, S. 264

6 Alexander von Humboldt: Aus meinem Leben. München 1989, 2. Aufl., S. 94

7 Wilhelm von Humboldt wird u. a. Eigentümer des Berliner Stadthauses in der Jägerstraße und von Schloss und Gut Tegel. Alexander erhält Wertpapiere und Bargeld, dazu eine Hypothek auf das bereits 1793 verkaufte Gut Ringenwalde und eine Hypothek auf Tegel. In Dresden notiert er in sein Tagebuch: «Mein baares, sicheres und zinsbares Vermögen beträgt am 16. Juni 1797 85375 Thlr. 4 Gr., davon jährlich gewissen Zinsen 3476 Thlr.» Zit. in Karl Bruhns (Hg.): Alexander von Humboldt. Leipzig 1872, S. 242 f. Vgl. Johannes Eichhorn: Die wirtschaftlichen Lebensverhältnisse Alexander von Humboldts. In: Alexander von Humboldt. Gedenkschrift zur 100. Wiederkehr seines Todestages. Berlin 1959, S. 181–215

8 Christiane, geschiedene von Waldenfels, geborene von Cramon, hat am 29. Oktober 1795 Reinhard von Haeften geheiratet. Bereits am 27. Januar 1794 ist unehelich ihr erster Sohn Friedrich Gustav Alexander geboren worden. Humboldt übernahm die Patenschaft. Die Geburt dieses Kindes wurde lange Zeit geheim gehalten. Zur Information vgl. Jbr., 640, Anm.

9 Wilhelm von Humboldt zu Georg Forster über den «Dritten», vgl. Briefe an Forster. Brief Nr. 247. In: Georg Forsters Werke. 18. Band. Berlin 1982, S. 382

10 Albert Leitzmann (Hg.): Briefwechsel zwischen Karoline von Humboldt, Rahel und Varnhagen. Weimar 1896, S. 9 (Brief vom 1. Dezember 1796)

11 Burgsdorff an Brinkmann, 30. August 1797. Zit. in: Wilhelm von Humboldt. Sein Leben und Wirken, s. o. Anm. 5, S. 292

12 Goethes Briefwechsel mit Wilhelm und Alexander von Humboldt. Hg. von Ludwig Geiger. Berlin 1909, S. 44

13 Alexander von Humboldt: Aus meinem Leben, s. o. Anm. 6, S. 95

14 Ebd., S. 58

15 Wilhelm von Humboldt an Friedrich August Wolf. Zit. in: Karl Bruhns (Hg.): Alexander von Humboldt, s. o. Anm. 7, S. 263

16 A. v. Humboldt: Aus meinem Leben, s. o. Anm. 6, S. 59

17 Humboldts Pass zur Reise in Amerika. Beilage in: Karl Bruhns (Hg.): Alexander von Humboldt, s. o. Anm. 7, S. 457. Aimé Bonpland wird versehentlich «Alexandre» genannt.

18 A. v. Humboldt: Reise in die Äquinoktial-Gegenden des Neuen Kontinents. Hg. von Ottmar Ette. Erster Band. Frankfurt am Main-Leipzig 1991, S. 62

19 Ebd., S. 65 f.

20 Zuletzt Werner Biermann: «Der Traum meines ganzen Lebens». Humboldts amerikanische Reise. Berlin 2008

21 Ulrike Moheit (Hg.): Das Gute und Große wollen. Alexander von Humboldts amerikanische Briefe. Berlin 1999. Im Folgenden nur mit Seitenzahl nachgewiesen.

22 A. v. Humboldt: Reise in die Äquinoktial-Gegenden, s. o. Anm. 18, S. 83

23 Ebd., S. 105

24 A. v. Humboldt: Ansichten der Kordilleren und Monumente der eingeborenen Völker Amerikas. Paris 1810/13. Deutsche Erstausgabe. Hg. und mit einem Nachwort versehen von Oliver Lubrich und Ottmar Ette. Frankfurt am Main 2004

25 Immanuel Kant: Beobachtungen über das Gefühl des Schönen und Erhabenen (1764). In: Werke in sechs Bänden. Hg. von W. Weischedel. Band I. Frankfurt am Main 1960, S. 850 u. 830

26 I. Kant: Kritik der Urteilskraft, B. 104. In: Werke in sechs Bänden. Band V. Wiesbaden 1957. S. 349. Das Erhabene ist ein Zentralbegriff der Ästhetik in der 2. Hälfte des 18. Jahrhunderts. Er ist in der Postmoderne zu neuen Ehren gekommen. Vgl. Christine Pries (Hg.): Das Erhabene. Mannheim 1989

27 Vgl. Manfred Geier: Kant, Freud, King. Drei Versuche, dem Schrecken standzuhalten. In: Welfengarten 1 (1990), S. 164–183

28 Goethes Briefwechsel mit Wilhelm und Alexander von Humboldt, s. o. Anm. 12, S. 93

29 Ebd., S. 312. Erst 1992 erschien eine vollständige deutsche Übersetzung von Humboldts «schwarzem» Cuba-Werk (Studienausgabe Band 3). Hg. von Hanno Beck. Darmstadt 1992

30 Ebd. S. 156

31 A. v. Humboldt: Lateinamerika am Vorabend der Unabhängigkeitsrevolution. Zusammengestellt von Margot Faak. Berlin 1982, S. 65

32 A. v. Humboldt: Aus meinem Leben, s. o. Anm. 6, S. 32

33 Ebd., S. 40

34 A. v. Humboldt: Ansichten der Natur. Frankfurt am Main 2004, S. 391–421

35 Die Ästhetik des Erhabenen ist durch französische und englische Philosophen angeregt worden. «Le sublime» bzw. «the sublime» ist etymologisch abgeleitet aus «sub-limen», bis unter die oberste Grenze.

36 A. v. Humboldt: Ueber einen Versuch den Gipfel des Chimborazo zu ersteigen. Hg. und mit einem Essay versehen von Oliver Lubrich und Ottmar Ette. Frankfurt am Main 2006
37 Ebd., S. 131
38 A. v. Humboldt: Ansichten der Kordilleren, s. o. Anm. 24, S. 241
39 A. v. Humboldt: Ueber einen Versuch, s. o. Anm. 36, S. 96
40 Ebd., S. 97

Neuntes Kapitel
Vor der Welt muß man das Vaterland ehren

1 Albert Leitzmann: Wilhelm von Humboldt und sein Erzieher. Berlin 1940,
S. 16
2 Der Briefwechsel zwischen Friedrich Schiller und Wilhelm von Humboldt.
Hg. von Siegfried Seidel. Band II. Berlin 1962, S. 250
3 Zur Figur und Lebensphilosophie des originalen «Diogenes von Sinope»
vgl. Manfred Geier: Worüber kluge Menschen lachen. Reinbek 2006,
S. 86–109
4 Zit. in: Wilhelm von Humboldt: Sein Leben und Wirken. Dargestellt in
Briefen, Tagebüchern und Dokumenten seiner Zeit. Ausgewählt und zusammengestellt von Rudolf Freese. Berlin 1955, S. 506
5 A. v. Humboldt an Christiane von Haeften. Zit. in Ulrike Moheit (Hg.):
Das Gute und Große wollen. Berlin 1999, S. 211
6 Siegfried Kaehler: Wilhelm und Alexander von Humboldt in den Jahren der Napoleonischen Krise. In: Historische Zeitschrift. Dritte Folge,
20. Band (1916), S. 231–270, S. 245
7 Der Briefwechsel zwischen Friedrich Schiller und Wilhelm von Humboldt,
s. o. Anm. 2, S. 130
8 Ebd., S. 141
9 J. W. v. Goethe: Hermann und Dorothea. Epos in neun Gesängen. Geschrieben September 1796 und März bis Juni 1797. Neunter Gesang: Ura-
nia. Aussicht, Schlussverse 315–318
10 Goethes Briefwechsel mit Wilhelm und Alexander von Humboldt. Hg.
von Ludwig Geiger. Berlin 1909, S. 51
11 Der Briefwechsel zwischen Friedrich Schiller und Wilhelm von Humboldt,
s. o. Anm. 2, S. 150
12 W. v. Humboldt an Friedrich August Wolf, 22. 10. 1798. Zit. in: R. Freese:
Wilhelm von Humboldt, s. o. Anm. 4, S. 34
13 Albert Leitzmann (Hg.): Briefe von Wilhelm von Humboldt an Friedrich
Heinrich Jacobi. Halle 1892, S. 69
14 A. v. Humboldt an Joseph Marie Gerando, Sekretär des französischen
Innenministers Jean Baptiste de Champagny, nach 2. Dezember 1804. In:
Ulrike Moheit (Hg.): Das Gute und Große wollen, s. o. Anm. 5, S. 236 f.

15 Wilhelm von Humboldt und sein Erzieher, s. o. Anm. 1, S. 20
16 A. v. Humboldt: Ideen zu einer Geographie der Pflanzen. Hg. von Mauritz Dittrich. Leipzig 1960, S. 23 f.
17 Ebd., S. 24. Zu Wilhelms Bewunderung des «Deutschen» Schelling vgl.: Der Briefwechsel zwischen Friedrich Schiller und Wilhelm von Humboldt, s. o. Anm. 2, S. 239
18 Wilhelm von Humboldt und sein Erzieher, s. o. Anm. 1, S. 23
19 Ebd., S. 24
20 Goethes Briefwechsel mit Wilhelm und Alexander von Humboldt, s. o. Anm. 10, S. 298
21 A. v. Humboldt: Ansichten der Natur. Frankfurt am Main 2004, S. 261
22 Goethes Briefwechsel mit Wilhelm und Alexander von Humboldt, s. o. Anm. 10, S. 298
23 J. W. v. Goethe: Besprechung von Ideen zu einer Physiognomik der Gewächse von Alexander von Humboldt. In: Die Schriften zur Naturwissenschaft (Leopoldina-Ausgabe). Band I, 10, S. 199
24 Durch den Frieden von Tilsit schrumpfte die Einwohnerzahl Preußens von 9,5 auf weniger als 5 Millionen. Vgl. Christopher Clark: Preußen. Aufstieg und Niedergang. 1600–1947. München 2007, S. 360 ff.
25 A. v. Humboldt an Christian Gottlob Heyne. Berlin, 13. November 1807. Zit. in: Ulrike Moheit (Hg.): Das Gute und Große wollen, s. o. Anm. 5, S. 242
26 A. v. Humboldt: Ansichten der Natur, s. o. Anm. 21, S. 8
27 Goethes Briefwechsel mit Wilhelm und Alexander von Humboldt, s. o. Anm. 10, S. 298
28 A. v. Humboldt: Aus meinem Leben. München 1989, 2. Aufl., S. 113
29 Ebd.
30 W. v. Humboldt schrieb sein Gedicht «An Alexander» während einer Sommerfrische 1808 in Albano als Gegengabe für dessen Widmung seiner «Ansichten der Natur». Vgl. GS IX, 47–63
31 Caroline an Schlabrendorff. Zit. in W. v. Humboldt: Sein Leben und Wirken, s. o. Anm. 4, S. 563
32 W. v. Humboldt an Erbprinz Georg. Zit. ebd., S. 556
33 W. v. Humboldt an Johann Gottfried Schweighäuser. Zit. ebd., S. 561 f.
34 Der Briefwechsel zwischen Friedrich Schiller und Wilhelm von Humboldt, s. o. Anm. 2, S. 270
35 Goethes Briefwechsel mit Wilhelm und Alexander von Humboldt, s. o. Anm. 10, S. 201 f.
36 W. v. Humboldt «An den König». Zit. in: W. v. Humboldt: Sein Leben und Wirken, s. o. Anm. 4, S. 586
37 Briefe an Forster. Nr. 317. In: Georg Forsters Werke. 18. Band. Berlin 1982, S. 454

38 Zu Wilhelm von Humboldts «Idee der Bildung» vgl. bes. Eduard Spranger: Wilhelm von Humboldt und die Reform des Bildungswesens. Berlin 1910; Clemens Menze: Die Bildungsreform Wilhelm von Humboldts. Hannover u. a. 1975; Dietrich Brenner: Wilhelm von Humboldts Bildungsidee. Weinheim u. a. 1990. Zur aktuellen Auseinandersetzung über die «Idee der Universität» im Geiste Humboldts, die zunehmend als unzeitgemäß kritisiert wird, vgl. Jürgen Mittelstraß: Die unzeitgemäße Universität. Frankfurt am Main 1994; Edmund Arens, Jürgen Mittelstraß u. a.: Geistesgegenwärtig. Zur Zukunft universitärer Bildung. Luzern 2003; Ulrich Sieg (Hg.): Die Idee der Universität heute. München 2005; Jochen Hörisch: Die ungeliebte Universität. Rettet die Alma mater! München-Wien 2006

39 Joachim Heinrich Campe: Allgemeine Revision des gesammten Schul- und Erziehungswesens von einer Gesellschaft practischer Erzieher. Band XVI. Hamburg 1792, S. 164

40 Nachdruck in Ernst Müller (Hg.): Gelegentliche Gedanken über Universitäten. Leipzig 1990, S. 6–17

41 Zit. in Bruno Gebhardt: Wilhelm von Humboldt als Staatsmann. Erster Band. Stuttgart 1896, S. 203. Zur Rolle Wilhelm von Humboldts bei der Gründung der Berliner Universität vgl. ebd., S. 187–218; Rudolf Köpke: Die Gründung der Kgl. Friedrich-Wilhelms-Universität Berlin. Berlin 1860; Max Lenz: Geschichte der Königlichen Friedrich-Wilhelms-Universität zu Berlin. Erster Band. Halle 1910, S. 148–304

42 Vgl. Klaus-Dietrich Gandert: Vom Prinzenpalais zur Humboldt-Universität. Berlin 1985

43 Zur Geschichte der Berliner Universität vgl. Wilhelm Weischedel (Hg.): Idee und Wirklichkeit einer Universität. Dokumente zur Geschichte der Friedrich-Wilhelms-Universität zu Berlin. Berlin 1960; Max Lenz: Geschichte der Königlichen Friedrich-Wilhelms-Universität zu Berlin. Vier Bände. Halle 1910–1918; Helmut Klein (Hg.): Humboldt-Universität zu Berlin. Überblick 1810–1985. Berlin 1985. Anlässlich des 200. Geburtstages der Universität soll 2010 Rüdiger von Bruchs mehrbändige «Biographie einer Institution» erscheinen.

44 S. Kaehler: Wilhelm und Alexander von Humboldt in den Jahren der Napoleonischen Krise, s. o. Anm. 6, S. 17

45 Vgl. Bruno Gebhardt: Wilhelm von Humboldt als Staatsmann. Erster Band. Stuttgart 1896; Zweiter Band. Stuttgart 1899; Siegfried Kaehler: Wilhelm von Humboldt und der Staat. München-Berlin 1927; Göttingen 1963, 2. Aufl.

46 W. v. Humboldt an Freiherr vom und zum Stein, 22. März 1820. Zit. in: Wilhelm von Humboldt: Sein Leben und Wirken, s. o. Anm. 4, S. 865

Zehntes Kapitel
Ich bereue nicht, was ich gethan habe

1 Albert Leitzmann (Hg.): Wilhelm von Humboldts Briefe an eine Freundin. Erster Band. Leipzig 1910, S. 27 f.

2 Ebd., S. 46

3 Brief an Friedrich Gottlieb Welcker. Zit. in: Wilhelm von Humboldt: Sein Leben und Wirken, dargestellt in Briefen, Tagebüchern und Dokumenten seiner Zeit. Ausgewählt und zusammengestellt von Rudolf Freese. Berlin 1955, S. 882

4 A. v. Humboldt zu Hornay (1857). In: W. Hornay: Alexander von Humboldt. Hamburg 1860, S. 27

5 Albert Leitzmann (Hg.): Wilhelm von Humboldts Briefe an Karl Gustav von Brinkmann. Leipzig 1939, S. 157

6 Vgl. Markus Messling: Pariser Orientlektüren. Zu Wilhelm von Humboldts Theorie der Schrift. Paderborn 2008

7 Vgl. Sitzungsprotokoll der Akademie-Vorträge. In: Wilhelm von Humboldt: Über die Sprache. Hg. von Jürgen Trabant. Tübingen-Basel 1994, S. 226 f.

8 Alexander von Humboldt: Aus meinem Leben. München 1989, 2. Aufl., S. 115 f.

9 Brief vom 13. Dezember 1826. In: Ebd., S. 199

10 Goethe zu Eckermann 11. Dezember 1826. In: Johann Peter Eckermann: Gespräche mit Goethe in den letzten Jahren seines Lebens. München 1984, 2. Aufl., S. 161

11 An Gauß. Paris, 16. Februar 1827. In: Briefwechsel zwischen Alexander von Humboldt und Carl Friedrich Gauß. Berlin 1977, S. 30

12 An Samuel Heinrich Spiker. Berlin, Anfang 1829. Zit. in: A. v. Humboldt: Aus meinem Leben, s. o. Anm. 8, S. 202

13 Vgl. Kurt-Reinhard Biermann: Beglückende Ermunterung durch die akademische Gemeinschaft. Alexander von Humboldt als Mitglied der Berliner Akademie der Wissenschaften. Berlin 1992

14 A. v. Humboldts erster Vortrag in der Akademie. 3. Juli 1827. Zit. in ebd., S. 49

15 Alexander von Humboldt: Über das Universum. Die Kosmosvorträge 1827/28 in der Berliner Singakademie. Frankfurt am Main-Leipzig 1993, S. 210 f.

16 Ebd., S. 182

17 A. v. Humboldt: Aus meinem Leben, s. o. Anm. 8, S. 182

18 Zit. in: Hanno Beck: Alexander von Humboldt. Zweiter Band. Wiesbaden 1961, S. 46

19 Briefe Alexander's von Humboldt an seinen Bruder Wilhelm. Hg. von der Familie von Humboldt in Ottmachau. Stuttgart 1880. Brief vom 9./21. Juni 1829 aus Catharinburg, S. 186

20 Brief vom 2./14. Juli 1829. Ebd., S. 188 ff.
21 Brief zit. in: Ralph Rainer Wuthenow: Wilhelm und Alexander von Humboldt. In: Deutsche Brüder. Zwölf Doppelporträts. Berlin 1999, S. 160
22 Goethes Briefwechsel mit Wilhelm und Alexander von Humboldt. Berlin 1909, S. 269
23 W. v. Humboldt an Caroline von Wolzogen 26. März 1829. Zit. in: R. Freese: Wilhelm von Humboldt, s. o. Anm. 3, S. 908
24 Wilhelm von Humboldts Briefe an eine Freundin, s. o. Anm. 1, S. 26
25 Therese Huber an Wilhelm von Humboldt. Augsburg, 2. April 1829. Zit. in: R. Freese: Wilhelm von Humboldt, s. o. Anm. 3, S. 910
26 Wilhelm von Humboldts Briefe an eine Freundin, s. o. Anm. 1, S. 30
27 Briefe Alexander's von Humboldt an seinen Bruder Wilhelm, s. o. Anm. 19, S. 189
28 W. v. Humboldt an die Tochter Gabriele von Bülow, 2. Oktober 1830. Zit. in R. Freese: Wilhelm von Humboldt, s. o. Anm. 3, S. 932
29 Ebd., S. 948 (Brief vom 14. Januar 1832)
30 Henriette Herz an Karl Gustav von Brinkmann. März 1835. Zit. in: R. Freese: Wilhelm von Humboldt, s. o. Anm. 3, S. 964
31 Tagebuch der Kinder, Tegel, am 2. April 1835. Zit. ebd., S. 964 f.
32 A. v. Humboldt an Karl Varnhagen von Ense. 5. April 1835. Zit. ebd., S. 966
33 Der Briefwechsel zwischen Friedrich Schiller und Wilhelm von Humboldt. Band I. Hg. von Siegfried Seidel. Berlin 1962, S. 150
34 A. v. Humboldt: Vorwort. In: W. v. Humboldt: Über die Verschiedenheit des menschlichen Sprachbaues und ihren Einfluß auf die geistige Entwicklung des Menschengeschlechts. Berlin 1836 (2. Nachdruck Bonn, Hannover und München) S. VIII
35 Zu W. v. Humboldts Sprachansichten vgl. bes. Bruno Liebrucks: Sprache und Bewußtsein. Band 2. Frankfurt am Main 1965; Tilman Borsche: Sprachansichten. Stuttgart 1981; Jürgen Trabant: Apeliotes oder Der Sinn der Sprache. München 1986; Hans-Werner Scharf (Hg.): Wilhelm von Humboldts Sprachdenken. Essen 1989; Jürgen Trabant: Traditionen Humboldts. Frankfurt am Main 1990; Hans-Ernst Schiller: Die Sprache der realen Freiheit. Würzburg 1998; Rainhard Roscher: Sprachsinn. Paderborn 2006
36 A. v. Humboldts neunte Zusammenkunft mit Friedrich Althaus, 27. Februar 1852. Zit. in: Hanno Beck (Hg.): Gespräche Alexander von Humboldts. Berlin 1959, S. 328
37 Wilhelm von Humboldts Briefe an eine Freundin, s. o. Anm. 1, S. 276
38 A. v. Humboldt: Vorwort, s. o. Anm. 34, S. V
39 A. v. Humboldt an Caroline von Wolzogen, 12. Juni 1835. Zit. in: A. v. Humboldt: Aus meinem Leben, s. o. Anm. 8, S. 206

40 Vgl. Herbert Scurla: Alexander von Humboldt. Berlin 1985, 11. Aufl., S. 295–298

41 Vgl. ebd., S. 301–304

42 A. v. Humboldts zweite Zusammenkunft mit Friedrich Althaus, 23. Dezember 1849, s. o. Anm. 36, S. 281

43 An Bessel, 14. Juli 1833. In: Briefwechsel zwischen Alexander von Humboldt und Friedrich Heinrich Bessel. Berlin 1994, S. 82

44 An Caroline von Wolzogen, 29. März 1834. Zit. in: A. v. Humboldt: Aus meinem Leben, s. o. Anm. 8, S. 204. Alexander von Humboldts «Kosmos» wurde neu ediert und mit einem Nachwort versehen von Ottmar Ette und Oliver Lubrich, Frankfurt am Main 2004. Zur Titelsuche und Entstehungsgeschichte des «Kosmos» vgl. Petra Werner: Himmel und Erde. Berlin 2004

45 Bericht von Ferdinand Schmidt, Berlin 50er Jahre. In: Hanno Beck (Hg.): Gespräche Alexander von Humboldts, s. o. Anm. 36, S. 299

46 Anna von Sydow (Hg.): Gabriele von Bülow, Tochter Wilhelm von Humboldts (1893). Berlin 1918, 18. Aufl., S. 531

47 W. Hornay: Alexander von Humboldt. Sein Leben und Wollen für Volk und Wissenschaft. Hamburg 1860, S. 156

LITERATURHINWEISE

Auswahl der wichtigsten Quellen und Monographien, die in dieser Biographie verarbeitet worden sind

Siglen

Br., mit römischer Bandangabe = Wilhelm und Caroline von Humboldt in ihren Briefen. 1787–1835. Hg. von Anna von Sydow. Sieben Bände. Berlin 1906–1916

G. S., mit römischer Bandangabe = Wilhelm von Humboldt: Gesammelte Schriften. Im Auftrag der Königlich Preußischen Akademie der Wissenschaften hg. von Albert Leitzmann u. a. Siebzehn Bände. Berlin 1903–1936

Jbr. = Die Jugendbriefe Alexander von Humboldts. 1787–1799. Hg. von Ilse Jahn und Fritz G. Lange. Berlin 1973

K, mit römischer Bandangabe = Alexander von Humboldt: Kosmos. Entwurf einer physischen Weltbeschreibung. Frankfurt am Main 2004

Alexander von Humboldt

1. *Werke* (chronologisch der Lebensgeschichte folgend)

Vgl. Fiedler, Horst und Ulrike Leitner: Alexander von Humboldts Schriften. Bibliographie der selbständig erschienenen Werke. Berlin 2000

Mineralogische Beobachtungen über einige Basalte am Rhein. Braunschweig 1790 (Nachdruck Darmstadt 1980)

Florae Fribergensis specimen, plantas cryptogamicas praesertim subterraneas exhibens. Berlin 1793

Aphorismen aus der chemischen Physiologie der Pflanzen. Leipzig 1794

Versuche über die gereizte Muskel- und Nervenfaser nebst Vermuthungen über den chemischen Process des Lebens in der Thier- und Pflanzenwelt. Zwei Bände. Posen und Berlin 1797/1798

Versuche über die chemische Zerlegung des Luftkreises. Braunschweig 1799 (Nachdruck Hildesheim 1976)

Voyage au régions équinoxiales du Nouveau Continent. Rédigé par Alexandre de Humboldt. 34 Vol., Paris 1805–1834

Reise in die Äquinoktial-Gegenden des Neuen Kontinents. Zwei Bände. Hg. von Ottmar Ette. Frankfurt am Main und Leipzig 1991

Reise durch Venezuela. Auswahl aus den amerikanischen Reisetagebüchern. Hg. von Margot Faak. Berlin 2000

Reise auf dem Rio Magdalena, durch die Anden und Mexiko. Zwei Teile. Hg. von Margot Faak. Berlin 2003, 2., durchgeseh. und verbess. Aufl.

Ansichten der Kordilleren und Monumente der eingeborenen Völker Amerikas. Hg. von Oliver Lubrich und Ottmar Ette. Frankfurt am Main 2004

Über einen Versuch den Gipfel des Chimborazo zu ersteigen. Hg. von Oliver Lubrich und Ottmar Ette. Frankfurt am Main 2006

Von Mexiko-Stadt nach Veracruz. Tagebuch. Hg. von Ulrike Leitner. Berlin 2005

Lateinamerika am Vorabend der Unabhängigkeitsrevolution. Hg. von Margot Faak. Berlin 2003, 2., durchges. und verbess. Aufl.

Ideen zu einer Geographie der Pflanzen. Tübingen 1807 (Nachdruck Leipzig 1960)

Ansichten der Natur, mit wissenschaftlichen Erläuterungen und sechs Farbtafeln, nach Skizzen des Autors. Frankfurt am Main 2004

Versuch über den politischen Zustand des Königreichs Neu-Spanien. Fünf Bände. Tübingen 1809–1814

Über das Universum. Die Kosmosvorträge 1827/28. Hg. von Jürgen Hamel und Klaus-Harro Tiemann. Frankfurt am Main und Leipzig 1993

Central-Asien. Untersuchungen über die Gebirgsketten und die vergleichende Klimatologie. Zwei Bände. Berlin 1844

Kosmos. Entwurf einer physischen Weltbeschreibung. Fünf Bände. Stuttgart und Tübingen 1845–1862. (Ediert und mit einem Nachwort versehen von Ottmar Ette und Oliver Lubrich. Frankfurt am Main 2004)

Studienausgabe. Sieben Bände. Hg. und kommentiert von Hanno Beck. Darmstadt 1987–1997. Zweite durchgeseh. Aufl. Darmstadt 2008

Aus meinem Leben. Autobiographische Bekenntnisse. Zusammengestellt und erläutert von Kurt-Reinhard Biermann. München 1989, 2. Aufl.

2. *Briefe*

Das Gute und Große wollen. Alexander von Humboldts Amerikanische Briefe. Hg. von Ulrike Moheit. Berlin 1999

Althaus, Friedrich: Briefwechsel und Gespräche mit einem jungen Freunde. Aus den Jahren 1848–1856. Berlin 1861

Berghaus, Heinrich (Hg.): Briefwechsel Alexander von Humboldt's mit Heinrich Berghaus aus den Jahren 1825–1858. Drei Bände. Leipzig 1863

Briefwechsel zwischen Alexander von Humboldt und Friedrich Wilhelm Bessel. Hg. von Hans-Joachim Felber. Berlin 1994

Briefwechsel zwischen Alexander von Humboldt und Emil du Bois-Reymond. Hg. von Ingo Schwarz und Klaus Wenig. Berlin 1997

Briefe von Alexander von Humboldt an Christian Carl Josias Freiherr von Bunsen. Leipzig 1869

Briefwechsel zwischen Alexander von Humboldt und Carl Friedrich Gauß. Hg. von Kurt-Reinhard Biermann. Berlin 1977

Alexander von Humboldt an das Preußische Königshaus. Briefe aus den Jahren 1835–1857. Hg. von C. Müller. Leipzig 1928

Alexander von Humboldt. Briefe an das preußische Kultusministerium 1818–1859. Hg. von Kurt-Reinhard Biermann. Berlin 1985

Briefwechsel zwischen Alexander von Humboldt und Heinrich Christian Schumacher. Hg. von Kurt-Reinhard Biermann. Berlin 1979

Alexander von Humboldt. Briefwechsel mit Samuel Heinrich Spiker. Hg. von Ingo Schwarz. Berlin 2007

Briefe von Alexander von Humboldt an Varnhagen von Ense aus den Jahren 1827 bis 1858. Hg. von Ludmilla Assing. Leipzig 1860

Alexander von Humboldt und die Vereinigten Staaten von Amerika. Briefwechsel. Hg. von Ingo Schwarz. Berlin 2004

Briefe Alexander's von Humboldt an seinen Bruder Wilhelm (1799–1829). Hg. von der Familie von Humboldt in Ottmachau. Stuttgart 1880

3. *Zu Leben und Werk*

Chronologische Übersicht über wichtige Daten seines Lebens. Bearbeitet von Kurt-Reinhard Biermann, Ilse Jahn und Fritz G. Lange. Berlin 1968. Im Netz: www.bbaw.de/forschung/avh/avhchron/index.html

Beck, Hanno: Alexander von Humboldt. Zwei Bände. Wiesbaden 1959/1961

Beck, Hanno (Hg.): Gespräche Alexander von Humboldts. Berlin 1959

Biermann, Kurt-Reinhard: Alexander von Humboldt. Leipzig 1983, 3. Aufl.

Biermann, Kurt-Reinhard: Miscellanea Humboldtiana. Berlin 1990

Biermann, Kurt-Reinhard: Beglückende Ermunterung durch die akademische Gemeinschaft. Alexander von Humboldt als Mitglied der Berliner Akademie der Wissenschaften. Berlin 1992

Biermann, Werner: «Der Traum meines ganzen Lebens.» Humboldts amerikanische Reise. Berlin 2008

Borch, Rudolf (Hg.): Alexander von Humboldt. Berlin 1948

Botting, Douglas: Alexander von Humboldt. München 2001

Bruhns, Karl (Hg.): Alexander von Humboldt. Eine wissenschaftliche Biographie. Drei Bände. Leipzig 1872

Ertel, Hans (Hg.): Alexander von Humboldt. Gedenkschrift zur 100. Wiederkehr seines Todestages. Berlin 1959

Ette, Ottmar, Ute Hermanns, Bernd M. Scherer und Christian Suckow (Hg.): Alexander von Humboldt. Aufbruch in die Moderne. Berlin 2001

Ette, Ottmar und Walter L. Bernecker (Hg.): Ansichten Amerikas. Neuere Studien zu Alexander von Humboldt. Frankfurt am Main 2001

Ette, Ottmar: Weltbewusstsein. Alexander von Humboldt und das unvollendete Projekt einer anderen Moderne. Weilerswist 2002

Hamel, Jürgen, Eberhard Knobloch und Herbert Pieper (Hg.): Alexander von Humboldt in Berlin. Augsburg 2003

Hein, Wolfgang-Hagen (Hg.): Alexander von Humboldt. Frankfurt am Main 1985

Jahn, Ilse: Dem Leben auf der Spur. Die biologischen Forschungen Alexander von Humboldts. Leipzig, Jena und Berlin 1969

Jahn, Ilse und Andreas Kleinert (Hg.): Das Allgemeine und das Einzelne. Johann Wolfgang von Goethe und Alexander von Humboldt im Gespräch. Halle an der Saale 2003

Krätz, Otto: Alexander von Humboldt. München 1997

Lindgren, Uta (Hg.): Alexander von Humboldt. Köln 1990

Meyer-Abich, Adolf: Alexander von Humboldt in Selbstzeugnissen und Bilddokumenten. Reinbek 1967

Meyer-Abich, Adolf: Die Vollendung der Morphologie Goethes durch Alexander von Humboldt. Göttingen 1970

Pfeiffer, Heinrich (Hg.): Alexander von Humboldt. München 1969

Rupke, Nicolaas A.: Alexander von Humboldt. A Metabiography. Frankfurt am Main 2005

Schleucher, Kurt: Alexander von Humboldt. Darmstadt 1985

Schultze, Joachim H. (Hg.): Alexander von Humboldt. Berlin 1959

Scurla, Herbert: Alexander von Humboldt. Berlin 1955

Terra, Helmut de: Alexander von Humboldt und seine Zeit. Wiesbaden 1956

Wilhelm von Humboldt

1. *Werke*

Gesammelte Werke. Hg. von Carl Brandes. Sieben Bände. Berlin 1841–1852

Gesammelte Schriften. Siebzehn Bände. Berlin 1903–1936

Werke in fünf Bänden. Hg. von Andreas Flitner und Klaus Giel. Stuttgart 1960–1981

Seit März 2004 hat unter Leitung von Kurt Mueller-Vollmer eine Arbeitsstelle an der Berlin-Brandenburgischen Akademie der Wissenschaften die Herausgabe der Schriften zur Sprachwissenschaft in Angriff genommen. In sieben Abteilungen soll die Gesamtheit der Humboldt'schen Sprachforschungen dokumentiert werden. Informationen: www.bbaw.de/bbaw/Forschung/Forschungsprojekte/wvhumboldt/de

2. Briefe

Mattson, Philip: Verzeichnis des Briefwechsels Wilhelm von Humboldts. Zwei Bände. Heidelberg 1980

Wilhelm von Humboldts Briefe an Karl Gustav von Brinkmann. Hg. von Albert Leitzmann. Leipzig 1939

Wilhelm von Humboldts Briefe an eine Freundin. Zwei Bände. Hg. von Albert Leitzmann. Leipzig 1909

Briefe von Wilhelm von Humboldt an Friedrich Heinrich Jacobi. Hg. von Albert Leitzmann. Halle an der Saale 1892

Wilhelm von Humboldts Briefe an Christian Gottfried Körner. Hg. von Albert Leitzmann. Berlin 1940

Briefe an Johanna Motherby von Wilhelm von Humboldt und Ernst Moritz Arndt. Hg. von Heinrich Meisner. Leipzig 1893

Der Briefwechsel zwischen Friedrich Schiller und Wilhelm von Humboldt. Zwei Bände. Hg. von Siegfried Seidel. Berlin 1962

3. Zu Leben und Werk

Berglar, Peter: Wilhelm von Humboldt mit Selbstzeugnissen und Bilddokumenten. Reinbek 1970

Binswanger, Paul: Wilhelm von Humboldt. Frauenfeld und Leipzig 1937

Borsche, Tilman: Sprachansichten. Der Begriff der menschlichen Rede in der Sprachphilosophie Wilhelm von Humboldts. Stuttgart 1981

Borsche, Tilman: Wilhelm von Humboldt. München 1990

Brenner, Dietrich: Wilhelm von Humboldts Bildungstheorie. Weinheim u. a. 1990

Freese, Rudolf: Wilhelm von Humboldt. Sein Leben und Wirken, dargestellt in Briefen, Tagebüchern und Dokumenten seiner Zeit. Berlin 1955. 2., völlig durchges. und neu gestaltete Aufl., Darmstadt 1986

Gebhardt, Bruno: Wilhelm von Humboldt als Staatsmann. Zwei Bände. Stuttgart 1896/1899

Haym, Rudolph: Wilhelm von Humboldt. Berlin 1856 (Nachdruck Osnabrück 1965)

Kaehler, Siegfried August: Wilhelm von Humboldt und der Staat. München und Berlin 1927. 2. Aufl. Göttingen 1963

Kessel, Eberhard: Wilhelm von Humboldt. Idee und Wirklichkeit. Stuttgart 1967

Knoll, Joachim H. und Horst Siebert: Wilhelm von Humboldt. Politik und Bildung. Heidelberg 1969

Leitzmann, Albert: Wilhelm von Humboldt. Charakteristik und Lebensbild. Halle an der Saale 1919

Leitzmann, Albert: Wilhelm von Humboldt und sein Erzieher (G. J. C. Kunth). Mit ungedruckten Briefen Humboldts. Berlin 1940

Menze, Clemens: Wilhelm von Humboldts Lehre und Bild vom Menschen. Ratingen 1965

Menze, Clemens: Die Bildungsreform Wilhelm von Humboldts. Hannover 1975

Rantzau, Johann-Albrecht von: Wilhelm von Humboldt. Der Weg seiner geistigen Entwicklung. München 1939

Sauter, Christina M.: Wilhelm von Humboldt und die deutsche Aufklärung. Berlin 1989

Schaffstein, Friedrich: Wilhelm von Humboldt. Ein Lebensbild. Frankfurt am Main 1952

Scharf, Hans-Werner (Hg.): Wilhelm von Humboldts Sprachdenken. Essen 1989

Schiller, Hans-Ernst: Die Sprache der realen Freiheit. Sprache und Sozialphilosophie bei Wilhelm von Humboldt. Würzburg 1998

Schlerath, Bernfried (Hg.): Wilhelm von Humboldt. Vortragszyklus zum 150. Geburtstag. Würzburg u. a. 1986

Schlesier, Gustav: Erinnerungen an Wilhelm von Humboldt. Zwei Theile. Stuttgart 1843/1845

Schwinges, Rainer Christoph (Hg.): Humboldt international. Der Export des deutschen Universitätsmodells im 19. und 20. Jahrhundert. Basel 2001

Scurla, Herbert: Wilhelm von Humboldt. Werden und Wirken. Berlin 1970. 3., veränd. Aufl. 1985

Spranger, Eduard: Wilhelm von Humboldt und die Humanitätsidee. Berlin 1909

Spranger, Eduard: Wilhelm von Humboldt und die Reform des Bildungswesens. Berlin 1910

Sweet, Paul R.: Wilhelm von Humboldt oder Die Idee des Menschen. Eine Biographie. Paderborn 2008

Sydow, Anna von (Hg.): Gabriele von Bülow. Tochter Wilhelm von Humboldts. Ein Lebensbild, aus den Familienpapieren Wilhelm von Humboldts und seiner Kinder 1791–1887. Berlin 1892

Trabant, Jürgen: Apeliotes oder Der Sinn der Sprache. München 1986

Trabant, Jürgen: Traditionen Humboldts. Frankfurt am Main 1990

Alexander und Wilhelm von Humboldt

Biermann, Kurt-Reinhard: Die Gebrüder Humboldt an der Universität Frankfurt (Oder). In: Kurt-Reinhard Biermann (Hg.): Miscellanea Humboldtiana. Berlin 1990, S. 43–49

Brittnacher, Hans R. und Hans Feger (Hg.): Die Realität der Idealisten. Schiller und die Gebrüder Humboldt. Köln, Weimar und Wien 2008

Dove, Alfred: Die Forsters und die Humboldts. Zwei Paar bunter Lebensläufe. Leipzig 1881

Dove, Alfred: Die Gebrüder von Humboldt. In: Alfred Dove: Ausgewählte Aufsätze und Briefe. Band 1. Hg. von Friedrich Meinecke und Oswald Dammann. München 1925, S. 104–124

Fröhlich, Stefan und Andreas Reuß: Die Humboldts. Lebenslinien einer gelehrten Familie. Berlin 1999

Geiger, Ludwig (Hg.): Goethes Briefwechsel mit Wilhelm und Alexander von Humboldt. Berlin 1909

Gregorovius, Ferdinand: Die Brüder von Humboldt. In: Briefe Alexander's von Humboldt an seinen Bruder Wilhelm. Stuttgart 1880, S. XI-LXXXVIII

Haarbeck, Lina (Hg.): Die Familie Humboldt. Nach den Familienpapieren von Wilhelm und Karoline von Humboldt und ihrer Tochter Gabriele. Reutlingen 1932

Haberland, Detlef, Wolfgang Hinrichs und Clemens Menze (Hg.): Die Dioskuren II. Annäherungen an Leben und Werk der Brüder Humboldt. Mannheim 2000

Hammacher, Klaus (Hg.): Universalismus und Wissenschaft im Werk und Wirken der Brüder Humboldt. Frankfurt am Main 1976

Kaehler, Siegfried: Wilhelm und Alexander von Humboldt in den Jahren der Napoleonischen Krise. In: Historische Zeitschrift. Dritte Folge, 20. Band (1916), S. 231–270

Kessler, Herbert (Hg.): Die Dioskuren. Probleme im Leben und Werk der Brüder Humboldt. Mannheim 1986

Kessler, Herbert und Walter Thoms (Hg.): Die Brüder Humboldt heute. Mannheim 1968

Leitzmann, Albert: Georg und Therese Forster und die Brüder Humboldt. Urkunden und Umrisse. Bonn 1936

Massenbach, Heinrich Freiherr von: Ahnentafel der Brüder Wilhelm und Alexander von Humboldt. In: Ahnentafeln berühmter Deutscher. Band 5. Leipzig 1939–1943, S. 169–192

Wachsmuth, Andreas: Goethe und die Gebrüder von Humboldt. Die Jenaer Jahre 1794–1797. In: Helmut Holtzhauer und Bernhard Zeller (Hg.): Studien zur Goethezeit. Weimar 1968, S. 446–464

Wuthenow, Ralph Rainer: Wilhelm und Alexander von Humboldt. In: Deutsche Brüder. Zwölf Doppelporträts. Berlin 1994, S. 129–163

NAMENREGISTER

Reimarus, Hermann Samuel 46
Reitemeister, Johann Friedrich 66
Rennenkampff, Jakob Alexander
  Freiherr von 289
Rose, Gustav 291
Rubens, Peter Paul 126, 188, 189
Sallust, d. i. Gaius Sallustius Crispus
  27
Schelling, Friedrich Wilhelm Joseph
  von 251
Schiller, Charlotte von, geb. von Lenge-
  feld 77, 146, 170, 171, 173
Schiller, Friedrich von 77, 89, 90, 91,
  113, 125, 135, 146, 149, 166, 167, 169,
  170, 171, 172, 173, 174, 175, 176, 177,
  178, 179, 181, 183, 184, 187, 188, 190,
  191, 195, 199, 200, 201, 202, 236, 243,
  244, 245, 250, 255, 259, 268, 285, 299,
  300, 302
Schinkel, Karl Friedrich 14, 279, 296
Schlabrendorff, Gustav Graf von 237,
  257
Schleiermacher, Friedrich 267
Schlözer, August Ludwig von 67
Schlosser, Johann Georg 202
Schmedding, Johann Heinrich 263
Schuwitz, Frau 143
Schweighäuser, Johann Gottfried 258
Seifert, Johann 286, 290
Selva Alegre, Marqués de 226
Sokrates 46, 48, 296
Sömmering, Samuel Thomas 89, 99,
  100, 164, 165, 183, 285
Spinoza, Baruch de 50, 94
Spranger, Eduard 35
Stein, Heinrich Friedrich Karl Freiherr
  vom und zum 260, 261, 270, 272,
  273
Stieglitz, Johann 86
Stolberg, Friedrich Leopold Graf zu
  90, 91
Strabo 102
Süvern, Johann Wilhelm 263

Teller, Wilhelm Abraham 38, 39
Terenz, d. i. Publius Terentius Afer 50
Theophrast von Eresos 102
Thorwaldsen, Bertel 296
Tieck, Christian Friedrich 206, 207
Uhden, Johann Daniel Wilhelm Otto
  263
Unger, Johann Friedrich Gottlieb 141
Urquio, Don Mariano Luis de 210
Valenciennes, Achille 285
Varnhagen, Rahel, s. Levin, Rahel
Veit, Brendel, s. Mendelssohn,
  Dorothea
Vergil 79
Voltaire, d. i. François Marie Arouet 35
Voß, Johann Heinrich 202, 245
Waldheim, Gotthelf Fischer von 158
Wedel, Moritz von 10
Wegener, Wilhelm Gabriel 49, 59, 61,
  62, 63, 64, 65, 66, 67, 78, 95, 127,
  133, 134
Werner, Abraham Gottlob 97, 155, 156,
  201, 207
Wieland, Christoph Martin 55
Wilhelm, Prinz von Preußen 256,
  284
Wilhelm, Prinz von Preußen, ab 1871
  Kaiser Wilhelm I. 313
Willdenow, Carl Ludwig 61, 64, 65,
  127, 155, 164, 225, 250, 252
Wolf, Friedrich August 209, 245, 267
Wöllner, Johann Christoph von 87,
  92, 104
Wolzogen, Caroline von, geb. von
  Lengefeld, geschied. von Beulwitz
  77, 109, 116, 146, 170, 173, 191, 285,
  295, 306, 308
Xenophon 58
Zedlitz, Karl Abraham Freiherr von 37,
  87
Zöllner, Johann Friedrich 38, 39, 40,
  41, 48, 54, 66, 141

BILDNACHWEIS

Bildarchiv Preußischer Kulturbesitz, Berlin: Bilder 1, 2, 3, 12, 14, 20, 23, 24, 25
Archiv für Kunst und Geschichte, Berlin: Bilder 4, 7, 8, 9, 13, 15, 17, 19, 21, 22
Aus: Adolf Meyer-Abich, Alexander von Humboldt, Reinbek 1967: Bild 5
Collection Israel Museum, Jerusalem: Bild 6
Aus: Herbert Scurla, Wilhelm von Humboldt, Berlin 1985: Bilder 10, 11
Aus: Alexander von Humboldt, Ansichten der Kordilleren und Monumente
    der eingeborenen Völker Amerikas, Frankfurt a. M. 2004: Bild 16
Aus: Herbert Scurla, Alexander von Humboldt, Berlin 1985: Bild 18